suhrkamp taschenbuch
wissenschaft 377

Trotz der großen Bedeutung der Psychoanalyse als Theorie und Therapie ist das Wissen darüber, was in einer psychoanalytischen Behandlung oder Supervision eigentlich geschieht, sehr gering. Die Zahl derer, die eine eigene Analyseerfahrung haben, ist klein. Die Darstellungen von Psychoanalytikern geben nur eingeschränkt Auskunft darüber, weil sie Konzepte benutzen, die für eine Charakterisierung des psychoanalytischen Diskurses zu allgemein sind. Ein Ziel dieses Bandes besteht darin, interessierten Nicht-Analytikern hier Informationen und Aufklärung zu vermitteln. *Empirische Analysen* zeigen anhand von Ausschnitten aus Therapiegesprächen (verschrifteten Tonaufzeichnungen), wie der psychoanalytische Prozeß als ein Gespräch abläuft.

Ein weiteres Ziel des Bandes besteht darin, das methodische Vorgehen zu demonstrieren, wie anhand von Gesprächstexten der Zusammenhang zwischen therapeutischer Arbeit und therapeutischem Gespräch aufgedeckt werden kann. Diesen Zusammenhang schlüsseln die empirischen Untersuchungen unter verschiedenen Gesichtspunkten auf; solche Gesichtspunkte sind z. B. die Unterschiede zwischen psychoanalytischem Diskurs und Alltagsdiskurs, die Prozesse der Sozialisierung des Patienten in den »ungewohnten« Diskurstyp, das »Deuten« des Analytikers als eine besondere Form sprachlichen Handelns; die Regelung des Gesprächsablaufs als eine wichtige Voraussetzung für die Arbeit einer Supervisionsgruppe u. a. mehr. Damit eröffnen die empirischen Beiträge einen neuen Zugang zur Erforschung der therapeutischen Praxis, der sowohl für die Ausbildung von Therapeuten wie auch für die Präzisierung psychoanalytischer Konzepte interessante Ergebnisse verspricht.

Die *theoretisch orientierten Beiträge* verdeutlichen die Grundannahmen und Ziele einer Therapiegesprächsforschung. Darüber hinaus geben sie einen Überblick über die Forschungslage und haben insofern zugleich einen einführenden Charakter.

Psychoanalyse als Gespräch wendet sich an Sprachwissenschaftler, Soziologen, Sozialarbeiter, Psychotherapeuten, Ärzte und psychoanalytisch interessierte Laien.

Psychoanalyse als Gespräch

Interaktionsanalytische Untersuchungen
über Therapie und Supervision

Herausgegeben von
Dieter Flader, Wolf-Dietrich Grodzicki
und Klaus Schröter

Suhrkamp

suhrkamp taschenbuch wissenschaft 377
Erste Auflage 1982

Satz und Druck: Georg Wagner, Nördlingen
Printed in Germany
Umschlag nach Entwürfen von
Willy Fleckhaus und Rolf Staudt

CIP-Kurztitelaufnahme der Deutschen Bibliothek
Psychoanalyse als Gespräch : interaktionsanalyt. Unters.
über Therapie u. Supervision / hrsg. von Dieter Flader ...
– 1. Aufl. – Frankfurt am Main : Suhrkamp, 1982.
(Suhrkamp-Taschenbuch Wissenschaft ; 377)
ISBN 3-518-27977-7
NE: Flader, Dieter [Hrsg.]; GT

Inhalt

Dieter Flader / Klaus Schröter
Interaktionsanalytische Ansätze der Therapiegesprächsforschung

I

Der Titel dieses Bandes – Psychoanalyse als Gespräch – mag Widerspruch hervorrufen. Man könnte einwenden, daß die klassische analytische Behandlung ebenso wie die aus ihr entwickelten analytisch orientierten Verfahren der Therapie und Supervision in keinem relevanten Sinn als Gespräch betrachtet werden können. Wir müssen einräumen, daß viele Konnotationen, die wir mit dem Begriff »Gespräch« verbinden, in die Irre führen können und daß sicher eine Psychoanalyse kein Gespräch vom Typ der Unterhaltung, Unterredung oder Diskussion darstellt. Gleichwohl ist sie eine Form von Psychotherapie, die beansprucht, sich allein oder mindestens wesentlich auf sprachlich vermittelte Prozesse zu stützen, und sie bietet sich aus diesem Grund für Gesprächs- bzw. Interaktionsanalysen geradezu an. Daß zwischen einem Psychoanalytiker und seinem Analysanden eine sehr spezifische Form der Kommunikation abläuft, kann als selbstverständlich gelten; wir gehen jedoch davon aus, daß man die Besonderheiten dieser Kommunikation nur herausarbeiten kann, wenn man sie zunächst einmal als ein Gespräch betrachtet und mit anderen Diskursformen vergleicht.

Sigmund Freud charakterisiert das »Gespräch, in dem die psychoanalytische Behandlung besteht«, lapidar so, daß in ihr nichts anderes vor sich gehe »als ein Austausch von Worten zwischen dem Analysierten und dem Arzt« (Freud 1916/17, 9 f.). Was für Freud selbst kein zentraler Forschungsgegenstand war – der »Austausch von Worten« im Behandlungsprozeß – steht im Mittelpunkt unserer Untersuchungen. Sie gehen davon aus, daß ein solcher Austausch – in welchen sozialen Situationen er auch immer stattfindet – prinzipiell kein einfacher, sondern ein hochkomplexer Vorgang ist, der spezifische Eigenarten und Regularitäten aufweist. Vor allem ist er ein sozialer Vorgang, und Sprechen ist die differenzierteste Weise, Sozialbeziehungen zu strukturieren. Daß diese Sichtweise auch für die Freudsche

Psychoanalyse und von ihr abgeleitete Verfahren ihre Gültigkeit hat und einen fruchtbaren Forschungsansatz bietet, der einen Zugang zu zentralen Formen der Kommunikation eröffnet, ist der Ausgangspunkt aller Beiträge. Wir werden darauf zurückkommen.

Zunächst ist festzustellen, daß der sprachliche Kommunikationsvorgang in der Form, in der er in einer Behandlungssitzung zwischen Analytiker und Analysand stattfindet, bislang kaum untersucht worden ist. Die »Sprachdiskussion«, die in den letzten Jahren von einzelnen Analytikern angeregt wurde, hat hier – trotz erster Ansätze bei Goeppert/Goeppert (1973 u. 1975) – nicht viel zur Klärung beigetragen. Sie steht in Verbindung mit Untersuchungen, die sich mit der wissenschaftstheoretischen Klärung der besonderen Erkenntnismethode des Analytikers befaßten (Loch 1966; Lorenzer 1970; Thomä/Kachele 1973). Dabei entfernten sich die Untersuchungen relativ weit von den Formen, in denen ein Austausch von Worten im psychoanalytischen Prozeß vonstatten geht; sie stützten sich auf die bei der therapeutischen Arbeit gewonnene und in den professionellen Konzepten interpretierte praktische Erfahrung der Analytiker.

Für Gesprächsuntersuchungen, wie sie in diesem Band vorgestellt werden, ist die praktische Erfahrung von Analytikern zwar ein wichtiger Kontroll- und Bezugspunkt; sie kann aber nicht ihre entscheidende Orientierungsgrundlage bilden. Die »Feinstrukturen« (sowohl der sprachlichen Aktivitäten wie auch der Sinn-Interpretation) entziehen sich weitgehend der praktischen Erfahrung, obwohl sie eine wichtige Voraussetzung für die Durchführung einer Therapie darstellen. Wir gehen davon aus, daß Analytiker aufgrund ihrer professionellen Erfahrung diese Strukturen intuitiv herstellen und verarbeiten können, diese jedoch im praktisch-therapeutischen Kontext nur in sehr eingeschränktem Maße zum Gegenstand der Aufmerksamkeit bzw. der bewußten Realisierung machen.

Solche Feinstrukturen zu ermitteln ist das Ziel unserer Analysen. Damit soll ein Beitrag geleistet werden zur Klärung der kommunikativen Bedingungen der sogenannten klassischen Psychoanalyse wie auch der auf ihr basierenden psychoanalytisch orientierten Psychotherapie und Supervision. Die Untersuchungen sind zumeist aus der Kooperation von Linguisten bzw. Sprachsoziologen mit Analytikern entstanden und wären ohne diese Kooperation nicht zustande gekommen.

Für diese Zusammenarbeit galt ein Prinzip, das sich aus dem genannten methodischen Ausgangspunkt ergibt: Es wurde versucht, die therapeutische Erfahrungsperspektive einerseits und die linguistische bzw. sprachsoziologische Forschungsperspektive andererseits möglichst zu trennen. In einer Vermischung dieser Perspektiven sehen wir keinen Gewinn – weder für die eine noch für die andere Seite der gemeinschaftlichen Arbeit.

So haben unsere Analysen die Begriffe, die Analytiker zur Charakterisierung bestimmter Aspekte des Behandlungsgesprächs verwenden – »Grundregel«, »Arbeitsbündnis«, »Deutung« u. a. – nicht einfach als Kategorien für die Untersuchung übernommen. Diese Begriffe (bzw. das, was sie am Behandlungsgespräch bezeichnen) waren entweder selbst ein Gegenstand der Untersuchung; oder es wurden Strukturformen der Kommunikation ermittelt, die das vorhandene psychoanalytische Begriffssystem nicht erfaßt.

Unser Interesse ist nicht primär an möglichen praktischen und theoretischen Konsequenzen unserer Arbeit für die Psychoanalyse ausgerichtet, obwohl wir meinen, daß im weiteren Fortgang dieses Forschungsprozesses auch diese Konsequenzen sich werden abzeichnen können. Das Interesse ergibt sich auch nicht allein aus der Faszination durch eine Gesprächsform, für die es im Alltag nichts Vergleichbares gibt. Das psychoanalytische Gespräch (wie auch das Gespräch der Supervision) stellt sich vielmehr für die in diesem Band vertretenen Forschungsansätze als ein Untersuchungsfeld dar, das für die Beantwortung ihrer Fragen wichtige Erkenntnisse verspricht. Dies soll im folgenden im Zusammenhang mit den hier vorgestellten Analysen kurz erläutert werden.

II

Die *linguistische Diskursanalyse* befaßt sich mit den interaktionellen Leistungen der Sprache. Diese relativ junge Forschungsrichtung der Linguistik, die Ansätze der Sprechakttheorie und der Ethnomethodologie bzw. Konversationsanalyse aufgenommen hat, untersucht die Komplexität der regelgeleiteten Sprech- und Höraktivitäten, die den Prozeß der Kommunikation als eine gemeinschaftliche Handlung herstellen. »Diskurs« wird dabei gefaßt als das Zusammenwirken von sprachlichen, interaktiven und interpretativen Aktivitäten im Prozeß der Verständigung.[1]

Für diesen Forschungsansatz ist die Stellung des psychoanalytischen Gesprächs zur Kommunikationspraxis des Alltags besonders interessant. Das Alltagsleben ist durchdrungen von Prozessen des Miteinander-Redens. Diese sind nicht nur unverzichtbar, um die jeweils anfallenden praktischen Aufgaben des Alltags zu bewältigen; sie dienen auch dazu, den Bestand der gesellschaftlich konstituierten Wirklichkeit zu sichern, ohne den wir im Alltag nicht handeln könnten. Das psychoanalytische Gespräch ist einerseits eingebettet in die Kommunikationspraxis des Alltags, andererseits geht es weit darüber hinaus.

Die Psychoanalyse könnte nicht als ein Austausch von Worten, der der Verständigung dient, ablaufen, wenn beide – Analytiker wie Analysand – nicht das Wissen über Alltagsdiskurse verfügbar hätten, das (im Sinne eines »know how«) darüber orientiert, wie ein Gesprächsvorgang bewerkstelligt wird. Jedoch wäre ein wesentliches Ziel psychoanalytischer Behandlungen – die Problematisierung individueller Verhaltensgewohnheiten des Patienten – nicht erreichbar, wenn das Gespräch in den Formen des Alltags fortgesetzt würde. Damit der Behandlungsprozeß durchführbar wird, ist eine Veränderung bestimmter Strukturformen der Alltagsgespräche und eine Herausbildung neuer (im Alltag nicht vorhandener) Formen notwendig.

Diese sprachlich-kommunikativen Aktivitäten als Bedingungen der Psychoanalyse zu untersuchen ist das erste Forschungsziel der linguistischen Diskursanalyse. Die Psychoanalyse wird dabei als eine soziale Institution aufgefaßt, bei der eine externe und eine interne Sicht zu unterscheiden sind. Aus externer (d. h. hier: gesellschaftlicher) Sicht können therapeutische Verfahren wie z. B. das der Freudschen Psychoanalyse als Antworten der Gesellschaft auf bestimmte historische psychische Probleme begriffen werden, die sich in ihren Lebensbedingungen ergeben (vgl. Schülein 1978). Aus interner (diskurslinguistischer) Sicht werden die Strukturformen des therapeutischen Gesprächs, die unabhängig von den beteiligten Personen (Analytiker und Patient) auftreten und diskurstypischen Charakter haben, als »organisatorische« Lösungen der Aufgabe begriffen, die aufgrund der therapeutischen Ziele an den Gesprächsvorgang gestellt sind.

Diskurstypisch für die Psychoanalyse sind das »setting« (im Sinne einer besonderen Gesprächssituation), das »Deuten« des Analytikers (im Sinne einer sprachlichen Handlungsform) und wahrscheinlich noch andere kommunikative Aktivitäten wie das Repertoire von unterschiedlichen Formen des Hörersignals »hm« (in dem sich seine besondere Art des Zuhörens dokumentiert). Zwei empirische Analysen in unserem Band befassen sich mit den erstgenannten Phänomenen:

Der Beitrag *»Alltagsdiskurs und psychoanalytischer Diskurs«* (Koerfer/Neumann) geht der Frage nach, wie das »setting« in den ersten Sitzungen einer psychoanalytischen Therapie etabliert wird, d. h. die besonderen Merkmale einer psychoanalytischen Behandlungssituation und die Art der Interaktionsbeziehung zwischen Analytiker und Analysand, die insbesondere durch die Maxime der »Grundregel« (für den Analysanden) und die der »Abstinenzregel« (für den Analytiker) strukturiert werden. Es wird herausgearbeitet, inwiefern durch dieses setting Diskursregeln des Alltags – insbesondere Reziprozitätsregeln – verändert werden. Anhand von Gesprächsausschnitten[2] zeigt die Untersuchung, wie Patienten das setting oft nicht einfach hinnehmen und wie sie sich mit einzelnen Aspekten des settings auseinandersetzen.

Diese Untersuchung wurde durchgeführt, um einige Grundgedanken der Arbeit *»Hypothesen über die Wirkungsweise der psychoanalytischen Grundregel«* (Flader/Grodzicki) am empirischen Material zu überprüfen bzw. zu präzisieren. Diese theoretisch-einführende Arbeit entwickelt einige Interpretationen der Funktionen des settings; d. h. dessen Besonderheiten werden unter der Fragestellung erörtert, inwiefern sie für die Durchführung des behandlungspraktischen wie zugleich diagnostischen Prozesses funktional sind.

Der Beitrag *»Die psychoanalytische Deutung – eine diskursanalytische Fallstudie«* (Flader/Grodzicki) untersucht einen längeren Abschnitt eines psychoanalytischen Behandlungsgesprächs, um die »Deutung« als einen interaktionellen Vorgang ansatzweise aufzuschlüsseln. Der behandelnde Analytiker versucht zunächst, in einer (nachträglichen) Reflexion über die ausgewählte Behandlungssitzung zu klären, was ihn dazu geführt hat, an den jeweiligen Stellen im Gesprächsablauf zu deuten; der diskurslinguistische Teil der Untersuchung bestimmt ansatzweise das sprachliche Handlungsmuster, das mit einer Deutung realisiert wird: eine spezifische Umkehrung des Alltagsmusters: »Frage – Antwort«.

Mit dem Beitrag *»Zur Rekonstruktion der Bedeutungsstruktur von Gesprächssequenzen«* (Schröter) ist als ein weiterer Untersuchungsansatz das *objektiv-hermeneutische Interpretationsverfahren* in diesem Band vertreten. Anhand einer Gesprächssequenz aus einem Therapiegespräch wird dargestellt, wie mithilfe dieses Verfahrens die spezifische Komplexität der Bedeutungsstruktur therapeutischer Interaktion rekonstruiert werden kann. Dieses von der Forschungsgruppe um Ulrich Oevermann entwickelte Verfahren zielt darauf ab, in Interaktionen emergierende Bedeutungsstrukturen, die von den beteiligten Subjekten nur teilweise intendiert oder nachträglich realisiert werden, sowie den selektiven Umgang der Subjekte mit diesen Strukturen zu rekonstruieren.

Mit dem Beitrag *»Setting und Ablaufstrukturen in Supervisions- und Balintgruppen«* (Giesecke/Rappe) ist der *kommunikationswissenschaftliche Ansatz* als ein dritter Untersuchungsansatz in unserem Band vertreten. Seine Grundlage bilden theoretische Konzepte und Analysemethoden des Symbolischen Interaktionismus, der phänomenologischen Soziologie, der Ethnomethodologie/Konversationsanalyse und der Ethnotheorie.

Auch in der Untersuchung von Supervision- und Balintgruppen durch Giesecke/Rappe steht die Institutionalität des Gesprächs im Vordergrund. Aus den Zielen der Gruppen ergeben sich Aufgaben der Gesprächsstrukturierung, die sich den Teilnehmern und dem Leiter im Ablauf einer Sitzung immer wieder stellen; ebenso kehren bestimmte Verständigungsprobleme wieder, die mit der Koordinierung der Handlungen einzelner zu einem Gruppenprozeß zu tun haben.

Um diese Seite der Gruppenarbeit zu erfassen, wird ein Konzept von »Normalformerwartungen« entwickelt: Die Gruppe bildet, um ihre Arbeit organisieren zu können, Muster wechselseitiger Erwartungen heraus, die die interaktionellen Vorgänge regeln helfen. Diese Erwartungsmuster sind nicht Gegenstand einer Absprache und auch nur eingeschränkt Objekt von Aufmerksamkeit; sie werden theoretisch als das Ergebnis von Problemlösungen der Gruppe gefaßt und an Hand des Gesprächsmaterials im Detail rekonstruiert. Die Erwartungsmuster beinhalten den Ablauf der Aktivitäten innerhalb einer Gruppensitzung; die dabei zu unterscheidenden Phasen des Gesprächs, in denen sich spezifische Aufgaben stellen (wie z. B. in der Phase »Aushandlung«, in der sich die Gruppe auf ein Arbeitsthema und einen Fallvortragenden einigen muß); die bei den einzelnen Phasen einzunehmenden Standpunkte und Perspektiven in der Kommunikation; u. a. m.

Die Untersuchungsergebnisse zeigen, daß der Ansatz einer interaktionistisch orientierten Kommunikationswissenschaft im Untersuchungsfeld der Gruppenprozesse besonders fruchtbar ist. Der von dieser Forschung betonte dynamische Aspekt sozialer Interaktion – besonders das »Aushandeln« von Bedeutungen und die Herausbildung stabiler Verhaltenserwartungen – ist in Therapie- und Supervisionsgruppen ein wichtiger Aspekt des Interaktionsprozesses; vor allem dann, wenn – wie in der untersuchten Gruppe – das Arbeitskonzept nicht fest umrissen bzw. vorab festgelegt ist. Die empirische Analyse macht deutlich, wie schnell die Gruppe dann ihre eigenen »Spielregeln« findet und sich mit diesen Regeln auseinandersetzt.

Keiner der Beiträge in diesem Band beansprucht, die jeweilige Themenstellung in der Untersuchung erschöpfend zu behandeln. Denn der Forschungsprozeß auf diesem Gebiet, in dem bislang nur einzelne Pilotstudien existieren (vgl. Flader/Wodak-Leodolter 1979), befindet sich erst in den Anfängen. Darüber informiert in diesem Band der Beitrag *»Die psychoanalytische Therapie als Gegenstand sprachwissenschaftlicher Forschung«* (Flader). Wir möchten daher auch die Frage offenlassen, welche Konsequenzen sich aus den vorliegenden Untersuchungsergebnissen für die Psychoanalyse ziehen lassen – für die Psychoanalyse als Wissenschaft, die, zumindest in den letzten Jahren, zunehmend an der Klärung ihrer Grundlagen interessiert ist; und für die Psychoanalyse als Institution im klinischen Feld, wo möglicherweise einmal Ergebnisse des hier vorgestellten Forschungsgebiets für Ausbildungszwecke fruchtbar gemacht werden können.

Ziel aller Beiträge ist es, exemplarisch in einer empirischen Analyse zu zeigen, wie in diesem Untersuchungsfeld methodisch fruchtbar gearbeitet werden kann. Alle Beiträge sind im Zusammenhang von Forschungsgruppen entstanden.

Der exemplarische Charakter der Beiträge betrifft auch die Kooperation zwischen Linguisten bzw. Sprachsoziologen und Psychoanalytikern. Beide Seiten hatten sich mit bestimmten Problemen auseinanderzusetzen, die sich aus der Zusammenarbeit ergaben. Für die Analytiker ergab sich ein Konflikt zwischen dem Forschungsziel, das die Verwendung technischer Aufzeichnungsgeräte und die Publikation von Gesprächsmaterial verlangte, und dem therapeutischen Behandlungsziel, das den Ausschluß von Öffentlichkeit bei der Behandlung und die Einhaltung der ärztlichen Schweigepflicht gebot. Es ergab sich aber, daß – die Einwilligung der Patienten bzw. Klienten ist selbstverständlich – die Benutzung eines Aufzeichnungsgeräts (Tonband) kein störender Faktor für die Behandlung zu sein scheint; die Anonymisierung des für die Publikation bestimmten Gesprächstextes und der Verzicht auf solche Texte, die durch die Anonymisierung sinnentstellt werden, ist ein brauchbarer Weg, um die Persönlichkeit eines Patienten zu schützen.

Für die Linguisten bzw. Soziologen stellte sich ein anderes Problem in der Kooperation. Einerseits sind Kenntnisse der Psychoanalyse unverzichtbar, um ein Behandlungs- oder Supervisionsgespräch angemessen untersuchen zu können; andererseits gebot das Forschungsziel, das Einfließen der psychoanalytischen Interpretationen in die Untersuchung zu vermeiden, um zirkulären Argumentationen zu entgehen (s. o.). Wieweit die Lösung dieses methodischen Problems in unseren Analysen gelungen ist, muß der Leser entscheiden.

Abschließend möchten wir den mit uns kooperierenden Analytikern danken, daß sie uns den wissenschaftlichen Zugang zu diesem ihrem Arbeitsfeld eröffnet haben.

Anmerkungen

1 Der Begriff des »Diskurses« wird also nicht in dem Sinne gebraucht, in dem z. B. Habermas diesen Begriff in seinen philosophischen Arbeiten entwickelt hat (1971, 1973).

2 Wo in den empirischen Beiträgen für die Transkription von Tonbandaufnahmen besondere Transkriptionssysteme verwendet werden, sind diese in den Anmerkungen zu dem jeweiligen Aufsatz erläutert. Die Arbeiten von Flader, Flader/Grodzicki und Koerfer/Neumann verwenden dasselbe Transkriptionssystem, Giesecke/Rappe ein leicht davon abweichendes. (Aus methodischen Gründen haben Koerfer/Neumann und Giesecke/Rappe im Transkript keine Satzgrenzen gekennzeichnet.)

Flader, D. / Wodak-Leodolter, R. (Hrsg.) (1979): *Therapeutische Kommunikation. Ansätze zur Erforschung der Sprache im psychoanalytischen Prozeß.* Königstein/Ts.: Scriptor.

Freud, S. (1916/17): Vorlesungen zur Einführung in die Psychoanalyse. In: *Gesammelte Werke. Bd. XI,* London: Imago 1940.

Goeppert, S. / Goeppert, H. C. (1973): *Sprache und Psychoanalyse.* rororo studium Bd. 40, Reinbek: Rowohlt.

– (1975): *Redeverhalten und Neurose.* rororo studium Bd. 65, Reinbek: Rowohlt.

Habermas, J. (1971): Vorbereitende Bemerkungen zu einer Theorie der kommunikativen Kompetenz. In: Habermas, J. / Luhmann, N.: *Theorie der Gesellschaft oder Sozialtechnologie.* Frankfurt: Suhrkamp, 101-141.

– (1973): Wahrheitstheorien, in: Fahrenbach, H. (Hrsg.), *Wirklichkeit und Reflexion,* Walter Schulz zum 60. Geburtstag. Pfullingen, 211-265.

Loch, S. (1966): Über einige allgemeine Strukturmerkmale und Funktionen psychoanalytischer Deutungen. In: *Psyche 20,* 377-396.

Lorenzer, A. (1970): *Sprachzerstörung und Rekonstruktion. Vorarbeiten zu einer Metatheorie der Psychoanalyse.* Frankfurt: Suhrkamp.

Thomä, H. / Kächele, H. (1973): Wissenschaftstheoretische und methodologische Probleme der klinisch-psychoanalytischen Forschung: In: *Psyche 27,* 205-236, 309-355.

Schülein, J. A. (1978): Probleme und Risiken selbstreflexiver Institutionen am Beispiel der Psychoanalyse. In: *Kölner Zeitschr. f. Soziol. und Sozialpsychol.* 30, 60-86.

Dieter Flader
Die psychoanalytische Therapie als Gegenstand sprachwissenschaftlicher Forschung

Inhalt

0. Vorbemerkung

Die Feststellung, daß die psychoanalytische Therapie in der Form eines Gespräches durchgeführt wird, erscheint zunächst trivial. Freud bemerkte dazu lapidar: »In der analytischen Behandlung geht nichts anderes vor als ein Austausch von Worten zwischen dem Analysierten und dem Arzt«. (Freud Ges. W. Bd. 11: 9.). Wenn man jedoch die Frage verfolgt, wie dieses Gespräch (bzw. die verbale Interaktion) organisiert ist und was die Organisation bezüglich der Durchführung der psychoanalytischen Behandlung leistet, eröffnet sich ein Untersuchungsfeld, auf dem die Zusammenarbeit der Disziplinen Sprachwissenschaft und Psychoanalyse für beide von Nutzen sein kann:

Für die Sprachwissenschaft ist bemerkenswert, daß die Psychoanalyse zur Durchführung ihrer Therapie den Prozeß der verba-

Erschienen in: *Studium Linguistik*, Heft 5, 1978, S. 23-36.

len Interaktion so organisiert, daß er der alltäglichen Denk- und Kommunikationspraxis z. T. strikt zuwiderläuft; daraus entstehen in der psychoanalytischen Behandlungssituation bestimmte Phänomene (sprachlicher und interaktiver Art), die in alltäglichen Situationen der Beobachtung häufig nicht zugänglich sind. Für die Psychoanalyse ist dieser Untersuchungsansatz von Interesse, weil er ein besseres Verständnis dafür zu liefern verspricht, wie ihre Therapie »funktioniert«.

Da sich die Forschung auf diesem Gebiet erst in den Anfängen befindet, kann das Folgende nicht beanspruchen, ein systematischer Überblick über ein schon klar strukturiertes Forschungsgebiet zu sein. Es kann lediglich auf verschiedene Arbeiten (psychoanalytischer, linguistischer und interaktionssoziologischer Provenienz) hingewiesen werden, die für eine Untersuchung auf diesem Gebiet relevant sind.

Zuvor erscheint es mir notwendig, kurz auf einige Besonderheiten der Psychoanalyse einzugehen, die für einen »Nicht-Psychoanalytiker« (z. B. für einen interessierten Sprachwissenschaftler) eine Quelle möglicher Mißverständnisse sein können.

1. Einige Verständnisschwierigkeiten gegenüber der Psychoanalyse

Eine Verständnisschwierigkeit gegenüber der Psychoanalyse ergibt sich für ein Außenstehenden dadurch, daß das von Freud formulierte Theoriekonzept der Psychoanalyse sehr stark am Ideal naturwissenschaftlicher Forschungsmethoden und Theorieauffassung orientiert war. Dieses »szientistische Selbstverständnis« Freuds (Habermas 1968: 306) hat eine Klärung des wissenschaftslogischen Standortes der psychoanalytischen Theorie oft erschwert und die empirische Forschung häufig in Sackgassen geführt. Diese Einsicht hat sich erst in den letzten Jahren innerhalb der psychoanalytischen Wissenschaft entwickelt (vgl. Thomä, H./Kächele, H. 1973). Es ist daher schwer, sich anhand der Literatur, die ja gerade für den Außenstehenden der einzige Zugangsweg zur Psychoanalyse ist, eine klare Vorstellung von dem psychoanalytischen Prozeß zu bilden. Darauf weist auch Fürstenau (1977: 881) hin. Eine weitere Erschwernis für den analytischen Laien liegt darin, daß er gerade zur Praxis der

Psychoanalyse und zum wissenschaftlichen Erfahrungsaustausch darüber keinen Zugang hat, er damit auf literarische, und d. h. weniger unmittelbar anschauliche und überzeugende Dokumente psychoanalytischer Arbeit angewiesen ist. Hinzu kommt vermutlich auch eine weitere Verstehensbarriere, die im Stoff der Psychoanalyse selbst angelegt ist: Die Psychoanalyse befaßt sich gerade mit solchen Prozessen, die dem individuellen wie kollektiven Bewußtsein meist peinlich und unangenehm sind und daher abgewehrt werden müssen. Diese Erfahrung des Peinlichen und Unangenehmen wird wohl jeder machen, der sich auf die Psychoanalyse einzulassen versucht, und er wird dies als eine mögliche Schranke seines Verständnisses dieser Theorie in Rechnung stellen müssen.

2. Zur »Sprachdiskussion« innerhalb der psychoanalytischen Literatur

Der interessierte Sprachwissenschaftler, der die psychoanalytische Literatur daraufhin durcharbeitet, was in ihr an Beobachtungen und theoretischen Überlegungen zur Rolle der Sprache im Therapieprozeß vorliegt, sieht sich mit einer recht unübersichtlichen Forschungssituation konfrontiert.

Zwar hat das Bewußtsein von der großen Abhängigkeit der psychoanalytischen Therapie von der Sprache manche Analytiker zu Beobachtungen und einzelnen Überlegungen zur Funktion der Sprache (und der Kommunikation im allgemeinen) angeregt (so etwa Loewenstein 1956; Kris 1950; Beres 1957). Diese Versuche blieben aber weitgehend unsystematisch, da eine psychoanalytische Theorie der Sprache, auf die sie sich stützen könnten, bislang nicht entwickelt ist (vgl. Jappe 1971).

Versuche von Analytikern, »ersatzweise« linguistische Sprachtheorien heranzuziehen, klären in der Regel nicht hinreichend die Frage, inwieweit diese Theorien überhaupt mit der psychoanalytischen Konzeption kompatibel sind (vgl. dazu etwa die problematische Adaption des Sprachbegriffs von de Saussure und des »Organon-Modells« von Bühler bei Loewenstein 1956; und die Ausführungen von Rosen 1972 über die angeblichen Berührungspunkte zwischen der psychoanalytischen Theorie und der generativen Transformationsgrammatik)[1].

Systematisch sind die sprachlichen Aspekte der Wechselbeziehung zwischen Analytiker und Analysand erst in den letzten Jahren ausdrücklich untersucht worden. Dies geschah zumeist unter der Fragestellung, wie die verstehend-erklärende Tätigkeit des Analytikers wissenschaftstheoretisch erhellt werden kann (Lacan 1973 u. 1975; Habermas 1968; Lorenzer 1970 u. 1973; Menne et al. 1976). Der Verlauf eines therapeutischen Gesprächs (in der Form, wie es faktisch während einer Behandlungssitzung stattgefunden hat) wird in diesen Arbeiten bemerkenswert selten dokumentiert. (Eine Ausnahme bilden z. B. Goeppert u. Goeppert 1973, 1975.) Ein Grund für diese empirische »Enthaltsamkeit« liegt in den Widerständen der meisten psychoanalytischen Therapeuten, Ton- oder Bildaufzeichnungen ihrer Behandlungen vorzunehmen und als Basis für die empirische Forschung zur Verfügung zu stellen, da sie (mit einigem Recht) befürchten, dadurch den Persönlichkeitsschutz ihrer Patienten zu gefährden. (Über das Für und Wider von Tonbandaufnahmen als Mittel der Therapieforschung vgl. Kächele, Schaumburg u. Thomä 1973). Ein weiterer Grund liegt darin, daß der Charakter der psychoanalytischen Behandlung als eine besondere Art von Gespräch (im Sinne einer geregelten Ausführung diskursiver Aktivitäten) innerhalb der psychoanalytischen Literatur als ein besonderer Untersuchungsgegenstand noch kaum »entdeckt«, geschweige denn detailliert erforscht worden ist[2].

Andererseits finden sich gerade in neueren Beiträgen zur sog. »Theorie der (Verfahrens-)Technik« vielfach Hinweise auf die besondere Kommunikations- und Interaktionsweise in der psychoanalytischen Behandlungssituation, die im Zusammenhang mit den Bedingungen für die Durchführung des Behandlungsprozesses gesehen werden. Ich werde daher diese Arbeiten im folgenden besonders berücksichtigen.

3. Zur therapeutischen Funktionalität des Kommunikations- und Interaktionsverhältnisses in der psychoanalytischen Behandlungssituation

Die nachfolgend referierten Arbeiten zum psychoanalytischen Gespräch gehen (implizit oder explizit formuliert) übereinstimmend von dem Institutionscharakter der Psychotherapie aus. Diese ist zunächst in dem

Sinne eine soziale Einrichtung, als sie dem gesellschaftlichen Zweck dient, seelisch Kranke mit dem Ziel zu behandeln, sie von ihren »Störungen« soweit wie möglich zu befreien. Außerdem kann die psychoanalytische Therapie (wie jede Form von Psychotherapie) intern als das System eines bestimmten Kommunikations- und Interaktionsverhältnisses aufgefaßt werden, das zwischen Therapeut und Patient hergestellt wird, um die Erreichung der therapeutischen (nicht notwendigerweise mit der gesellschaftlichen Zweckbestimmung übereinstimmenden) Ziele zu sichern. – Je nach der jeweiligen Auffassung von »seelischer Erkrankung«, die in den verschiedenen therapeutischen Schulen vertreten wird, variieren Zielbestimmungen der Therapie und damit auch die Kommunikations- und Interaktionsverhältnisse, die hergestellt werden, um die Erreichung der therapeutischen Ziele zu sichern, und die den Ablauf der therapeutischen Interaktion bestimmen (vgl. z. B. Bachmann 1972 zur Auseinandersetzung zwischen Psychoanalyse und Verhaltenstherapie).

Die Psychoanalyse begreift seelisch bedingte Kommunikations- und Verhaltensstörungen im Zusammenhang mit einer verbliebenen »Kindlichkeit« (im Sinne einer unbewußten Gebundenheit an die Eltern oder Elternbilder), die den Patienten in einer von ihm selbst nicht durchschauten Weise als Persönlichkeit mit bestimmten Symptomen und Eigenheiten des Verhaltens kennzeichnet. Als wichtigste Konsequenz seines partiell unterbrochenen Bildungsprozesses (im Bereich sozialer Beziehungsmöglichkeiten) wird die unbewußte »Übertragung« kindlicher Beziehungsmuster auf neue Partner angesehen. Eines der Ziele der Behandlungsmethode ist, diese Übertragung seitens des Patienten im Vorgang seiner »Regression« so kontrolliert anzuregen, daß die konflikthafte Struktur der kindlichen Beziehungsmuster (samt ihrer Erfahrungsgeschichte in der Kindheit) aufgedeckt und analysiert werden kann. (Vgl. hierzu Klann 1978.)

Das entscheidende therapeutische Ziel ist, den Patienten mit den Aspekten seiner überkommenden Kindlichkeit, die sich in der Beziehung zum Analytiker manifestieren, zu konfrontieren und ihn zu einer Auseinandersetzung mit der darin enthaltenen Konfliktstruktur anzuregen. Diese viel Zeit in Anspruch nehmende und mühsame Auseinandersetzung kann u. a. deshalb produktiv verlaufen, weil sich der Patient, unter Mithilfe des Therapeuten, mit den konflikthaften Bestandteilen seiner Erfahrungsgeschichte erstmals unter den Bedingungen von »Erwachsenheit« und »Reife« auseinandersetzt. (Vgl. Fürstenau 1977.)

3.1. Institutionelle Merkmale des Kommunikations- und Interaktionsverhältnisses

Die verschiedenen Regelungen, die Freud getroffen hat, um den Behandlungsprozeß durchzuführen, sind die folgenden:

Zu Beginn der therapeutischen Behandlung wird dem Patienten die »analytische Grundregel« mitgeteilt. Freud formulierte diese Regel als die Erwartung an seine Patienten, »frei zu assoziieren«, d. h.: »(...) auf alles bewußte Nachdenken zu verzichten und sich in ruhiger Konzentration der Verfolgung ihrer spontanen (ungewollten) Einfälle hinzugeben (...). Diese Einfälle sollten sie dem Arzt mitteilen, auch wenn sie Einwendungen dagegen verspürten, wie z. B. der Gedanke sei zu unangenehm, zu unsinnig oder zu unwichtig oder er gehöre nicht hierher«. (Ges. W. Bd. 13: 410).

Diese »analytische Grundregel« sah Freud als das zentrale therapeutische Instrument dafür an, einen Zugang zu den unbewußten Konflikten und Vorstellungen seiner Patienten zu gewinnen.

Weiterhin empfahl Freud den Analytikern, sich jedes erzieherischen und auf schnelle Heilung abzielenden therapeutischen Ehrgeizes zu enthalten und im Hinblick auf religiöse, moralische und soziale Werte eine Position der »Neutralität« anzunehmen. Im Zusammenhang damit etablierte Freud das Prinzip der therapeutischen »Abstinenz«:

»(...) ich will den Grundsatz aufstellen, daß man Bedürfnis und Sehnsucht als zur Arbeit und Veränderung treibende Kräfte bei der Kranken bestehen lassen und sich hüten muß, dieselben durch Surrogate zu beschwichtigen«. (Ges. W. 10: 313).

Schließlich übernahm Freud aus der Hypnose-Behandlung (die er in den Anfängen praktiziert hatte) das situative Arrangement: die Ruhelage des Patienten auf der Couch, die Abgeschlossenheit des Behandlungszimmers; außerdem nimmt der Analytiker hinter dieser Couch Platz, so daß er für den Patienten nicht sichtbar ist.

Daß mit diesen Regelungen ein ungewöhnliches Kommunikations- und Interaktionsverhältnis hergestellt wird, ist offensichtlich. So bemerken z. B. Menniger u. Holzman zur »Abstinenzregel«:

»(...) der Analytiker muß sich davon zurückhalten, auf die drängenden Bitten, Anklagen, Manöver, Forderungen und Begehren des Patienten in der Art und Weise zu reagieren, in der er es normalerweise tun würde, wenn es sich hier um ein soziales Verhältnis handeln würde.« (1977: 75).

Während die »metapsychologischen« Begriffe, die Freud verwendete, um die Funktionalität dieser Regelungen zu begründen, den Blick auf ihre kommunikativen und interaktiven Implikationen eher verstellten[3], werden diese in der neueren psychoanalytischen Diskussion besonders betont.

Man geht dabei von der Grundannahme aus, daß die gewünschten Veränderungen des Patienten im therapeutischen Prozeß nicht allein (und vielleicht nicht einmal primär) dadurch entstehen, daß er möglichst unkontrolliert seinen »freien Einfällen« folgt und der Analytiker dem Patienten sein Verständnis unbewußter Bedeutungszusammenhänge in geeigneter Form mitteilt. Vielmehr wird vermutet, daß der Angelpunkt des psychoanalytischen Prozesses in dem besonderen therapeutischen Interaktionsverhältnis selbst zu suchen ist (vgl. Stone 1961), speziell in der institutionalisierten »Beziehung einer Nicht-Beziehung« (Fürstenau 1977: 852). Es wird vermutet, daß die besonderen Eigenschaften dieses Interaktionsverhältnisses den entscheidenden Anteil daran haben, daß der Patient mit seinen aus der Kindheit überkommenen Mustern der Einstellung und des Verhaltens konfrontiert wird und daß die verbalen Interventionen des Analytikers für die Förderung dieses Prozesses erst sekundär bedeutsam werden.

Allerdings ist die Entwicklung einer psychoanalytischen Konzeption der klinischen Situation als eine Interaktion besonderer Art – Stierlin nennt diese Situation einen »(...) einzigartigen Experimentiergrund menschlicher Beziehungen (...)« (1971: 24) – erst in den Anfängen begriffen; ein Grund dafür mag darin liegen, daß sich die psychoanalytische Wissenschaft erst seit kurzem mit den Theorien kommunikativen Handelns auseinandersetzt (vgl. Brede 1976).

Von konversationsanalytischer bzw. interaktionssoziologischer Seite liegen einige Arbeiten zur psychoanalytischen Therapiemethode (bzw. zum therapeutischen Gespräch im allgemeinen) vor, die eine ähnliche Perspektive verfolgen: Diese Arbeiten legen die Auffassung nahe, daß sich die von Freud aufgestellten therapietechnischen Regeln als ein Bündel von institutionellen Regelungen bestimmen lassen, die auf verschiedenen Ebenen der verbalen Interaktion zwischen Analytiker und Analysand so wirksam werden, daß die für die Durchführung des psychoanalytischen Prozesses günstigen Bedingungen hergestellt werden können.

Je nach dem theoretischen Bezugsrahmen, der zur Erfassung der therapeutischen Situation als eine besondere Art sozialer Situation herangezogen wird, wird die Wirksamkeit dieser Regelungen entweder als die gezielte Veränderung bestimmter Ordnungsstrukturen verbaler Interaktion bestimmt (so im konversationsanalytischen Ansatz) oder als »Eingriff« in einsozialisierte Mechanismen der Selbst-, Welt- und Fremdorientierung des Patienten (so im Bezugsrahmen des symbolischen Interaktionismus).

Auch wenn diese Untersuchungen, die im folgenden dargestellt werden, bislang erst ansatzweise durchgeführt worden sind, können sie einer sprachwissenschaftlichen Erforschung des analytischen Gesprächs doch wesentliche Orientierungen geben: zum einen, weil sie sich selbst zum Teil auf bestimmte Sprachphänomene beziehen; zum anderen, weil sie für eine sprachwissenschaftliche Untersuchung, die z. B. für die Analyse von Sprechhandlungen pragmatische Überlegungen einbeziehen muß, die dafür notwendigen Informationen liefern können; schließlich, weil sie eine – wenn auch bislang nur in Ansätzen vorhandene – Begründung zu liefern versprechen bezüglich der therapeutischen Funktionalität des von ihnen charakterisierten Kommunikations- und Interaktionsverhältnisses und sie die darin auftretenden Sprachphänomene sprachtheoretisch zugänglich machen.

3.1.1. Das »Leerlaufen« von Sequenzierungsversuchen des Patienten

Eine der institutionellen Regelungen des analytischen Gesprächs läßt sich im Rahmen der Konversationsanalyse mit Hilfe der Kategorie der »Sequenz« bestimmen. – Mit »Sequenz« ist die Abfolge-Organisation von einzelnen Äußerungen und aufeinander bezogenen Handlungsschritten von Interaktionspartnern gemeint; Sacks (1967/72) sieht diese Organisation durch das Prinzip der »konditionellen Relevanz« gewährleistet (vgl. Kallmeyer u. Schütze 1976).

Diese Regelung läßt sich so umschreiben, daß für den Patienten die Möglichkeit stark eingeschränkt wird, Abfolgestrukturen im Verlauf des analytischen Gesprächs zu etablieren. Exemplarisch hat Turner (1976) diese Regelung am Beispiel des gruppentherapeutischen Gesprächs untersucht, und zwar im Hinblick auf die Abfolge: »erste Handlungen« – »zweite Handlungen«. Er weist darauf hin, daß Psychotherapeuten (und, so kann ergänzt werden, systematisch vor allem Psychoanalytiker) es unterlassen, die an sozial wohldefinierte Rollen gebundenen »zweiten Handlungen« auszuführen, die durch die »ersten Handlungen« von Patienten unter Inanspruchnahme ebenfalls wohldefinierter Rollen festgelegt und erwartbar sind – so z. B. die Ausführung von sprachlichen Aktivitäten wie »Ratschläge erteilen«, »Mut zusprechen«, »eine Besorgnis ausräumen« usw., die an die soziale Rolle des nicht-therapeutischen Arztes gebunden sind. Diese Aktivitäten konstituieren regulär dessen »zweite Handlung« (nämlich die Aufnahme der ärztlichen Behandlung) in bezug auf die vorangegangenen Aktivitäten eines Patienten, der durch die Darstellung seiner Probleme, die ihn zum Arzt geführt haben, eine »erste Handlung« konstituiert hat. Generell bewirkt diese Regelung, daß der Patient in der analytischen Behandlungssituation keine der sozial ausgebauten Interaktionsschemata aktualisieren kann, in denen festgelegt ist, welche sprachlichen Aktivitäten – bezogen auf wohldefinierte Rollenstrukturen – in einer jeweiligen sozialen Situation realisiert werden müssen und in welcher Abfolge wechselseitiger Handlungsschritte dies zu geschehen hat (wie dies z. B. bei einem Beratungsgespräch, einer Beichte u. a. der Fall ist).

Auch den geregelten Wechsel einzelner Äußerungen (als Sprechhandlungen), der die Grundstruktur von Gesprächen in alltäglichen Situationen bildet, kann der psychoanalytische Patient in der Einzeltherapie nicht (oder nur sehr begrenzt) herbeiführen. Wenn der Patient, im Verlauf der Verbalisierung seiner »Einfälle«, eine Sprechhandlung eines Typs ausführt, mit der in alltäglichen Situationen gewöhnlich eine Sequenz initiiert wird, da sie den ersten Teil eines Paares korrespondierender Sprachhandlungen bildet – also z. B. einen Vorwurf, ein Kompliment, eine Bitte, eine Aufforderung etc. –, reagiert der Analytiker darauf mit einem Schweigen oder einer deutenden Intervention, die die vom Patienten etablierte Abfolgestruktur wieder außer Kraft setzt. (Ausgenommen von dieser Regelung sind z. B. Fragen des Patienten, die der Kontrolle seines Verständnisses einer Analytiker-Äußerung dienen.)

In der psychoanalytischen Literatur zur »Theorie der (Verfahrens-)Technik« finden sich verschiedentlich Hinweise, die auf dieses Merkmal des analytischen Gesprächs beziehbar sind. So bemerken Menninger u. Holzman, daß der Denk- und Redeprozeß des Patienten »(...) mit einem äußerst geringen Maß an

Partizipation seitens des Zuhörers abläuft (. . .)« (1977: 61); Macalpine (1950) betont, daß der Analytiker niemals ein Ko-Aktor für den Patienten ist.

Hier wäre allerdings zu präzisieren, daß die Bereitschaft des Analytikers, mit seinem Patienten zu ko-agieren, speziell auf die Therapieziele ausgerichtet ist. So reduziert der Analytiker diese Bereitschaft in den Phasen des Gesprächs, in denen er eine Konfrontation des Patienten mit sich selbst intendiert; andererseits verstärkt er die Bereitschaft, zu ko-agieren, im Falle einer intendierten Verständigung (z. B. über bestimmte Verhaltenseigentümlichkeiten des Patienten), die der Förderung des Selbstverständnisses des Patienten dient (vgl. Abschnitt 3.1.4. dieses Beitrags).

Umfassendere Untersuchungen zum Ablauf des analytischen Gesprächs unter dem Gesichtspunkt der sequentiellen Organisation liegen bislang nicht vor. So ist z. B. ungeklärt, wie sich der Patient kommunikativ damit auseinandersetzt, daß seine Möglichkeiten, sich am Gespräch zu beteiligen, weitgehend auf monologische Beiträge und Beiträge in reaktiver Position (in bezug auf Fragen, Deutungen etc.) eingeschränkt sind – mit welchen sprachlichen Mitteln (die Bestandteil seiner interaktiven Ressourcen sind) er z. B. versucht, die genannte Regelung (kurzfristig) außer Kraft zu setzen, indem er bestimmte soziale Interaktionsschemata initiiert oder auch nur einen singulären Sprecherwechsel herbeizuführen versucht (z. B. durch die Organisation des Abschlusses einer Äußerung, mit der erkennbar eine Stelle möglicher Redeübergabe an den Analytiker markiert wird; vgl. Sacks, Jefferson, Schegloff 1974).

Ungeklärt ist auch, wie die sprachlichen Handlungsmuster beschaffen sind, auf die der Patient durch die »analytische Grundregel« festgelegt wird und die dem Analytiker die Rolle des aufmerksamen Zuhörers zuweisen: das Beschreiben von auftauchenden Erinnerungen, das Erzählen von Träumen, das Berichten von aktuellen Ereignissen (in der Familie oder am Arbeitsplatz) usw. Überdies ist zu bedenken – und Turners Feststellung wäre wenigstens in bezug auf das analytische Gespräch zu präzisieren –, daß für dieses Gespräch wahrscheinlich institutionsspezifische Abfolgeregeln ausgeprägt sind, die in der Kommunikationspraxis des Alltags nicht vorhanden sind, da sie auf die besonderen therapeutischen Ziele dieses Gesprächs ausgerichtet sind. So kann der Patient z. B. nach dem Abschluß einer Traum-Erzählung relativ sicher eine nachfolgende Reaktion des Analytikers erwarten, die darauf abzielt, den latenten Traumgehalt herauszuarbeiten.

In der psychoanalytischen Literatur wird die genannte Einschränkung des »Aktionsspielraums« (Thomä 1974) u. a. damit funktional begründet, daß die im alltäglichen Handeln miteinander verbundenen Prozesse – die Abwicklung sozialer Interaktionen und die Übertragung kindlicher Beziehungsmuster – »desintegriert« werden müssen (Stone 1961), damit letztere zum Gegenstand der analytischen Beobachtung und Durcharbeitung werden können[4]. Eine (therapeutisch positive) sozial-kognitive Konsequenz dieser Regelung leitet Turner selbst ab von der Vermutung von Sacks, daß das geregelte Ineinandergreifen sukzessiver Äußerungen (bzw. das Aufeinanderfolgen gegeneinander gerichteter Handlungen) dem Sprecher erlaubt, das Verständnis des Gesprächspartners zu kontrollieren (bzw. davon auszugehen, daß seine eigene Handlung von dem Partner als berechtigt angesehen wird). Daß ein solches geregeltes Ineinandergreifen für das therapeutische Gespräch weitgehend vermieden wird, hat für die Patienten zur Folge, daß sie »(...) zu der Feststellung gelangen können, daß ihr gesamtes Gespräch und jeder einzelne Teil davon erklärungsbedürftig sind (...)« (1976: 181).

Dieser Gedanke läßt sich dahingehend weiterführen, daß die genannte Regelung dazu beiträgt, die intervenierende Handlung des Therapeuten (speziell des Analytikers) zu konstituieren. Deren Zweck ist ja, die von dem Patienten intendierte Bedeutung seiner Äußerung (oder Äußerungsfolge) zu problematisieren und latente Bedeutungen herauszuarbeiten. (Vgl. zu diesem Aspekt Trömel-Plötz 1978.) Insofern die genannte Regelung bewirkt, daß im Patienten die Gewißheit eines gemeinsamen Verständnisses mit dem Therapeuten verzögert wird, wird eine pragmatische Voraussetzung dafür geschaffen, daß der Zweck der therapeutischen Intervention erfüllbar wird. Außerdem wird, vor allem für »analytische Deutungen«, gewährleistet, daß der Analytiker seine Auffassung, daß die intendierten Bedeutungen der Patienten-Äußerungen grundsätzlich problematisierungsbedürftig sind, ohne Verhaltenswiderspruch ausdrücken kann (vgl. Flader u. Grodzicki 1978).

3.1.2. Der Analytiker als persönlich anonymer Interaktionspartner

Bedingt durch das Arrangement im Behandlungszimmer (der Patient liegt auf der Couch, der Analytiker sitzt hinter ihm), werden für die Dauer einer Behandlungssitzung seitens des Patienten visuelle Prozesse unterbunden, die Goffman (1971) zu den entscheidenden Kommunikationsbedingungen für die Interaktion von Angesicht zu Angesicht rechnet: das Zustandekommen von Blickkontakten mit dem Partner und die visuelle Wahrnehmung seiner Reaktionen auf die eigenen Handlungen.

Ein weiterer Bestandteil dieses asymmetrischen Kommunikationsverhältnisses wird in der psychoanalytischen Literatur gewöhnlich mit dem Ausdruck der »symbolischen Anonymität« des Analytikers bezeichnet (Stone 1961): Der Analytiker hält, soweit dies möglich ist, alle Informationen zurück, die dem Patienten Aufschluß über seine persönlichen Interessen, Bedürfnisse, Präferenzen und speziell persönlichen Reaktionen auf dessen Äußerungen geben könnten. Dies impliziert u. a. eine Veränderung der gesellschaftlichen Regelung, die Goffman die Regel der »Information über soziale und persönliche Identität« nennt: »Zwei oder mehr Personen, die zusammen präsent sind, haben das Recht und die Pflicht, gewisse allgemein verfügbare Informationen in bezug auf ihre Beziehung zu produzieren und andere Informationen über ihre Beziehung zu unterlassen.« (Goffman 1974: 267.)

Mit dieser Abänderung[5] der sozialen Regel für »Beziehungszeichen« (Goffman 1974) – für den Patienten bleibt das Bild vom Analytiker als potentieller Partner einer persönlichen Beziehung fortwährend unbestimmt – und der gleichzeitigen Verpflichtung des Patienten auf die »analytische Grundregel« wird ein in alltäglichen Situationen geltendes Kommunikationsprinzip außer Kraft gesetzt, auf das Schröter hingewiesen hat. Er bemerkt, daß es in alltäglichen Situationen »(. . .) so etwas wie eine normative Symmetrie des Sich-Enthüllens und Sich-Verbergens gibt, die eine allzugroße Ungleichheit im Bescheid-Wissen über den anderen auf Dauer verbietet«. (1974: 49).

Zur Konstituierung dieser Asymmetrie trägt ein bestimmter Kommunikationsstil des Analytikers bei (zu dem allerdings noch keine detaillierten Untersuchungen vorliegen). Dieser kontrolliert seinc Beteiligung am Gespräch so, daß seine sprachlichen Äußerungen von dem Patienten möglichst nicht als Inferenz-Basis für seine persönliche Identität bzw. seine aktuellen persönlichen Reaktionen benutzt werden können. Er gibt z. B. keine Werturteile ab, macht keinen Themenvorschlag, kontrolliert die Art, in der er emotive Ausdrücke gebraucht, berichtet selbst nicht von persönlichen Erlebnissen usw. Diese Regelung bewirkt, daß dem Patienten die notwendigen Verstehensvoraussetzungen für die angemessene Identifizierung der aktuellen Erwartungen, persönlichen Bedürfnisse und Gefühlsreaktionen des Analytikers weitgehend entzogen werden (abgesehen von dessen übergeordneter Erwartung an ihn, für die Einhaltung der »Grundregel« und das vereinbarte Behandlungsarrangement einzutreten); dazu trägt noch bei, daß dieser für ihn auch nicht als Ko-Aktor in einem ihm aus dem Alltag vertrauten sozialen Interaktionsschema identifizierbar ist (s. o.).

Eine der therapeutischen Zwecke dieser Regelung ist, dem Patienten das Befolgen der »Grundregel« zu erleichtern. Die Vorkehrungen helfen ihm (besonders das Unterdrücken aller Werturteile seitens des Analytikers), die in der sozialen Interaktion eingeübte quasi-automatische Kontrolle des Sprechens und Handelns im Hinblick auf die möglichen Implikationen für den Gesprächspartner zu lockern (z. B. in bezug auf das Bild, das sich dieser vom Sprecher macht); auf diese Weise können leichter solche Gefühle und Handlungsintentionen ausgedrückt werden, die in alltäglichen Situationen dem Druck gesellschaftlicher Sanktionen unterworfen sind. Als erleichternd kann der Patient ebenfalls empfinden, daß das Maß der ihm zugeschriebenen Verantwortlichkeit (bzgl. der Konsequenzen seines Redens und Handelns) durch die »Grundregel« reduziert wird.

Als entscheidender therapeutischer Zweck wird die kontrollierte Anregung der »Regression« des Patienten angesehen, d. h. sein »Zurückfallen« auf tiefere Niveaus der Entwicklung, denen primitivere Formen des Denkens, Fühlens und Sich-Verhaltens entsprechen. Die kontrollierte Anregung dieses Vorgangs ist für die Durchführung der psychoanalytischen Behandlungsmethode deshalb notwendig, weil der Patient dabei die persönliche Beziehung zum Analytiker mittels seiner kindlich verbleibenden Denk- und Verhaltensgewohnheiten strukturiert, so daß das Konflikthafte dieser Beziehungsmuster für den Therapeuten, und schrittweise auch für den Patienten selbst, erkennbar und für beide bearbeitbar wird.

Unter den neueren theoretischen Versuchen, die starke Anregung dieser »Übertragungsreaktion« des Patienten von dem beschriebenen Kommunikations- und Interaktionsverhältnis in der Behandlungssituation abzuleiten, dominieren zwei Positionen:

Die kognitionspsychologische Position (vgl. z. B. Rosner 1973) faßt die Übertragung als »Wahrnehmungsverzerrung« auf, deren Entstehung von der großen Intensität relevanter zentraler Faktoren (Bedürfnisse und Affekte des Patienten) und des hohen Grades der Ambiguität externer Reize in der Situation gesehen wird. Die interaktionsbezogene Auffassung innerhalb der Psychoanalyse betont die (künstlich durch die Situation bedingte) Blockierung wichtiger interaktiver Ressourcen des Patienten – z. B. die Organisation eines geregelten Austausches von Handlungen und die Entwicklung eines klar umrissenen Fremdbildes –, dem sein verstärktes Bedürfnis zu »agieren« gegenübersteht – d. h. sein Bedürfnis, den Therapeuten als Handlungspartner in einem jeweiligen Muster der Triebbefriedigung zu gewinnen. (Macalpine 1950, Stone 1961.) Es wird vermutet, daß dieser Umstand im Patienten die Tendenzen verstärkt, unbewußte Beziehungsmuster zu mobilisieren und auf den Analytiker zu übertragen, da dies die ihm einzig verbleibende Möglichkeit ist, das relativ große »perzeptive und emotionale Vakuum« (Stone) in der Situation zu beseitigen.

Die Frage, welchen Einfluß dieser Vorgang der »Regression« auf das sprachliche Verhalten des Patienten hat, ist von psychoanalytischer Seite zumeist unter dem Gesichtspunkt der »Triebdynamik« und der besonderen »Symbolorganisation«, die dem Unbewußten zugeschrieben wird, verfolgt worden:

Das Reden (und Schweigen) des Patienten kann gelegentlich, in stark regressiven Phasen, von unbewußten Phantasien über die Aktivität des Redens (und Schweigens) beeinflußt sein. In diesen Phantasien dient das Sprechen verschiedenen infantilen Bedürfnissen, was durch den Redestil des Patienten, der von diesen Phantasien vorübergehend beeinflußt sein kann, dann symbolisch dargestellt wird. Umgangssprachliche Beschreibungen für diese Phantasien sind etwa: (mit Worten) »jemanden festnageln«, »zubeißen«, »verführen«, »allen Dreck ausleeren« usw.

Fliess (1949) behauptet, solche Sprechweisen an bestimmten akustischen Eigenschaften unterscheiden zu können, gibt aber selbst keine detaillierten Beispiele dafür. Meerloo, der die psychoanalytische Situation ausdrücklich als »laboratory for the study of microlinguistics« auffaßt (1959: 76), nennt in seiner Aufstellung der »Muster der freien Assoziationen« ebenfalls solche Sprechweisen, enthält sich dabei aber jeglicher linguistischer Beschreibung.

Weitere Sprachphänomene, die im Zusammenhang mit einer »Regression« des Patienten gesehen werden, sind die spontan auftretenden Redestörungen; sie werden als Ausdruck eines »inneren Konflikts« aufgefaßt. Dazu zählen die Formen des Versprechens, die schon Freud zum Gegenstand einer detaillierten Untersuchung gemacht und als eine der Erscheinungen aufgefaßt hat, die einen Einblick in die »Arbeitsweise« bzw. »Symbolorganisation« des Unbewußten geben, besonders in die Mechanismen der »Verschiebung« und »Verdichtung« (vgl. Klann 1978).

Goeppert u. Goeppert (1973) haben in Anlehnung an die Arbeit von Bierwisch (1970) zur »Fehler-Linguistik« (die der Generativen Grammatik verpflichtet ist) die Rekonstruktion der Fälle von Versprechen, die Freud vorgenommen hat, in ihrem semantischen Teil präzisiert. Danach lassen sich den Formen des Versprechens zwei Typen von Redefehlern zuordnen: Bei dem »Selektionsfehler« wählt der Sprecher für seine Mitteilungsintention eine falsche, mit ihr nicht übereinstimmende semantische Repräsentation, so daß in der Oberflächenstruktur eine »unangemessene« Lexikoneinheit erscheint (z. B. »geneigt« statt »geeignet«); bei der »Kontamination« wählt der Sprecher für den Ausdruck seiner Mitteilungsintention zugleich zwei semantische Repräsentationen, von denen zwar jede für sich angemessen wäre, die aber beide miteinander kollidieren, so daß in der syntaktischen Oberflächenstruktur ihrer beider Verschmelzung als Kompromißform erscheint (z. B. »Lippschaft« statt »Sippschaft« oder »Liebschaft«).

Eine umfassende Kategorisierung der verschiedenen spontanen Redestörungen, die den Patienten in der Psychotherapie überhaupt unterlaufen können, hat Mahl (1961) mit dem Ziel unternommen, ein Meßinstrument für die Angst von Patienten in den verschiedenen Phasen der Behandlung zu entwickeln. Seiner »speech disturbance ratio« liegt die Annahme zugrunde, daß die Rede des Patienten um so gestörter sei, je mehr Angst er empfindet, so daß die Intensität seiner Angst an der Art und der Häufigkeit seiner Redestörungen ablesbar ist; z. B. an Wechsel in der Satzplanung während einer Äußerung, Wortwiederholung und Auslassung, Stottern u. a.

Einen Versuch, den (linguistisch beschreibbaren) Vorgang des sprachlichen Handelns des Patienten in Verbindung zu setzen mit dem (psychoanalytisch interpretierten) Vorgang der Übertragung unbewußter Beziehungsmuster auf den Analytiker, haben Goeppert u. Goeppert unternommen (bes. 1975).

Ihre »linguistische und psychoanalytische Beschreibung ausgewählter Therapiestunden« (1975: 232 ff.), die von Kategorien der linguistischen Pragmatik Gebrauch macht, ist in ihrem Resultat allerdings schwer zu bewerten, da die Autoren die Prinzipien ihrer Analysemethode nicht hinreichend klären. Vor allem vermißt man eine Klärung des für dieses Vorgehen zentralen theoretischen Problems, wie sich die Kategorien der psychoanalytischen Theorie und die der linguistischen Pragmatik sinnvoll aufeinander beziehen lassen. Die Grundannahme, daß die unbewußten seelischen Vorgänge, die psychoanalytisch mit dem Konzept der »Objektbeziehung« erfaßt werden, »(...) als Typen von Sprechhandlung auftreten (...)« (1975: 100) wird nicht nur nicht weiter begründet, sie muß auch in dieser Form als problematisch gelten[6].

Methodisch berücksichtigen die Autoren nicht hinreichend, daß die Sprechhandlungen, die der Patient intendiert, durch den situativen Kontext stark geprägt sind. Die Bedingungen dafür, daß Sprechhandlungen den Charakter sozialer Handlungen haben – die dem Sprecher zugeschriebene Verantwortlichkeit und, aus seiner Perspektive, eine relativ stabile Erwartungssicherheit bezüglich der aktuellen Erwartung des Gesprächspartners –, sind aufgrund der institutionellen Vorkehrungen in der Therapiesituation nur sehr eingeschränkt gegeben. Sprechhandlungen von seiner Seite können daher allenfalls (im Vergleich zu Sprechhandlungen in alltäglichen Situationen) »rudimentäre« soziale Handlungen sein, die als solche linguistisch zu beschreiben wären.

Insgesamt machen die Untersuchungen zum Sprachverhalten in der (psychoanalytischen) Therapie deutlich, daß sprachwissenschaftliche Untersuchungen (unabhängig von jeder psychoanalytischen Interpretation) berücksichtigen müssen, inwieweit bestimmte sprachliche Verständigungsleistungen des Patienten, die in alltäglichen Situationen in dem Prozeß sozialer Interaktionen involviert sind, dadurch eingeschränkt bzw. »verzerrt« werden, daß die Bedingungen solcher Interaktionen in der psychoanalytischen Situation stark verändert werden.

3.1.3. Der Analytiker als partiell »anormaler« Hörer

Die ungewöhnliche Art, in der der Analytiker den Äußerungen des Patienten zuhört, ist von verschiedener Seite aus charakterisiert worden.

Lorenzer betont aus der Sicht des Psychoanalytikers, daß das durchgängige Merkmal des psychoanalytischen Verstehens »(...) die ›Vernachlässigung der Faktizität‹ des vom Patienten Mitgeteilten« (1973: 87) ist, auf das in alltäglichen Verstehensprozessen das Interesse der Kommunikationspartner vordringlich gerichtet ist. D. h., die Äußerungen des Patienten sind für den Analytiker in erster Linie relevant als Manifestation eines unbewußten Beziehungsmusters. Lorenzer illustriert dies an der Patienten-Äußerung: »Ich hatte heute eine Auseinandersetzung mit einem Vorgesetzten wegen der Zeiteinteilung«. Im Zusammenhang mit der »Übertragung« des Patienten interpretiert der Analytiker diese Äußerung u. U. als: »Ich bin mit einem Analytiker uneins wegen der Stundeneinteilung«.

Zu einer ähnlichen Auffassung gelangt Brown von sprachpsychologischer Seite aus: Er behandelt die Frage, in welcher Weise der Analytiker auf das Bedeutungspotential der Patienten-Äußerungen reagiert und kommt zu dem Schluß, daß ein wesentliches Element der ›Freudschen Revolution‹ die »(...) Revolution in der Art und Weise, auf bestimmte Arten von Sprache zu reagieren«, ist (1958: 312; übers. von D. F.).

Der Analytiker reagiert auf die Sprache des Analysanden besonders im Hinblick auf ihre »expressive« bzw. »Symptom«-Funktion unter Vernachlässigung ihrer »referentiellen« Funktion. Äußerungen, mit denen der Patient eine Referenz auf Objekte und Sachverhalte in der Realität intendiert, behandelt er nicht primär als Darstellung dieser Realität, sondern primär als Vorgang der »Enthüllung« von Phantasien und Affekten des Patienten, die von diesem sprachlich nicht intendiert sind.

Schröter erörtert diese Verhaltenseigentümlichkeit des Analytikers in bezug auf die Konsequenzen für die »fundamentalen Interaktionsregeln«, die er Habermas' Konzeption der »idealen Sprechsituation« (1971) entnimmt.

Schröter weist darauf hin, daß der Analytiker die Äußerungen des Patienten in ihren bewußten Intentionen »nicht ganz ernst nimmt« und daß er immer dann, wenn er mit der Formulierung einer Deutung die intendierte Bedeutung einer Patienten-Äußerung distanzierend hinterfragt, vorübergehend die Interaktionsregel suspendiert, derzufolge Sprecher in der sozialen Interaktion wechselseitig einander die »Zurechenbarkeit« ihrer Äußerungen unterstellen. Damit werde »(...) der Analysand als eine Person definiert, die selbst nicht weiß, was sie mit ihren Äußerungen sagt«. (1974: 51). – Wahrscheinlich urteilt Schröter hier aber zu kraß. Einerseits bereitet der Analytiker die von ihm beabsichtigten Deutungen häufig durch Verstehenshilfen (wie z. B. durch Andeutungen) vor; andererseits muß berücksichtigt werden, daß grundlegende Bedingungen sozialer Interaktionen schon durch die institutionalen Verhältnisse (s. o.) in der Behandlungssituation verändert werden.

Insgesamt sind die hier angeführten Arbeiten, die sich mit dem Zuhören des Analytikers befassen, nicht nur recht uneinheitlich, sie sind auch weitgehend auf Vermutungen angewiesen, da empirische Untersuchungen zu diesem Problem bislang kaum vorliegen. Entscheidend scheint zu sein, daß der Analytiker dem Redefluß des Patienten in »gespaltener« Weise folgt: Er folgt diesem einerseits so, daß er die intendierten Bedeutungen aufnehmen und verarbeiten kann, und macht dies gelegentlich dem Patienten durch Verstehenssignale erkenntlich; zugleich wendet er (zum Zweck der therapeutisch fruchtbaren Verarbeitung der Äußerungen) Deutungsmuster an, die dem Patienten selbst nicht zur Verfügung stehen, da sie sich auf Handlungsimpulse und Phantasien beziehen, die aufgrund seiner »Abwehr« der eigenen Wahrnehmung und Kontrolle entzogen sind (vgl. die Arbeit von Klann 1978)[7]. – Eine wesentliche, bislang ebenfalls unerforschte Gesprächsstrategie des Analytikers scheint darin zu bestehen, daß er die Diskrepanz zwischen seinem Verständnis und dem Selbst-Verständnis des Patienten durch geeignete Interventionen schrittweise verringert. (Vgl. Argelander 1968.)

3.1.4. Die Kooperation auf der Grundlage des »Arbeitsbündnisses«

Greenson hat betont, daß für die Durchführung der analytischen Therapie eine bestimmte Sozialbeziehung zwischen Analytiker und Analysand zustande kommen muß, die er das »Arbeitsbündnis« nennt. Dieses besteht nicht nur in ihrer beiderseitigen Verpflichtung, für das vereinbarte Behandlungsarrangement einzutreten. »Das eigentliche Bündnis wird im wesentlichen durch das einsichtsfähige Ich des Patienten und durch das analysierende Ich des Analytikers gebildet. Durch diese Beziehung wird die teilweise Identifizierung des Patienten mit dem Vorgehen des Analytikers ermöglicht, mit dem dieser versucht, das Verhalten des Patienten zu verstehen« (1966: 83).

Das Zustandekommen dieser Beziehung wird u. a. dadurch gefördert, daß der Patient im Verlauf der Therapie die Fortschritte seiner Selbst- und Fremdwahrnehmung als erfolgreich zu schätzen lernt, die er unter Mithilfe des Therapeuten erzielt. Damit kann auch ein Teil der Enttäuschungen und Entbehrungen kompensiert werden, die ihm durch die analytische Situation bereitet werden – besonders die fortwährende Frustration seines Bedürfnisses, durch den Analytiker möglichst rasch von seinem Leidensdruck befreit zu werden.

Schröter betont, daß die Dialogpartner diese im »Arbeitsbündnis« beschriebene Ebene nicht-neurotischer Interaktionen als eine »Metaebene zur Übertragungsbeziehung« (1974: 57) in Anspruch nehmen können; d. h. als eine Ebene der Verständigung mittels der metakommunikativen Deutungsvorschläge des Analytikers zu den Äußerungen des Patienten und dessen diese Vorschläge verarbeitenden Reaktionen darauf.

Auch wenn zu dieser Frage bislang noch keine empirischen Untersuchungen vorliegen, macht die Form des analytischen Gesprächs als einer komplexen Modifikation sozialer Kommunikation die Annahme plausibel, daß die genannte Interaktionsebene dem Patienten nicht schon zu Beginn der Therapie uneingeschränkt zur Verfügung steht; sie muß im Prozeß seiner Sozialisierung in die Rolle eines psychoanalytischen Patienten z. T. erst konstituiert werden, und zwar in der Weise, daß sich der Patient mit der besonderen Krankheitsauffassung des Analytikers, mit dessen – besonders auf persönliche Konflikte gerichteten – Informationsbedürfnissen, mit dessen eingeschränkter Interaktionsbereitschaft usw. vertraut macht und als Bedingungen des psychoanalytischen Gesprächs im einsichtsfähigen Teil seines »Ich« akzeptiert.

Eine notwendige sprachliche Voraussetzung für die therapeutische Verständigung scheint zu sein, daß der Patient (wenn auch weitgehend nur in passiver Form) das besondere Vokabular zu beherrschen lernt, das der Analytiker für die Formulierung seiner Interventionen benutzt. Jones (1968) hat darauf hingewiesen, daß der Analytiker neben der »physikalischen Sprache« und der gewöhnlichen »Gedanken-Gefühl-Motiv«-Sprache eine »neue Sprache« benutzt, und zwar durch die Einführung des Begriffs des Unbewußten und durch die Ausdehnung der Begriffe für »Flucht«, »Wut«, »Schuld« usw. Sie dient dazu, daß für die therapeutischen Dialogpartner eine gemeinsam geteilte Realität erfaßt werden kann, die in alltäglichen Situationen zumeist verdeckt ist: die Manifestation der unbewußten Phantasien.

4. Abschließende Bemerkungen

Mein Überblick hat in Umrissen ein Forschungsgebiet dargestellt, auf dem bislang nur wenig gesicherte Erkenntnisse erzielt werden konnten – vor allem deshalb, weil empirische Untersuchungen auf diesem Gebiet noch in den Anfängen stecken. Ich möchte abschließend zwei der Problemfelder verdeutlichen, in denen ein Fortschritt in der systematischen Untersuchung auch ein Fortschritt in der Entwicklung der Sprachwissenschaft bedeuten kann.

a) Das erste Problemfeld betrifft den Zusammenhang von Sprache und Affekt. Wahrscheinlich ist die in der Sprachwissenschaft ausgeprägte Neigung »(. . .) einseitig Sprache mit menschlicher Geistigkeit (. . .)« zu identifizieren (Bittner 1969: 21), dafür verantwortlich, daß wir über diesen Zusammenhang noch wenig wissen – z. B. bezüglich der von Bittner formulierten Frage: »(. . .) durch welches strukturelle Entgegenkommen die Sprache überhaupt fähig sei, affektive Gehalte auszudrücken und affektive Erregungen abzuführen (. . .)« (1969: 17). Hier bietet die psychoanalytische Situation schon deshalb erfolgversprechende Untersuchungsbedingungen, da Affekte (und Phantasien) in ihr besonders deutlich in Erscheinung treten.

b) Der für therapeutische Zwecke geschaffene »Experimentiergrund menschlicher Beziehungen« (Stierlin 1971) kann nach meiner Auffassung auch zugleich als Laboratorium für die Erforschung verbaler Interaktionen in alltäglichen Situationen dienen:

Die oben skizzierten Arbeiten legen die Auffassung nahe, daß das Spezifische der psychoanalytischen Therapiemethode – formuliert unter dem Blickwinkel der Konversationsanalyse – darin besteht, daß der Analytiker, gemessen an alltäglichen Situationen der Kommunikation, seine Kooperativität in der verbalen Interaktion mit dem Patienten kontrolliert »verlagert«: Er reduziert besonders stark das Maß seiner Kooperativität in den Formen, die in alltäglichen Situationen zur Durchführung sozialer Interaktionen unerläßlich sind (wie z. B. die Bereitschaft zum Aufgreifen von Initiativen des Partners zum Sprecherwechsel, die Bereitschaft zum angemessenen Zuhören usw.); andererseits verstärkt er seine Kooperativität in den Interaktionen, die der Selbsterforschung des Patienten dienen. Dieses eigentümliche Interaktionsverhältnis liefert für die Verfolgung der Frage, wie in alltäglichen Kommunikationssituationen sprachliche Verständigungsleistungen und die Durchführung sozialer Interaktionen miteinander verbunden sind, interessante Untersuchungsbedingungen; denn der sprachliche Äußerungsprozeß des Patienten wird ja in einem bestimmten Umfang von sozialen Ordnungsstrukturen der Interaktion abgelöst. Es wäre z. B. zu fragen, welche Konsequenzen sich daraus für die sprachlichen Ausdrucksmöglichkeiten des Patienten ergeben[8]. Die Verfolgung dieser und ähnlicher Fragen setzt allerdings voraus, daß zunächst exakter, als dies bislang geschehen ist, geklärt wird, welche interaktiven Ressourcen des Patienten in der analytischen Behandlungssituation blockiert werden und welche nicht.

Anmerkungen

1 Besonders Lorenzer (1974) hat auf die Problematik dieses Vorgehens hingewiesen und die Forderung betont, daß linguistische Kategorien, die ja außerhalb der Psychoanalyse entwickelt worden sind, erst unter Klärung der Wissenschaftsdifferenz mit der Psychoanalyse vermittelt werden müssen, damit ein interdisziplinärer Ansatz sinnvoll wird.

2 Charakteristisch dafür ist, daß in dem Sammelband von Ruitenbeek (1973), der die psychotherapeutische Kommunikation zum Thema hat, von 23 Beiträgen nur ein Beitrag ausschnittsweise einen faktisch gesprochenen Dialog dokumentiert und untersucht hat.

3 Vgl. z. B. zur Kritik des assoziationspsychologischen Konzepts, das Freud zur therapeutischen Begründung der »analytischen Grundregel« benutzte, die Arbeit von Wolff (1974).

4 In diesem Begründungszusammenhang steht auch Lorenzers These, die er in Anlehnung an das Sprachspielkonzept von Wittgenstein

formuliert: daß nämlich in der psychoanalytischen Situation das wichtigste Moment des Sprachspielmodells – die Aktualisierung von Sprachspielen – aufgehoben wird (1973, 1974). Allerdings wird nicht ganz klar, wie Lorenzer das Sprachspielkonzept, das weitgehend von sozialwissenschaftlichen und psychologischen Bestimmungen der sprachlichen Praxis abstrahiert, mit der psychoanalytischen Theorie der Technik vermitteln will.

5 Es soll an dieser Stelle betont werden, daß die sozialen Regeln verbaler Interaktion – wie z. B. die Regel für »Beziehungszeichen« – in der psychoanalytischen Behandlungssituation nicht einfach in ihrer Geltung suspendiert, sondern in bezug auf die Therapieziele in spezifischer Weise abgeändert werden, so daß das psychoanalytische Gespräch als eine hochkomplexe Modifikation und Spezialisierung sozialer Kommunikation beschreibbar ist. Im Falle der sozialen Regel für »Beziehungszeichen« beinhaltet die Abänderung, daß der Analytiker einerseits weitgehend solche Informationen unterdrückt, die die persönliche Qualität seiner Beziehung zum Analysanden betreffen, andererseits aber – in der Form, wie er sein Zuhören und seine Interventionen praktiziert – bereitwillig (und manchmal sogar gezielt) solche Informationen zur Verfügung stellt, die die Kooperationsbeziehung des therapeutischen »Arbeitsbündnisses« mit dem Analysanden betreffen und die es diesem ermöglichen, sich ein klares Bild von dem Analytiker als einen Therapeuten mit einer bestimmten Krankheitsauffassung, bestimmten Kommunikationszielen, Wertmaßstäben usw. zu machen (vgl. Abschnitt 3.1.4. dieses Beitrags).

6 Zur Erläuterung: Mit dem Konzept der »Objektbeziehung« wird in der psychoanalytischen Theorie die Art der Beziehung des Subjekts zu seiner personellen Umgebung erfaßt, wie sie sich auf der Ebene seiner Phantasien strukturiert und seine Erfassung der sozialen Realität und die daran geknüpften Handlungen beeinflußt. Wenn die Objektbeziehung unbewußt hergestellt wird – wie im Fall der »Übertragungsreaktion« – impliziert das, daß sie seiner Kontrolle entzogen und von individuellen Bedeutungen bestimmt ist. Warum diese unbewußten Phantasien, wenn sie in den sprachlichen Äußerungsprozeß des Patienten intervenieren, gerade als Typen von Sprechhandlungen auftreten sollen, die ja auf soziale Zwecke der Verständigung bezogen sind, bleibt völlig unklar.

7 Konversationsanalytisch bietet sich an, die ungewöhnliche Art des psychoanalytischen Zuhörens als ein fortwährendes Abweichen von den »Basisregeln« des Hörens und Sprechens in alltäglichen Situationen zu charakterisieren, die die Sozialität einer Kommunikationsbeziehung gewährleisten (vgl. Cicourel 1975). Arbeiten zum psychoanalytischen Dialog unter diesem Gesichtspunkt liegen m. W. nicht vor.

8 So ergibt sich z. B. für den Patienten das Problem, eine situationsangemessene Identifizierung der Person des Analytikers zu finden, wenn er im Befolgen der »analytischen Grundregel« dazu angeregt wird, dessen persönliches Verhalten in der Situation zu beschreiben und sich auf diesen als eine Person mit bestimmten Eigenschaften zu beziehen. Durch die »symbolische Anonymität« des Analytikers werden ihm gerade die Verstehensvoraussetzungen vorenthalten, die zur angemessenen Anwendung der ihm verfügbaren sozialen Kategorien notwendig sind – wie etwa »Verräter«, »Liebhaber«, »Familienvater« usw.; vgl. zum Studium sozialer Kategorien Sacks 1972.

Literaturverzeichnis

Argelander, H. (1968): Der psychoanalytische Dialog. Psyche 28, 325-339

Bachmann, Ch, (1972) (Hrsg.): Psychoanalyse und Verhaltenstherapie. Frankfurt/M. (Fischer)

Beres, D. (1957): Communication in Psychoanalysis and in the Creative Process: A Parallel. Journal of the American Psychoanalytic Association 5, 408-423

Bierwisch, M. (1970): Fehler-Linguistik. Linguistic Inquiry 1, 397-414; und ASG-Bericht, Nr. 5. Berlin, 15-38

Bittner, G. (1969): Sprache und affektive Entwicklung. Stuttgart (Klett)

Brede, K. (1976): Interaktion und Trieb. In: Menne et al.: Sprache, Handlung und Unbewußtes. Kronberg (Athenäum), 135-175

Brown, R. (1958): Words and Things. New York (The Free Press), London (Collier-Macmillan)

Cicourel, A. V. (1975): Sprache in der sozialen Interaktion. München (List)

Flader, D. / Grodzicki, W. D. (1978): Hypothesen zur Wirkungsweise der psychoanalytischen »Grundregel«. Psyche 32, 545-594

Fliess, R. (1949): Silence and Verbalization: a supplement to the Theory of the ›analytic rule‹. International Journal of Psycho-Analysis 30, 22-30

Freud, S.: Vorlesungen zur Einführung in die Psychoanalyse. In: Ges. W. Bd. 11, Frankfurt/M. (Fischer)

– Kurzer Abriß der Psychoanalyse. In: Ges. W. Bd. 13 405-427

– Bemerkungen über die Übertragungsliebe. In: Ges. W. Bd. 10, 305-321

Fürstenau, P. (1977): Praxeologische Grundlagen der Psychoanalyse. In: Handbuch der Psychologie Bd. 8, Klinische Psychologie 1. Halbband. Göttingen (Verlag für Psychologie), 847-888

Goeppert, S. / Goeppert, H. (1973): Sprache und Psychoanalyse.
– (1975): Redeverhalten und Neurose.
Beide: Reinbek bei Hamburg (Rowohlt)
Goffman, E. (1971): Verhalten in sozialen Situationen. Gütersloh (Bertelsmann)
– (1974): Das Individuum im öffentlichen Austausch. Frankfurt/M. (Suhrkamp)
Greenson, R. R. (1966): Das Arbeitsbündnis und die Übertragungsneurose. Psyche 20, 81-103
Habermas, J. (1968): Erkenntnis und Interesse. Frankfurt/M. (Suhrkamp)
– (1971): Vorbereitende Bemerkungen zu einer Theorie der kommunikativen Kompetenz. In: Habermas/Luhmann: Theorie der Gesellschaft oder Sozialtechnologie – Was leistet die Systemforschung? Frankfurt/M. (Suhrkamp), 101-141
Jappe, G. (1971): Über Wort und Sprache in der Psychoanalyse. Frankfurt/M. (Fischer)
Jones, G. S. (1968): Treatment or torture. London (Tavistock Pubns.)
Kächele, H. / Schaumburg, L. / Thomä, H. (1973): Verbatimprotokolle als Mittel in der psychotherapeutischen Verlaufsforschung. Psyche 27, 902-927
Kallmeyer, W. / Schütze, F. (1976): Konversationsanalyse. Studium Linguistik 1, 1-28
Klann, G. (1978): Sprache in der Psychoanalyse. Studium Linguistik, Heft 5, 52-66
Kris, E. (1950): On Preconscious Mental Processes. Psychoanalytic Quarterly 19, 540-560
Lacan, J. (1973): Schriften I. Olten und Freiburg i. Breisg. (Walter)
– (1975): Schriften II. Olten und Freiburg i. Breisg. (Walter)
Loewenstein, R. M. (1956): Some Remarks on the Role of Speech in psychoanalytic Technique. International Journal of Psycho-Analysis 37, 460-468
Lorenzer, A. (1970): Kritik des psychoanalytischen Symbolbegriffs. Frankfurt/M. (Suhrkamp)
– (1973): Sprachzerstörung und Rekonstruktion. Frankfurt/M. (Suhrkamp)
– (1974): Wittgensteins Sprachspiele in der Psychoanalyse. Psyche 28, 833-852
Macalpine, I. (1950): The development of the transference. Psychoanalytic Quarterly 19, 501-539
Mahl, G. F. (1961): Measures of two expressive aspects of patient's speech in two psychotherapeutic interviews. In: Gottschalk (ed.): Comparative psycholinguistics analysis of two psychotherapeutic interviews. New York (Intern. Univ. Press) 91-114

Meerloo, J. A. M. (1959): Psychoanalysis as an experiment in communication. Psychoanalysis and Psychoanalytic Review 46, 75-89
Menne, K. et al. (1976): Sprache, Handlung und Unbewußtes. Kronberg (Athenäum)
Menninger, K. A. / Holzman, Ph. S. (1977): Theorie der psychoanalytischen Technik. Stuttgart-Bad Cannstatt (fromman-holzboog)
Rosen, V. H. C. (1972): Sprache und Psychoanalyse. Psyche 26, 81–88
Rosner, R. (1973): On the nature of free association. Journal of the American Psychoanalytic Association 21, 558-575
Ruitenbeek, H. M. (1973) (ed.) The Analytic Situation. Chicago (Aldine)
Sacks, H. (1967/1972): Lectures, Vervielfältigt
– (1972): On the Analyzability of stories by children. In: Gumperz/Hymes (eds.): The Ethnography of Communication. New York (Holt, Rinehart, Winston), 325-345
Sacks, H. / Jefferson, G. / Scheggloff, E. (1974): A Simplest Systematics for the Organization of Turn-Taking for Conversation. Language 50, 696-735
Schröter, K. (1974): Psychoanalytischer Dialog und alltägliche Kommunikation. In: Muck et al.: Information über Psychoanalyse. Frankfurt/M. (Suhrkamp), 45-63
Stierlin, H. (1971): Das Tun des Einen ist das Tun des Anderen. Frankfurt/M. (Suhrkamp)
Stone, C. (1961): The Psychoanalytic Situation. New York (Intern. Univ. Press)
Thomä, H. C. (1974): Zur Rolle des Psychoanalytikers in psychotherapeutischen Interaktionen. Psyche 28, 381-394
Thomä, H. / Kächele, H. (1973): Wissenschaftstheoretische und methodologische Probleme der klinisch-psychoanalytischen Forschung, II. Teil. Psyche 27, 309-355
Trömel-Plötz, S. (1978): Zur Semantik psychoanalytischer Interventionen. Studium Linguistik, Heft 5, 37-51
Turner, R. (1976): Einige formale Eigenschaften des therapeutischen Gesprächs. In: Auwärter/Kirsch/Schröter (Hrsg.): Seminar: Kommunikation, Interaktion, Identität. Frankfurt/M. (Suhrkamp), 140-190
Wolff, P. H. (1974): Überlegungen zu einer psychoanalytischen Theorie des Spracherwerbs. Psyche 28, 853-899

Dieter Flader und Wolf-Dietrich Grodzicki
Hypothesen zur Wirkungsweise der psychoanalytischen Grundregel

Vorbemerkung

Das Ziel der hier vorgelegten Arbeit ist es, Anregungen zu vermitteln, die zu einer Klärung der Frage beitragen können, welcher Art die Prozesse sind, die durch das analytische Setting, in dessen Mittelpunkt die sog. Grundregel steht, in Gang gesetzt werden.

Den Anstoß zu der Beschäftigung mit diesem Problemkreis gab ein Seminar mit Studenten und Ausbildungskandidaten, in dem die Rolle der sprachlichen Kommunikation für die analytisch-therapeutische Technik, speziell das Arrangement der Grundregel, untersucht werden sollte. Die Fragen, die sich in diesem Seminar ergeben haben, im Verein mit den Ergebnissen einer Umfrage bei praktizierenden Analytikern, wie sie die Grundregel handhaben, veranlaßten uns zu einer weitergehenden Beschäftigung mit diesem Thema.

Wir fanden in der psychoanalytischen Literatur, die sich mit der Grundregel befaßt, keinen befriedigenden theoretischen Ansatz, auf den sich unsere Untersuchungen hätten stützen können. So versuchten wir selbst, Hypothesen bezüglich der Wirkungsweise der Grundregel unter kommunikativen Aspekten zu entwickeln.

Diese Hypothesen wollen wir im folgenden darstellen, wobei wir uns auf die initiale Phase der Therapie beschränken. Wir werden, um unsere Fragestellung zu präzisieren, zunächst kurz auf die in der Literatur verbreitete und unserer Ansicht nach revisionsbedürftige Auffassung der Grundregel eingehen und anschließend unsere Überlegungen dazu vorlegen.

Erschienen in: *Psyche 32*, 1978, S. 545-594. Diese Arbeit wurde von der Psyche-Redaktion dem Limentani-Komitee empfohlen.

I Zur traditionellen Auffassung der psychoanalytischen »Grundregel«

In der psychoanalytischen Literatur wird die Funktion der Grundregel gewöhnlich damit umschrieben, daß sie entscheidend dazu beiträgt, »die psychoanalytische Konstellation herzustellen« (Hermann, 1963), bzw. daß »sie die ganze psychoanalytische Situation strukturiert« (Laplanche/Pontalis, 1967). Eine genauere Erklärung dieser konstitutiven Funktion der Grundregel, die von den mit ihr gegebenen kommunikativen und handlungsbezogenen Erwartungen ausgeht, ist noch nicht geliefert worden.

Hartmann (1927, S. 90) meint:

»Das Erlernen der Methode des freien Einfalls macht den meisten Menschen zunächst einige Schwierigkeiten. Aber es gilt für jeden, der dies Anfangshindernis überwunden und sich auch nur durch einige Wochen täglich eine Stunde lang den Anforderungen der psychoanalytischen Grundregel unterworfen hat, daß er sich damit – vor aller Deutung – eine Fülle von psychoanalytischen Einblicken erwirbt, die sich der Selbstwahrnehmung sonst verschließen.«

Wir erfahren jedoch nicht, warum »zunächst einige Schwierigkeiten« auftauchen, die als »Anfangshindernis« überwunden werden. Das Interesse gilt wenig oder gar nicht der Frage der Bedeutung der mitgeteilten Grundregel für den Patienten, sondern von allem Anfang an der Art und Weise des Umgangs mit der Grundregel und dem unter ihrer Ägide Mitgeteilten.

Daß dem so ist, hat historische Gründe. Freud (1928, S. 410 f.) bezeichnet es als den »folgenschwersten Schritt«, daß er sich entschloß, auf das technische Hilfsmittel der Hypnose zu verzichten:

»Die Hypnose hatte aber den Dienst geleistet, das vom Kranken Vergessene seiner bewußten Erinnerung zuzuführen. Sie mußte durch eine andere Technik ersetzt werden.« Freud verfiel damals darauf, an ihre Stelle die Methode der freien Assoziation zu setzen, d. h. er verpflichtete die Kranken dazu, auf alles bewußte Nachdenken zu verzichten und sich in ruhiger Konzentration der Verfolgung ihrer spontanen (ungewollten) Einfälle hinzugeben (›die Oberfläche ihres Bewußtseins abzutasten‹). Diese Einfälle sollten sie dem Arzt mitteilen, auch wenn sie Einwendungen dagegen verspürten, wie z. B. der Gedanke sei zu unangenehm, zu unsinnig oder zu unwichtig oder er gehöre nicht hierher. Die Wahl der freien Assoziation als Hilfsmittel zur Erforschung des vergessenen Unbewußten erscheint so befremdend, daß ein Wort zu ihrer Rechtfertigung nicht überflüssig wird. Freud wurde dabei von der Erwartung geleitet, daß sich die sogenannte freie Assoziation in Wirklichkeit als unfrei erweisen werde, indem nach der Unterdrückung aller bewußten Denkabsichten eine Determinierung der Einfälle durch das unbewußte Material zum Vorschein käme ... Durch die Verfolgung der freien Assoziation unter Einhaltung der oben gegebenen ›analytischen Grundregel‹ erhielt man reiches Material von Einfällen, welches auf die Spur des vom Kranken Vergessenen führen konnte. Dies Material brachte zwar nicht das Vergessene selbst, aber so deutliche und reichliche Andeutungen desselben, daß der Arzt mit gewissen Ergänzungen und Deutungen das Vergessene daraus erraten (rekonstruieren) konnte. Freie Assoziation und Deutungskunst leisteten also nun das Gleiche wie früher die Versetzung in Hypnose.

Die »Verpflichtung« auf die Grundregel zielt also darauf ab, Ersatz für eine Methode (Hypnose) zu schaffen, die »dem Arzt jenes psychische Material an Erinnerungen und Vorstellungen geliefert hatte, mit dessen Hilfe sich die Umsetzung der Symptome und die Befreiung der Affekte vollziehen ließ« (Freud, 1904, S. 5). Darüber hinaus aber wird auf diese Weise ein aus der Hypnose-Therapiezeit stammendes theoretisches Konzept festgehalten, demzufolge die Fernhaltung von Erlebnissen aus dem Bewußtseinsbereich aufgehoben werden muß, um eine Heilung zu erzielen. Im Falle der Anna O. z. B. schwand die plötzlich aufgetretene Unfähigkeit, trinken zu können, nachdem sie in der Hypnose erzählt hatte, daß der kleine Hund der englischen Gesellschafterin, »ein ekelhaftes Tier«, aus einem Glas getrunken hatte.

So ist die »Grundregel« ursprünglich als Mittel gedacht gewesen, die zum pathogenen Ereignis führenden Glieder einer Vorstellungskette zutage zu fördern. Das über ein paar – hier zu vernachlässigende – Zwischenstufen erreichte Arrangement der Grundregel brachte aber Material zutage, das sich bei der Hypnose-Technik nicht ergeben hatte, wodurch ein Überdenken und Neufassen der theoretischen Konzeption notwendig wurde.

So wurde letztlich mit einer Technik, die die Abläufe in der Hypnose ohne hypnotischen Somnambulismus ermöglichen sollte, eine Theorie erarbeitet, die mit der aus den hypnotherapeutischen Erfahrungen gewonnenen nichts mehr gemein hatte.

Interessanterweise blieb aber die »Grundregel«, die die Hypnose ersetzen sollte, weiter bestehen. Sie wurde weder in die theoretischen Neufassungen mit einbezogen, noch wurde versucht zu verstehen, weshalb diese Technik, von der ursprünglich etwas ganz anderes erwartet worden war, zu diesen entscheidenden, das ganze damalige psychologische Weltbild revolutionierenden Ergebnissen führen mußte.

Als theoretische Grundlage der Grundregel dienen auch heute noch weitgehend Freuds erste Überlegungen, die die Wirkung der »Grundregel« allein auf den individuellen Vorstellungsablauf, der als »Ideenassoziation« aufgefaßt wurde, bezogen. Als das an der »Grundregel« Wesentliche wurde bei diesem assoziationspsychologischen Konzept das Aufgeben bewußter Zielvorstellungen angesehen, die die Verknüpfung einzelner Vorstellungen kontrollieren, und es wurde angenommen, ». . . daß mit dem Aufhören dieser sofort unbekannte – wie wir ungenau sagen: unbewußte – Zielvorstellungen zur Macht kommen, die jetzt den Ablauf der ungewollten Vorstellungen determiniert halten« (Freud, 1900, S. 533).

In der Bezeichnung dieser Technik als einer »Methode des freien Assoziierens« hat diese akommunikative Betrachtungsweise des Grundregel-Arrangements ihren feststehenden und geläufigen Ausdruck gefunden.

Damit aber ergibt sich die ebenso interessante wie wichtige Frage, was an diesem Grundregel-Arrangement eigentlich das Wesentliche ist, da ja das ursprünglich für wesentlich Erachtete sich als unwesentlich herausgestellt hat.

Die allgemein üblichen Aspekte – die Förderung weiteren biographischen Materials, Einblick in die Gestaltungen der Phantasie des Patienten mit der Möglichkeit, Rückschlüsse auf unbewußtes Material ziehen zu können, das Sichtbarwerden von Abwehr- und Widerstandsverhalten im Zusammenhang mit früherem Erleben, das Erfahren der Erlebens- und Sichtweise des Analytikers durch den Patienten im Zusammenhang mit den Phänomenen der Übertragung – sind z. T. Beschreibungen dessen, was Analytiker und Analysand beim Praktizieren der Grundregel zu sehen bekommen, z. T. Versuche, das jeweils Mitgeteilte theoretisch zu fassen.

Der genaue »Gehalt« der Grundregel – also das, was bezüglich der Kommunikation und Interaktion in der psychoanalytischen

Situation durch sie in bestimmter Weise geregelt werden soll – und ihre Wirkung – die verschiedenen seelischen Vorgänge, die diese besondere Regelung im Patienten auslöst – bleiben bei diesen Betrachtungen ebenso unberücksichtigt wie die Frage, weshalb mit dieser Technik die Erkenntnisse gewonnen werden konnten, die in der psychoanalytischen Theoriebildung ihren Niederschlag fanden.

Überraschenderweise finden auch in der neueren Literatur, von wenigen Ausnahmen abgesehen (Habermas, Lorenzer) Interaktions- und Kommunikationsaspekte kaum Berücksichtigung. So befaßt sich z. B. der Panel-Report »The Basic Rule: Free Association – A Reconsideration« (Seidenberg, 1971) mehr mit technischen Problemen, die sich aus der Methode des »freien Assoziierens« ergeben, als mit kommunikationspsychologischen Fragen[1].

Das Fehlen eines psychoanalytischen Kommunikationsmodells erörtert Rycroft (1968). Er schreibt: »... that theoretical formulations of psychoanalysis have a tendency not to do full justice to the communicative aspects of human behaviour«. Den Grund dafür sieht er zu Recht in der historisch bedingten Konstitution der Metapsychologie, in der der Aufbau des »psychischen Apparates« (!) analog zu dem des zentralen Nervensystems gedacht wird.

»Within this apparatus«, fährt Rycroft fort, »certain structures are assumed to exist, to have certain relations one with another, and to be invested with libido and aggression derived from instinctual sources. Some of these structures ... are conceived of as being related to objects in the external world ..., meta-psychology is concerned with (the) psychical representations and precipitates of the external world, not with the external world itself or with interaction between the subject and his external objects« (S. 61 f.).

In dieser aus der historischen Situation verstehbaren Konzeption der Psychoanalyse als Naturwissenschaft betrachtete der »Untersucher« sein »Objekt« auf dessen Struktur hin, sah sich selbst aber nur als Betrachtenden. Der Begriff »Beziehung« wird zwar häufig benutzt, etwa als therapeutische Beziehung, Übertragungsbeziehung usw., das aber, was Interaktion wesentlich bestimmt, nämlich die Wechselseitigkeit des Miteinander, d. h., daß die Partner sich in ihrem Miteinander wechselseitig bedingen und auf diese Weise ein in sich geschlossenes System darstellen, hat in der psychoanalytischen Theoriebildung keinen Platz gefunden. Das Abstrahieren von dem Interaktionsgesichtspunkt ist charakteristisch für die Modelle, die die Psychoanalyse bezüglich der Verhaltensweisen des Individuums entwickelt hat.

So kommt etwa im genetischen Modell den »Beziehungspersonen« der Infantilzeit eine hohe Bedeutung zu, da sie durch ihr Verhalten bestimmend und wegweisend sind für das, was das Kind aus seinen Möglichkeiten gestalten können wird oder nicht.

Diese das Kind so entscheidend formenden Beziehungen werden gesehen unter dem Aspekt des Aufeinanderprallens von Bedürfnissen auf seiten des Kindes wie auf seiten der Erwachsenen. Die aus dem jeweiligen Miteinander und Gegeneinander resultierenden Verhaltensstrukturen fanden eine differenzierte theoretische Formulierung, die Verinnerlichung des in diesen Beziehungen Erlebten ist uns in Begriffen wie Objekt- und Selbstrepräsentanzen, Über-Ich-Strukturen, narzißtische Positionen usw. vertraut und handhabbar.

Die Interaktionsmuster aber, die sich aus den Beziehungen mit den für die Entwicklung entscheidenden Personen als ebenfalls feste Strukturen (wie Objekt- und Selbstrepräsentanzen es sind) gebildet haben, fanden im theoretischen Modell der Psychoanalyse ebensowenig Platz wie die kommunikativen Formen und Funktionen, die auf die Interaktionsmuster und deren Merkmale bezogen sind: den Vorgang ihrer Realisierung in jeweiligen Situationen, der Kontrollierbarkeit dieses Vorganges u. a. mehr.

II Einige Grundbegriffe einer kommunikationsbezogenen Betrachtungsweise

Wenn wir im folgenden von einer Kommunikationssituation sprechen, meinen wir, daß mindestens zwei Menschen miteinander in Beziehung treten, wobei von beiden bei der Beziehungsaufnahme ein Muster entworfen wird, das der erwarteten, gewünschten, gefürchteten oder sonstwie sich ergebenden Beziehung entspricht.

Jeder Mensch erwirbt unter hinreichend »normalen« Lebensumständen eine ganze Reihe solcher »Muster«, die als feste Bestandteile, so wie etwa Objektrepräsentanzen, niedergelegt sind.

Es sind bestimmte Grundmuster anzunehmen, die praktisch jedem Menschen zur Verfügung stehen. In diesen Grundmustern sind die eigenen Bedürfnisse repräsentiert ebenso wie die damit verbundenen Aktionen und zugleich die von dem zu diesem Grundmuster gehörenden Objekt zu erwartenden Aktionen (Handlungen, Wertungen usw.). Unter diesen Gesichtspunkten würden Objekt- wie Selbstrepräsentanzen wesentlich bestimmt von dem Ort, den sie innerhalb derartiger Interaktionsmuster einnehmen, d. h., Objekt- wie Selbstrepräsentanz sind durch das, was sie wechselseitig an Möglichkeiten bedingen oder ausschließen, definierbar. Das Vorhandensein solcher fester Muster ermöglicht die gedankliche Vorwegnahme von Kommunikationsstationen ebenso, wie es die rasche »Verständigung« zwischen zwei Menschen erlaubt, die das gleiche Muster entwerfen.

Die Leistung der gedanklichen Vorwegnahme basiert im wesentlichen darauf, daß die Elemente der Muster, die dem Bewußtsein zugänglich sind und in gewissem Umfang verändert werden können, in der Form eines »sozialen« Wissens« repräsentiert sind, das von den anderen an der Interaktion Beteiligten geteilt wird.

Wir nehmen an, daß jedem Kommunikationsprozeß von seiten der daran beteiligten Personen ein situationsspezifisches Muster zugeordnet wird, wobei es wahrscheinlich eine Tendenz gibt, die eingebrachten Muster, die individuelle Variationen aufweisen, soweit als möglich kongruent werden zu lassen. Die Interaktion zwischen Partnern wird dadurch voraussehbar und praktikabel gemacht.

Durch das Kongruentwerden von Interaktionsmustern wird das wechselseitig sich bedingende Miteinander darüber hinaus als »sinnvoll« erfahren. Die Entstehung von Sinn fassen wir auf als eine Funktion des Maßes, in dem Handlungen in ein bereits vorhandenes bzw. in Abstimmung mit dem Partner variiertes Muster integriert werden können. Der individuelle Sinn, den der einzelne mit dem Interaktionsmuster, das er in einer Situation zu entwerfen sucht, verbindet, wird erst durch das Kongruentwerden der beiderseitigen Muster zu einer sozialen Sinn-Struktur, die das Miteinander in einer gemeinsamen Erfahrungswelt verankert.

Soweit der Verständigungsvorgang der Kontrolle der Beteiligten unterliegt, sind für ihn Konventionen (soziale Regeln) des Miteinander-Handelns und -Sprechens konstitutiv. Diese Konventionen gewährleisten – wie wir in Anlehnung an die angelsächsische Sprachphilosophie (bes. Searle, 1971) und den amerikanischen Interaktionismus (bes. Mead, 1934, und Sacks, 1967/72) formulieren wollen – daß Aktionen und Sprechhandlungen komplementär aufeinander bezogen und intersubjektiv geteilte Bedeutungen gebildet und ausgetauscht werden können, die der Koordinierung wechselseitiger Aktionen dienen. Diese Regeln bilden ein Kategorien-System des Handlungsverstehens und der Situationsauffassung, das in der sprachlichen Sozialisation erworben wird.

Die Geltung der Konventionen (und der Deutungskategorien von Personen und ihren Aktionen) bewährt sich dabei erst an der Reziprozität beiderseitiger Handlungen, d. h. an dem tatsächlich zustande kommenden Miteinander, wie es beabsichtigt wurde und kontrolliert wird.

In welcher Beziehung die sozialen Regeln des Handelns und Sprechens zu den psychoanalytisch definierten »Interaktionsmustern« stehen, ist theoretisch noch kaum geklärt. Ein Interaktionsmuster hat aus psychoanalytischer Sicht eine doppelte Funktion: Es ist ein für die Regulierung des Selbstwertgefühls notwendiges Schema, sich kongruent mit Wertaspekten des Objekts zu verhalten; und es ist ein für die Triebbefriedigung notwendiges Schema einer Interaktion, in der das Selbst und das Objekt komplementäre Bedürfnisse befriedigen können.

In der Entwicklung des Kindes werden die Interaktionsmuster aus der Beziehung zu den entscheidenden Personen zunächst präkonventionell gebildet, bald aber mit den Regeln des Handelns und des Sprechens integriert, die in einer Gesellschaft gültig sind; so gewinnen sie wahrscheinlich den Charakter von »Verhaltensgewohnheiten«, die für das Bewußtsein »selbstverständlich« – weil sozial bekräftigt – sind. Mit zunehmender Beherrschung dieser Regeln durch das Kind gewinnen die Interaktionsmuster darüber hinaus den Charakter von Vorgängen, die selbst kontrollierbar, beherrschbar sind. Hierbei spielt die Entwicklung der Kommunikationsfähigkeit des Kindes eine besondere Rolle.

Für den Vorgang des Kommunizierens sehen wir den Wunsch als grundlegend an, mit einer Beziehungsperson eine Erfahrung zu teilen, die für das aktuelle Befinden, Denken usw. bestimmend ist. In der frühen Kommunikationsbeziehung, die zwischen Mutter und Kind besteht, sind für das Kind die Regulationen durch die mütterliche Versorgung von den eigenen körperlichen Regulationen ebensowenig voneinander trennbar wie die an körperliche Reize gebundenen Kommunikationen, die die wechselseitige Anpassung sichern. Wenn das Kind in der weiteren Entwicklung eine frühe Sprache erwirbt, findet damit ein in diesem Zusammenhang wichtiger Entwicklungsschritt statt.

Die Möglichkeiten des Kindes, das Objekt nach seinem Wunsch dirigieren zu können – indem es, an das Objekt gerichtet, die eigene Befindlichkeit und bestimmte Aktionswünsche zu erkennen gibt –, nehmen ebenso zu wie die Möglichkeiten, etwas bislang nicht Verständliches – z. B. Vorgänge im Körper-Selbst und beobachtete Verhaltensreaktionen des Objekts – für sich verstehbar zu machen. »Sprache« wird so allmählich zu einem Medium der Selbst- und Objektwahrnehmung, dessen Verfügbarkeit für das Kind ebenso wichtig wird wie das Befolgen der wertbezogenen Regeln des Verhaltens, die die soziale Umwelt durch ihre Reaktionen vermittelt und die festlegen, was kommunikativ realisierbar ist und was nicht, welcher Aktionswunsch zu einer befriedigenden Interaktion führt und welcher »unmöglich« ist.

Dieser Zusammenhang der Geltung der Konventionen des Handelns und Sprechens und des Verfügenkönnens über die Leistungen für das Zustandekommen eines Miteinander, den die Konventionen ermöglichen, ist psychoanalytisch ein wichtiger Tatbestand. Die Geltung der Konventionen erscheint nämlich als eng verknüpft mit der Möglichkeit, ein befriedigendes Muster der Interaktion zu finden. Die Konventionen erhalten von daher den Charakter von etwas »unabdingbar Notwendigem«, so daß deren Veränderung Angst und Irritation auslösen wird.

Ein weiterer, wie wir meinen wesentlicher, Aspekt ist der, daß unser soziales Leben durch diese vorgebildeten Interaktionsmuster überhaupt erst ermöglicht wird. Soziales Verhalten kann definiert werden als ein Sichbewegen in den zu einer bestimmten Gesellschaft gehörenden Interaktionsmustern, die die Möglichkeiten und Unmöglichkeiten des Miteinander-Umgehens festlegen.

»Soziale Verständigung« – als ein In-Beziehung-Setzen der Subjekte zueinander – wird erst im Medium dieser Muster möglich, die im Zusammenleben des Kindes mit den Eltern erworben werden, welche die in einer bestimmten Gesellschaft gültigen Werte und Normen in ihren Interaktionsmustern darbieten.

Mit dem Begriff »soziale Verständigung« meinen wir also den Prozeß der Herstellung der Intersubjektivität kommunizierter Bedeutungen und der Kongruenz der in einer Interaktion entworfenen Muster. Die *volle* Intersubjektivität der Verständigung ist sicher erst am Ende der primären Sozialisation erreichbar. Wir nehmen jedoch an, daß es auf früheren Entwicklungsstufen des Kindes bereits Vorläufer in Teilbezirken gemeinsamer Erfahrungen mit dem Objekt gibt, die eine Verständigung ermöglichen, die die Struktur einer »partialisierten« Subjekt-Subjekt-Beziehung hat. (In der Entwicklung des Kindes ist diese Beziehungsstruktur wohl nicht vor dem Abschluß des Loslösungs- und Individuationsprozesses anzunehmen, den Mahler [1968] beschrieben hat.)

Weiterhin ist unter psychoanalytischem Gesichtspunkt bedeutsam, daß die Subjekt-Subjekt-Beziehung, die vergesellschaftete Individuen mittels der in der Sozialisation erworbenen Ich-Leistungen in der Interaktion herstellen können, stets leicht einschränkbar (oder reduzierbar) ist unter dem Einfluß ihrer triebunmittelbaren Impulse und Phantasien, die auf den Interaktionspartner als Objekt der Befriedigung (das nicht die Eigenschaften eines selbständigen Subjekts besitzt) gerichtet sind.

Es ist nun von hohem Interesse, Situationen zu beobachten, in denen Partner eine geplante Verständigung mit nichtidentischen Interaktionsmustern aufzubauen versuchen. Die Frage, welche Folgen sich aus einer solchen Inkongruenz der Muster ergeben, werden wir im folgenden bei der Diskussion des Wirkungsmechanismus der Grundregel erörtern.

Die Kongruenz der auf eine bestimmte Situation hin entworfenen Interaktionsmuster schafft in den Partnern das Gefühl sozialer Integriertheit. Umgekehrt muß eine Inkongruenz der Muster zum Erleben sozialen Desintegriertseins führen.

Wir hoffen, daß das hier nur in Umrissen Dargestellte in der folgenden Diskussion des Wirkungsmechanismus der Grundregel deutlichere Gestalt annehmen wird, wobei wir jedoch nicht eine über das Thema hinausgehende Diskussion psychoanalytischer Begriffe unter den hier eingeführten Gesichtspunkten beabsichtigen.

III Das Selbst-Erleben des Patienten in der prätherapeutischen Phase und die Struktur des Beziehungsmusters zwischen Analytiker und Patient im Erstinterview

Betrachten wir zunächst die vom Patienten eingebrachten Voraussetzungen, wobei wir uns hier auf den sog. »motivierten« Patienten beschränken wollen. Für ihn hat das Erfassen seines Gestörtseins eine entscheidende Bedeutung. Von dem Augenblick an, da er die Gewißheit gewonnen hat, daß seine Schwierigkeiten Ausdruck eigener Probleme sind, erfährt sein narzißtisches Gleichgewicht eine mehr oder weniger empfindliche Störung. In der Selbsterfahrung stellt sich dieses Gestörtsein einmal dar als ein Ausgeliefertsein an seine Symptome (körperliche Funktionsstörungen, Affekte, Angst, Zwangssymptome usw.), zum anderen als Unfähigkeit, selbst, d. h. ohne fremde Hilfe, damit fertig zu werden. Der Patient entdeckt die tiefe Kluft zwischen dem, wie er gerne sein möchte (sich selbst sehen und auch von anderen gesehen werden möchte) und dem, wie er tatsächlich ist (und annimmt, daß ihn auch die anderen so sehen müßten). Die unerfüllbar erscheinende Erwartung, so sein und handeln zu können, wie man es möchte, hat erhebliche Konsequenzen. Da diese »Wunsch-Selbst«-Vorstellung zugleich auch ein integrierender Bestandteil kommunikativer Prozesse ist (Erwartung, mehr geliebt, geschätzt und geachtet zu werden, wenn man seinem »Wunsch-Selbst« weitgehend entspricht, und Angst, bei Nicht-Erfüllung abgelehnt zu werden, wobei das »Wunsch-Selbst« sich zu einem Teil aus den tatsächlichen oder phantasierten Erwartungen der Umwelt mitgeformt hat, zu einem anderen Teil aber bestehen gebliebenen Omnipotenz-Vorstellungen entstammt), kommt es zu einer Erniedrigung im Werterleben der jeweiligen in kommunikativen Prozessen sich realisierenden Selbst-Erfahrung.

Solange es gelingt, diese Gefährdung des Selbstwert-Erlebens mittels bestimmter Abwehrmechanismen vor sich selbst zu verbergen, kann noch vermieden werden, sich selbst als den Angelpunkt der Schwierigkeiten zu sehen. Da das aber zu vermehrten Kommunikationsstörungen führt, wird von einem bestimmten Punkt an das mit Hilfe der Abwehrmechanismen noch eben erhaltene labile Gleichgewicht zusammenbrechen und den Blick auf »sich selbst« freigeben.

Da hier nun aber bestimmte Ich-Leistungen sich im Dienst des Selbstwerterlebens als ungenügend erweisen, setzt in einem regressiven Prozeß die Suche nach einem Hilfs-Ich ein, d. h. nach einer Instanz, die in der Lage ist, die gewünschte Stabilisierung zu leisten. Lebensgeschichtlich gesehen sind das Eltern-*Funktionen*, interaktionspsychologisch betrachtet ist es eine Eltern-Kind-(Mutter-Kind)*Beziehung*. Die Wahrnehmung dieses Hilfsbedürfnisses öffnet einerseits die Zugangsmöglichkeit zur Therapie, andererseits setzt sie das Selbstwert-Erleben noch weiter herab. Hier bildet sich der Circulus vitiosus, in welchem das Sich-hilflos-Fühlen und der Wunsch nach Hilfe sich wechselseitig verstärken und damit tiefer in die Regression führen. Dies Ganze ist ein wichtiger Strukturbestandteil der Kommunikationssituation mit dem Analytiker. Daneben aber rangiert noch ein anderer, wesentlicher Strukturanteil. Er basiert auf dem gespeicherten konventionellen Interaktionsmuster Arzt–Patient. Da jedes Kranksein – nicht nur das psychische – im großen und ganzen nach dem oben geschilderten Muster abläuft, wobei das herabgesetzte Selbstwert-Erleben wie das Ausmaß der Regression sehr unterschiedlich ausgebildet sein kann, sind Teile des Interaktionsmusters Arzt-Patient mit jenen oben dargestellten Strukturanteilen identisch. Die Konventionalisierung dieses Musters trägt den Bedürfnissen von Patient wie Arzt Rechnung, wobei hier zunächst nur die Patientenseite kurz umrissen werden soll.

Das Sich-krank-und-eingeschränkt-Fühlen im Verein mit dem Erlebnis, einem Störungsprozeß, der in einem selbst abläuft, ausgeliefert zu sein, ja, in nicht wenigen Fällen sich ernstlich aus sich selbst heraus bedroht zu sehen, führt zu dem Hilfsersuchen an den Arzt.

Das Bild des Arztes – vom Patienten aus gesehen – wird im wesentlichen von seiner diagnostischen wie therapeutischen Funktion bestimmt; seine sonstige Wirklichkeit tritt dahinter fast völlig zurück. Dem Bedürfnis des Patienten, entsprechend der eigenen, so bedrohlich empfundenen Ohnmacht (Beeinträchtigung der eigenen Omnipotenzphantasien) – zu der auch, und hier besonders, gehört, daß er zwar spürt, daß er krank ist und sich bedroht fühlt, aber nicht weiß, warum dem so ist, wie er dessen Herr werden und es endgültig beseitigen kann – einen »omnipotenten« Arzt zu finden, kommen reale Gegebenheiten entgegen, z. B. daß der Arzt von dem, was in dem Patienten vorgeht, mehr weiß als dieser selbst. Dazu trägt die besondere Umgebung des Arztes (Instrumente, Apparate) ebenso bei wie die unverständliche Nomenklatur, besonders aber natürlich die Fähigkeit, die Beschwerden zu lindern und endgültig zu beseitigen. So wirken Bedürfnisse des Patienten und reale Fakten zusammen bei der Überhöhung der Arztfigur ins Magisch-Omnipotente.

Zu der Patient-Arzt-Konvention gehört weiter, daß der Patient etwas mit sich geschehen läßt: er wird befragt, er zieht sich auf Anforderung aus, er läßt sich untersuchen und an sich Eingriffe geschehen, was immer seiner Heilung dienen soll. Diese »Passivierung« kommt seinen aus dem regressiven Geschehen resultierenden Bedürfnissen entgegen (eigene Ich-Leistungen versagen gegenüber der Krankheit, der Arzt wird zum Hilfs-Ich, die eigene narzißtische Einbuße wird wettgemacht durch die Verleihung von Allmacht an den Helfer). Da diese Bereitschaft zu Passivität, Unterwerfung und Gehorsam unter Anerkennung und Bewunderung des Helfers vielen therapeutischen Maßnahmen wie auch persönlichen Bedürfnissen des Arztes entgegenkommt, ist die Arzt-Patient-Interaktion so fest konventionalisiert.

Entsprechendes gilt für die Situation beim Psychoanalytiker. Bereits bekannte Arzt-Patienten-Muster werden herangezogen; die Lösungsvorstellungen des Patienten, wenn solche überhaupt vorhanden sind, liegen im Bereich naturwissenschaftlich orientierter Kausalvorstellungen mit der Erwartung von Handlungsanweisungen durch den Arzt (Analytiker). Der Patient setzt als selbstverständlich voraus, daß der Therapeut sich auf der gleichen Ebene der Verständigung wie er bewegt, nur im Besitz von mehr Wissen um diese Dinge ist. Das Beziehungsmuster, das der Patient zum Analytiker aufbaut, wird wesentlich davon bestimmt, daß er sich krank, eingeschränkt und auf fremde Hilfe angewiesen fühlt, sich also als abhängig, ohnmächtig und unterlegen erlebt. Entsprechend sind seine Wünsche und Erwartungen an das Gegenüber besonders hoch, seine Ängste, abgewiesen zu werden, besonders groß. Davon wird aber das konventionelle Interaktionsmuster entscheidend bestimmt. Es werden darin die Tendenzen verstärkt, die darauf abzielen, das Gegenüber zu gewinnen, zu halten und von ihm geliebt zu werden, während diejenigen reduziert werden, die diesen Absichten im Wege stehen könnten.

Die ersten Begegnungen mit dem Analytiker dürften auf bestimmte Aspekte dieses Musters verstärkend wirken. So z. B. die Bereitschaft, über einen langen Zeitraum dem Patienten zur Verfügung zu stehen und zuzuhören, vor allem aber das Erlebnis, daß der Analytiker Verständnis zeigt und auch versteht, besonders dann, wenn eine Interpretation einen für den Patienten bisher verborgenen Zusammenhang deutlich werden und etwas bis dahin Nichtverstandenes sinnvoll erscheinen läßt. Mit anderen Worten: Durch diese selbstverständlichen, weil notwendigen Gegebenheiten der ersten Begegnungen wird der Patientenanteil des Interaktionsmusters »Analytiker – Analysand« in seinen regressiven Zügen bestärkt und verfestigt. Wenn es dann nach den ersten Gesprächen dazu kommt, daß der Analytiker eine Behandlungsaufnahme vorschlägt, ist dies für den Patienten der entscheidende Augenblick des »Angenommenseins« durch den Analytiker, es ist das erreicht, was er sich gewünscht hat. Was der Patient jedoch nicht weiß (und was ihm auch nicht mitgeteilt werden kann), ist die Tatsache, daß die Kommunikationsbeziehung, die zwischen ihm und dem Analytiker besteht, bereits im Erstinterview asymmetrisch ist. Der Analytiker verfügt seinerseits über die gleichen Erlebens-Konzepte und Verstehens-Kategorien wie der Patient und bringt sie auch in Anwendung; darüber hinaus steht ihm aber noch ein Erfahrungsbereich zu Gebote, den der Patient (noch) nicht mit ihm gemeinsam hat.

Das Gespräch bewegt sich – noch bevor irgendeine Entscheidung über Behandlung usw. gefallen ist – auf zwei Ebenen: der Analytiker »unterhält« sich mit dem Patienten, nimmt dessen Mitteilungen für diesen auch spürbar innerhalb des erwarteten, konventionellen Musters auf, zugleich aber bringt er die Informationen, die er vom Patienten erhält, in ein anderes, nämlich das psychoanalytische Deutungsmuster ein, wovon der Patient nichts oder fast nichts erfährt. (»Fast nichts« deshalb, weil es vorkommen kann, daß der Analytiker auf einen Zusammenhang aufmerksam macht, der den Patienten spüren läßt, daß der Analytiker das Mitgeteilte noch anders sieht, als er selbst es sehen kann.) Mit anderen Worten: Der Analytiker operiert mit einer »analytischen Ich-Spaltung«. Der Unterschied zu einer sonstigen Untersuchungssituation, etwa bei Vorliegen von Beschwerden aufgrund eines Meniskus-Schadens, liegt darin, daß der Patient hier nur über sein Symptom Auskunft geben muß, dessen Entstehen und

Auslösen einbegriffen, woraufhin der Arzt Rückschlüsse auf die Erkrankung ziehen kann. Der Arzt bezieht sich hier auch auf ein, nur ihm zugängliches, patho-physiologisches Konzept. Aber Arzt und Patient treffen sich in dem beiden bewußten Bemühen, durch Aussagen sowie Bewegungsmanipulationen zu einem Schluß zu kommen: der Diagnose. Das, was der Arzt tut, bewegt sich ständig in dem vom Patienten erwarteten Bereich. Der Analytiker hingegen bezieht Mitteilungen (verbaler wie averbaler Art), die vom Patienten nicht in ihrem Bezug zu seinen Schwierigkeiten gesehen werden, mit in den Verstehensprozeß ein, ohne daß dies dem Patienten deutlich wird oder in diesem Stadium auch nur verständlich zu machen wäre. Die analytische Ich-Spaltung auf seiten des Analytikers beruht darauf, daß er, sobald er sich mit einem Patienten befaßt, seine Sichtweise durch das psychoanalytisch bestimmte Wahrnehmungs- und Denkmuster ergänzt. Daß dieses Muster dem Patienten (noch) nicht zugänglich ist, liegt daran, daß ihm die wesentlichen Zusammenhänge zwischen seinen Konflikten und Beschwerden einerseits und seinen ihm selbstverständlichen alltäglichen Verhaltensweisen andererseits infolge von Abwehrmechanismen verdeckt sind. Er kann mit anderen Worten sich (noch) nicht so sehen wie der Analytiker ihn sieht. Er kann es auch dann nicht, wenn ihm die psychoanalytische Theorie bekannt ist, da es sich jeweils um die aus der persönlichen Lebensgeschichte heraus entstandenen Abwehr- und Sicherungsmechanismen handelt, die den Blick auf die eigenen konfliktbereitenden Tatbestände verdecken. Analytiker und Patient bewegen sich so nur partiell auf einer gemeinsamen Verständigungsebene. Die Schlußfolgerungen, die der Analytiker für sich zieht, basieren auf einer nicht gemeinsamen Deutungsebene, auf der die Mitteilungen des Patienten (verbaler wie averbaler Natur) in anderen Zusammenhängen gesehen und verstanden werden, ohne daß dies dem Patienten zugänglich wäre oder ihm auch nur annähernd zugänglich zu machen wäre. So sind auch die Mitteilungen an ihn über sein Kranksein, die Behandlungsnotwendigkeit, die Aussichten und die Behandlungstechnik von einer eigenartigen »Unzulänglichkeit«, da diese Mitteilungen auf der beiden, Therapeut wie Patient, zugänglichen Kommunikationsebene gegeben werden müssen, während die Einsichten in die Struktur des jeweiligen Krankseins, in die Behandlungsnotwendigkeit sowie die Technik auf einer anderen Ebene gewonnen worden sind, auf der eine wechselseitige Kommunikation von Mitteilen und Verstehen nicht oder nur in geringstem Ausmaß möglich ist.

Hier ist hervorzuheben, daß es keine auch nur einigermaßen befriedigende Auskunft für einen Patienten darüber gibt, was er hat, warum er es hat, was man tun muß, damit es schwindet (sich verändert), und worauf dieses Schwinden basiert respektive zurückzuführen sein wird. Abgesehen von den tatsächlich recht lückenhaften Vorstellungen und Kenntnissen in diesen Bereichen ist dies auch deshalb nicht möglich, weil der Patient sich in einem »kommunikativen Notstand« befindet: er besitzt (noch) nicht die Voraussetzungen, um mit dem Analytiker im analytischen Muster zu kommunizieren. (Das heißt nicht, daß eine intellektuelle Diskussion zwischen beiden führbar sein soll, sondern setzt voraus, daß der Patient die psychodynamischen Prozesse, die sein gesamtes Erleben und Verhalten bedingen, zu erfassen beginnt, d. h., daß es ihm erlebbar geworden ist, auf welche Weise sein jeweiliges Erleben und Handeln bedingt ist.)

Diese generelle Nicht-Kommunizierbarkeit ist dem analytischen Muster immanent. Es basiert wie gesagt darauf, daß einer der tragenden Pfeiler dieses Musters der Abwehraspekt ist, d. h., daß bestimmte Bereiche unter Wertaspekten von der Selbstwahrnehmung wie von praktischen Verwirklichungen ausgeschlossen werden. Da der Selbstwert des Individuums bestimmt wird von dem, was es sicher nicht tun oder denken wird resp. was es an dessen Stelle tun oder denken muß, ist eine Kommunikation, solange nur der eine Teil (Analytiker) diesen Wertaspekt relativieren kann, der andere Teil (Patient) aber noch nicht, auf dieser (analytischen) Ebene nicht möglich. Die noch so intensive intellektuelle Kenntnis der Psychoanalyse nützt da deshalb nichts, weil der unter Wertaspekten vollzogene Ausschluß bestimmter Bereiche ein individueller Prozeß ist, der nur in der Auseinandersetzung mit den jeweils für das in Rede stehende Individuum abwehrwirksam gewordenen Objekten, nicht aber objektabstrahierend, also generell, möglich ist.

Das hat aber eine entscheidende Konsequenz für das weitere Geschehen in der Behandlungssituation. Der Patient wird durch die Anordnung der analytischen Situation ebenso wie durch die Aufforderung zur Einhaltung der Grundregel in eine Lage gebracht, deren wesentliches Merkmal die Asymmetrie ist. Darauf wurde auch schon immer hingewiesen, ohne daß man dabei aber über die Feststellung hinauskam, daß der Patient liegt, der Analytiker sitzt, der eine alles sagen soll, der andere dies nicht zu tun braucht usw. Das ist alles soweit ja auch richtig. Die entscheidende Asymmetrie besteht aber darin, daß der Analytiker aufgrund der in seiner eigenen Analyse gemachten Erfahrungen mit sich selbst wie mit seinem Analytiker im Verein mit seiner Kenntnis der analytischen Theorie wie der Erfahrung mit Patienten konventionelle Wertaspekte gegenüber Wünschen und Handlungen suspendieren kann zugunsten einer Zugangsmöglichkeit zum Verständnis des So-und-nicht-anders-sein-Könnens von Wünschen und Handlungen. Mit anderen Worten: Der Analytiker ist in der Lage, neben den für ihn wie für jeden anderen gültigen konventionellen Wertsystemen ein anderes Wertsystem, nämlich das der Bemühung um Selbstverständnis, gültig werden zu lassen. Von dieser »Umwertung der Werte« weiß der Patient nur wenig. Er hat zwar gehört, daß er den Versuch machen soll oder kann, alles zu sagen, was ihn gerade beschäftigt, da das für das therapeutische Ziel wichtig sei, er hat aber – in der Regel – nicht davon gehört, daß in der analytischen Situation die konventionellen Wertmaßstäbe suspendiert sind.

Die Wertordnung der Informationen ist für den Analytiker so gestaffelt, daß die Aspekte der Erweiterung des Wissens um die Bedingtheit der Schwierigkeiten des Patienten im Vordergrund stehen, d. h., die Bedeutung der jeweiligen Information erfährt ihre Bestimmung von der Höhe ihrer Integrationsfähigkeit in ein bereits vorhandenes Deutungsmuster, das seinerseits aus einem überindividuellen theoretischen Anteil und bereits vorhandenen Informationen aus dem individuellen Leben des Patienten gebildet ist, wobei zweifellos das theoretische Muster wesentlich den Integrationswert der jeweiligen Information bestimmt.

Wenn dann der Analytiker dazu übergeht, mit dem Patienten das für die Durchführung der Analyse Notwendige zu besprechen, kommt der Augenblick der Mitteilung der »Grundregel«. Die Kommunikationssituation, innerhalb derer diese Mitteilung erfolgt, ist im Vergleich zur konventionellen Kommunikationssituation aber beträchtlich verändert. Der Analytiker formuliert: »Bitte teilen Sie alles mit . . .« Für ihn ist dies eine Aufforderung zu einem sinnvollen Tun auf dem Hintergrundwissen psychoanalytischer Modellvorstellungen. Er weiß also, warum und wozu dieses so gänzlich ungewöhnliche Verhalten dienen soll. Der Patient weiß das nicht und kann es auch nicht wissen. Die Erklärungen, die der Analytiker allenfalls dazu abgibt, können unmöglich den Patienten auf die gleiche Wissensebene hinsichtlich des Sinnes der Grundregel bringen, auf der der Analytiker sich befindet. Der eine (Analytiker) weiß etwas, der andere (Patient) erfährt etwas, ohne es ganz verstehen zu können. Es ist auffallend, daß Patienten relativ selten Bedenken hinsichtlich des Einhaltenkönnens der Grundregel äußern, während sie z. B. die Frage, ob sie nicht doch lieber dem Analytiker gegenüber sitzen bleiben sollten, viel häufiger zu diskutieren suchen.

Fassen wir kurz zusammen: Erstinterview, Darlegung der Behandlungsnotwendigkeit wie der prognostischen Aspekte lassen ebenso wie die Mitteilung der Grundregel eine asymmetrische Kommunikation erkennen.

IV Zu den verschiedenen Dimensionen der Wirkungsweise des Grundregel-Arrangements

Gehen wir von dem oben Skizzierten aus, daß wir für die uns in unserer Gesellschaft begegnenden Situationen mehr oder minder feste und mehr oder minder differenzierte konventionalisierte Beziehungsmuster haben, die wir einsetzen können, so müssen wir sagen, daß für die analytische Situation kein solches Muster besteht. Der Analytiker, der natürlich seinerseits über das konventionelle Arzt-Patient-Muster verfügt, entwirft auf seinen Analyse-Patienten hin ein Muster, das für diesen durch keine Kommunikationssituation vorgeprägt ist. Im Gegenteil: wesentliche Aspekte dieses »analytischen Interaktionsmusters« stehen in Gegensatz zu dem, was vom einzelnen innerhalb für ihn verbindlicher Beziehungskonstellationen als möglich zu erwarten oder als erwünscht angesehen wird. So entwirft der Patient »sein« Patient-Arzt-Muster, in dessen Rahmen er sich als abhängig, unterlegen, aber auch voller Erwartungen und Wünsche hinsichtlich dessen sieht, was ihm nun helfend und stützend zuteil werden soll, wobei entsprechend diesen Erwartungen das Gegenüber omnipotent und autoritär gesehen wird. Zu dieser »Wunsch-Konstellation« des Gegenübers gehört aber Unterwerfung, Bereitschaft, sich dem grandiosen Gegenüber anzupassen und nichts zu tun, was dieses verärgern, zur Abkehr oder zum Zorn bewegen könnte. Das sind aber Positionen, die der Aufforderung, alles mitzuteilen, was in einem vorgeht, diametral entgegenstehen. Die Grundregel fordert auf, etwas gegen das vermeintlich eigene Interesse zu tun, und wendet sich direkt gegen die Abwehr. Damit entsteht ein Interessenkonflikt innerhalb der analytischen Situation. Es muß dem Patienten, zunächst wenigstens, so erscheinen, als sei dies »alles Mitteilen« eine für den Analytiker zu erbringende Leistung. Sehr schnell wird er aber an die Grenze stoßen, wo er erfährt, daß das »Mitteilen« bedeutet, die Einstellung auf das per Konvention festgelegte Mitteilbare zu verlassen, und daß aus der Reaktion des Analytikers ersichtlich wird, daß Versuche, diesem das konventionelle Arzt-Patient-Muster anzutragen, nicht zum Erfolg führen. Dabei ist es für den Patienten sicher verwirrend, daß vertraute Interaktionsmuster wie Begrüßung, Verabredung, Terminabsprachen, Regelung von Geldangelegenheiten u. ä. relativ abrupt mit dem »analytischen Muster« des Miteinander-Umgehens abwechseln.

Wir wollen die genannten Aspekte – die »Sprengung« jedes von konventionellen Wertmaßstäben bestimmten Kommunikationsmusters und das Inkongruentbleiben der dem Patienten vertrauten, konventionellen Interaktionsmuster, die seine Triebbedürfnisse und die damit verbundenen Aktionen repräsentieren – eingehender untersuchen, da wir in ihnen den Kern der Wirkungsweise des Grundregel-Arrangements vermuten. Dabei wollen wir die für diese Wirkung wesentlichen Strukturbestandteile des Grundregel-Arrangements genauer bestimmen und Hypothesen darüber entwickeln, wie der Patient (im Normalfall) auf diese ungewöhnliche Kommunikationssituation reagieren wird.

Unsere Überlegungen hierzu stehen im Zusammenhang mit der in der psychoanalytischen Literatur häufig anzutreffenden Feststellung, daß die Form, in der Patient und Analytiker sich zueinander verhalten, von den im Alltag »normalen« Formen des Miteinander stark abweicht. Greenson (1967, S. 288) schreibt:

»Es ist wichtig, sich darüber Rechenschaft abzulegen, daß die Art, wie der klassische Psychoanalytiker die Beziehung zwischen sich und dem Patienten handhabt, sowohl einzigartig als auch künstlich ist und der Art, in der Menschen gewöhnlich zueinander in Beziehung treten, zuwiderläuft. Diese Beziehung ist insofern schief und ungleich, als vom Patienten erwartet wird, er solle sich gestatten, all seine innersten Emotionen,

Impulse und Phantasien zu fühlen und auszudrücken, während der Analytiker eine relativ anonyme Figur bleibt ...«

Stone (1961, S. 24) weist u. a. auf die Unterbindung des Austauschs von Gefühlen hin und auf den Mangel an Erfahrung seitens des Patienten, einen effektiven Einfluß auf das Verhalten des Interaktionspartners auszuüben – ein »Mangel an Befriedigungen also, die in der Ökonomie der Beziehungen des Alltagslebens ... immer wirksam sind«. Bellak (1961, S. 393) meint, »daß tatsächlich einigen Patienten in der analytischen Situation die gewohnten strukturierenden Reize seitens ihrer sozialen Umwelt fehlen«. Freud selbst sah das an der Grundregel Wesentliche (und Ungewöhnliche) darin, daß sie den Patienten »... zum Verzicht auf alle seine kritischen Einstellungen ...« bzw. (wie er in Anlehnung an das assoziationspsychologische Modell der »Traumdeutung« formulierte) »... zur Unterdrückung aller bewußten Denkabsichten ...« anleitet (Freud, 1928, S. 410).

Diese und andere Charakterisierungen bleiben allerdings weitgehend allgemein, da die psychoanalytische Interaktionssituation nicht genauer mit den »gewöhnlichen« Verhältnissen sozialer Interaktion verglichen wird. Unter dem Eindruck der Theorie, die auf der Basis des durch das Praktizieren der Grundregel zutage geförderten Materials formuliert wurde (s. o.), behandeln diese Darstellungen der Funktionsweise der Grundregel das »Ungewöhnliche« der Situation häufig als eine Art Randerscheinung, die sich aus dem Praktizieren der Grundregel ergibt. Als Kern ihres Wirkungsmechanismus wird dieser Tatbestand gewöhnlich nicht behandelt. Allein Schröter (1974) hat u. E. einen wichtigen Schritt in dieser Richtung unternommen, indem er die Abweichung des psychoanalytischen Dialogs von der Alltagskommunikation vor allem in Begriffen einer partiellen Auflösung (bzw. Lockerung) bestimmter sozialer Strukturen der Interaktion zu präzisieren versuchte. Wir werden darauf später genauer Bezug nehmen. Auch auf das Ungewöhnliche der Kommunikationsbeziehung zwischen Analytiker und Patient wird in der Literatur häufig hingewiesen (so z. B. Loewenstein, 1963); genauer untersucht wurde der therapeutische Dialog unter kommunikationstheoretischem Gesichtspunkt, also unter dem seiner »Abweichung« von der Alltagskommunikation, noch nicht.

Wir sehen – wie schon angedeutet – das Ungewöhnliche der

psychoanalytischen Situation vor allem darin, daß die konventionellen Muster der Kommunikation und der Interaktion, die der Patient in die Behandlungssituation mitbringt, als Medium einer raschen Verständigung weitgehend nicht anwendbar sind, da der Analytiker sein eigenes Verhalten (weitgehend) nicht diesen Mustern entsprechend entwirft. In der Vorsorge für diese Nicht-Anwendbarkeit konventioneller Muster sehen wir das die ganze psychoanalytische Situation strukturierende Prinzip des Grundregel-Arrangements.

Mit Hilfe der eingangs entwickelten kommunikationspsychologischen Begriffe soll nun im einzelnen untersucht werden, wie der Patient, der das »unkonventionelle« analytische Muster zunächst noch nicht kennt (und der sich die damit verbundenen Wahrnehmungs- und Deutungsmuster auch nur bedingt aneignen kann), in der initialen Phase der Therapie auf eine Situation reagiert, in der Versuche von seiner Seite, das ihm vertraute Arzt-Patient-Muster zu entwerfen, auf keine kongruente Reaktion des Analytikers treffen.

Um die komplizierten Vorgänge überschaubar zu machen, gehen wir in unserer Darstellung von den einzelnen, jeweils ein Interaktionsmuster bildenden Elementen aus und versuchen, die wahrscheinlichen Reaktionen des Patienten, der erfährt, daß die beiderseitigen Muster inkongruent bleiben, jeweils im Hinblick auf die einzelnen »Bestandteile« des von ihm entworfenen Musters zu klären:

(a) das eigene, im jeweiligen Muster repräsentierte Bedürfnis und die damit verbundenen Aktionen (und zu erwartenden Reaktionen des Gegenübers), zu deren Verwirklichung bestimmte kommunikative Mittel eingesetzt werden;

(b) die mit dem Erleben bestimmter Bedürfnisse verbundenen Positionen (Rollen), in denen das Selbst und das Objekt aufeinander bezogen sind;

(c) die zu erwartenden Wertungen des zu dem jeweiligen Muster gehörenden Objekts, die u. a. festlegen, was kommunikativ darstellbar ist und was nicht.

In einem mehr interaktionssoziologisch orientierten Abschnitt soll schließlich die Frage untersucht werden, was die »Nicht-Anwendbarkeit« der konventionellen Muster des Patienten in der analytischen Situation unter dem Aspekt der Sozialität mitmenschlicher Interaktion bedeutet.

V Die Regulierung des Kommunikationsablaufs in der Behandlungssituation und die damit verbundenen Irritationen des Patienten

In der psychoanalytischen Literatur wird die besondere Kommunikationsweise des Analytikers gewöhnlich im Zusammenhang mit der von ihm geforderten Neutralität charakterisiert: Er habe seine verbale Beteiligung am psychoanalytischen Dialog weitgehend auf bestimmte Klassen von Kommentaren zu beschränken (»Klarifikationen«, »Konfrontationen«, »Deutungen« etc.); Mitteilungen des Patienten, die auf eine bestimmte, nicht-neutrale Reaktion von einer Seite abzielen, sollen möglichst nicht in der vom Patienten gewünschten Weise beantwortet werden (ihm auf seine Bitten hin einen bestimmten Rat zu erteilen; sich einem Vorwurf zu stellen, den der Patient macht, sich eventuell verteidigen; sich für eine Anerkennung zu bedanken, die der Patient ausspricht; usw.).

Lorenzers Formulierung, ». . . die analytische Situation wird nur in äußerst reduzierter Form als Spielraum der direkten Interaktion freigegeben« (1974, S. 143), wollen wir für unsere Zwecke dahingehend präzisieren, daß in der psychoanalytischen Situation bestimmte, in der sozialen Kommunikationsgemeinschaft geltende Regeln für die Abfolge wechselseitiger Sprechhandlungen in einer Kommunikationssituation verändert werden. Unter dem Organisationsgesichtspunkt des Austauschs von Sprechhandlungen (und Handlungen) setzen diese Regeln eine Strukturierung des Ablaufs in Kraft, die z. B. für das Zustandekommen eines Dialogs von Bedeutung ist und die es ermöglicht, daß die Reaktionen des Partners in gewissem Umfang steuerbar bzw. erwartbar werden. Unter psychoanalytischem Gesichtspunkt ist die Beherrschung dieser Regeln Bestandteil der Ich-Leistung, die der sozialen Kommunikationsfähigkeit zugrunde liegt. Wir wollen zwei dieser Regeln formulieren:

Die strukturelle Verknüpfung einer eigenen Äußerung bzw. Handlung mit der nachfolgenden Reaktion des Partners wird wesentlich durch das Prinzip gewährleistet, daß auf eine Handlung eines bestimmten Typs eine andere Handlung eines korrespondierenden Typs zu folgen hat und an dieser Stelle zu erwarten ist (Sacks' Prinzip der »konditionellen Relevanz«,

1967/72). Nach diesem Prinzip sind z. B. Sprechhandlungen als Korrespondenzpaare miteinander verknüpft, wie »Frage«–»Antwort«, »Gruß«–»Gegengruß«, »Bitte« (um eine zukünftige Handlung des anderen) – »Versprechen« u. a. Da diese Regel den Sprechhandlungspartner zu einer bestimmten Fortsetzung der Interaktion verpflichtet, kann ihre Inanspruchnahme im »Alltag« gewährleisten, daß eine gewünschte Interaktion begonnen wird. Das Ausbleiben einer korrespondierenden Reaktion stellt einen Bruch der »Kommunikationsverpflichtungen« dar (Wunderlich, 1972) und ist für die Kommunikation selbst bedeutungsvoll.

Eine weitere, aber auf komplexer strukturierte Handlungen bezogene Abfolgeregel ist die von »erste Handlung«–»zweite Handlung« (Sacks, op. cit.). Damit ist gemeint, daß eine Handlung, die eine Person als Ausübende einer bestimmten Rolle (bzw. als »Zugehörige« einer bestimmten Personenkategorie) ausführt, bei dem Handlungspartner, dem eine andere Rolle zugewiesen wird (der unter eine andere Personenkategorie subsumiert wird), als Antwort darauf eine andere Handlung auslöst, die der ihm zugewiesenen Rolle entspricht. Diese Regel dient – nach der von uns oben eingeführten Terminologie – wesentlich dazu, die beiderseitigen »Muster« einer sozialen Interaktion kongruent zu machen, was durch eine »erste Handlung« in einer konkreten Situation eingeleitet werden kann. Beispiele dafür sind: »einen Witz erzählen« – »lachen«, »dem Arzt ein Gestörtsein (z. B. ein körperliches Unbehagen) beschreiben« – »Untersuchung«, »jemandem wegen eines Vergehens Vorwürfe machen« – »sich rechtfertigen« u. a. Für die Zwecke der psychoanalytischen Therapie werden diese Regeln offensichtlich verändert bzw. in ihrer Geltung neu bestimmt.

Das Ablaufschema von Frage–Antwort etc. setzt der Analytiker für sich außer Kraft (eine an ihn gerichtete Sprechhandlung dieses Typs findet gewöhnlich keine korrespondierende Reaktion), für den Patienten gilt dieses Außerkraftsetzen nicht (der Analytiker erwartet auf eine Frage oder Bitte eine Antwort). Insgesamt suspendiert der Analytiker die Sequenzregeln für die Sprechhandlungen des Patienten, die dieser zu dem Zweck ausführt, das Verhalten des Analytikers direkt zu beeinflussen (etwas fragen, um etwas bitten, zu einem bestimmten Tun auffordern usw.) In bezug auf den beschriebenen Gebrauch von Sprechhandlungen haben Analytiker und Patient also unterschiedliche »Rechte«. Der

Analytiker übernimmt auch nicht die Verpflichtung einer rollenbezogenen »zweiten« Handlung bei den Handlungen des Patienten, die von konventionellen Rollenvorstellungen (z. B. Arzt–Patient) geleitet sind. Ein entsprechender Interaktionsversuch des Patienten findet kein kongruentes Muster auf seiten des Analytikers. (Wir werden darauf im folgenden Kapitel noch genauer eingehen.)

Die genannte Regelabänderung bedingt nun, daß immer dann, wenn der Patient durch seine Mitteilungen den weiteren Kommunikationsverlauf in der Weise zu strukturieren versucht, daß er den Rahmen für eine nachfolgende Reaktion des Analytikers absteckt, eine interaktive »Leerstelle« entsteht. Die der jeweiligen Äußerung des Patienten korrespondierende Reaktion bleibt an der erwarteten Stelle entweder aus, oder es erfolgt eine Reaktion, die nicht in den vom Patienten abgesteckten Rahmen paßt[2]. D. h., der Analytiker akzeptiert (in der Regel) nicht die ihm zugewiesene Reaktionsposition, weist sie aber auch nicht ausdrücklich zurück.

Bevor wir zu klären versuchen, welche Bedeutung diese kommunikative Regulierung im »analytischen Muster« hat, wollen wir unter diesem Gesichtspunkt den Therapie-Anfang aus der Sichtweise des Patienten betrachten.

Wir meinen, daß der Patient zu Beginn der Therapie das konventionelle Arzt-Patient-Muster zu entwerfen versucht, da dieses Muster unter anderem auch seinem stark regressiven Wunsch nach einem »Hilfs-Ich« (s. o.) entspricht. Es ist zu erwarten, daß er sich bestimmter Kommunikationsmittel bedient, die eine Interaktion nach diesem Muster üblicherweise anregen können. Wir gehen dabei von dem einfachen Fall aus, daß der Patient bestimmte Sprechhandlungen einsetzt, die direkt dieses Muster entwerfen können. Er kann (nachdem ihm die »Grundregel« mitgeteilt wurde) z. B. um eine genauere Anweisung bitten (»Womit soll ich anfangen?«), eine Bitte um Initiative des Therapeuten vorbringen (»Können Sie nicht zunächst . . .?«) oder die Grundregel-Mitteilung als Leistungsaufforderung auffassen, der er zunächst mit einigen Mitteilungen nachkommt, um dann um eine Stellungnahme zu bitten, ob er den Erwartungen des Analytikers entspricht (»Ist es so richtig?«) u. a. Wir wollen nun versuchen, die Konsequenzen etwas genauer zu bestimmen, die die unkonventionelle Reaktionsweise des Analytikers für den Patienten hat.

– Hier ist aber zu betonen, daß an die Stelle der genannten Regeln in der analytischen Situation neue Abfolgeregeln – die des analytischen Musters – in Kraft treten, die eine Koordinierung beiderseitiger Sprechhandlungen gewährleisten: Mitteilungen des Patienten (Berichte, Beschreibungen etc.) haben Mitteilungen des Analytikers zur Folge.

Wir beschränken uns zunächst auf die Frage, welches »Schicksal« die Bedeutungen von Sprechhandlungen haben, die auf eine interaktive Leerstelle treffen, und betrachten diesen Vorgang wieder unter dem interaktionssoziologischen Blickwinkel.

In Anlehnung an Auffassungen von Dewey (1925) und Mead (1934) nehmen wir an, daß intersubjektive Bedeutungen in Kommunikationen ständig neu erzeugt und stabilisiert werden müssen, damit eine Verständigung gelingt. Daß eine jeweilige Handlung oder eine Äußerung tatsächlich eine für die Kommunikationspartner gemeinsame Bedeutung besitzt, erweist sich erst an der Komplementarität ihrer wechselseitigen Handlungen und Erwartungen. In eingespielten Interaktionen, die kongruenten Mustern folgen, ist diese Komplementarität besonders hoch, so daß sich die kommunizierten Bedeutungen leicht verfestigen. In einer Kommunikation zwischen einander fremden Personen – oder, wie in der analytischen Situation, mit einem Partner, der als Person weitgehend anonym bleibt – behalten die eigenen Sprechhandlungen und Aktionen solange eine »Fremdbedeutung« (das dem anderen aufgrund der Erwartung gemeinsamer Bedeutungskonventionen zugeschriebene Verständnis), bis aus dessen komplementärer Reaktion ersichtlich wird, daß er das ihm zugeschriebene Verständnis erbracht hat. Die anfängliche Fremdbedeutung der eigenen Handlung kann dann zugunsten eines gemeinsamen Verstehens »getilgt« werden. Dies ist z. B. in einem gewöhnlichen Dialog der Fall, in dessen Verlauf sich die Partner mit ihren Beiträgen nach den genannten Abfolgeregeln richten. Hier bestätigt z. B. ein Sprecher, der eine an ihn gerichtete Frage beantwortet, dadurch unmittelbar die Partner-Äußerung in ihrer Bedeutung als Bitte um Information, indem er die gewünschte Information gibt (oder zu verstehen gibt, daß er sie selbst nicht besitzt).

In diesen Bedeutungsmechanismus greift das beschriebene nichtkonventionelle Reagieren des Analytikers »störend« ein: Der Teil der Sprechhandlung, der die Absicht des Patienten ausdrückt, den Analytiker zur Übernahme eines konventionellen Handlungsparts zu bewegen (einen Rat zu geben; sich zu verteidigen etc.), bleibt – da er nicht voll bestätigt wird – in seiner Bedeutung eine offene Struktur; und ebenso offen bleiben die Bedeutungsteile der Äußerungen, die als »erste Handlungen« darauf abzielen, den Analytiker zum »Abruf« eines kongruenten Interaktionsmusters zu bewegen. Diese Fremdbedeutung kann der Patient in seinen eigenen Äußerungen nicht tilgen, sie bleibt zunächst ein Fremdbestandteil in der gemeinsamen Kommunikation. (Hier wird deutlich, wie die »analytische Haltung« u. a. als eine Vorkehrung dafür funktioniert, einen wesentlichen Mechanismus der Bedeutungsstabilisierung der einzelnen sozialen Handlungen und Handlungsgewohnheiten des Patienten »stillzustellen«. Wir werden diese Funktion der »analytischen Haltung«, gezielt bestimmte Bedeutungen »unbestätigt zu lassen«, im nächsten Kapitel genauer untersuchen.) Bei diesem Vorgang wird ein wesentlicher Aspekt dessen wirksam, was oben die »Asymmetrie der beiderseitigen Verstehensebenen« genannt wurde. Der Analytiker, der in »seinem« Muster operiert, hört die Mitteilungen des »frei assoziierenden« Patienten einerseits entsprechend den sprachlichen Regeln und Deutungskategorien, die in der sozialen Kommunikationsgemeinschaft gelten, er wendet darüber hinaus aber nichtkonventionelle Deutungskategorien an, um den für ihn relevanten Gehalt der Patienten-Mitteilungen – das für den Patienten (noch) nicht Kommunizierbare – zu erschließen.

Wenn der Patient nun mit einer Äußerung auf eine korrespondierende Reaktion abzielt, um ein ihm vertrautes Muster des Miteinander-Umgehens zu etablieren, bewirkt dieses Gespaltensein und das Informationsbedürfnis des Analytikers, daß dieser in einer Weise reagiert, die eine interaktive »Leerstelle« entstehen läßt. Er macht dem Patienten deutlich, daß er auf der Ebene der sprachlichen Konventionalität die Bedeutung der Äußerungen verstanden hat (z. B. die konventionelle Bedeutung einer Frage, mit Hilfe des Angesprochenen ein eigenes Nichtwissen beseitigen zu wollen). Er vermeidet es aber, die vom Patienten intendierte Bedeutung ganz zu bestätigen. (Möglicherweise deutet er ihm auch schon seine Vermutung über ein entscheidendes »Mehr« an aktuellem Erleben an.) Er akzeptiert für sich nicht, daß z. B. mit der jeweiligen Frage oder Bitte die Aktionsimpulse, die das Verhalten des Patienten bestimmen, schon adäquat repräsentiert sind. Er sieht die Bedeutung dieser Aktionen nur vordergründig bestimmt von den Regeln sozialer Kommunikation; entscheidender für ihn ist ihre Determiniertheit durch ein individuelles Sinnsystem, das von den Verständigungsregeln »abgekoppelt« ist (mit anderen Worten: für den Patienten unbewußt wirkt) und das es zu ermitteln gilt. Der Analytiker vermeidet es daher, die vom Patienten intendierten Aktionsbedeutungen ganz zu bestätigen. Dahinter steht sein Wunsch, daß etwas zum Gegenstand der gemeinsamen Aufmerksamkeit und Bearbeitung im analytischen Muster werden soll, das in den Bereich des vom Patienten für selbstverständlich Gehaltenen gehört und das im Rahmen einer »alltäglichen« Dialogform für die Bemühung um Selbstverständnis wahrscheinlich sehr viel schwerer erreichbar (bzw. kaum zugänglich) wäre. Informationsbedürfnis und Wertmaßstäbe des Analytikers bewirken aber, daß die Kommunikationsziele des Patienten mit denen des Analytikers konfligieren. Der Patient ist in seinem Wunsch, das ihm vertraute und seinen regressiven Bedürfnissen entgegenkommende Arzt-Patient-Muster zu entwerfen, gerade auf das angewiesen, was der Analytiker in »seinem« Muster eher zu verhindern sucht: daß eine Ebene intersubjektiv geteilten Handlungsverstehens *rasch* gefunden werden kann und speziell die Regeln in ihrer Geltung gesichert bleiben, durch die die Reaktionen des Partners in gewissem Umfang steuerbar werden. Der Patient geht wahrscheinlich zunächst davon aus, daß die Kommunikationssituation, in der er sich mit dem Analytiker befindet, sich nicht wesentlich von den Situationen unterscheidet, die ihm aus seiner »alltäglichen« Kommunikationspraxis – speziell den gewöhnlichen ärztlichen Behandlungssituationen – vertraut sind. Die Gesprächserfahrungen, die er im Erstinterview bereits gemacht hat, enthalten (in der Regel wenigstens) auch keine Hinweise darauf, daß diese Erwartung in wichtigen Punkten revidiert werden muß. Entsprechend nimmt er wahrscheinlich an, daß mit den Kommunikationsmitteln, die sich üblicherweise als brauchbar erweisen, auch in dieser für ihn neuen Situation eine Basis der Verständigung hergestellt werden kann. Er erlebt nun (in der beschriebenen oder in einer ähnlichen Weise), daß bestimmte Kommunikationsmittel, die für die Verwirklichung eines von ihm gewünschten Beziehungsmusters funktional wesentlich sind, sich z. T. als unbrauchbar erweisen.

Die »neuen« Konventionen der analytischen Kommunikation (die z. B. eine gewisse Kontrolle des Partners ermöglichen) sind weitgehend noch unbekannt; daher vermuten wir, daß für den Patienten eine der frühen Kindheit ähnliche Situation entsteht, in der wichtige soziale Funktionen von Äußerungen ebenfalls als noch unsicher (oder leicht störbar) erfahren werden: Der Patient kann mit seinen »direktiven« Äußerungen nicht eine Interaktion nach dem von ihm gewünschten Muster anregen, das den Therapeuten auf den konventionellen Handlungspart des Arztes festlegt und ihm selbst ermöglicht, eine weitgehend passive Position zu beziehen. Aufgrund der »gespaltenen« Reaktion des Analytikers, die zu Fremdbedeutungen führt, erlebt er ein Fremdwerden seiner Aktionswünsche. Dieses Fremdwerden hat einen Bezug zu Kindheitssituationen, in denen bestimmte, bis dahin gültige Beziehungsmuster nicht mehr (voll) akzeptiert wurden, die Wünsche also fremd, d. h. »antwortlos« wurden und zur Bildung neuer Interaktionsmuster anregten. Vermutlich hat das Ausbleiben der gewünschten Reaktion einen besonders starken Bezug zu dem Ohnmachts-Aspekt dieser Kindheitssituationen, in denen beim Auftreten einer Unlust-Spannung die lautliche Kundgabe, die an die Beziehungsperson gerichtet war, ebenfalls erfolglos blieb, obgleich diese Beziehungsperson schon als eine Figur imaginiert wurde, die aufgrund der mit ihr bereits gemachten Erfahrungen einen als unlustvoll erlebten Zustand durch bestimmte Aktionen in einen lustvollen verwandeln konnte. In diesen stark regressive Tendenzen auslösenden Situationen erschien das Maß, in dem die Reaktionen des Objekts in der gewünschten Weise kontrolliert werden konnten, als verschwindend klein gegenüber den tatsächlichen oder imaginären Interventionsmöglichkeiten des Objekts. Besonders vor dem Erwerb intersubjektiv geteilter Bedeutungen gab es eine ähnliche Situation, die Hilflosigkeit entstehen ließ und zugleich Phantasien der Objekt-Omnipotenz förderte.

Das Erlebnis des Versagens bestimmter kommunikativer Funktionen kann darüber hinaus eine Irritation im Selbst-Ideal bewirken, ein »Gut-Funktionierender« zu sein, was die Haltung des reflexiven »Auf-sich-aufmerksam-Werden« (in einem Teil des Selbst, den man bis dahin für »in Ordnung« gehalten hat) fördern und die sog. therapeutische Ich-Spaltung mit vorbereiten könnte. Die Phantasien hinsichtlich eines allmächtigen Objekts werden sicher noch dadurch verstärkt, daß der Analytiker für sich »wie selbstverständlich« bestimmte Regeln des Sprech-Handelns suspendiert (z. B. die beschriebenen Abfolgeregeln), die im »Alltag« gelten. Der Analytiker wird so wahrscheinlich als im Besitz besonderer Möglichkeiten der Kommunikation und des Handelns gesehen, die der Patient noch nicht besitzt. Der Patient wird nun versuchen, wie in den primären Erfahrungen der post-archaischen Situation, diese Möglichkeiten auch für sich zu gewinnen, so daß mit der für ihn z. Zt. wichtigsten Beziehungsperson wieder eine Übereinstimmung (ein wechselseitiges Sich-wieder-»Verstehen«) möglich wird, so daß ihre Reaktionen wieder voraussehbar werden (und sie damit auch wieder »dirigierbar« wird). Der Patient sucht tastend (z. B. nach dem »trial-and-error«-Verfahren) nach Identifikationsmöglichkeiten und liefert so einen wichtigen Beitrag für die fruchtbare Zusammenarbeit.

Wir können nun folgende These formulieren: Der Patient sucht zu Beginn der Therapie ein archaisches Muster frühester wechselseitiger Befriedigung und die ihm vertraute Konventionsebene verbaler Interaktion. Er findet aber weder das eine noch das andere. Er wird in eine »post-archaische« präkonventionelle Situation gebracht, in der er seine Wünsche frustriert sieht, aber auch seine gewohnten Kommunikationsmöglichkeiten als z. T. unbrauchbar erlebt. Das muß stark verunsichern und legt die Vermutung nahe, daß es spezifische, auf dieses analytische Setting gerichtete Bewältigungs- und Abwehrversuche geben wird, die (a) situationsspezifisch sind, (b) aber aus dem vorhandenen Arsenal des jeweiligen Patienten stammen, also dessen Erfahrungen mit jener »post-archaischen« Situation widerspiegeln.

Bevor wir auf einige dieser der psychoanalytischen Situation geltenden Abwehr- und Bewältigungsmechanismen näher eingehen, soll die Inkongruenz des vom Patienten entworfenen konventionellen Musters mit dem Muster, innerhalb dessen der Analytiker operiert, noch unter anderen Gesichtspunkten dargestellt werden.

VI Das regressive Geschehen in der als »unvollkommene Interaktionssituation« erlebten Behandlungssituation

Die skizzierten Irritationen (und besonders die regressiven Tendenzen) des Patienten in der initialen Phase der Therapie werden wahrscheinlich noch dadurch verstärkt, daß das gesamte Grundregel-Arrangement (die Verhaltensweise des Analytikers, das Setting und die Grundregel selbst) noch weitere Strukturveränderungen auf der Ebene der dem Patienten vertrauten und selbstverständlichen sozialen Interaktionsbeziehungen bewirkt.

Wie weiter oben angedeutet, sind in Grundmustern der Interaktion, die in der Beziehung zu wichtigen Personen der Kindheit erworben wurden, die eigenen Bedürfnisse ebenso repräsentiert wie die damit verbundenen Aktionen und zugleich die Handlungen, Wertungen und Bedürfnisse des Objekts, das zu diesem Grundmuster gehört. Soziales Verhalten – so wurde ausgeführt – kann definiert werden als ein Sichbewegen in den gesellschaftsspezifischen Interaktionsmustern, die die Möglichkeiten und Unmöglichkeiten des Miteinander-Umgehens festlegen.

Unter sozial-kognitivem Gesichtspunkt hat sich das in den Mustern Repräsentierte im Verlauf der individuellen Entwicklung – soweit es nicht der Kontrolle der handelnden Person entzogen ist – als soziales Wissen verfestigt, das sich auf die in spezifischen Situationen zu erwartenden Personen, Handlungen, Motive usw. bezieht. Das Vorhandensein fester Muster ermöglicht daher die gedankliche Vorwegnahme von Handlungsverläufen ebenso wie die rasche Verständigung zwischen zwei Menschen, die das gleiche Muster entwerfen. Was im vorangegangenen Kapitel bezüglich bestimmter Kommunikationsmittel ausgeführt wurde, die der Patient in der initialen Phase anzuwenden versucht, gilt nun in ähnlicher Weise auch für den Bestand an sozialem Wissen über ärztliche Behandlungssituationen, das der Patient in die analytische Situation mitbringt. Dieses Wissen, das sich in seinem »Alltag« als Grundlage der Handlungsorientierung weitgehend bewährt und besonders der gedanklichen Vorwegnahme des in einer jeweiligen Kommunikationssituation möglichen Interaktionsgeschehens dient, erweist sich in der analytischen Behandlungssituation als in wichtigen Teilen ebenfalls funktionsunsicher. Der Patient wird in der initialen Phase der Therapie sein Wissen über Art-Patienten-Beziehungen mobilisieren (oder doch wichtige Teile davon), um zu einer Verständigung mit dem Therapeuten zu kommen. Er wird wahrscheinlich auf diesen die sozial verfügbare Vorstellung des »Arztes« anwenden, die sich z. B. in üblichen Behandlungssituationen als zutreffend erwiesen hat (den Therapeuten z. B. als »Experten« ansehen, als allein verantwortlich für den Behandlungserfolg u. ä. m.); er wird sein Wissen über »Normalformen« von Handlungen heranziehen zum Verständnis des Interaktionsgeschehens (und so möglicherweise die Mitteilung der Grundregel als Beispielfall einer ärztlichen Instruktion verstehen, der noch weitere folgen können), seine Fragen und Bitten um weitere Anleitung durch den Therapeuten als ein der Situation angemessenes Tun auffassen und vermutlich auch der Aufforderung, »möglichst alles mitzuteilen . . .«, bereitwillig nachkommen, da der Vorgang »Aufforderung zu einem Tun« und »bereitwilliges Befolgen der Anleitung« als noch in das konventionelle Muster integrierbar erscheint. Er erfährt jedoch bald, daß dieses Muster hier keine Geltung besitzt. So wird ihm z. B. mit der »Grundregel« eine Aktivität zugewiesen, die der Position des Passiven in diesem Muster widerspricht. Und im Verhalten des Therapeuten finden sich keine (oder nur bedingt in diesem Sinne deutbare) Hinweise darauf, daß dieser beabsichtigt, nach der Aktivität, die der Patient im Erstinterview erbracht hat (etwa die Darstellung seiner Probleme), die im konventionellen Arzt-Patient-Muster vorgesehene komplementäre Folgehandlung eintreten zu lassen, d. h. die Erteilung genauer Handlungsanweisungen, freundlicher Ratschläge usw. Auch Versuche des Patienten, die Diskrepanz zwischen dem erwarteten und dem realisierten Verhalten des Therapeuten aufzuheben, um so die Situation im Sinne des konventionellen Musters zu renormalisieren, schlagen fehl. Dies trifft nicht nur für die beschriebenen Bitten oder Fragen zu, sondern auch für eventuelle verdeckte Versuche in dieser Richtung. So wird er vielleicht das Ausbleiben der erwarteten ärztlichen Vorgehensweise »reklamieren«, indem er einige Aspekte der Probleme, die ihn zur Aufnahme der Therapie motiviert haben, mit ähnlichen (oder weitgehend denselben) Formulierungen beschreibt, die er bereits im Erstinterview verwendet hat. Er wiederholt damit verkürzt die konventionell »erste Handlung« und ermahnt den Analytiker, nun seinerseits das konventionell Vorgesehene zu tun. Da diese (und ähnliche) Versuche nicht zum Erfolg führen, befindet sich der Patient in der initialen Phase vorübergehend in einem interaktiven Notstand. Dieser Notstand ist ein weiterer Bestandteil der vom Patienten erlebten Krisensituation der Verständigung, die im vorangegangenen Kapitel beschrieben wurde. Die (für selbstverständlich gehaltenen) Erwartungen über die Art der Beziehung erweisen sich weitgehend als nicht zutreffend, eine andere, der Situation angemessene Verhaltensgrundlage kann aber noch nicht sogleich entworfen werden, da das Verhaltensmuster des Analytikers noch unbekannt ist. Die Suche nach den Konventionen dieser wichtigen Beziehungsperson wird daher besonders dringlich, um die Angst oder Unsicherheit auslösende Situation zu bewältigen.

Die Nichtgeltung konventioneller Interaktionsmuster, mit der der Patient sich in der initialen Phase der Therapie konfrontiert sieht, ist (wie schon angedeutet) ein fester Bestandteil der psychoanalytischen Situation und eines der methodischen Prinzipien der Therapie. Dieses Prinzip bewirkt, daß der Patient im Medium der konventionellen, ihm vertrauten Muster (und den Kommunikationen, die damit verbunden sind) nicht die Ebene des Sich-wechselseitig-aufeinander-Beziehens finden kann. Entsprechende Versuche von seiner Seite treffen auf einen »Verständigungsvorbehalt« des Analytikers. Dieser Vorbehalt steht in Zusammenhang mit den besonderen Wertmaßstäben und dem Informationsbedürfnis des Analytikers (s. o.). Er möchte verhindern, daß die vom Patienten entworfenen konventionellen Interaktionsmuster in der Situation rasch die Ebene des Sich-wechselseitig-aufeinander-Abstimmens und Kongruierens finden, da damit mehr oder weniger auch eine Bestätigung dieser Muster verbunden ist. Dahinter steht die (theoretisch gestützte) Vermutung des Analytikers, daß diese Muster in wichtigen Teilen nicht primär von den intersubjektiven Regeln des Sprechens und Handelns bestimmt sind, sondern Gesetzmäßigkeiten eines individuellen Sinnsystems unterliegen, das es zu ermitteln gilt. So vermeidet es der Analytiker im Verlauf der Therapie, z. B. konventionelle Rollenmuster wie etwa das »Freund-Feind-Schema« in der vom Patienten entworfenen Weise als in der jeweiligen Situation anwendbar und legitim zu bestätigen, wenn dieser etwa von erlittenen Kränkungen – z. B. durch Kollegen an seinem Arbeitsplatz – berichtet und ihm eine Allianz gegen diese Kollegen, die Position des Ratgebers oder ähnliches zuweisen will. Das jeweilige konventionelle Muster, das der Patient entwirft, trifft auf keine kongruente Reaktion und bleibt in der Situation unabgeschlossen. Damit bleibt auch die Struktur des sozialen Sinns, der mit dem jeweiligen Muster intendiert ist und der im Alltag durch das Kongruentwerden von Interaktionsmustern entsteht, für das jeweilige vom Patienten entworfene Muster offen.

Eine Folge davon wird sein, daß die sozialen Deutungsmuster des Patienten in der Form, wie sie von ihm im Umgang mit den wichtigen Beziehungspersonen der Kindheit angeeignet wurden, ein Stück weit instabil und die Beziehung zwischen diesem sozialen und dem nichtkommunizierbaren, desozialisierten »Wissen« umstrukturiert werden kann. Darüber, wie dieser Umstrukturierungsprozeß in der Therapie im einzelnen abläuft und durch welche Faktoren er besonders begünstigt wird, ist kaum etwas Gesichertes bekannt. So wäre unter interaktionssoziologischen Gesichtspunkten (genauer als dies hier möglich ist) zu untersuchen, in welchem Umfang mit dem »Verständigungsvorbehalt« des Analytikers seitens des Patienten das Wirksamwerden sozialkognitiver Handlungsbedingungen eingeschränkt wird, die ihm in sozialer Interaktion dazu dienen, die Muster seiner Sozialvorstellungen, die er in eine Kommunikationssituation einbringt, als der Besonderheit der jeweiligen Situation angemessen anzuwenden, so daß das in der Situation ablaufende Geschehen einen bestimmten Sinn erhält. Zu diesen Bedingungen gehört u. a. die (idealisierende) Erwartung, daß mit einem in der Vergangenheit bewährten Deutungsmuster ein Gegenstand oder eine Handlung auch in Zukunft angemessen erfaßt wird; daß ein bestimmter Vorgang einen in einer bestimmten Weise geregelten Ablauf und eine Wirkung aufweist, die er auch in Zukunft aufweisen wird (Cicourel, 1975). Während im »Alltag« gelegentlich Zweifel an der Korrespondenz von sozialem Deutungsmuster und Situation auftreten können, wirkt der Zweifel an der Richtigkeit der genannten grundlegenden Erwartungen (bes. der Sozialitäts-Erwartungen, die wir noch charakterisieren werden) handlungsverunmöglichend, da damit das Vertrauen in eigenes und fremdes Handeln verlorengeht.

Aber auch der Zweifel an der Angemessenheit des für eine Situation entworfenen Deutungsmusters ist in alltäglichen Situationen des Miteinander-Umgehens wahrscheinlich recht selten. Besonders in eingespielten Beziehungen finden Partner relativ rasch eine Ebene, auf der ihre beiderseitigen Deutungsmuster aufeinander abgestimmt und kongruent werden können, so daß die Personen, Handlungen und Gegenstände in ihrer Umgebung – wie auch die Person des jeweiligen Partners selbst – in einer »gemeinsamen Realitätsarbeit« (Mehan/Wood, 1975) als etwas gesehen werden, auf das man sich als relativ konstant Bleibendes und gemeinsam Bekanntes in der Kommunikation beziehen kann. Der Analytiker, der mit der »analytischen Ich-Spaltung« operiert, verändert die Struktur dieses hier nur grob skizzierten, wechselseitigen Verstehensprozesses, wie er in alltäglichen Situationen gewöhnlich abläuft. Wir haben darauf bereits hingewiesen. Er bekundet einerseits dem Patienten, daß er das ihm Mitgeteilte verstanden hat (z. B. die am Arbeitsplatz erlittenen Kränkungen, über die der Patient berichtet); entsprechend mobilisiert er auch sein eigenes Wissen über die jeweiligen sozialen Situationen, auf die der Patient sich bezieht. Darüber hinaus wendet der Analytiker Deutungsmuster an, die sich auf das vom Patienten auch Mitgeteilte, aber für diesen (noch) nicht Kommunizierbare beziehen, das im Zusammenhang mit seinem Gestörtsein steht. Das Ziel des Analytikers ist es, dem Patienten diesen noch nicht zugänglichen Verstehensbereich zugänglich zu machen. Der Weg dahin führt auch über das Unsicher- bzw. Fremdwerden der dem Patienten vertrauten Muster (z. B. bestimmter, von ihm als »angemessen« gesehener Sozialvorstellungen).

Zu den »therapietechnischen« Mitteln, die der Analytiker anwendet, um den Prozeß der Umstrukturierung möglich zu machen, gehört – neben den Verstehenshilfen, die er dem Patienten gibt – auch das schon genannte Verhaltensprinzip: Er vermeidet es, auf ein vom Patienten entworfenes konventionelles Interaktions- (bzw. Rollen-)Muster so zu reagieren, daß sein eigenes Tun in dieses Muster integrierbar ist. Für den Patienten bedeutet dies, daß er im Medium dieser konventionellen Muster nicht die Ebene des Sich-als-Subjekte-wechselseitig-aufeinander-Beziehens finden kann, die er außerhalb der analytischen Situation in diesen Mustern zu finden gewohnt ist. Das von ihm entworfene konventionelle Rollenmuster findet nicht die für die Verständigung notwendige Bestätigung, so daß auch seine soziale »Realitätsarbeit« in bezug auf die Erlebnis- und Vorstellungswelt des Analytikers im Rahmen dieser Muster unvollkommen bleiben muß.

Durch die inkongruente Reaktionsweise des Analytikers werden unter interaktionssoziologischen Gesichtspunkten grundlegende Erwartungen des Patienten bezüglich der »Sozialität« der Beziehung eingeschränkt. Wir werden im letzten Abschnitt dieser Arbeit (Kap. VIII) auf dieses uns wesentlich erscheinende Merkmal der analytischen Situation noch näher eingehen und zu zeigen versuchen, inwiefern das Grundregel-Arrangement als eine Art »Institutionalisierung« des analytischen Verständigungsvorbehalts begriffen werden kann.

Es wäre darüber hinaus zu fragen, inwieweit es im Verlauf des Unsicherwerdens von sozialen Deutungsmustern des Patienten auch vorübergehend zu Situationen kommt, in denen einige seiner grundlegenden Erwartungen, die seiner sozialen Umgebung den Sinn geordneter Zusammenhänge verleihen, instabil werden – z. B. die Erwartung, daß bestimmte Handlungen mit bestimmten Personen auch in Zukunft »so-und-nicht-anders« ablaufen werden, wie sie auch in der Vergangenheit abgelaufen sind. Möglicherweise setzt der Zugang zu neuen Verstehensmöglichkeiten z. T. diesen Vorgang voraus, der entwicklungsgeschichtlich bestimmte Erfahrungskonzepte der frühen Kindheit mobilisiert: daß nämlich etwas, das bislang als regulärer Zusammenhang in der Umgebung betrachtet wurde, in der analytischen Situation (vorübergehend) als instabil und als »auch-anders-möglich« erfahren und die produktive Bildung neuer bzw. Modifizierung »alter« Deutungsmuster angeregt wird[3]. – Die These Greenacres, daß die Nichtteilnahme des Analytikers eine »schiefe« emotionale Beziehung schafft (1954, S. 674), und der Hinweis Macalpines, daß das Setting zu einer Reduktion der Objekt-Welt des Analysanden und einer Verneinung von Objektbeziehungen führt (1950, S. 522), lassen sich in unsere Überlegungen integrieren. Es scheint uns aber für das Verständnis des »organisationalen Unterbaus« der psychoanalytischen Therapie besonders wichtig, daß der regressive Zug der Situation vor allem mit der künstlichen Einschränkung der Sozial-Kompetenz des Patienten eng verbunden ist, insofern ihm für seine Bemühung, eine seine Triebwünsche befriedigende Interaktion mit dem Objekt anzuregen, die Mittel nicht verfügbar sind, die eine reziproke Beziehung zwischen Selbst und Objekt herstellen können (Rycroft, 1956) – während sie für die Kooperation im analytischen Muster, das eine Unterbindung direkter Triebbefriedigung vorsieht, aktualisiert werden. Es kann als ein Grundzug der psychoanalytischen Situation angesehen werden, daß sich der Patient in bezug auf seine nach Befriedigung drängenden Triebwünsche in einer Mitteilungssituation ungelöster Interaktionsprobleme befindet, da ihm u. a. die für die entsprechenden Aktionen notwendige Ebene eines Miteinander, das in den ihm vertrauten Mustern reguliert werden kann, nicht erreichbar ist.

Wie weiter oben schon erwähnt, sieht der Patient in der initialen Therapiephase einerseits seine Bedürfnisse nach Passivierung und Anlehnung an einen allmächtigen Helfer frustriert, er erlebt andererseits auch die ihm gewohnten kommunikativen und interaktiven Möglichkeiten als für diese Situation z. T. unbrauchbar. Damit erhält die Situation einen stark regressiven Zug. Wir wollen zwei der dafür wahrscheinlich wesentlichen Faktoren – das Unsicherwerden verschiedener Ich-Leistungen und die vergebliche Suche nach einer Ebene wechselseitiger Befriedigung – unter kommunikationspsychologischen Gesichtspunkten noch etwas genauer bestimmen. Für die Kommunikationsbeziehung, die der Patient gegenüber dem Analytiker zu entwickeln beginnt, wird der teilweise Verlust der Kontrollmöglichkeit, die mit der sog. »Rollenübernahme« gegeben ist, von Bedeutung sein.

Der Vorgang der »Rollenübernahme« (entwicklungspsychologisch als Anpassungsleistung im 5.-6. Lebensjahr in Anfängen nachweisbar, vgl. Flavell, 1975) ist der verbalen Interaktion im Alltag inhärent. In diesem Vorgang kommt es zu einer situationsspezifischen, passageren Identifizierung mit dem Gegenüber in bestimmten Aspekten (seinen aktuellen Bedürfnissen, Wahrnehmungen, konventionellen Verhaltensformen etc.), die der Kontrolle des eigenen Verhaltens mittels eines internen Probehandelns dient. Wie Flavell vermutet, wird für die Tätigkeit des Sprechens durch das interne kommunikative Probehandeln ein Zwei-Stufen-Schema der Verbalisation aufgebaut. Die Gedanken und Affekte, die durch die primäre Verbalisation von Impulsen (zumeist vorbewußt, vgl. Balkanyi, 1964) präsent und in eine bestimmte sprachliche Form gebracht sind, werden in dieser Form nicht sogleich kommuniziert, sondern durch »Benutzung« von Repräsentanz-Aspekten des Kommunikationspartners einer Prüfung und Umformung unterzogen. D. h., das Ergebnis der primären Verbalisation (als einer Kodierung für den Sprecher) wird mit den Informationsbedürfnissen, Wertmaßstäben, Sprachgebrauchsweisen etc. des Angesprochenen verglichen und daran angepaßt und erst in dieser Form mitgeteilt (sekundäre Verbalisation oder »Rekodieren«).

Dieses Regulationsschema dient dem Handelnden auch zur Kontrolle des tatsächlichen Verlaufs der Interaktion. Das gerade ablaufende Geschehen wird ständig mit dem Ziel-Zustand, den es erreichen soll, verglichen. Abweichungen vom Ziel-Zustand – Zögern des anderen, vorgebrachte Bedenken, Desinteresse u. ä. – werden durch rückwirkende innere »Befehle«, die den weiteren Verlauf durch die Organisation geeigneter Aktionen modifizieren können, kontrolliert. Das Funktionieren dieses Ablaufs folgt dem Modell, das in der Kybernetik als »goal-directed-feedback-controlled-system« bezeichnet wird (vgl. W. Buckley, 1967).

Das Schema der Rollenübernahme ist möglicherweise eng mit bestimmten Funktionen des »Über-Ichs« verbunden. Für diese Vermutung spricht die These von R. Waelder (1960, S. 179), der die Fähigkeit, Abstand von konkreten Situationen und Bedürfnissen nehmen, einen imaginären Standpunkt beziehen und sich selbst zum Objekt neutraler Beobachtung oder sowohl kritischer als freundlicher Bewertung machen zu können, als die »formale Über-Ich-Funktion« bezeichnet.

Die Grundregel (und das analytische setting insgesamt) zielt nun direkt auf die Aufhebung des beschriebenen Kontrollvorgangs: Das »Rekodieren« soll soweit wie möglich unterbunden werden; die Lage auf der Couch unterbindet das feed-back der wechselseitigen Wahrnehmung; das Bild vom Gegenüber kann nicht auf seinen Realitätsgehalt überprüft werden usw. Auch die Kontrolle, die durch die Orientierung an einem festen Verhaltensmuster des Partners möglich ist, ist anfänglich nicht vorhanden (da das analytische Muster noch weitgehend unbekannt ist).

Hier sei hervorgehoben, daß auch dann, wenn der Patient im weiteren Therapieverlauf sich mit dem »analytischen Muster« vertraut gemacht und darin zu kooperieren gelernt hat, seine Möglichkeiten, die jeweilige Erwartung des Analytikers zu antizipieren, begrenzt bleiben. Vor allem die auf den weiteren Kommunikationsverlauf bezogenen jeweiligen Erwartungen des Analytikers, die sich dieser aufgrund der Integrierbarkeit der Mitteilungen des Patienten bildet, sind dem Patienten nicht in der gewohnten Weise zugänglich. Denn der latente Sinn seiner Mitteilungen, auf den das Verstehen des Analytikers abzielt, bleibt ihm aufgrund der eigenen Abwehr unbekannt.

Für den Patienten, der sich in der initialen Phase der Therapie befindet, hat das Erleben der Unsicherheit verschiedener Ich-Leistungen wahrscheinlich einen Analogiebezug zu bestimmten Kindheitssituationen, in denen das Mißverhältnis zwischen den (entwicklungsmäßig vorhandenen) geringen Möglichkeiten zur Erfassung und Veränderung einer als unlustvoll erlebten Situation und dem vorhandenen dringenden Wunsch nach dieser Veränderung zu Ohnmachtserlebnissen führte. Es kommt vermutlich zu einer (unbewußten) Analogie-Wahrnehmung zwischen der initialen Behandlungssituation und frühen Kindheitssituationen, da sie in bestimmten Teilen als kongruent empfunden werden können: geringe Kontrollierbarkeit der Umweltaktionen; mangelnde Wahrnehmung der Vorgänge im Objekt, das seinerseits in hohem Maße an den Vorgängen im Selbst Anteil nimmt; geringes Einschätzenkönnen der Wirkungen des eigenen Tuns auf die Umgebung u. a. Diese regressiven Vorgänge werden unter dem Gesichtspunkt der Triebbedürfnisse, die in den vom Patienten entworfenen Beziehungsmustern repräsentiert sind, noch verstärkt. Das konventionelle Beziehungsmuster, das der Patient zunächst zum Analytiker aufbaut, wird, wie schon erwähnt, wesentlich bestimmt von Tendenzen zur Unterwerfung und zum Gehorsam gegenüber dem ärztlichen Helfer, der ins Allmächtige erhöht ist und dessen Zuneigung – vor dem Hintergrund der eigenen narzißtischen Einbuße – gesucht wird. Dieses Beziehungsmuster bleibt nun weitgehend antwortlos, d. h., der Analytiker gibt von sich aus keine oder nur bedingt diesem Muster entsprechende Bedürfnisse und Erwartungen zu erkennen.

Zum besseren Verständnis dessen, wie der Patient vermutlich auf diesen Aspekt der Situation reagieren wird, soll kurz der Versuch gemacht werden, bestimmte interaktionspsychologische Aspekte der Entwicklung von Beziehungsmustern zu umreißen.

Im Laufe der Entwicklung treffen ständig eigene Interessen mit denen anderer Menschen zusammen. Hierbei entwickeln sich

1. die Wahrnehmung des eigenen Bedürfnisses;
2. Wünsche, das Bedürfnis zu befriedigen;
3. Antworten der Umgebung auf das Befriedigungsbedürfnis;
4. das daraus resultierende Endergebnis.

Unter psychoanalytischen Gesichtspunkten gesehen, schaffen die Wahrnehmung des eigenen Bedürfnisses wie die Wahrnehmung des Wunsches, es zu befriedigen, entsprechende Selbst-Repräsentanzen. Die Wahrnehmung des Objekts (der Objekte), d. h. Beziehungspersonen wie deren Umgang mit jenen Wünschen, schafft entsprechende Objektrepräsentanzen. Zu diesen gehören alle Aktionen der Beziehungspersonen, vom ausnahmslosen Befriedigen über Partialbefriedigungen, alle Anlässe zu Verschiebungen und Ersatzbildungen bis hin zum absoluten Verbot. Die entsprechenden Selbst-Repräsentanzen bilden mit diesen zugehörigen Objekt-Repräsentanzen ein »Repräsentanzmuster«, das eine Vorwegnahme des Ergebnisses bestimmter Wünsche ermöglicht. Mit anderen Worten: Das Auftauchen eines Wunsches läßt den Wünschenden sich in einer bestimmten Position (Rolle) erleben, die ihre Bestimmung aus den vorangegangenen Erfahrungen mit den entsprechenden Beziehungspersonen erhalten hat. Zugleich aber wird damit auch die Rolle eben dieser Beziehungsperson festgelegt. Das Erleben bestimmter Bedürfnisse hat also ein festes Muster, in dem der Erlebende wie die zu dem Bedürfnis in Beziehung stehenden Personen feste Positionen (Rollen) haben. Aus solchen frühesten, archaischen Mustern, deren im Regelfall wesentlicher Kern die Komplementarität von Bedürfnissen ist (z. B. das Bedürfnis, gesättigt zu werden – das Bedürfnis, Sättigung zu vermitteln), wird als »Kern« das wechselseitige Einander-befriedigen-Können abstrahiert. Auf diese Weise wird z. B. der Rollenanteil »Abhängigsein« relativ, da die Person, von deren Aktionen die Abhängigkeit besteht, ihrerseits abhängig ist, wenn sie ihr Beglücktsein, diese Aktion durchzuführen, d. h. Befriedigung geben zu können, zu erkennen gibt.

Der Rollenanteil »abhängig« wird zu einer Belastung, wenn das Gegenüber keine Abhängigkeitsbindung zeigt, also erkennen läßt, daß sein Tun z. B. von Widerwillen begleitet ist. Es entsteht dann keine Komplementarität der Bedürfnisse sondern eine »Dis-Komplementarität«.

Mit der zunehmenden Funktions-Differenzierung im Laufe der Entwicklung erfährt dieses archaische Grundmuster in immer zahlreicher werdenden Bedürfnis-Befriedigungs-Mustern selbst eine zunehmende Differenzierung. Trotz dieser Funktions-Differenzierung bleibt die skizzierte Grunderfahrung der frühen Kindheit für diese Vorgänge bestimmend, so daß der Wunsch komplementärer Bedürfnisse der Kern aller Kommunikation ist, die Erfahrung des Wechselseitig-einander-befriedigen-Könnens der Kernbestandteil aller Interaktionsmuster. Psychoanalytisch ausgedrückt: Selbst- und Objektrepräsentanzen sind in einem bestimmten Bereich kongruent, verschmelzen also miteinander (»mein Bedürfnis ist dein Bedürfnis, meine Befriedigung ist deine Befriedigung«). Um dieses Verschmelzungserlebnisses willen setzen bei Interessenkollisionen Vorgänge ein, die das »Trennungserlebnis« (»dein Bedürfnis ist nicht mein Bedürfnis, deine Befriedigung ist nicht meine Befriedigung«) vermeiden sollen. Das aber verschärft das Abhängigkeitserlebnis auf der einen Seite (also Betonung des Rollenanteils »abhängig«) und das Inkongruenz-Erlebnis (mein Kind ist nicht so, wie ich es mir gewünscht habe) auf der anderen Seite. Beide Seiten werden danach trachten, wieder kongruent zu werden. Die Erwartung des Entgegenkommens des jeweils anderen besteht auf jeder Seite. Es kann als Kriterium bestimmter Interaktionsmuster benutzt werden, welcher Seite in der Regel das Aufgeben oder Modifizieren des Bedürfnisses zufällt. Es läßt sich vermuten, daß, je stärker das Abhängigkeitserleben von Anfang an betont war, umso mehr die Neigung zum Modifizieren besteht. Daß hier ein Circulus vitiosus vorliegt, ist offensichtlich.

Auf diese Weise wird erlernt, was in welchen Interaktionsmustern nicht möglich ist und nicht sein darf. Auch für die Beziehung zwischen Arzt und Patient gilt, daß beide dieses Muster so zu gestalten versuchen, daß wechselseitige Zufriedenheit gegeben ist. Der Arzt möchte für den Patienten der »gute« Arzt sein, so wie der Patient auch der »gute« Patient sein möchte. Beide richten sich in ihren wechselseitigen Aktionen auch darauf ein. In dieses Muster gehen natürlich bestimmte Aspekte anderer, früherer Muster ein, so Beziehungsaspekte aus der Eltern-Kind-Situation, Vorstellungen vom grandiosen, omnipotenten elterlichen Liebesobjekt, kindliche Hilflosigkeit, Nichtwissen usw.

Ohne darauf jetzt näher einzugehen, sei noch als wichtig hervorgehoben: Mit dem Sprach-Erwerb wird es möglich, Unbekanntes und mit den eigenen aktuellen Möglichkeiten Nicht-Aufklärbares durch andere Menschen zu erfahren. Die Sprache wird zu einem wichtigen Mittel bei den Erkundungs- und Verstehensbemühungen des Kindes bezüglich der aktuellen Gestimmtheit der für ihn wichtigen Beziehungspersonen – speziell im Hinblick auf ihr Bedürfnis, sich an einem vom Kind gewünschten Tun ihrerseits zu beteiligen. Das Informationsbedürfnis funktioniert dabei auf die oben skizzierte Weise. Auch hier gibt es Kongruenz (es ist beglückend, fragen zu können, wie es beglückend ist, antworten zu können) ebenso wie Inkongruenz, in der die Erklärung ausbleibt, als unbefriedigend oder unwahrscheinlich erscheint.

Wenn die Antwort der sozialen Umgebung ausbleibt – weil die Beziehungsperson aus bestimmten Gründen dem Bedürfnis des Kindes nicht entsprechen kann oder will –, setzt etwas sehr Wesentliches (das auch für die nichtverbalen Bereiche gilt) ein: Die unvollständig und unbefriedigend gebliebene Kommunikationssituation schafft auf der einen Seite das Erlebnis »Abhängigkeit«, »im unklaren gelassen werden«, »etwas vorenthalten bekommen« usw., auf der anderen: die Enttäuschung, daß das Kind so etwas fragt, sagt usw.; das peinliche Gefühl, auf so etwas angesprochen zu werden; die narzißtische Kränkung, daß man nicht in der Lage ist, damit umzugehen usw. Beide Seiten schaffen in einem solchen Fragenbereich eine »unvollständige Kommunikationssituation«, in der die eine Seite nach Information sucht und sie nicht erhält, die andere – zumindest zum Teil – über die gesuchten Informationen verfügt, sie aber aus den verschiedensten, hier zunächst nicht weiter zu verfolgenden Motiven nicht geben kann. In dieser »unvollständigen Kommunikationssituation« tritt anstelle der fragebezogenen Information die Information der Verweigerung (agierend oder verbalisiert mitgeteilt). Es fällt hier nicht das Interesse, informiert zu werden, mit dem Interesse zu informieren zusammen, sondern Informiert-werden-Wollen mit Nicht-informieren-Wollen. Statt Komplementarität liegt Diskomplementarität der Interessen vor. Der sexuelle Bereich hält (wenigstens in unserer Gesellschaft) sehr häufig eine solche Diskomplementarität fest. Das Kind erlebt sich »sexuell«, d. h., es entdeckt an sich selbst Möglichkeiten, eine besonders intensive Lust zu erleben. Der Erwachsene verhält sich dazu unzureichend informativ, d. h., seine Verbalisierung (wenn eine solche überhaupt erfolgt) entspricht nicht der Bedeutung des gespürten emotionalen Hintergrundes. Für das Kind entsteht dabei das Gefühl des Getrenntseins von der geliebten Person, was im Zusammenwirken mit den negativen Bewertungen, die das Sexuelle im weitesten Sinne durch die übrige soziale Umwelt erfährt, zu einer Störung der Informations- und Kommunikationsbereitschaft in diesem Bereich führt; der Aufbau entsprechender Interaktionsmuster wird nachhaltig beeinträchtigt.

In einer solchen der soeben geschilderten Kindheitssituation ähnlichen Lage erlebt sich der Patient in der initialen Therapiephase. In abgewandelter Form bleibt diese Analogie während des weiteren Therapieverlaufes erhalten: Er befindet sich in einer unvollkommenen Interaktionssituation, da er seine Bedürfnisse als z. T. diskomplementär zu denen erlebt, die der Analytiker bekundet. Die damit verbundenen kommunikativen Probleme – das Einholen von Informationen über das Objekt und die kommunikative Steuerung des Objekt-Verhaltens – sind mit sprachlich-konventionellen Mitteln aufgrund der Verhältnisse, die durch das Grundregel-Arrangement geschaffen werden, nicht lösbar. Das Inkongruenz-Erleben fördert daher die Tendenz, die diskomplementären Bedürfnisse auf eine Weise wieder komplementär werden zu lassen, die die Beziehungsperson als einen Kommunikationspartner, der unvollkommene Informationen vermittelt, im Sinne eines sozialen Gegenübers »ausschaltet« und mit nichtkonventionell abgesicherten Bedeutungen operiert: Der Patient mobilisiert auf der Ebene der Phantasie (ohne daß ihm dies bewußt wird) ein Interaktionsmuster, wie es im Umgang mit den Beziehungspersonen der Kindheit gewonnen wurde und das im Kern die gesuchte Wechselseitigkeit der Befriedigung enthält, so daß die unvollkommenen Objekt-Informationen mit Hilfe der Repräsentanzen, die in diesem Muster enthalten sind, komplettiert werden können, also eine »Wunsch-Konstellation« hergestellt wird, in der Selbst und Objekt im Erleben in ganz bestimmter Weise aufeinander bezogen sind. Von daher wird vielleicht ein Stück weit verständlich, wie die sog. Übertragung als ein Substitut für eine aufgrund bestimmter Umstände nicht vollkommen gelingende soziale Verständigung mit einer Beziehungsperson, die Objekt der eigenen Bedürfnisse ist, funktioniert. (Hier wäre näher zu untersuchen, wann diese Bedingungen auch außerhalb der psychoanalytischen Therapie, also in Alltagssituationen, gegeben sind.)

VII Der »Widerstand« als Kommunikationskonflikt

Aus der Suspendierung der konventionellen Wertmaßstäbe ergeben sich weitere, die Kommunikationsbeziehung zwischen Analytiker und Patient stark prägende Probleme für den Patienten, die wir nun genauer untersuchen wollen.

Der Patient ist – wie wir oben darzulegen versuchten – bemüht, den Grundregel-Auftrag im Rahmen eines von ihm zum Analytiker hin entworfenen, von konventionellen Werten bestimmten Musters zu erfüllen. Er wird also eine ihm unvertraute Leistungsanforderung in einem ihm vertrauten Muster zu verwirklichen suchen. Sehr bald aber muß er entdecken, daß der Versuch, »alles« mitzuteilen, den Rahmen jedes konventionellen Kommunikationsmusters sprengt. Die Aufforderung zur Einhaltung der Grundregel sprengt alle Konventionen, da »Dinge« gesagt werden sollen, die konventionell nicht »sagbar« sind (was Angst und Unsicherheit entstehen läßt). Zugleich reagiert der Analytiker noch abweichend von den konventionsbedingten Erwartungen des Patienten (wodurch er als nicht kontrollierbar und die eigenen Mitteilungen als nicht begrenzbar erscheinen).

Der Rahmen jedes konventionellen Musters ist die Einstellung auf das per Konvention festgelegte Mitteilbare. Eine Absicherung erfolgt durch Beobachtung und Verarbeitung der vom Gegenüber kommenden Signale. Diese sind ihrerseits von konventionsbedingten Erwartungen vom Verhalten des anderen bestimmt. Für die Ausprägung fester Kommunikationsmuster ist die Erwartung entscheidend, mehr geliebt, geschätzt und geachtet zu werden, wenn man dem »Wunsch-Selbst«, das sich zu einem Teil aus den tatsächlichen oder phantasierten Erwartungen der sozialen Umwelt, zu einem anderen Teil aus bestehen gebliebenen Vorstellungen der Kindheit geformt hat, kommunikativ entspricht. Die Partner in einer sozialen Kommunikation stimmen die jeweils von ihnen eingebrachten konventionellen Muster so aufeinander ab, daß diese kongruent werden, so daß eine wechselseitige Sicherung des Selbstwertgefühls wie auch eine Befriedigung der jeweiligen Informationsbedürfnisse möglich wird. Auf diese Weise regulieren sich beide Kommunikationspartner. Diese Regulierung wird sowohl durch die analytische Positions-Anordnung, in der eine direkte Kontrolle des Kommunikationspartners für den Patienten nicht möglich ist, gestört, als auch dadurch, daß die Aufforderung zur Einhaltung der Grundregel alle Konventionen durchbricht, da eben »Dinge« gesagt werden sollen, die konventionell nicht sagbar sind.

Das vom Analytiker eingebrachte »analytische Muster« zielt nicht – wie konventionelle Kommunikationsmuster – darauf ab, ein Regulativ für die eigenen Äußerungen zu finden, sondern darauf, verbale wie nichtverbale Mitteilungen des Patienten in einen psychoanalytischen Bezugsrahmen einordnen zu können. So wird etwa die Ängstlichkeit des Patienten hinsichtlich der Mitteilung eines bestimmten Inhalts nicht als »verständlich« erklärt, weil es sich vielleicht um einen konventionell peinlichen Inhalt handelt, sondern es wird zunächst vielleicht versucht, dies Verhalten etwa als Abwehr auf dem Hintergrund z. B. familiärer Erfahrungen zu sehen o. ä. So entstehen in der initialen Phase der Analyse übergangsweise Kommunikationsmuster, in denen der Patient Mitteilungen macht, die er konventionellerweise für nicht mitteilbar hält, und gemäß denen er erwartet, daß sein Gegenüber entsprechend konventionellen Verhaltenserfahrungen reagieren wird. Statt dessen antwortet dieses Gegenüber nicht oder nicht so, wie es vom Patienten her gesehen zu erwarten ist. Damit entsteht für diesen eine neue Situation, die er in der Regel mit ihm bekannten Verstehens- oder Verhaltensmustern zu klären sucht, was am Verhaltensmuster des Analytikers gemessen aber eine Mißinterpretation ist, die ihrerseits vom Analytiker wiederum in seinen analytischen Bezugsrahmen eingeordnet wird usw. Dadurch entsteht eine eigenartige Situation: Es erfolgt eine wechselseitige, wenn auch »ungleichgewichtige« verbale Verständigung, in der jedoch die (konventionell) zu erwartenden emotionalen Reaktionen wie auch die Bewertungsmaßstäbe von seiten des Analytikers ausbleiben.

Statt dessen gibt es verbale Mitteilungen des Analytikers, die in ihrem Wortlaut voll erfaßt werden, hinter denen jedoch die Haltung des Analytikers, genauer: sein analytisches Kommunikationsmuster, noch nicht ausgemacht werden kann. Es entsteht so etwas ähnliches wie eine Double-Bind-Situation: Eine Information wird verbal verstanden, aber der »Meinungshintergrund« des Mitteilenden – sein Informationsbedürfnis und seine Wertmaßstäbe – bleibt zunächst verborgen. Das wird beim Patienten Bemühungen mobilisieren, Muster zu entwickeln, über die eine Kommunikation auf gleicher Bezugsebene möglich wird. So versucht der Patient, auch hier nach dem Analogieprinzip zu verfahren, d. h., ihm mehr oder minder bekannte Muster dem Verhalten des Analytikers zu unterlegen. Der Weg dahin ist »regressiver« Natur, sofern nämlich eine Situation bewältigt werden soll, in der der Patient die Absichten seines Gegenübers nicht voll versteht, aber gern verstehen möchte. Die in einem funktionierenden Interaktionsmuster gegebene Komplementarität wird hier vermißt, es entsteht das, was in der individuellen Entwicklung von Stufe zu Stufe immer wieder geschah, daß nämlich das Verhalten des Gegenübers nicht voll erfaßt werden kann. Ein wesentlicher Aspekt dieses Geschehens ist – worauf wir oben schon hinwiesen – das Erlebnis des Getrenntseins vom Liebesobjekt. Dieses Sich-getrennt-Fühlen wird dadurch aufzuheben versucht, daß das Kind »nachziehend« auf die Ebene zu gelangen sucht, auf der die betreffende Beziehungsperson sich befindet.

Wenn die Eltern ein vom Kind gewünschtes Tun unterbinden, versteht das Kind zwar, was die Erwachsenen nicht wollen (daß etwas getan oder unterlassen werden soll); nur warum sie das wollen und es ihnen so wichtig ist, kann es nicht verstehen und auch nicht klären, da das Klärenwollen (informiert werden) in diesem Bereich ja nicht möglich ist. Es kann sich infolgedessen nicht mit dem Gegenüber im »Total-Verstehen« identifizieren, sondern nur mit einem Teilaspekt, der aber keinen »Sinn« für das Kind ergibt, also quasi »sinnlos« ist. Wenn die Eltern etwa aus Angst oder Schuldgefühlen sich repressiv verhalten und das Kind den Versuch macht, wenigstens eine teilweise Komplementarität zu erreichen, entwickelt es per identifikationem Verhaltensmuster (Verbote, Einschränkungen usw.), deren Sinnhintergrund z. B. Schuldgefühle der Eltern sein können. Der Wunsch des Kindes, wenigstens eine partielle Komplementarität mit seinen Liebesobjekten herzustellen, führt auf diese Weise dazu, daß die verbietenden Aspekte, die dem Kind angeboten werden, für das »Eigentliche«, d. h. als dessen Ersatz genommen werden. Das hilft vielleicht, das Phänomen zu verstehen, daß diese »moralischen Werte« so intensiv festgehalten werden. Sie sind das kleine Stück Gemeinsamkeit, wiedergewonnene Einheit mit dem Liebesobjekt, und lassen wenigstens oberflächlich verschmerzen, daß es in einem so wichtigen Bereich, wie es der Körper und dessen Lustquellen sind, keine Gemeinsamkeit, sondern nur Getrenntsein gibt. Durch die Identifikation mit den Verbotsaspekten des Objekts gewinnt das Kind einen »Sinnersatz« für das unverständliche, negativ bewertende Verhalten der Umwelt, so daß sich – durch ein solches »Nachziehen« des Kindes – in wichtigen Bereichen seiner Erfahrung wieder ein »vollkommenes« Interaktionsmuster herstellen läßt.

Das Kind strebt also danach, von einem unvollkommenen zu

einem vollkommenen Interaktionsmuster zu gelangen, wenn wir unter letzterem ein solches verstehen, in dem beiden Kommunikationspartnern der gemeinte Hintergrund des Verhaltens des jeweiligen Gegenübers zugänglich ist, wodurch auch eine wechselseitige Identifikation ermöglicht wird. Ein solches Muster könnte man auch als ein geschlossenes, komplementäres bezeichnen.

Die initiale Behandlungssituation gehört zu den »unvollkommenen Interaktionsmustern«. Wir haben weiter oben schon ausgeführt, daß der Patient bestimmte, für die wertbezogene Kontrolle wichtige Ich-Leistungen als unsicher bzw. als außer Kraft gesetzt erlebt.

Da alle konventionellen Interaktionsmuster auf die in einer bestimmten Gesellschaft konventionalisierten »Verbote« respektive »Unmöglichkeiten« Rücksicht nehmen, entstehen normalerweise keine Schwierigkeiten. Wird der Bereich des konventionell nicht Akzeptablen im Einzelfall stark ausgeweitet, trifft der Betreffende mit Sicherheit auf Menschen, die diesen ausgeweiteten »Verbotsbereich« nicht akzeptieren können und damit zur Auslösung von Konflikten Anlaß geben.

In der analytischen Situation wird dieser Fall zwangsläufig herbeigeführt durch die Aufforderung der Grundregel, alles mitzuteilen. Mit dieser Regel wird, wie gesagt, das gerade aus aller Kommunikation Herausgelassene (nicht Erscheinende) in die Kommunikation mit dem Analytiker gebracht. Das bedeutet aber das Wiederbelebtwerden bestimmter früher Situationen. Der Analytiker gerät durch ein dem Patienten nicht durchschaubares Verhalten unter unbekannten Wertmaßstäben in die Rolle von Beziehungspersonen der Kindheit: Aus den Kommunikationsbeiträgen des Analytikers lassen sich zunächst direkt keine Rückschlüsse auf seine Wertmaßstäbe und Interessen ziehen; aber auch die kommunikative Darstellung eines jeweiligen »Wunsch-Selbst« (z. B. in einem Leistungsmuster) bringt nicht die erhoffte Zustimmung. Dies wird einerseits frühkindliche, präverbale Orientierungsmuster bezüglich der Wertmaßstäbe dieser wichtigen Beziehungsperson mobilisieren, andererseits die Angst, die mit dem Erlebnis des Getrenntseins vom Objekt verbunden ist, verstärken, da in der Befolgung der Grundregel Dinge, die als »unmöglich« kodifiziert sind, mitgeteilt werden sollen.

Auch im weiteren Therapieverlauf stellt sich immer wieder diese

Konstellation her. Der Patient versucht dann, wie stets, wenn ein solches Muster sich etablierte, die Trennung aufzuheben, d. h., zu einem vollkommenen Muster zu gelangen.

Die Grundregel mobilisiert alles bis dahin »Trans-Kommunikative« (Ausnahmen davon wären besonders zu beschreiben). Die bisher gültigen Wertmaßstäbe, die z. T. in Abwehrformationen feste Gestalt gewonnen haben, sind oft Ausdruck einer mühsam errungenen partiellen Einheit mit dem Liebesobjekt und können schon deshalb nicht ohne weiteres preisgegeben werden. Es stehen sich jetzt gegenüber: Mobilisierung des bisher nicht Gestaltbaren (Kommunizierbaren), was vor allem auch drohende Trennung vom Liebesobjekt bedeutet mit der evtl. Aussicht, gestaltbar zu werden, d. h., eine Vereinigung mit dem Liebesobjekt auf einer anderen Ebene wiederzugewinnen, und andererseits Angst, das Liebesobjekt völlig zu verlieren, wenn man die »Gemeinsamkeit der Werte« opfert und noch nicht wissen kann, ob das Liebesobjekt das bis dahin »Unmögliche« annehmen wird. Der Patient wird in dieser Lage vermehrt versuchen müssen, zu ergründen, was der Analytiker von ihm will. Andererseits muß der Analytiker erkennen lassen, daß er den Patienten mit all seinen Aktionen akzeptiert. Hier besteht die Gefahr, daß der Analytiker seinerseits sich in konventionelle Muster verstrickt, wenn er selbst durch konventionell wertbestimmte Aktionen das Nicht-gestalten-Können bestimmter Bereiche abdecken muß.

Es gibt so in der initialen analytischen Phase einen Übergang vom Versuch des Patienten, die analytische Situation »quasi konventionell« zu gestalten, zu jener Kommunikationsform, die im Grundmuster den frühen Situationen entspricht, in denen vom Kind erfaßt wird, daß für den Erwachsenen (Analytiker) ganz bestimmte Motivationen gelten, die zu erfahren von Wichtigkeit ist, da so eine partielle Wiedervereinigung mit dem Liebesobjekt hergestellt werden kann. Dieses Grundmuster wird durch die inzwischen entstandenen »Wert-Interaktions-Muster« kompliziert, die eine Kommunikation auf bis dahin verbotenen Ebenen behindern. Die Abwehrformationen, die der Patient erworben hat und die eine partielle Komplementarität verkörpern, hindern die Herstellung einer tieferen Kommunikation. Sie stellen selber ja eine »Kommunikationsbereitschaft« dar, die Kommunikation unter Auslassung des »Verbotenen« ermöglichen soll. Die Entstehung des sog. »Widerstandes« des Patienten wird so als die

Entstehung eines bestimmten Kommunikationskonflikts verständlich.

VIII Das Grundregel-Arrangement: die institutionalisierte Form des psychoanalytischen »Verständigungsvorbehalts«

Kerngedanke unserer bisherigen Überlegungen war der Begriff der Inkongruenz der Muster, die Patient und Analytiker in der Behandlungssituation entwerfen: Die konventionellen Muster, die der Patient in die psychoanalytische Situation einbringt, erweisen sich für den Zweck, eine Ebene wechselseitiger Befriedigung zu finden, weitgehend als nicht brauchbar – der Patient kann sich aber aus verschiedenen Gründen auch nicht problemlos das Muster zu eigen machen, das Verhaltensgrundlage des Analytikers ist, so daß Inkongruenz entsteht. Was dies für den Patienten (in der initialen Therapiephase) bedeutet, haben wir in bezug auf die »Bestandteile« eines Interaktionsmusters (ihrer strukturellen Verknüpfung, ihrer Genese usw.) ansatzweise zu klären versucht.

Wir wollen abschließend der Frage nachgehen, was der »Verständigungsvorbehalt« des Analytikers gegenüber den konventionellen Mustern des Patienten im Hinblick auf die Sozialität zwischenmenschlicher Kommunikation bedeutet und in welchen Formen dieser »Vorbehalt« durch das Grundregel-Arrangement institutionalisiert ist.

Auf eine dieser »technischen« Vorkehrungen, die in der psychoanalytischen Situation getroffen werden, sind wir bei unserer Untersuchung der Regulierung des Kommunikationsablaufs bereits gestoßen: Die »Grundregel«-Anweisung, die dem Patienten gegeben wird – »Teilen Sie alles mit . . .« –, dient, neben anderem, dem Zweck, die Struktur einer Kommunikationsbeziehung herzustellen, in der eine volle Bestätigung der vom Patienten intendierten (handlungsbezogenen) Bedeutungen – wie sie für den Ablauf von »Alltags«-Dialogen weitgehend typisch ist – vermieden werden kann.

Die These, daß der Analytiker den Patienten weitgehend daran hindert, im Medium seiner konventionellen Interaktionsmuster die Ebene rascher Verständigung zu finden, die er außerhalb der

Therapie zu finden gewohnt ist, können wir unter interaktionssoziologischen Gesichtspunkten mit dem Konstrukt von »Kooperativität« präzisieren: Der Analytiker (bzw. Merkmale des Grundregel-Arrangements) reduzieren in bezug auf die konventionellen Interaktionsmuster das Maß an Kooperativität, das notwendig ist, damit Partner im Prozeß der Verständigung soziale Interaktionsmuster gemeinsam realisieren können. Dies sei kurz erläutert:

In Anlehnung an Mead (1934), Schütz (1962/1964/1966) und Garfinkel (1967) nehmen wir an, daß die sozialen Bedingungen, die gegeben sein müssen, damit sich zwei Menschen im sozialen Miteinander als sprach- und handlungsfähige Subjekte gegenübertreten und kooperativ eine gemeinsame Interaktionswirklichkeit aufbauen können, als wechselseitig bestehende »idealisierende« Erwartungen beschreibbar sind. Eine dieser Erwartungen bezieht sich auf die »Austauschbarkeit« der Standpunkte (Schütz) und beinhaltet (vereinfacht gesagt), daß die Partner die gleichen Erfahrungen in der Interaktion machen würden, wenn sie ihre Plätze austauschten, so daß die Bedeutung der Äußerungen, Handlungen und Gegenstände, die sie wahrnehmen, für beide dieselbe ist. Auf den kooperativen Aspekt einer weiteren Erwartung dieser Art hat besonders Habermas hingewiesen: Wir müssen uns in Alltagskommunikationen in Übereinstimmung mit der gegenseitigen Unterstellung von Verantwortlichkeit bzw. Zurechenbarkeit unserer Handlungen (und der des anderen) verhalten, was u. a. impliziert, daß wir dem anderen nicht eine Dissoziation zwischen seinen verbalisierten Absichten und seinen faktisch wirksam werdenden Motiven zuschreiben können.

»Wir sind ... unfähig, in der Interaktion selber dem Gegenüber unbewußte Motive zuzuschreiben. Sobald wir das tun, verlassen wir die Ebene der Inter-Subjektivität und behandeln den anderen als ein Objekt, *über* das wir mit dritten kommunizieren können, aber nicht *mit* ihm selber« (J. Habermas, 1971, S. 118).

Eine weitere Alltagserwartung bezieht sich darauf, daß wir uns gegenseitig zugestehen, daß in der Interaktion Kommunikationsgrenzen gezogen und aufrechterhalten werden können, d. h., daß wir in der Kommunikation gewohnt sind (und von anderen erwarten), daß eine Trennung zwischen öffentlichem Bereich (die dem anderen sichtbar gemachten und zur Verfügung gestellten Informationen über das Selbst) und dem »privaten Bereich« (die nicht zur Kommunikation freigegebenen Gedanken, Gefühle und Wünsche) möglich ist und erwartet wird (vgl. H. Garfinkel, 1973).

Das Grundregel-Arrangement zielt nun direkt darauf ab, den Interaktionsmustern des Patienten die genannten Voraussetzungen für den Prozeß ihrer Realisierung zu entziehen; die »Grundregel« selbst bedeutet die Aufhebung aller Kommunikationsgrenzen. Die »Austauschbarkeit der Standpunkte« – d. h. vor allem die Gewißheit des Zugangs zur individuellen Wirklichkeit des Partners – ist auf seiten des Patienten dadurch unterbunden, daß der Analytiker als Person weitgehend anonym bleibt. Die zu dem jeweiligen, vom Patienten entworfenen Muster gehörenden Vorstellungen bezüglich des aktuellen Empfindens und Reagierens dieser Beziehungsperson treffen auf keine Verhaltensweisen des Analytikers, die sich direkt in das konventionelle Muster integrieren lassen. – Inwiefern dem Patienten aufgrund seiner Abwehr die Zugangsmöglichkeiten zu der Verstehensebene des Analytikers z. T. verwehrt sind, haben wir bereits ausgeführt.

Soweit der Analytiker seine Individualität »darstellt«, geschieht dies im gesamten Therapieverlauf im eher präkonventionellen, archaischen Medium der Empathie und Affektäußerung (als Freundlichkeit, Mitgefühl usw.), in der Intonation seines Sprechens usw. Den Ausdruck seiner Freude, Genugtuung usw. über Mitteilungen, die einen Behandlungsfortschritt des Patienten dokumentieren, unterbindet der Analytiker natürlich nicht in diesem Sinne; er bleibt damit aber in »seinem«, dem analytischen Muster. Überdies wird die Zuschreibung einer vollen Verantwortlichkeit des Patienten suspendiert (für Kränkungen, Beleidigungen etc.), da die Grundregel – wie Schröter (1974, S. 47) bemerkt – »Sanktionsfreiheit« nicht nur für den Fall der Verletzung von allgemein geltenden sozialen Tabus, sondern insbesondere auch für den Fall der möglichen Kränkung des unmittelbaren Gegenübers, des Analytikers, zusichert. Eine weitere – vorübergehende – Suspendierung dieser Erwartung sieht Schröter im Fall von Deutungen des Analytikers gegeben, die die Bedeutungen und Handlungen des Patienten hinterfragen; damit ». . . wird der Analysand als eine Person definiert, die selbst nicht weiß, was sie mit ihren Äußerungen sagt« (a.a.O., S. 51). Es scheint aber wichtig, genauer zu unterscheiden zwischen der in dem analytischen Setting »latent« verankerten Suspendierung dieser »Intentionalitäts-Erwartung« (und anderer Sozialitätsbedingungen) und den Gelegenheiten und kommunikativen Formen, durch die diese Suspendierung (die der Analytiker zunächst für sich vornimmt) für den Patienten manifest wird (indem z. B. der Therapeut ein »Mehr« an aktueller Interaktionserfahrung andeutet und dem Patienten hilft, daran zu partizipieren, so daß sich für den jeweiligen Impuls, Affekt oder Gedanken wieder die Struktur sozialer Verständigung eröffnet). Wir wollen dieser Frage, die eine eigene Untersuchung verlangt, nicht weiter nachgehen. – Trömel-Plötz (1974) hat einige der sprachlichen Mittel und Kommunikationstechniken analysiert, die der Analytiker anwendet, um dem Patienten schrittweise die von ihm erschlossenen Bedeutungen seiner Äußerungen zu vermitteln, die ihm (noch) unbekannt sind.

Fassen wir zusammen: Das Grundregel-Arrangement zielt (im »technischen« Sinne) darauf ab, dem Patienten die Zugangsmöglichkeiten zu einer Ebene der Verständigung, die im Medium seiner konventionellen Interaktionsmuster stattfindet, möglichst zu verwehren. Das heißt, es zielt darauf ab, die Entstehung der Struktur der Kooperativität im Medium der konventionellen Interaktionsmuster zu unterdrücken und damit die Beziehung zwischen Analytiker und Patient im Hinblick auf diese Muster zu desozialisieren.

Hier wäre die theoretisch interessante Frage zu verfolgen, inwiefern das Setting in wichtigen Strukturmerkmalen Dimensionen des Gestörtseins des Patienten »nachzeichnet«: die Instabilität des Bezugs seiner individuellen Interaktionsmuster zur sozialen Wirklichkeit, die Unsicherheit im Trennenkönnen von privater und öffentlicher Welt u. a.

IX Abschließende Bemerkungen

Aus unseren Überlegungen ergeben sich einige weiterführende Fragen, die sowohl praktische als auch theoretische Aspekte der psychoanalytischen Therapie betreffen. Unter theoretischem Aspekt legen sie die Vermutung nahe, daß das Auftreten der Phänomene »Regression«, »Übertragung« und »Widerstand« erst im Zusammenhang mit der Art und Weise, in der in der analytischen Situation der Kommunikations- und Interaktionsvorgang reguliert wird, voll verständlich wird. Die genannten seelischen Vorgänge könnten als verschiedene Formen aufgefaßt werden, in denen der Patient – mit den ihm zur Verfügung stehenden Mitteln – versucht, die Irritationen und Probleme zu bewältigen, die auf verschiedenen Verhaltensebenen dadurch entstehen, daß sozial gültige Regeln des Sprechens und Handelns für die Dauer der Therapie in bestimmter Weise abgeändert werden. Besonders der Umstand, daß der Analytiker auf einer das Verhalten des Patienten betreffenden Verstehensebene operiert, die diesem nicht voll zugänglich ist, erscheint uns hier bedeutsam.

Wie wir darzustellen suchten, werden damit für den Patienten Verhältnisse der Kommunikations- und Interaktionsbeziehung zur sozialen Umgebung teilweise wiederhergestellt, die als analog zu denen erlebt werden, die einmal in seiner Kindheit bestanden haben – einschließlich der zu diesen infantilen Verhältnissen gehörenden Konfliktkonstellationen und den für sie typischen Bewältigungsversuchen. In den verschiedenen Formen, in denen sich der Patient mit dieser Situation auseinandersetzt, vermittelt er wiederum dem Analytiker wichtige Einblicke in den Hintergrund seines Gestörtseins.

Eine Präzisierung dieses Zusammenhanges würde allerdings voraussetzen, daß ein psychoanalytisches Konzept sozialer Kommunikation entwickelt wird, in dem z. B. Einsichten formuliert sind über den (genetischen) Aufbau seelischer Strukturen und die Eigenschaften und Funktionen von Sprache und Interaktion, die diesen Aufbau mit ermöglichen. Ein solches Konzept konnten wir hier nur in einigen Punkten skizzieren. Schließlich wäre unter der hier vorgeschlagenen Perspektive der methodologische Status der psychoanalytischen Situation möglicherweise genauer bestimmbar.

Wenn wir davon ausgehen, daß die »herrschende Realität« in zwischenmenschlichen Beziehungen jene Realität ist, die aus der Gegenseitigkeit der Aktualität und Anerkennung der miteinander Handelnden erwächst, wobei die Form des Wirklichwerdens von der Struktur ihrer Beziehung abhängt (vgl. auch Loch, 1971), dann ist als eine Folge des Grundregel-Arrangements angebbar, daß die Gefühle, Erlebnisse, Phantasien etc., die der Patient mitteilt, nicht primär als Bestandteil gesellschaftlicher Wirklichkeit in Erscheinung treten, sondern als Bestandteil seiner persönlichen Erfahrungswelt (oder »Subjektivität«); entsprechend werden sie vom Analytiker auch verstanden und akzeptiert. (Inwieweit in ihnen implizite Erfahrungen »objektiver« sozialer Realität enthalten sind, worauf besonders A. Lorenzer, 1974, hingewiesen hat, soll hier nicht diskutiert werden.)

Hieraus ergibt sich die interessante methodologische Konsequenz, daß die Struktur der partiell »desozialisierten« Kommunikationssituation zwischen Analysand und Analytiker eine wesentliche Bedingung dafür ist, daß sich der »Gegenstand« der Psychoanalyse – die subjektive Struktur des Patienten und ihre Deformationen – im Untersuchungsfeld konstituieren kann.

Daß der Analytiker durch die Methode seiner Therapie eine Art Grenzposition zwischen der sozialen Wirklichkeit und der Wirklichkeit des »desozialisierten« Erlebens bezieht, muß für sein persönliches Erleben und sein Berufsbild bedeutsam sein. Es müßten u. a. starke Allmachtsphantasien in ihm dadurch geweckt werden, daß er grundlegende Regeln des sozialen Handelns (für sich) suspendieren und eine »übergesellschaftliche« Position beziehen kann. Es wäre zu untersuchen, wie diese Erfahrung jeweils bearbeitet und für das Selbstverständnis der Analytiker als Berufsgruppe im Verhältnis zur Gesellschaft, in der sie tätig ist, bedeutsam wird.

Anmerkungen

1 Um einem möglichen Mißverständnis vorzubeugen: Wir meinen mit »kommunikations-psychologisch« eine psychoanalytische Betrachtungsweise von Kommunikation und nicht den verhaltenswissenschaftlichen Ansatz einer Kommunikations-Psychologie, wie er z. B. von Watzlawick et al. (1967) vertreten wird.

2 Z. B. wird auf eine Frage nicht antwortend reagiert, sondern deutend (weshalb die Frage gestellt wurde), oder das Fragen selbst wird erörtert usw.

3 Bezüglich der Frage, welche Faktoren diesen Umstrukturierungsprozeß fördern können, sei an dieser Stelle auf die mögliche Erklärungskraft eines ethnomethodologischen Konstrukts hingewiesen. Wie Garfinkel (1967) betont, wird der Glaube an die Angemessenheit des sozialen Wissens gegenüber der Realität besonders durch die »Reflexivität« von Handlungen, Äußerungen und Wertmaßstäben als symbolische Formen bekräftigt. D. h., diese Formen haben die Eigenschaft, daß mit ihrer Anwendung eine Umgebung, für die sie angemessen

erscheinen, selbst geschaffen wird, insofern mit ihnen (aufgrund ihrer Interpretationskraft) eine Situation strukturiert werden kann und zugleich (aufgrund ihrer Bedeutungsvagheit) sie als dieser Situation angemessen interpretiert werden können. Diese Möglichkeit des Sich-in-eine-Situation-Integrierens bleibt den konventionellen Mustern in der psychoanalytischen Situation weitgehend versperrt. Überdies wäre unter ethnomethodologischem Gesichtspunkt die These vertretbar, daß die Funktion der psychoanalytischen Situation, den Patienten in seinem Rekurs auf das Alltagswissen zu »verunsichern«, auch deshalb eine infantile Situation strukturiert, weil er in seiner Fähigkeit eingeschränkt wird, seine individuellen Interaktionsmuster als »angemessen« zu legitimieren.

Bibliographie

Balkanyi, Ch. (1964): Verbalisierung in der psychoanalytischen Deutungsarbeit. Psyche, 28 (1974), 786-798.

Bellak, L. (1961): Über theoretische und klinische Aspekte der freien Assoziation. Psyche, 15 (1961/62), 382-404.

Buckley, W. (1967): Sociology and Modern System Theory. Englewood Cliffs.

Cicourel, A. V. (1975): Sprache in der sozialen Interaktion. München.

Dewey, J. (1925): Experience and Nature. Chicago/London.

Flavell, J. H. (1975): Rollenübernahme und Kommunikation bei Kindern. Weinheim/Basel (Beltz).

Freud, S. (1900): Die Traumdeutung. GW II/III, 1-642.

– (1904): Die Freudsche psychoanalytische Methode. GW V, 3-10.

– (1928): Kurzer Abriß der Psychoanalyse. GW XIII, 403-427.

Garfinkel, H. (1967): Studies in Ethnomethodology. Englewood Cliffs.

– (1973): Das Alltagswissen über soziale und innerhalb sozialer Strukturen. In: Arbeitsgruppe Bielefelder Soziologen (Hg.), Bd. I, Reinbek (Rowohlt).

Greenacre, Ph. (1954): The role of Transference. J. Am. Psa. Assoc., 2, 671-684.

Greenson, R. R. (1967): Technik und Praxis der Psychoanalyse, Bd. 1, Stuttgart (Klett) 1973.

Habermas, J. (1970): Zur Logik der Sozialwissenschaften: Materialien. Frankfurt/M. (Suhrkamp).

– (1971): Vorbereitende Bemerkungen zu einer Theorie der kommunikativen Kompetenz. In: Habermas/Luhmann, Theorie der Gesellschaft oder Sozialtechnologie – Was leistet die Systemforschung? 101-141. Frankfurt/M. (Suhrkamp).

Hartmann, H. (1927): Die Grundlagen der Psychoanalyse. Nachdruck. Stuttgart. (Klett) 1972.
Hermann, I. (1963): Die Psychoanalyse als Methode. 2., neubearbeitete Auflage. Köln/Opladen.
Laplanche, J. und J. B. Pontalis (1967): Das Vokabular der Psychoanalyse. Frankfurt/M. (Suhrkamp) 1972.
Loch, W. (1971): Determinanten des Ichs. Beiträge David Rapaports zur psychoanalytischen Ich-Theorie. Psyche, 25, 374-400.
Loewenstein, R. M. (1963): Some Considerations on free association. J. Am. Psa. Assoc., 11, 451-473.
Lorenzer, A. (1974): Die Wahrheit der psychoanalytischen Erkenntnis. Frankfurt/M. (Suhrkamp).
Macalpine, M. S. (1950): The Development of the transference. Psa. Quarterly, 19, 501-539.
Mahler, M. S. (1968): Symbiose und Individuation. Stuttgart (Klett) 1972.
Mead, G. H. (1934): Geist, Identität und Gesellschaft aus der Sicht des Sozialbehaviorismus. Frankfurt/M. (Suhrkamp) 1968.
Mehan, H. und H. Wood (1975): The Reality of Ethnomethodology. New York/London/Sydney/Toronto.
Rycroft, Ch. (1956): The Nature and function of the analyst's communication to the patient. Int. J. Psa., 37, 469-472.
– (1968): Imagination and Reality. New York.
Sacks, H. (1967/72): Unveröffentlichte Vorlesungsskripte.
Schröter, K. (1974): Psychoanalytischer Dialog und alltägliche Kommunikation. In: M. Muck u. a.: Information über Psychoanalyse, 45-63. Frankfurt/M. (Suhrkamp).
Schütz, A. (1962/64/66): Collected Papers, I-III. Den Haag.
Searle, J. R. (1971): Sprechakte. Ein sprachphilosophischer Essay. Frankfurt/M. (Suhrkamp).
Seidenberg, H. (1971): The Basic Rule: free association – a reconsideration. J. Am. Psa. Assoc., 19, 98-109.
Stone, L. (1961): Die psychoanalytische Situation. Frankfurt/M. (S. Fischer) 1973.
Trömel-Plötz, S. (1974): »Sie meinen also, Sie hätten das nicht tun sollen.« Zur Interpretation im psychotherapeutischen Dialog. Ling. Ber., 33, 18-26.
Waelder, R. (1960): Die Grundlagen der Psychoanalyse. Bern/Stuttgart (Huber/Klett) 1963.
Watzlawick, P., J. H. Beavin und D. D. Jackson (1967): Menschliche Kommunikation. Bern/Stuttgart (Huber/Klett) 1969.
Wunderlich, D. (1972): Zur Konventionalität von Sprechhandlungen. In Wunderlich (Hg.), Linguistische Pragmatik, 11-58. Frankfurt/M. (Athenäum).

Armin Koerfer / Christoph Neumann

Alltagsdiskurs und psychoanalytischer Diskurs

Aspekte der Sozialisierung des Patienten in einen ›ungewohnten‹ Diskurstyp

Inhalt

Diese Arbeit ist im Rahmen des Projekts ›Diskursstrukturen der psychoanalytischen Therapie‹ entstanden. Das Projekt wird seit dem 1. Oktober 1980 von der Deutschen Forschungsgemeinschaft innerhalb des Schwerpunkts ›Verbale Interaktion‹ gefördert. Leiter des Projekts ist D. Flader; Projektmitarbeiter sind: A. Koerfer, Ch. Neumann und (als beratender Psychoanalytiker) W.-D. Grodzicki. Wir danken der Abteilung für Psychotherapie der Universität Ulm für das uns zur Verfügung gestellte Material.

1 Zur Untersuchung des psa Diskurses als eines besonderen Diskurstyps: Fragestellung und Methode

Gegen Ende der zweiten Sitzung einer psychoanalytischen (psa) Therapie faßt die Patientin, nachdem sie sich mehrfach darüber beklagt hat, daß der Analytiker entgegen ihrer Erwartung gar nicht bzw. unangemessen auf ihre Redebeiträge reagiere, ihre bisherigen Gesprächserfahrungen in folgendem Resümee zusammen:

(1) P (. . .) also ich find das als 'ne ganz andere Art von Gespräch wie ich das gewohnt bin. (I: 2, 8)[1]

1.1 Zur Frage der Devianz psa Diskursstrukturen und ihrer Lernbarkeit

Die hier in Beispiel (1) aus der Patientenperspektive formulierte Andersartigkeit psychotherapeutischer bzw. hier speziell psa Diskurse ist vielfach auch kontrastiv zu Alltagsdiskursen etwa in der Theorie der psa Technik beschrieben (z. B. Menninger/Holzman 1958/1977, Sandler/Dare/Holder 1973/1979) sowie neuerdings auch in sprachsoziologisch und diskurslinguistisch orientierten Arbeiten zur Therapiegesprächsforschung untersucht worden (z. B. Schröter 1974, Klann 1977, Flader/Grodzicki 1979, Lakoff 1980 und 1981). Tenor dieser Untersuchungen ist, daß sich die Differenz zwischen Alltagsdiskursen und psychotherapeutischen Diskursen kaum oberflächenstrukturell auf der Ebene der Syntax und Semantik von konkreten Sprachäußerungen nachweisen läßt, sondern sich vielmehr auf allgemeine Diskursregeln bezieht, deren Geltung im psychotherapeutischen Diskurs kontextspezifisch suspendiert oder modifiziert wird.

Für die Diskurs-Neulinge in psychotherapeutischen Kontexten stellen sich die daraus resultierenden Kommunikationsprobleme zunächst als paradox dar. Sie folgen einerseits den Konventionen der Alltagssprache, und die Kommunikation ist von daher relativ – wie in Alltagssituationen – störungsfrei. Andrerseits ergeben sich auf der pragmatischen Ebene, auf der Ambiguitäten normalerweise und d. h. in gut bekannten und kontrollierten Kontexten von den Teilnehmern routiniert aufgelöst werden können, gerade zu Beginn der Therapien regelmäßig Kommunikationsschwierigkeiten, die durch den »neuartigen« Kontext determiniert sind. Den in diesem Kontext von den Teilnehmern zu vollziehenden *Lernprozeß* beschreibt Lakoff folgendermaßen:

»The therapeutic situation itself comprises a context, distinct from the context of ›ordinary conversation‹, and that distinction occasions ambiguity and attendent confusion (...) In respect to the syntactic component of the grammar, for all practical purposes, the two are the same – we cannot speak of syntactic ambiguity or paraphrase relations between O(rdinary) C(onversation) and P(sychotherapeutic) D(iscourse). But in general, pragmatically anything uttered in a ›therapeutic‹ context must be understood as standing in a relation of ambiguity to another superficially identical statement in an ›ordinary discourse‹ context. This is perhaps the major, the most important, and the most difficult thing a patient (or client or therapist) must learn.« (1981: 7)

Die im psychotherapeutischen Diskurs zu erbringenden kognitiven Lernleistungen sind jedoch nach Lakoff noch als relativ gering anzusetzen. Sie vergleicht sie mit dem weitaus höheren Schwierigkeitsgrad bei der Erlernung einer Fremdsprache oder selbst noch des Standard-English für einen Sprecher eines Dialekts wie des Black-English und argumentiert, daß zwischen Alltagsdiskursen und psychotherapeutischen Diskursen schon deswegen kein prinzipieller Strukturunterschied bestehen könne, weil letztere relativ leicht und schnell erlernbar seien.

»If in fact P(sychotherapeutic) D(iscourse) were radically different in structure from O(rdinary) C(onversation), we should expect something quite different: a long period of training for the patient, in which frequent gross errors were made through sheer ignorance of the communicative system, in which he had time after time to be carefully coached and corrected.« (1981: 8 f.)

Rechtfertigt aber auch die Empirie psa Diskurse die Verneinung der Annahme, daß sich das Lernproblem in der beschriebenen Weise scharf stellt, und ist von daher der Schluß auf eine nur schwach deviante Struktur psychotherapeutischer Diskurse zulässig? Lakoff räumt selbst direkt im Anschluß an ihre oben nur hypothetisch unterstellten Einübungsschwierigkeiten ein: »One can object that this is in fact not too distorted a picture of what goes on in early parts of many therapeutic relationships« (ebd.). Wenn hier zuletzt von den ›Anfangsphasen *vieler* therapeutischer

Beziehungen‹ die Rede ist, für die das entworfene Bild von den Trainingsschwierigkeiten der Patienten ›nicht allzu verzerrt‹ ist, stellt sich die Frage, inwieweit der von Lakoff selbst formulierte Einwand je nach Therapieform zutrifft. Dann wären verschiedene Therapien jeweils nach dem Grad ihrer Lernbarkeit in Abhängigkeit vom Grad der Abweichung von Strukturen des Alltagsdiskurses zu unterscheiden. Auch Lakoff diskutiert an anderer Stelle (1981: 12, 17 ff. u. 1980) die Frage einer extrem devianten Struktur beispielsweise des psa Diskurses als einer besonderen Therapieform, in der sich das Lernproblem entsprechend verschärft stellt.

1.2 Eine Methode zur Untersuchung der Geltung von Diskursregeln

Bevor allerdings diese Frage weiter verfolgt wird, soll zunächst kurz die ebenfalls von Lakoff vorgeschlagene Methode beschrieben werden, mit der sowohl die Geltung allgemeiner Diskursregeln sowie auch ihre Devianz in besonderen Diskursen untersucht werden kann. Ein in der Grammatik-Forschung übliches Verfahren, das implizite (sprach)grammatische Wissen der kompetenten Sprecher einer natürlichen Sprache zu rekonstruieren, besteht darin, daß man ihnen konstruierte oder auch natürlich gesprochene Sätze zur Beurteilung vorlegt, die sie dann als (mehr oder weniger) akzeptabel oder nicht akzeptabel einschätzen.

In Analogie zu diesem Verfahren könnte nach Lakoff auch die Existenz einer »grammar of discourse« nachgewiesen werden, wenn die Untersuchung ihren Ausgangspunkt von der Struktur abweichender Diskurse nähme. Es wäre dann ein System zu beschreiben, »that is recognized as being in violation of the normal rules of discourse, in order to examine how participants cope with such a situation.« (1980: 3)

In der Übernahme dieses methodischen Ansatzes soll im folgenden an Hand empirischen Materials aus psa Therapien gezeigt werden, inwiefern der psa Diskurs ein guter Kandidat ist für kontrastive Untersuchungen von »normalen« und »abweichenden« Diskursstrukturen.[2] Daß zu diesem Zweck nach Möglichkeit strikt auf die Empirie psa Diskurse in Form von Tonbandaufzeichnungen und Transkriptionen rekurriert wird, ist zweifach motiviert: Zum einen gibt es im Gegensatz zum allgemeinen Stand in der diskurslinguistischen Forschung mit wenigen Ausnahmen (wie z. B. Labov/Fenshel 1977) noch kaum empirische Untersuchungen zum psychotherapeutischen Diskurs. Dies gilt besonders für den psa Diskurs. Als Datenquellen werden hier zumeist eigene Erfahrungen oder (auf Erinnerung, Mitschriften, Notizen etc. gestützte) Erfahrungsberichte von dritter Seite herangezogen. Zum anderen kann bei der Untersuchung von Diskursen vom Typ des psa Diskurses die methodisch günstige Eigenschaft solcher Diskurse genutzt werden, daß die Teilnehmer ihren aktuell geführten Diskurs häufig selbst in einem *Metadiskurs* einer *Akzeptabilitätsprüfung* unterziehen.

Denn daß die Diskursteilnehmer in der Anwendung ihres *Alltagsdiskurswissens* auf den für sie neuartigen psa Diskurs scheitern, wird nicht nur bemerkt, sondern insbesondere von den Patienten (als Diskurs-Neulingen) mehr oder weniger explizit thematisiert. Der Prozeß des Wechsels vom Diskurs in den Metadiskurs geht in der Regel so vor sich, daß die Fehlschläge in der Anwendung des Alltagswissens über Diskurse zu Kommunikationskrisen führen, die sich entweder in der spontanen Verbalisierung der jeweiligen Irritation (z. B.: »Wieso antworten Sie nicht?«) oder häufig auch in (längerem) Schweigen manifestieren. In den nach unseren bisherigen Beobachtungen hauptseitig von den Patienten und nebenseitig von den Analytikern initiierten Thematisierungen von Kommunikationskrisen werden nicht selten gemeinschaftlich von beiden Diskursteilnehmern sowohl Alltagsdiskursregeln wie auch die im aktuellen Fall bemerkte Regelverletzung mehr oder weniger explizit formuliert.

Die Anteile an den auf diese Weise gemeinschaftlich von den Diskursteilnehmern produzierten Metadiskursen zur Überwindung von Krisen auf der Diskursebene sind natürlich auch qualitativ verschieden, was wiederum methodisch genutzt werden kann. Im Unterschied zum Patienten verfügt der Analytiker über das Alltagsdiskurswissen hinaus über ein *professionelles Wissen* über psa Diskurse. Diese doppelte Kompetenz versetzt den Analytiker (als psa ›Diskurs-Routinier‹) in die Lage, Kommunikationskrisen antizipieren und kontrollieren und mit Präventivmaßnahmen evtl. auch minimieren zu können. Hierzu tragen Instruktionen besonderer Art bei (z. B. Grundregel-Mitteilung zu Therapiebeginn), in denen das professionelle Wissen über die speziellen Diskursregeln aufgehoben ist und die deswegen ein besonderes Untersuchungsinteresse verdienen (vgl. § 2, 3 u. 4).

2 Zur Sozialisation in der Initialphase

Bei der systematischen Durchsicht des Materials fanden wir die auf Grund der ersten Beobachtungen gemachten Annahmen bestätigt. In allen vier der zur Untersuchung herangezogenen Therapien (I-IV) setzen sich die Patienten mit dem psa setting als einer ungewöhnlichen sozialen Situation und den speziellen Diskursregeln der Psychoanalyse als einer abweichenden Gesprächsform auseinander, wenn auch diskontinuierlich und bei zunehmender Behandlungsdauer mit abnehmender Tendenz. Wegen des zuletzt genannten Aspekts und des Interesses, den Sozialisationsprozeß von Beginn an erfassen zu können, konzentrierten wir uns auf die Anfangsphase der Therapien, die wir relativ willkürlich auf die ersten zwölf Sitzungen eingrenzten. Am Prozeß der Sozialisierung des Patienten in den psa Diskurs lassen sich vorab zwei Phasen differenzieren:

2.1 Einführungsphase: Zur Grundregel-Mitteilung

Man könnte – wie viele Patienten – erwarten, daß die Diskurs-Neulinge bei Eintritt in den neuartigen Diskurs von seiten der Diskursroutiniers *explizite Instruktionen* über die speziellen Diskursregeln sowie auch Erklärungen über den Sinn ihrer Geltung erhielten. Dies ist aber in der Regel nicht der Fall. Freud nimmt in diesem Zusammenhang lediglich die Grundregel davon aus, die wegen ihrer Relevanz für unsere Untersuchung hier ausführlich zitiert werden soll:

»Nur für die Grundregel der psychoanalytischen Technik, die der Patient zu beobachten hat, macht man eine Ausnahme. Mit dieser macht man ihn von allem Anfang an bekannt: ›Noch eines, ehe Sie beginnen. Ihre Erzählung soll sich doch in einem Punkte von einer gewöhnlichen Konversation unterscheiden. Während Sie sonst mit Recht versuchen, in Ihrer Darstellung den Faden des Zusammenhangs festzuhalten, und alle störenden Einfälle und Nebengedanken abweisen, um nicht, wie man sagt, aus dem Hundertsten ins Tausendste zu kommen, sollen Sie hier anders vorgehen (. . .) Sie werden versucht sein, sich zu sagen: Dies oder jenes gehört nicht hierher, oder es ist ganz unwichtig, oder es ist unsinnig, man braucht es darum nicht zu sagen. Geben Sie dieser Kritik niemals nach und sagen Sie es trotzdem, ja gerade darum, weil Sie eine Abneigung dagegen verspüren. Den Grund für diese Vorschrift – eigentlich die einzige, die Sie befolgen sollen – werden Sie später erfahren und einsehen lernen: Sagen Sie also alles, was Ihnen durch den Sinn geht.‹« (1913: 194)

Freud scheint hier bestimmte Vorstellungen bezüglich der Stärke der Gültigkeit bestimmter Alltagsdiskursregeln gehabt zu haben, wenn er sowohl diese wie auch spezifisch abweichende psa Diskursregeln in dieser Ausführlichkeit für den Patienten expliziert. Bevor wir auf die von Freud explizierte Abweichung »in einem Punkte von einer gewöhnlichen Konversation« im einzelnen weiter eingehen (vgl. besonders § 4), möchten wir kurz die psa Praxis der ersten mehr oder weniger expliziten Orientierung der Patienten durch die Grundregel-Mitteilung umreißen.

Unsere erste Auswertung einer Umfrage, die vom Balint-Institut in Hamburg durchgeführt wurde[3], ergibt ein uneinheitliches Bild hinsichtlich Zeitpunkt und Form der Grundregel-Mitteilung. Der Zeitpunkt variiert vom Erstinterview bis in die ersten Therapiesitzungen. Einige Therapeuten geben nach ihrer Auskunft gar keine Anweisung; wenn eine Anweisung gegeben wird, dann werden in Anlehnung an von Freud tradierte Formen (wie z. B. die oben zitierte) unterschiedliche Paraphrasen gewählt, z. B.:

(2) A Sagen Sie alles, was Ihnen durch den Sinn geht!

(3) A Sagen Sie bitte alles, was in Ihnen vorgeht, auch Träume und Phantasien. Lassen Sie nichts aus, auch wenn es Ihnen nicht zusammenzupassen scheint oder unangenehm ist! (aus: Fragebogen)

(4) A ja, jetzt in den Stunden, wissen Sie . is es . . . nich so no/ unbedingt notwendig, daß Sie an einem bestimmten Thema festhalten. (. . .) es ist auch gut, wenn die Gedanken dann einfach so kommen, ohne einen festen Zusammenhang, grade in . ah . / weil sich da alles mögliche entwickelt . und ehm . es muß also nich notwendig, daß Sie sich da sehr festhalten, sondern einfach mal die Gedanken in Fluß so/so kommen lassen, wie grade/wie er grade is. (III: 1, 3)

Einige Therapeuten haben angegeben, daß sie den Zweck der ›Grundregel‹ dem Patienten nicht erläutern, andere tun dies z. B. in der Form:

(5) A So können wir am besten begreifen, was hinter Ihren Schwierigkeiten steckt. (aus: Fragebogen)

Die bisherige Auswertung der Fragebögen legt nahe, daß die Analytiker die Grundregel-Mitteilung uneinheitlich und jeweils sehr »locker« handhaben. Wir sehen darin einen Anhaltspunkt dafür, daß die Analytiker sich gewöhnlich auf einen *impliziten Lernprozeß* verlassen.

2.2 *Einübungsphase: Lernen-in-Interaktion*

Dieser implizite Lernprozeß kennzeichnet die Einübungsphase, in der der Patient die Diskursregeln lernt, die die komplexe therapeutische Interaktionsstruktur zwischen Patient und Analytiker insgesamt erst herstellen. Hierzu gehört beispielsweise auch, daß der Patient lernen muß, die vom Analytiker befolgte »Abstinenzregel« (vgl. § 3.4) zu akzeptieren. Trotz der evtl. per Mitteilung oder auch Privatlektüre erlangten Kenntnis der speziellen psa Diskursregeln wird der Patient auch weiterhin gegen diese Regeln verstoßen, mit denen umzugehen eine bestimmte Einstellung verlangt, die erst allmählich und in Brüchen gegen den Widerstand des sozialisierten Wissens über Alltagsdiskurse erworben wird. Wie am Material noch zu zeigen ist, lernt der Patient in der Einübungsphase die aus seiner Sozialisationsperspektive neuen und andersartigen Diskursregeln erst in Interaktion mit dem Analytiker. Es kann jedoch vorab festgehalten werden, daß der Patient Lernfortschritte nicht nur macht, sondern auch selbst erkennt und mitteilt. Die Beispiele (6)-(8), die unten (in § 3.2) nochmals aufgegriffen werden, entstammen derselben Therapie und bezeichnen jeweils sukzessive den Lernzuwachs von der dritten über die vierte zur siebten Sitzung. Sie betreffen das Erlernen einer sekundären Regel, die aus dem Zusammenwirken von Grundregel und Abstinenzregel resultiert (vgl. dazu ausführlich Flader/Grodzicki 1978), nämlich daß die *Gesprächsinitiative* hauptseitig beim Patienten liegt, was in diesem Fall in (6) vom Patienten zunächst als gegen seine Erwartung gerichtet thematisiert wird. Das Beispiel (9) ist einer anderen Therapie entnommen und bezeichnet in ähnlicher Weise den sukzessiven Lernvorgang (P: »ich weiß natürlich langsam, daß ...«), der sich hier auf die Suspendierung *alltäglicher Interaktionsschemata* (vgl. § 3.3) wie Fragen – Antworten bezieht.

(6) P (...) und ich hab' eben mich nich als aktiveren sondern als passiveren Teil . ehm . angesehen und und verstanden und ehm . bin eben überrascht, daß es umgekehrt sein soll, daß ich der aktivere sein soll . und Sie der passivere dabei. (III: 3, 4)

(7) A (...) was eh in gewisser Weise sich so fortsetzen wird, nech, daß nich die Sache so gradlinig gehn wird wahrscheinlich . sondern auch Sprünge machen und manches sich erst von Stück zu Stück klären läßt.

P aber alles auf Eigeninitiative von mir basierend?

A ja

P die ganze Behandlung über?

A was die Eigeninitiative anbelangt, ja. (III: 4, 1)

(8) P langsam kann ich das auch besser verstehen, daß hm . vielleicht die . /daß es doch besser is, wenn die Initiative . hm von mir ausgeht. (...) man wird quasi/zwingt sich selber dazu, was zu reden . das is nich n direkter Zwang, aber man animiert sich selber, sagen wir mal so. (III: 7, 3)

(9) P (...) und ich weiß natürlich langsam, daß Sie mehr oder weniger nicht antworten, sondern höchstens präzisieren. (I: 2, 8)

Der Prozeß des *Lernens in Interaktion* wird von seiten des Analytikers in besonderer Weise durch sein Kommunikationsverhalten insgesamt, das wesentlich durch die Abstinenzregel bestimmt ist, und durch spezielle, die Grundregel betreffende implizite Instruktionen gesteuert (vgl. § 3 u. 4). Der Hinweis auf die Analytikeräußerungen in Beispiel (7) soll hier vorläufig genügen.

3 Zur Geltung von Formen der Reziprozität im psa-Diskurs

Wenn auch häufig kontrafaktisch unterstellt, gehen Diskursteilnehmer im allgemeinen von einer annähernd symmetrischen Verteilung der Chancen aus zu sprechen, angesprochen zu werden, Themen zu initiieren und thematische Positionen zu behaupten usw., das heißt, sich an einem Diskurs zu bestimmten gegenseitig akzeptierten Zwecken egalitär beteiligen zu können (vgl. Koerfer 1980). Tendenziell werden für eine egalitäre Teilnahmestruktur alle Formen der Diskursbeteiligung als für alle Teilnehmer reziprok unterstellt. Andernfalls würde der Diskurs zumindest von einem der Teilnehmer als erfolglos oder unbefriedigend angesehen werden: »What enables ordinary conversation to work this way, to make its participants feel good about themselves, the conversation itself, and the others in it, is that ordinary conversation is normally reciprocal. What one participant can do, can say, can expect, so can any other (. . .) Reciprocity in this sense extends over all aspects of a discourse, from the smallest single interchange to the structure of the discourse as a whole, from concrete utterances to the abstract intentions behind them, and the uses made of all utterances by each participant (. . .) Reciprocity is the basis of all our rules of ordinary conversation.« (Lakoff, 1981: 11 f.)

Während Lakoff nun für die meisten psychotherapeutischen Diskurstypen den Anschein von Reziprozität noch gegeben sieht, nimmt sie den psa Diskurs davon aus: »In general, in most types of therapeutic encounter, there is certainly the semblance of reciprocity. We must exclude classical analysis from this statement, of course: as its strictest practitioners claim to practice it, we find reciprocity of even the most superficial kind cut to the barest minimum.« (1981: 12)

Diese These von der *minimalen Reziprozität* im psa Diskurs soll im folgenden in der oben (§ 1.2) beschriebenen Weise an empirischem Material überprüft werden. Hierzu müssen allerdings verschiedene Aspekte von Reziprozität differenziert werden. Ohne Anspruch auf Vollständigkeit unterscheiden wir im folgenden Reziprozität in bezug auf

(i) Kontrolle des Wahrnehmungsraums
(ii) Dialogrollen von Sprecher und Hörer
(iii) Interaktionsrollen und Interaktionssteuerung
(iv) Anonymität bzw. Intimität
(v) Gesprächsnutzen (vgl. hierzu § 5)

3.1 Non-verbale Gesprächskontrolle

Es ist ein menschliches Bedürfnis, in face-to-face-Situationen zu interagieren. Selbst dort, wo wie beim Telefongespräch (noch) technische Restriktionen vorherrschen, wird durch Videoschirm eine quasi face-to-face Interaktion angestrebt. Ist sie unmittelbar gegeben, wird sie von den Teilnehmern insbesondere wegen der non-verbalen Kommunikationsmodi zur wechselseitigen Wahrnehmung genutzt. Auf diese Weise komplettieren sie auch ihre Informationen über den Gesprächspartner und beeinflussen bzw. kontrollieren das eigene Gesprächsverhalten wie das des anderen (vgl. z. B. Argyle 1969 und Kendon 1967). Wird die Reziprozität der gegenseitigen Wahrnehmung suspendiert, geschieht dies meist freiwillig unter Konsens aller Beteiligten. In Mehr-Personen-Kommunikation kann und muß (je nach Teilnehmerzahl) die face-to-face-Interaktion flexibel gehandhabt werden, z. B. hinsichtlich der Häufigkeit und Dauer von Blickkontakt zwischen Sprecher und Hörern. In dyadischen Kommunikationssituationen wird die einseitige und längerfristige Aufhebung der face-to-face-Interaktion (z. B. des Blickkontakts) bei Aufrechterhaltung der Kommunikation häufig als Affront gewertet.

Im Unterschied zu vielen anderen Therapieformen ist die dyadische Interaktionssituation für den klassischen psa Diskurs konstitutiv. Ebenso aber auch die einseitige Kontrolle des Wahrnehmungsraums. In seiner Schrift »Zur Einleitung der Behandlung« (1913) thematisiert Freud das »gewisse Zeremoniell der Situation«, verweist auf die Notwendigkeit, »den Kranken auf einem Ruhebett lagern zu lassen, während man hinter ihm, von ihm ungesehen, Platz nimmt«, und führt als Begründung hierfür u. a. an: »Da ich mich während des Zuhörens selbst dem Ablauf meiner unbewußten Gedanken überlasse, will ich nicht, daß meine Mienen dem Patienten Stoff zu Deutungen geben oder ihn in seinen Mitteilungen beeinflussen.« (1913: 193)

Genau hiermit beschreibt Freud implizit die Alltagsroutinen der durch gegenseitige Wahrnehmung beeinflußten *Gesprächskontrolle,* die er gerade unterbinden will. Ebenso charakterisiert Freud die Wirkung eines derartigen Eingriffs in das Alltagsverhalten, wie er durch die Suspendierung solcher Alltagsroutinen gegeben ist, wenn er fortfährt: »Der Patient faßt die ihm aufgezwungene Situation gewöhnlich als Entbehrung auf und sträubt sich gegen sie (. . .)« (ebd.).

›Entbehrung‹, ›Zwang‹ und ›Widerwillen‹ werden in allen vier Therapien von den Patienten auf vielfältige Weise angesprochen, was mit den folgenden Beispielen nur rudimentär dokumentiert werden soll. Einige Beispiele benötigen zum besseren Verständnis zusätzlich Kontextinformationen. (10)-(12) werden von einem Patienten gleich zu Beginn der ersten Stunde geäußert. In (10) thematisiert er nicht nur seine Sprachlosigkeit angesichts der gegenüber dem Erstinterview (»als ich da drüben saß«) ungewohnten Positionsanordnung, sondern verfällt auch in längeres Schweigen von 30 Sekunden (nach: »lieg', nä«) und 55 Sekunden (nach: »saß«). Er bestätigt damit die Aussage: »Ich bin eigentlich ziemlich sprachlos (...)«, wobei zu bemerken ist, daß sein Schweigen mindestens diese zwei Lesarten hat: ›Ich kann nicht sprechen, wie Sie sehen‹ und ›ich will nicht sprechen, wie Sie sehen‹.

(10) P (...) ich bin eigentlich ziemlich ((lachend)) sprachlos wie ich hier so lieg' nä . (30) . ja, irgendwie kann ich auch gar nicht so/so weitererzählen wie ich eigentlich letztes Mal erzählt hab' als ich da drüben saß. (55). (IV: 1, 2)

In (11) verbalisiert der Patient den speziellen Wahrnehmungsmangel in bezug auf den Gesichtsausdruck seines Gesprächspartners, während er in (12) die Gesamtsituation thematisiert, die er »am liebsten« in eine von ihm gewohnte und beherrschbare face-to-face-Situation verwandeln möchte.

(11) P (...) außerdem seh' ich überhaupt nich, was Sie für'n Gesicht machen. (IV: 1, 2)

(12) P ((lachend)) also am liebsten würd' ich mich umdrehen, ja . (17) . ja umdrehen und . Zigarette rauchen und die Situation wieder so hinbiegen, wie ich sie kenne irgendwie und womit ich umgehen kann nech. (IV: 1, 3)

Dem Beispiel (13) geht voraus, daß der Patient sich in der fünften Stunde ein weiteres Kopfkissen untergelegt hatte. Er will offenbar wissen, ob sein Gesicht weder in der flachen noch in der höheren Kopflage gesehen werden kann, und testet damit offenbar die Reziprozität der Nicht-Wahrnehmbarkeit des Gesichts, die evtl. eher ausgehalten werden kann als die Einseitigkeit der Wahrnehmung.

(13) P sagen Sie, so können Sie ja mein Gesicht hier ja gar nicht sehen, ne .
A hier? . nein . nein, Ihr Gesicht kann ich nicht sehen .
P ja.
P aber wenn ich mich runterleg', glaub' ich schon, ne .
A auch nicht.

P Ah so.
A ja .
P das ist ja gar nicht so wichtig. (IV: 6, 1)

In (14) expliziert ein anderer Patient unter einem bestimmten Aspekt sein Alltagswissen über das, was »normalerweise im Gespräch, in dem man sich vis-à-vis gegenübersitzt«, gilt, indem er eine wichtige Funktion des Blickkontakts beschreibt, die er offensichtlich vermißt, nämlich Pausen zu überbrücken. Es sei angemerkt, daß bekanntlich auch bei Telefongesprächen Pausen stärker als in face-to-face-Interaktion erlebt werden.

(14) P (. . .) nur wird die Zeit normalerweise im Gespräch, in dem man sich . ehm . vis-à-vis sitzt / gegenüber sitzt, die wird man durch/durch Augenkontakt oder/ja hauptsächlich durch Augenkontakt ausgefüllt . und die empfindet man nich so als Pause, als . wenn man hier liegt und/und . /und nur Gegenstände vor sich hat. (III: 1, 3)

3.2 Dialogrollen von Sprecher und Hörer

Eine egalitäre Teilnahmestruktur setzt – cum grano salis – eine symmetrische Verteilung der Chancen voraus zu sprechen und angesprochen zu werden. Der Dialogrollenwechsel von Hörer und Sprecher ist dann in dem Sinne reziprok, daß jeder Teilnehmer sich selbst und jeden anderen Teilnehmer als (nächsten) Sprecher wählen kann und dies auch mehr oder weniger tut. Bei dieser Organisation des *Sprecherwechsels* (vgl. Sacks/Jefferson/Schegloff 1974) bedient sich der aktuelle Sprecher zur Wahl des nächsten Sprechers bestimmter sprachlicher bzw. kommunikativer Mittel, indem er zum Beispiel eine Frage stellt, die eine Antwort verlangt, oder einen Vorwurf erhebt, der eine Rechtfertigung verlangt (vgl. § 3.3), und indem er – sofern dies nicht schon klar ist – z. B. durch namentliche Anrede, Blickkontakt, Pause etc. signalisiert, daß und an wen er die Redegelegenheit abgibt. Im Unterschied zur Mehr-Personen-Kommunikation, in der wie zum Beispiel in Gruppen-Diskussionen im allgemeinen keine regelmäßige Sprecherfolge besteht und deswegen auch der Kommunikationsaufwand für die Redeadressierung bei der Wahl des nächsten Sprechers größer ist, ist der Dialogrollenwechsel in dyadischen Situationen von der Grundstruktur her alternierend.

Am psa Diskurs ist nun bei erster Betrachtung auffällig, daß der Patient nicht nur mehr redet, sondern immer wieder – auch nach (längeren) Pausen – als nächster Sprecher fortfährt. In einer formalen Betrachtungsweise läßt sich unter dem Aspekt: ›Wer wählt wen wie häufig als nächsten Sprecher aus‹ die spezifische Ausprägung des Dialogrollenwechsels im psa Diskurs (vorläufig) wie folgt darstellen[4], wobei von der faktisch dominanten Struktur auf die normative Struktur der Nicht-Reziprozität geschlossen werden kann (›wer darf bzw. soll wen (nicht) (selten) (häufig) wählen‹):

(a)	P wählt sich selbst	häufig
(b)	P wählt A	selten
(c)	A wählt sich selbst	viel seltener als (a), aber häufiger als (b)
(d)	A wählt P	viel seltener als (a), aber häufiger als (b)

An die Nicht-Reziprozität des Dialogrollenwechsels können sich die Patienten nur schwer gewöhnen. Im folgenden Beispiel (15) formuliert der Patient die Irritation seiner Alltagserwartung einer alternierenden Dialogstruktur, wonach insbesondere (längere) Redepausen als sprecherwechselrelevante Gesprächsstellen gelten. Dadurch, daß der Analytiker die Sprecherrolle dennoch nicht in der erwarteten Form übernimmt, werden die Gesprächspausen, die mit zunehmender Länge den Handlungsdruck der (erneuten) Redeübernahme erhöhen, als »störend« und »unangenehm« interpretiert.

(15) P was mich im Moment am/am meisten stört, sind die Lücken zwischen dem Gesprochenen, weil ich nich weiß, ob Sie warten, daß ich noch was sag' oder . ich wart', daß Sie noch was sagen, immer die Lücken zwischen/die Pausen . . zwischen dem, was ich und was Sie sagen, das is ziemlich unangenehm . das is 'n gewisses Warten, entweder, daß Sie was sagen, oder 'n Warten, daß man selber wieder was sagt und . daß einem was einfällt . das empfinde ich im Moment als sehr unangenehm. (256) . die Lücke, daß das Zeit ist, daß das Warten irgendwie Leere is . (. . .) (III: 1, 5)

In extremen Alltagssituationen mag mitunter die (idiomatisierte) Maxime gelten: »Rede nur, wenn du gefragt wirst« (d. h., jemand darf nicht sich selbst als nächsten Sprecher wählen). Möglicherweise gilt in keinem anderen als dem psa Kontext eine Maxime, die man wie folgt (über)pointiert formulieren könnte: »Rede, auch wenn du nicht gefragt bist.« Die psa Grundregel räumt dem Patienten für die Gesamtdauer des Diskurses nicht nur freies Rederecht ein, sondern erlegt ihm mehr oder weniger stark Redepflicht auf.

Quasi-monologische Diskursstrukturen sind auch in anderen professionalisierten Diskursen ausgebildet wie z. B. Vorträgen in Lehr- und Lerndiskursen. Zu Recht besteht aber beispielsweise der universitäre Diskurs nicht nur aus Vorlesungen und erfüllt die Institution des Referats nur zeitlich terminierte Zwecke eines insgesamt dialogisch strukturierten Diskurses. Während weiterhin uninteressante Vorlesungen verlassen werden können und mitunter auch faktisch unter Hörerschwund leiden, genießt im psa Diskurs der Patient als Sprecher ein besonderes »Privileg«, nämlich einen »uneingeschränkten Hörer« zu haben. Die doppelte Wirkung, die dieses Privileg für den Patienten in der Regel hat, beschreiben Menninger/Holzman folgendermaßen: »Wenn man einem Menschen, der therapeutische Hilfe sucht, das Privileg zuteil werden läßt, einem Zuhörer, der von übermäßigen oder entmutigenden Unterstellungen Abstand nimmt, alles, was er denkt, zu sagen, wird er zwei Dinge gleichzeitig verspüren, eine gewisse Genugtuung und auch eine wachsende Frustration.« (1977, 57)

Auch nach unseren Beobachtungen am Material genießen die Patienten zu Therapiebeginn einerseits dieses »Privileg«, indem sie mehr oder weniger ›monologisierend‹ erzählen und damit der ›Grundregel‹ folgen. Die Zuhörerrolle des Analytikers wird dann durchaus positiv beurteilt.

(16) P (. . .) das was ich empfinde . ist positiv, daß es da wirklich einen Menschen gibt, dem ich alles erzählen kann . oder der wohl oder übel zuhören muß und der nicht schimpfen darf, wenn ich irgendwas Dummes erzähle . (II: 4, 6)

Andererseits zeigen die Patienten aber bald ihre »wachsende Frustration« – wie bereits in (15) – und möchten die vom Alltagsdiskurs her gewohnte Reziprozität der Dialogrollen wiederherstellen. So beklagt etwa dieselbe Patientin, die oben in (16) noch in der 4. Stunde die vom Analytiker ausgeübte Zuhörerrolle positiv beurteilt, in der 11. Stunde die quasi-monologische Struktur einer Ein-Weg-Kommunikation, die sie mit dem metaphorischen Ausdruck von der »Rohrpost« charakterisiert:

(17) P (...) und wenn ich was sage. dann geht das vielleicht per Rohrpost zu Ihnen. schriftlich vielleicht. aber dann bin ich nicht da, und ich kann nie wissen, und ich kann nie erfahren, was Sie in dem Moment denken, wenn ich Ihnen was sage. ich krieg' nich mal 'ne Antwort auf meine Rohrpost. (II: 11, 2)

An einem anderen Fall kann gezeigt werden, daß Verhaltensschwierigkeiten, die dadurch entstehen, daß durch Sozialisation stabilisierte Alltagserwartungen der Patientin enttäuscht werden, nicht unbedingt durch Aufklärung gemindert werden können. Explizites Regelwissen führt nicht automatisch zur Regelbeherrschung. Wenn in (18) ein anderer Patient bereits zu Beginn der 1. Stunde einer Therapie äußert:

(18) P (...) ich könnt' ja versuchen, Sie ins Gespräch zu ziehen, aber Sie würden sich ja gar nicht darauf einlassen. wahrscheinlich. (IV: 1, 2),

macht er damit Präsuppositionen, die auf – evtl. andernorts – erworbenes Vorwissen über die eingeschränkte Dialogizität von psa Diskursen zurückzuführen sind. Denn der Patient kann nur jemanden ›ins Gespräch zu ziehen versuchen‹, von dem er annimmt, daß er sich nicht im Gespräch mit ihm befindet und auch von sich aus kein Gespräch mit ihm anstrebt. Seine Annahmen muß der Patient bereits vorab für psa Therapien generalisiert haben, da er zu Therapiebeginn noch keine konkreten Erfahrungen speziell mit diesem Analytiker hat. Daß der Versuch, den (und generalisiert: einen) Analytiker »ins Gespräch zu ziehen«, mißlingen wird, hält der Patient für »wahrscheinlich«.

Insgesamt bringt der Patient mit seiner Äußerung (18), auf deren besondere Konstruktion (Modalverb, Konjunktiv, Adversation) hier nur verwiesen werden soll, verschiedene propositionale Einstellungen (vgl. § 3.4) zum Ausdruck, die bezeichnend für seine Verhaltensschwierigkeiten sind: (a) die Erwartung, daß sich der Analytiker nicht ins Gespräch ziehen lassen wird, (b) den Wunsch, den Analytiker ins Gespräch zu ziehen, und schließlich (c) die Absicht, es nicht zu versuchen. Dieses Einstellungsbündel bleibt zunächst in seiner Widersprüchlichkeit gerade in der Einsozialisierungsphase für viele Patienten virulent. So möchte (will) derselbe Patient trotz seines Vorwissens und weiterer speziell psa Gesprächserfahrung drei Analysestunden später und nach einer Gesprächspause von 134 Sekunden – wenn auch durch Lachen ironisch distanziert – die Reziprozität der Dialogrollen offenbar wiederherstellen:

(19) P (. . .) . (134) . ((lachend)) können Sie nich mal was sagen?
A warum möchten Sie das? .
P ja, um die Spannung hier so'n bißchen zu mildern.
A Sie könnten ja auch versuchen, über Ihre Spannung was zu sagen. (IV: 4, 7)

Zwar tritt der Analytiker hier formal in einen Dialog ein, läßt sich aber sichtlich nicht in der vom Patienten intendierten Weise *in ein Gespräch ziehen*. Diese Diskrepanz, die durch eine besondere Kommunikationstechnik des Analytikers systematisch erzeugt wird, soll im folgenden (§§ 3.3 u. 3.4) genauer beschrieben werden.

3.3 Interaktionsrollen und Interaktionssteuerung

In der Realisierung bestimmter konventioneller Interaktionsschemata, die zu bestimmten Interaktionszwecken ausgebildet werden, nehmen Diskursteilnehmer bestimmte Interaktionsrollen wahr, die nicht unbedingt an soziale Rollen geknüpft sein müssen. So können beispielsweise in einem Hochschulseminar Diskussionsleiter-, Referenten- und Rezipientenrollen variierend von Dozenten, Tutoren, Studenten wahrgenommen werden (vgl. Koerfer/Zeck 1978). Prinzipiell besteht dadurch für alle Diskursteilnehmer die Chance zur Initiierung und Komplettierung bestimmter konventioneller Interaktionsschemata, d. h., sie können Fragen stellen und Antworten geben, Behauptungen aufstellen und bestreiten etc. und sich mithin an der Interaktionssteuerung egalitär beteiligen. Eine solche *egalitäre Interaktionssteuerung*, deren Basis die *Reziprozität* der *Dialog*- und *Interaktionsrollen* ist, wird in der Regel nicht nur für Diskurse vom Typ der (wissenschaftlichen) Sach-Diskussion angestrebt, sondern im allgemeinen zumindest normativ verfolgt.

Andrerseits gibt es (hochgradig) professionalisierte Diskurse wie beispielsweise das Interview, in dem etwa Politiker und Journalisten als Träger sozialer Rollen ganz bestimmte Interaktionsrollen in einer nicht-reziproken Weise wahrnehmen. Während bei strikt alternierendem Dialogrollenwechsel den einen als Interviewten in dieser Interaktionsrolle ausschließlich respondierende Züge zustehen, liegen die initiativen Gesprächszüge zumeist in Form von Fragen bei den Interviewern, in deren alleinige Zuständigkeit die Interaktionssteuerung fällt (vgl. hierzu Schwitalla 1979). Bei aller Unterschiedlichkeit sind Diskurse vom Typ der ›Diskussion‹ oder des ›Interviews‹ im wesentlichen durch die Autorität der sozialen Rolle (z. B. des Experten) und durch die spezielle Kompetenz der erworbenen oder auch (wie im Falle des Diskussionsleiters evtl.) zugewiesenen Interaktionsrolle bestimmt. In jedem Fall sind die ausgeübten Interaktionsrollen sowie die angewandten Interaktionsschemata konventionell ausgebildet und werden von den Teilnehmern anerkannt. Dies trifft für den psa Diskurs nur bedingt zu, der in dieser Hinsicht auch von anderen Diskurstypen abweicht, die wesentlich durch einen therapeutischen Interaktionszweck bestimmt sind.[5]

Die Suspendierung bzw. Modifikation der Geltung konventionell eingespielter Kommunikationsformen im psa Diskurs kann zunächst von ihrer Wirkung auf die Patienten her gut nachgewiesen werden. Bereits in den Beispielen (6)-(8) (in § 2.2) war der für den Patienten mühevolle Lernprozeß aufgezeigt worden, in dem er sukzessive über fünf Therapiestunden seine Irritationen darüber abbauen konnte, daß die Gesprächsinitiative ausschließlich bei ihm liegt. Derselbe Patient bringt in der siebten Stunde retrospektiv seinen Lernerfolg in bezug auf seine inzwischen verminderte »Verblüffung« darüber zum Ausdruck, daß der Verlauf einer Analysestunde kaum reglementiert und nahezu uneingeschränkt (vgl.: »ziemlich«, »fast«) in seiner freien Verfügung steht.

(20) P (. . .) das ist für mich/und vor allem es war für mich sehr verblüffend eh . zu sehen, daß mir die ganze Stunde eben zur Verfügung gestellt wird, daß ich mit der machen kann, was ich w/was ich möchte . hm . daß ich eben . entweder . . initiativ bin und/und was erzähl oder ob ich nichts erzähle oder ob ich hm/was ich erzähle . daß mir das ziemlich überlassen is, wie und was und wie lange . und daß ich mit der Stunde . fast machen kann, was ich will. (III: 7, 8)

Es sei zunächst dahingestellt, worauf sich die Einschränkung bezieht, wenn davon die Rede ist, daß man als Patient ›mit der Stunde *fast* machen kann, was man will‹. Zumindest die *freie Themenwahl* scheint mit der psa Grundregel garantiert. Freud führt in diesem Zusammenhang aus: »Es ist im ganzen gleichgültig, mit welchem Stoffe man die Behandlung beginnt, ob mit der Lebensgeschichte, der Krankengeschichte oder den Kindheitserinnerungen des Patienten. Jedenfalls aber so, daß man den Patienten erzählen läßt und ihm die Wahl des Anfangspunktes freistellt.« (Freud 1913: 194) In ihrer Interpretation desselben Freud-Zitats greift Lakoff die Formulierung auf: ›daß *man* den Patienten erzählen *läßt* und ihm die Wahl des Anfangspunktes *freistellt*‹, was impliziere »that the obligation to see that this is so devolves upon someone other than the analysand – the analyst, obviously, as the only other participant in the discourse.« (1980: 11) Von daher stellt sich das Problem der Gesprächskontrolle und Interaktionssteuerung durch die Diskursteilnehmer im psa Diskurs als sehr komplex dar: »So what looks ostensibly like a statement that the power to determine the course of the conversation is in the patient's hands, that therefore the patient holds the power, actually entails the opposite: the analyst has the power to determine how the discourse shall proceed, and exercises this power by *allowing* it to proceed at the patient's whim. Moreover, although the analyst thus controls the discourse, he does not directly control choice of topic. He governs the inception and termination of the discourse, but not the subject-matter. Thus we are dealing with a conversational situation replete with paradox. The one who appears to hold the power does not hold it.« (ebd. f.)

Diese Paradoxie der Situation erklärt auch die Patienten-Perspektive, nach der man ›mit der Stunde *fast* machen kann, was man will‹. Der Patient kann die ihm zustehende Gesprächsinitiative innerhalb bestimmter thematischer und interaktiver Grenzen, die durch das psa setting vorgegeben und vom Analytiker kontrolliert werden, beliebig nutzen. *Thematische* Restriktionen sind dadurch gegeben, daß der Analytiker als Person weitgehend anonym bleibt (vgl. § 3.4). Der Patient kann nur seine eigene Person und seine Lebensverhältnisse sowie die Dritter erfolgreich zum Thema machen. *Interaktive* Restriktionen sind dadurch gegeben, daß bestimmte konventionelle Interaktionsschemata nicht funktionieren, d. h., sofern sie vom Patienten initiiert werden, werden sie vom Analytiker nicht vervollständigt. Ohne auf den psa Zweck solcher Restriktionen hier näher einzugehen (vgl. dazu ausführlich Flader/Grodzicki 1978), soll die spezifische Vermittlung beider Arten von Restriktionen, der thematischen und interaktiven, genauer herausgearbeitet werden.

Sprechakte können unter anderem dadurch realisiert werden, daß die mit ihnen *assoziierten Einstellungen* (wie z. B. Wünsche, Interessen, Glauben, Präferenzen, Absichten etc.) explizit ausgedrückt werden. Von diesen Einstellungen kann als geäußerte Voraussetzung eines Sprechaktes auf diesen selbst geschlossen werden. Als mögliche Realisierungsformen von Sprechakten etwa des Direktiv-Typs (Befehle, Aufforderungen, Bitten etc.) gibt Wunderlich (1976, 306 ff.) u. a. folgende Beispiele: für Wünsche bzw. Präferenzen des Sprechers: ›Ich möchte/hoffe, daß du bis morgen fertig bist‹, ›Ich würde es vorziehen/fände es besser, wenn du das Radio ausmachst‹. Der Hörer kann aber auch im Falle anderer Realisierungsformen – wie beispielsweise durch die Verwendung eines grammatischen Modus oder eines sprechaktbezeichnenden Verbs – die implizite Einstellung des Sprechers in geeignetem Kontext aus der Äußerung schließen. So kann der Hörer etwa aus den Äußerungen ›mach das Radio aus‹ (Imperativ) und ›Ich bitte dich, das Radio auszumachen‹ (sprechaktbezeichnendes Verb ›bitten‹) die Einstellung schließen, daß der Sprecher möchte, daß er (der Hörer) das Radio ausmacht. Es werden also normalerweise in sprachlichen Interaktionen die mit den Sprechakten assoziierten Einstellungen von Sprechern und Hörern erkennbar zwischen ihnen ausgetauscht.

Unter dieser Voraussetzung kann nun die Frage nach der Gültigkeit bestimmter konventioneller Interaktionsformen im psa Diskurs differenzierter beantwortet werden. Grundsätzlich ist der Patient in der Wahl seiner Sprechakte frei, d. h., er kann sämtliche für ihn wichtige Einstellungen äußern, also auch Wünsche, Hoffnungen, Wissensbedürfnisse, Befürchtungen etc. in bezug auf den Analytiker in seiner Rolle (vgl. § 3.4. Beispiel [35]) und als Person (vgl. Beispiel [36]). Aber bei freier Wahl gelingen die Sprechakte des Patienten nur insoweit, als es um den Ausdruck der eigenen mit diesen Sprechakten assoziierten Einstellungen geht. Die Sprechakte sind nicht erfolgreich, wenn der Analytiker seinerseits in den konventionell korrespondierenden

Sprechakten bestimmte individuelle Einstellungen zum Ausdruck bringen müßte, deren Äußerung die für ihn gültige »Abstinenzregel« verletzen würde (vgl. § 3.4). In solchen Fällen wird der Analytiker die reaktiven Züge auf initiative Sprechakte des Patienten verweigern. Mithin sind im psa Diskurs beispielsweise nicht prinzipiell Fragen des Patienten ›verpönt‹, sondern Fragen bestimmten propositionalen Gehalts (d. h. bestimmte Themeninitiierungen) sind in dem Sinn nicht erfolgreich, als die konventionell korrespondierenden Antworten ausbleiben. Ebensowenig wird der Analytiker vom Patienten initiierte Interaktionsschemata, die im reaktiven Zug bestimmte Ratschläge, Rechtfertigungen etc. verlangen, vervollständigen (vgl. § 3.4).

Der Lernprozeß des Patienten in bezug auf diese Interaktionsprobleme geht in der Regel so vor sich, daß er zunächst die z. B. für ihn wichtigen Fragen unterschiedslos stellt. Im Prozeß des Lernens in Interaktion (vgl. § 2.2) wird der Patient erfolgreiche von erfolglosen Sprechakten unterscheiden lernen und die letzteren gerade wegen ihrer Erfolglosigkeit allmählich immer seltener realisieren. Der Patient muß seine Alltagserwartung aufgeben, nach der die individuellen Einstellungen der Diskursteilnehmer normalerweise reziprok ausgetauscht werden, d. h. gegebenenfalls auch reziprok erfragt werden können. Diese Normalerwartung kam bereits in Beispiel (18) in (§ 3.2) ins Spiel, wenn davon die Rede war, den Analytiker ›ins Gespräch zu ziehen‹. An den folgenden Beispielen sollen verschiedene Aspekte der Modifikation der Gültigkeit von konventionellen Kommunikationsformen sowie die damit verbundenen Lernprobleme aufgezeigt werden.

Trotz gewisser explizierender Begründungen (vgl. unten), die die Analytiker wie in den ersten beiden Beispielen mitunter geben, fällt es den Patienten schwer zu verstehen und zu akzeptieren, daß Fragen nicht unterschiedslos beantwortet werden. Das Beispiel (21) entstammt einer ersten Analysestunde. Indem die Patientin fragt, ob sie *eigentlich auch* fragen darf, zeigt sie Irritationen, die evtl. auf Vorwissen über oder Vorerfahrungen im psa Diskurs(e) zurückgehen. Der Analytiker weist ausdrücklich darauf hin, daß zwar alle Fragen laut Grundregel gestellt werden dürfen, daß sie aber nicht sämtlich von ihm beantwortet werden.

(21) P (...) darf ich Sie eigentlich auch fragen, wenn mir was auffällt? .

A nun, es wird bei Fragen oft so sein, daß ich es vorziehe, Sie zu fragen, warum jetzt wohl diese Frage da ist, was vielleicht wichtiger ist, als wenn ich Ihnen eine Antwort gebe . es wird natürlich Fragen geben, wo ich Ihnen ruhig eine Antwort geben kann, aber Sie dürfen oder sollen, um die Grundregel nochmal zu bemühen, wenn Ihnen die Frage kommt, warum sollen Sie sie nicht stellen . (II: 1, 2 f.)

Das Beispiel (22) ist der fünften Stunde einer anderen Therapie entnommen. Es macht in aller Schärfe die Verhaltensschwierigkeiten des Patienten deutlich, der seine »Enttäuschung« und seinen »Groll« voll zum Ausdruck bringt. Es sei hier vorab auf die besondere Argumentation des Patienten verwiesen, mit der er die Antwort auf seine Frage einklagt. Der Patient bemerkt nämlich in diesem Zusammenhang die Verletzung einer Alltagsregel, wenn er die Erwartung der Reziprozität von »Offenheit« und »Ehrlichkeit« enttäuscht sieht (vgl. dazu § 3.4).

(22) P Sie wissen ja, wir haben die letzte Stunde mit einer Ungereimtheit aufgehört . und . dies hat mich entsprechend beschäftigt und ich kann es bis heute nicht verstehen, warum/warum Sie sagen, daß Sie auf manche Fragen keine Antwort geben können . ich finde dies irgendwie enttäuschend, weil . (8) . ich fange erst mal an, und scheinbar auch die ganze Sache ist, ah . verlangt, daß ich offen und ehrlich ehm . spreche und denke, und dann sagen Sie mir, Sie können mir auf manche Sachen keine Antwort geben, und es ist irgendwo im/steht im ah/zu dem, was ich will und will und sein soll, vielleicht auch sein muß, und das verstehe ich nicht (5) . ich hatte einen solchen Groll, als ich das letzte Mal rausgegangen bin . (. . .)

A (. . .) ja gerade, weil diese Frage, die Sie aufgeworfen haben,/es ist ja eigentlich,/weil es da nicht auf die Antwort ankommt, sondern weil mich da doch interessiert der Hintergrund der Frage.

P es kommt doch auf die Antwort an, sonst hätte ich nicht gefragt . ich frage/ich stelle doch keine Frage, wo ich keine Antwort drauf kriege . und es ist wirklich eine lapidare Frage . ich verstehe nicht, warum man da soviel drum reden muß . (. . .) (III: 5, 1)

Eine andere Patientin hat zu Beginn der 11. Analysestunde aus ihren bisherigen Gesprächserfahrungen offenbar Konsequenzen gezogen, die sie jetzt (in [23]) gleichsam beteuern lassen, keinen Rat zu wollen. Die zunehmend selbstreflexive Kontrolle des Gesprächsverhaltens im Sinne einer Korrektur von Alltagserwartungen, die durch konventionelle Interaktionsschemata erfüllt werden, manifestiert sich im Beispiel (24), in dem dieselbe Patientin gegen Ende dieser 11. Stunde eine Gesprächssequenz retrospektiv dahingehend interpretiert, daß sie den Analytiker *wieder* zu einer Bestätigung aufgefordert habe. Ob die Patientin ›wirklich‹ im einen Fall keinen Rat und im anderen keine Bestätigung will, sei dahingestellt.

(23) P (...) und ich will jetzt keinen Rat . ich will's jetzt bloß sagen (...) (I: 11, 2)
(24) P (...) und ich wollt' jetzt übrigens Ihre Bestätigung . ich wußte natürlich genau, daß das nicht so gemeint war . das war eigentlich von mir dann wieder 'ne Aufforderung an Sie, zu bestätigen oder nicht zu bestätigen (...) (I: 11, 6)

Wie bereits in den Beispielen (21) und (22) deutlich wird, müssen die Patienten ihre Normalerwartung in doppelter Hinsicht korrigieren. Denn die Reziprozität der Austauschbarkeit der individuellen Einstellungen wird im psa Diskurs auch nicht dadurch wiederhergestellt, daß die Möglichkeit, nach den Einstellungen des anderen zu fragen, für beide Interaktionspartner gleichermaßen aufgehoben wäre. An die soziale Rolle des Analytikers sind bestimmte Interaktionsrollen geknüpft, die es zulassen bzw. erforderlich machen, daß er seinerseits Einstellungen des Patienten erfragt (ebenso Tatsachen, von denen er auf die Einstellungen des Patienten schließen kann). Der Patient kann den Analytiker in dieser Hinsicht nicht ›ins Gespräch ziehen‹, wohl aber der Analytiker den Patienten. Dies geschieht in konventioneller wie in nicht-konventioneller Weise. In den Beispielen (25)-(30) wird der Patient in konventioneller Weise mit seinen Einstellungen konfrontiert:

(25) A Sie möchten viel Nähe und haben ziemlich viel Angst .
P ja, das is genauso wie hier, nech . (IV: 5, 9)
(26) P (...) denn ich meine, ich will ja was von Ihnen ...
A hm . trotzdem möchten Sie mich strafen ...
P tja, ich würde sehr gerne (...) daß Ihnen das ganz recht geschieht (...) (IV: 6, 5)
(27) A war das sehr wichtig, hier pünktlich zu sein? .
P ja .
A aus 'nem bestimmten Grund?
P also, was mir so blitzartig durch den Kopf ging, war eben, daß mein Vater auch keene Unpünktlichkeit . ehm . vertragen kann (...) (IV: 6, 6)

(28) A Sie möchten gerne, daß die Karin Ihnen das sozusagen abnimmt.
P ((schweres Atmen)) also nicht hundertprozentig, ne . (IV: 8, 4)
(29) A so erpicht sind Sie gar nicht auf Sexualität, ne .
P nee, im Augenblick bin ich da nich so scharf drauf . (IV: 8, 5)
(30) P (. . .) wenn Sie so atmen, dann hört sich das an, als wenn Sie schlafen (. . .) wenn Sie sich nicht immer bewegen würden .
A hm . fürchten Sie, ich schlafe ein? .
P ne ne . ich dachte, daß (. . .)

Andererseits begegnet der Analytiker den Versuchen des Patienten, ihn in konventioneller Weise ›ins Gespräch zu ziehen‹, mit einer besonderen nicht-konventionellen Kommunikationstechnik, wie sie in den Beispielen (21) und (22) formuliert wurde: »Es wird bei Fragen oft so sein, daß ich es vorziehe, Sie zu fragen, warum jetzt wohl diese Frage da ist, was vielleicht wichtiger ist, als wenn ich Ihnen eine Antwort gebe« und »(. . .) weil es da nicht auf die Antwort ankommt, sondern weil mich da doch interessiert der Hintergrund der Frage«. Die in diesen Beispielen formulierte Kommunikationstechnik wurde in Beispiel (19) bereits praktiziert, das unter diesem Aspekt nochmals in erweiterter Form angeführt und erläutert werden soll:

(19') P (. . .) . (134) . ((lachend)) können Sie nich mal was sagen? . . .
A warum möchten Sie das? .
P ja, um die Spannung hier so'n bißchen zu mildern .
A Sie könnten ja auch versuchen, über Ihre Spannung was zu sagen.
P ja, das is so . . . da kann ich gar nich so richtig was ./das is eben einfach so . ich/ich . (69) . ich denk gerade an das Gespräch mit Dieter (. . .) (IV: 4, 7)

Die Besonderheit des Beispiels liegt darin, daß sich beide Gesprächspartner wechselweise auf *Meta-Diskursebenen* die *Sprecherrolle* auf der *Diskursebene* zuzuschieben versuchen. Der Patient fragt den Analytiker nach dessen Möglichkeit bzw. Bereitschaft (»können Sie . . .«), etwas zu sagen. Wegen der gewählten besonderen Realisierungsform ist der Aufforderungscharakter der Äußerung nur schwach, d. h., es handelt sich eher um eine Bitte. Bereits der Patient betritt die Meta-Diskursebene, wenn er den Analytiker nach dessen parativer Einstellung in bezug auf die Übernahme der Sprecherrolle fragt. Der Analytiker nimmt zwar die ihm angetragene Sprecherrolle an, d. h., er läßt sich formal ›ins

Gespräch ziehen‹, nicht aber auf der vom Patienten intendierten Diskursebene. Er unterläuft den Eintritt in diese Diskursebene, indem er seinerseits die motivationale Einstellung des Patienten aufgreift und hinterfragt (»warum möchten Sie das?«). Der Patient beantwortet zwar seinerseits die Frage des Analytikers, indem er die Motivation für seinen Wunsch nach einem Sprecherwechsel offenlegt (»ja, um die Spannung hier so'n bißchen zu mildern«), aber wiederum nicht mit dem Erfolg, daß der Analytiker diese Motivation in dem Sinne akzeptiert, daß er den Wunsch nach einem Sprecherwechsel auf der intendierten Diskursebene erfüllt (und damit die Spannung mildert). Vielmehr nutzt der Analytiker seine Sprecherrolle zu einer *impliziten Instruktion,* mit der der Patient auf Diskursebene wieder auf die Grundregel verpflichtet werden soll: der Patient soll auf dieser Ebene seine in den vorausgegangenen meta-diskursiven Prozeduren offengelegte »Spannung« zum Thema machen. Auch die Äußerung des Analytikers hat nur schwachen Aufforderungscharakter. Auf Grund ihrer Realisierungsform (»Sie könnten ja auch versuchen . . .«) ist sie eher als Vorschlag zu verstehen. Der Patient scheint diesem Vorschlag zunächst folgen zu wollen, bevor er dann nach einer Pause von 69 Sekunden den Diskurs mit einem anderen Thema fortsetzt.

Die vorausgegangenen Beispiele machen insgesamt deutlich, daß im psa Diskurs in nicht-reziproker Weise Einstellungen nur vom Analytiker erfolgreich erfragt (›möchten Sie, daß . . .‹) und darüber hinaus auch hinterfragt werden können (›warum möchten Sie, daß . . .‹). Sowohl die Nicht-Reziprozität als auch die damit verknüpften nicht-konventionellen Kommunikationsformen müssen die Patienten gegen ihre Alltagserwartung verstehen und akzeptieren lernen. *Irritation, Widerstand* und zunehmend *reflexive Kontrolle* des Gesprächsverhaltens in bezug auf die neuartigen Diskursregeln waren in den Beispielen (21)-(24) zum Ausdruck gebracht worden. Während eine Patientin in Beispiel (21) in einer ersten Stunde noch fragte, ob sie bestimmte Fragen stellen könne, ist eine andere Patientin in der zwölften Analysestunde auf Grund ihrer bisherigen Gesprächserfahrung in der Lage, die Kommunikationstechnik des Analytikers in Reaktion auf eine Frage ihrerseits bereits zu antizipieren.

(31) P ich möcht' Sie ja zunächst rein informativ fragen . wie äußert

sich Autismus genau? . Sie fragen natürlich, warum ich das frage, nicht? . (I: 12, 1)

3.4 *Anonymität und Intimität*

In seiner Arbeit ›Ratschläge für den Arzt bei der psychoanalytischen Behandlung‹ (1912) entwickelt Freud einige Regeln, die analog zu der Grundregel, wie sie dem Patienten mitgeteilt wird, das Verhalten des Analytikers während der psa Behandlung bestimmen. Wiederum erläutert Freud zunächst seine Vorstellungen über in Alltagsdiskursen gültige Reziprozitätsregeln: »Ein Vertrauen ist doch das andere wert, und wer Intimität vom anderen fordert, muß ihm doch auch solche bezeugen.« (1912: 178) Dies jedoch, so Freud, sei eine für die Psychoanalyse unbrauchbare Forderung, da sie den Patienten nur noch unfähiger mache, »tiefere Widerstände zu überwinden (...) Auch die Lösung der Übertragung, eine der Hauptaufgaben der Kur, wird durch die intime Einstellung des Arztes erschwert.« (ebd.) Darum fordert Freud: »Der Arzt soll undurchsichtig für den Analysierten sein und wie eine Spiegelplatte nichts anderes zeigen, als was ihm gezeigt wird.« (ebd.) Zurückhalten soll der Analytiker sich außerdem, wenn es darum geht, moralisch ›verwerfliche‹ Taten des Patienten zu bewerten, sowie in bezug auf erzieherischen Ehrgeiz, den er zu entwickeln versucht sein könnte. Wir sehen also, wie in den Bereichen, in denen sich der Patient gemäß der Grundregel uneingeschränkt darstellen soll, der Analytiker komplementär dazu zur Abstinenz aufgefordert ist. Mit dieser Komplementarität von Grundregel und Abstinenzregel wird dem Patienten die Möglichkeit eröffnet, abweichend von Alltagsdiskursen sich und seine Einstellungen (auch zum Gesprächspartner) unzensiert und ohne die Gefahr von Sanktionen mitzuteilen. Der Patient kann sich gleichsam in einem ›repressionsfreien Reservat‹ bewegen, »in dem für die Dauer der Kommunikation zwischen Arzt und Patient die ›Ernstsituation‹, also der Druck der gesellschaftlichen Sanktionen, so glaubhaft als möglich außer Kraft gesetzt ist.« (Habermas 1968: 306) Auf der einen Seite erleben die Patienten dieses *repressionsfreie Reservat* als positiv. So begründet die Patientin in Beispiel (16) (§ 2.2) ihr positives Urteil über die Zuhörerrolle des Analytikers u. a. damit, daß er »nicht schimpfen darf, wenn ich irgendwas Dummes erzähle.« Dieselbe Patientin formuliert diese Erfahrung in derselben Stunde einige Zeit später so:

(32) P (...) und deshalb kann ich Ihnen eben alles Mögliche an den Kopf werfen, und Sie dürfen mir trotzdem nichts tun. (II: 7, 7)

Auf der anderen Seite können sich Patienten in das eigens für sie geschaffene ›Reservat‹ häufig nur schwer eingewöhnen. Einige Aspekte, die die negative Seite der Erfahrungen der Patienten mit dem ›repressionsfreien Reservat‹ betreffen, sollen im folgenden dokumentiert und im Anschluß daran erläutert werden.

(33) P das Reden ist anonym und unpersönlich

(34) P ja, das Gesagte is/is wertfreier, das is, weil Sie keine Reaktionen auf das, was man sagt, zeigen, ob's Interesse hervorruft oder Erstaunen oder Ablehnung oder Langeweile (II: 3, 4)

(35) P (...) ich weiß nicht, Sie sind so unfaßbar für mich, da kann ich nichts mit anfangen, weder eine Zustimmung und Abneigung . von Ihrer Seite aus meine ich, ich kann das nicht fühlen, was Sie über mich denken.

A so als wenn Sie immer das Fühlen und das Denken des anderen als Kontrolle für sich selber brauchen .

P ja, das brauche ich auch .

A so daß jetzt das Gefühl der Orientierungslosigkeit auftritt .

P hm, und dann eben/und dann eben noch die Angst dazu, daß ich mich an solchen Menschen ausliefer', wo ich keine Ahnung hab', wie er wirklich ist . es könnt' ja auch sein, daß Sie ein Schwindler sind oder ein Kurpfuscher auf psychotherapeutischem Gebiet. (II: 3, 1)

(36) P (...) sind Sie eigentlich verheiratet? das fällt mir grad' wieder ein .

A wieder ! .

P ja, ich hab' zu Hause öfter drüber nachgedacht, und dann bin ich zu dem Ergebnis gekommen, daß Sie es nicht sind, ich hab' es mir nicht vorstellen können . andererseits, wenn ich mir überlege, daß Sie im August in Urlaub fahren wollen, dann kann man das ja eigentlich nur, wenn man eine Frau hat, die nur dann Ferien hat, oder wenn man Kinder hat, weil ja August eigentlich der bescheuertste Monat für Urlaub ist . aber eigentlich paßt das nicht zu Ihnen, ich kann mir das nicht vorstellen . ich warte jetzt darauf, daß Sie was sagen, aber Sie sagen ja nichts . (II: 7, 5)

Die vorstehenden Beispiele sind sämtlich einer Therapie entnommen. Das Beispiel (33) deutet darauf hin, daß die Anonymität sich in der Wahrnehmung der Patientin nicht nur auf die Person des Analytikers beschränkt, sondern auch auf ihre eigenen Redebeiträge zurückwirkt. Das fehlende ›feed-back‹ auf ihre Kommunikationsangebote bewirkt, daß sie ihr Reden als »unpersönlich« empfindet. In (34) wird gleichsam begründet, was in (33) ausgedrückt ist. Die Patientin expliziert ihre enttäuschte Erwartung, daß ›normalerweise‹ Gesagtes bewertet wird. Sie vermißt die mit reaktiven Sprechakten assoziierten Einstellungen ihres Gesprächspartners wie z. B. »Interesse«, »Erstaunen«, »Ablehnung«, »Langeweile«.

Das Ausbleiben von Reaktionen auf seiten des Analytikers bewirkt nicht nur Anonymität, sondern es macht das Gesagte auch »wertfreier«. Das Wegfallen von wertenden Instanzen hat für die Patientin den (psychoanalytisch durchaus erwünschten) Effekt, daß sie selbst oder ein Teil von ihr ersatzweise als die Instanz auftreten muß, die eine ›Wertung‹ des Erzählten vollzieht.

In Beispiel (35) hebt die Patientin auf die Anonymität des Analytikers ab, der »unfaßbar« für sie ist. Nachdem die Patientin dasselbe Problem wie in (34) in ähnlicher Weise beschrieben hat, formuliert der Analytiker für die Patientin deren Alltagserwartung, derzufolge sie die Einstellung des Gesprächspartners zur eigenen Gesprächskontrolle benötigt, was sie offenbar im psa Diskurs vermißt. Sowohl diese Beschreibung einer defizitären Kommunikationssituation von seiten des Analytikers als auch der von ihm dargestellte Effekt (»Orientierungslosigkeit«) wird von der Patientin bestätigt. Die Patientin versucht dann massiv, das Anonymitätsgefälle aufzuheben. Indem sie die Qualifikation (Kompetenz) des Analytikers dadurch in Frage stellt, daß sie die Befürchtung ausdrückt, er könne ein »Schwindler« oder »Kurpfuscher« sein, versucht sie, den Analytiker aus der Reserve zu locken. In (36) gibt der Analytiker die Frage an die Patientin in der Weise zurück, daß er durch Wiederaufnahme des Ausdrucks »wieder« der Patientin zu bedenken gibt, daß sie sich erneut mit einer Frage beschäftigt, mit der sie die Anonymität des Analytikers zu durchbrechen versucht. Die Patientin jedoch ignoriert den Hinweis des Analytikers und läßt den Spekulationen freien Lauf, die sie in Hinsicht auf die Person des Analytikers angestellt hat.

Die Patientin versucht wiederholt, den Analytiker in ein konventionelles Interaktionsschema einzubinden. Da der Analytiker jedoch der Abstinenzregel verpflichtet ist, müssen ihre Versuche erfolglos bleiben. Er räumt z. B. auch im hier nicht wiedergegebenen weiteren Diskursverlauf weder durch eine Rechtfertigung ihre in provokatorischer Absicht geäußerte ›Befürchtung‹ aus, daß er ein »Schwindler« oder »Kurpfuscher« sei, noch beantwortet er ihre Frage nach seinem Familienstand. Die Beispiele (33) bis (36) erstrecken sich über einen Zeitraum von der zweiten bis zur siebten Analysestunde. Am Schluß des Beitrags der Patientin, der aus einer 7. Stunde stammt, wird deutlich, daß sie die Anonymität des Analytikers zwar noch nicht akzeptieren kann, wohl aber als gegeben zu erkennen gelernt hat: »aber Sie sagen ja nichts«. Die Patientin hat hier Gelegenheit zu beobachten, wie sie selbst eine Frage stellt, von der sie weiß, daß sie nicht beantwortet werden wird.

4 Zur Geltung von Kooperationsprinzip und Konversationsmaximen

4.1 Kooperationsprinzip und psa Arbeitsbündnis

Für Alltagsdiskurse unterstellen wir normalerweise wechselseitig Rationalität. Andernfalls würden wir nicht kooperieren können oder wollen, weil die Zwecke, deretwegen wir kooperieren, gefährdet wären. Bevor Grice in seinem sprachphilosophischen Essay »Logic and Conversation« (1975) bestimmte Konversationsmaximen sowohl hinsichtlich ihrer Geltung wie auch ihrer Verletzbarkeit untersucht, setzt er diese Rationalität voraus. »Our talk exchanges do not normally consist of a succession of disconnected remarks, and would not be rational if they did.« (1975: 45) Grice diskutiert die Konversationsmaximen im folgenden unter dem Aspekt, daß wir ihre Verletzbarkeit im Alltagsdiskurs rational nutzen, um bestimmte konversationelle Implikaturen zu erzeugen. Dies allerdings gelingt nur, wenn wir unterstellen, daß ein generelles Kooperationsprinzip befolgt wird, das Grice wie folgt formuliert: »Make your conversational contribution such as is required, at the stage at which it occurs, by the accepted purpose or direction of the talk exchange in which you are engaged.« (ebd., 45) Wie aber *kooperieren* die Teilnehmer im psa

Diskurs, und können sie hier beidseitig Rationalität für sich in Anspruch nehmen? Zur Beantwortung dieser Frage muß kurz auf das eingegangen werden, was als »therapeutische Ich-Spaltung« bezeichnet worden ist (vgl. Muck 1974, Schröter 1974, Flader/Grodzicki 1978). Das Ich des Patienten spaltet sich in einen ›rationalen‹ (einsichtsfähigen) Teil, der im *Arbeitsbündnis* auftritt und z. B. die Deutungen des Analytikers annehmen kann, sowie in einen ›irrationalen‹ Teil, der z. B. die notwendigen Übertragungen vornimmt. Mithin kann Rationalität uneingeschränkt nur für das Arbeitsbündnis unterstellt werden. »Das eigentliche Bündnis wird im wesentlichen durch das einsichtsfähige Ich des Patienten und durch das analysierende Ich des Analytikers gebildet (...) In der analytischen Situation tritt das Arbeitsbündnis ebenso in Erscheinung wie das einsichtsfähige Ich des Patienten: Das beobachtende, analysierende Ich wird vom erlebenden Ich abgespalten. Die Interventionen des Analytikers trennen die Arbeitseinstellung von den neurotischen Übertragungserscheinungen ab, genauso wie sie das vernünftige Ich vom irrationalen Ich abspalten« (Greenson 1965: 83).

Die für den therapeutischen Diskurs üblicherweise als notwendig angesehene »Ich-Spaltung« in ein »rationales Ich« und ein »irrationales Ich«, das z. B. die notwendigen Übertragungen inszeniert und zuläßt, ist kennzeichnend für gewisse Modifikationen, die den therapeutischen Diskurs von dem für Alltagsdiskurse gültigen Kooperationsprinzip, wie es bei Grice dargestellt ist, entbindet. Solange auf seiten des Patienten im therapeutischen Diskurs (vor allem in der Anfangsphase) der »irrationale« Teil des Patienten-Ich dominiert, ist er (durch die Grundregel-Mitteilung) explizit aufgefordert, ›Zweck‹ oder ›Richtung‹ des Diskurses außer Acht zu lassen. (vgl. § 5)

4.2 Konversationsmaximen und psa »Grundregel«

Im folgenden soll anhand einiger exemplarisch ausgesuchter Belegstellen aus unserem Material überprüft werden, ob und inwieweit Konversationsmaximen, die Grice für den Alltagsdiskurs entwickelt hat[6], auch für den therapeutischen Diskurs gelten. Zu diesem Zweck einer kontrastiven Analyse rekurrieren wir auf die bereits (§ 2.1) ausführlich zitierte Freudsche Grundregelformulierung. Es war bereits darauf verwiesen worden, daß Freud in seiner Mitteilung der Grundregel den Patienten explizit zu einem »in einem Punkte von einer gewöhnlichen Konversation« abweichenden Verhalten auffordert, was im folgenden detaillierter herausgearbeitet werden soll. Der von Freud »in einem Punkte« explizierte Unterschied erweist sich als sehr komplex und soll in dieser Komplexität anhand einiger Beispiele weiter differenziert werden.

(1.) Bereits das folgende Beispiel (37) kann als eine vom Patienten bemerkte Verletzung der Maxime der Relevanz angesehen werden, wenn der Patient selbst unterstellen sollte, daß das, wovon er »unheimlich viel erzählt«, im Verhältnis zu dem, wovon er »ablenken« will, irrelevant ist.[7]

(37) P also irgendwie hab' ich das Gefühl, daß ich unheimlich viel erzähl', um irgendwie so von meiner Verlegenheit abzulenken, nich . (IV: 3, 8)

(38) P (...) ich hab' das Gefühl, daß alles, was ich so erzähl', im Grunde nicht relevante Sachen sind, nech . sondern alles Sachen, mit denen ich innerlich ... eigentlich auch ohne Sie klarkomm' . (IV: 3, 8)

Besonders das Beispiel (38) zeigt, daß der Patient noch der normalerweise gültigen Vorstellung von Reziprozität der wechselseitigen Relevanz-Unterstellung verhaftet ist, wenn er die Relevanz seiner Erzählungen zur Disposition stellt. In der Grundregel, wie sie von Freud formuliert ist, heißt es jedoch (vgl. § 2.1): »(...) Sie werden versucht sein, sich zu sagen, dies oder jenes gehört nicht hierher, oder es ist ganz unwichtig, oder es ist unsinnig, man braucht es darum nicht zu sagen. Geben Sie dieser Kritik niemals nach und sagen Sie es trotzdem, ja gerade darum, weil Sie eine Abneigung dagegen verspüren.« Der Patient steht mithin vor der Alternative, entweder der Grundregel zu folgen und damit die für Alltagsdiskurse gültige Maxime der Relevanz zu verletzen oder eben dieser zu folgen und damit die Grundregel zu mißachten.

Dieses Orientierungsproblem stellt sich als grundsätzliches Problem des Patienten bei der ihm durch die Grundregel garantierten *freien Themenwahl*. (vgl. § 3.3) In seiner Erörterung der Maxime der Relevanz diskutiert Grice u. a. kurz das Problem, daß im Diskursverlauf Themen legitimerweise gewechselt werden können (1975: 46). Trotz möglichen Themenwechsels bemühen sich Diskursteilnehmer normalerweise um eine gewisse thematische Diskurskohärenz, die mit der allgemein anerkannten Verpflichtung auf ›den roten Faden‹ eines Gesprächs eingeklagt wird. Freud entbindet in seiner Grundregelformulierung den Patienten explizit von dieser Verpflichtung: »Während Sie sonst mit Recht versuchen, in Ihrer Darstellung den Faden des Zusammenhangs festzuhalten, und alle störenden Einfälle und Nebengedanken abweisen (. . .) sollen Sie hier anders vorgehen.« (vgl. oben § 2.1) Es ist – wie in (39) – häufig in psa Diskursen zu beobachten, daß Patienten es vorziehen zu schweigen, bevor sie den vom Alltagsdiskurs her gewohnten »Faden des Zusammenhangs« aufgeben:

(39) A (. . .) Sie schweigen . hm . . . ich denke schon, es hat auch . hm (wie Sie sagen) Hintergrund, und vielleicht wissen Sie selbst auch etwas von dem Hintergrund . wenn Sie dann eine Pause machen . . . zum Beispiel jetzt . . .

P ja mir ist . bezüglich dem/dem Thema, um das es ging . nichts mehr eingefallen . und dann/dann war . . ./war eben . . . diesbezüglich . Gedankenstille und/und . danach haben dann irgendwelche andere Gedanken eingesetzt, die/die vollkommen nebensächlich waren und eigentlich mit der ganzen Sache nix zu tun haben. (III: 3, 2)

(2.f) Da in Alltagsdiskursen normalerweise gilt, daß die Diskursteilnehmer weder (bewußt) lügen noch (leichtsinnig) Irrtümer riskieren, sind im Falle von Verletzungen der Wahrheitsmaxime Sanktionen zu erwarten. Im ›repressionsfreien Reservat‹ des psa Diskurses werden dem Patienten Konzessionen gemacht, die die psychoanalytische Theorie selbst verlangt: »(. . .) it is an assumption of psychoanalytic theory that ordinary notions of truth – i. e., adherence to the maxim of quality – must be suspended in the analytic setting: when the analysand's psychic truth conflicts with the truth provable in reality, the former, for the purposes of the analysis and until the analysand discovers otherwise himself, is taken as the *real* truth (. . .).« (Lakoff 1980: 17)

Zum Kontext des Beispiels (13) (vgl. § 3.1) gehörte auch die Klärung der folgenden Frage, ob der Patient sich ein weiteres Kissen untergelegt hatte, um lediglich (der Bequemlichkeit wegen) höher zu liegen oder um sich vor der visuellen Wahrnehmung durch den Analytiker zu schützen:

(40) A (...) Sie müssen sich hier eben eher etwas schützen, zum Beispiel so'n großer Kissenberg zwischen Ihnen und mir ... is auch so'n bißchen Schutz, nech ..

P ich glaube, ich wollte eigentlich nur noch liegen. (9).

A Sie lagen in voller Deckung.

P ((lacht)) ... na, ich weiß nich, ob das nich'n Tick überinterpretiert is.

A vielleicht. (7). aber könnt' ja auch sein (...) (IV: 5, 13 f.)

Es ist offensichtlich, daß die Klärung der Frage in dem Sinne verzichtbar ist, daß der Wahrheitsanspruch im psa Diskurs nicht oder zumindest nicht zu einem bestimmten Zeitpunkt eingeklagt werden muß. Auch eine Wiederaufnahme dieses Themas in einer späteren Sitzung führt (noch) nicht zu einer Klärung.

(3.) Um über die »Unklarheit des Ausdrucks« und die »Mehrdeutigkeit« seiner Redebeiträge im Sinne der Griceschen Maximen urteilen zu können, bedürfte es des ›rationalen Ich‹ des Patienten, das in seinen Erzählungen doch gerade zurücktritt. Die Maxime ›sei kurz‹ ist durch die bereits zitierte Stelle aus der Freudschen Formulierung der Grundregel, in der es heißt, daß es durchaus sinnvoll sei, »aus dem Hundertsten ins Tausendste zu kommen«, als für den psa Diskurs ungeeignet anzusehen. Für den Analytiker sind oft gerade die mit einer gewissen ›Weitschweifigkeit‹ verbundenen Details von Erzählungen von Bedeutung, da in ihnen häufig Anzeichen für die Zusammenhänge mit anderen Erzählungen des Patienten erscheinen.

Gravierender als die Maximen 1-3 der Kategorie der Modalität scheint uns aber in diesem Zusammenhang die vierte Maxime zu sein (›be orderly‹), deren Geltung im psa Diskurs von den Patienten besonders häufig thematisiert wird.

(41) P (...) ich kann mich sonst sehr gut ausdrücken und sehr flink, aber, ich überleg' das auch jetzt, na, daß ich manchmal grad' wenn ich hier liege, rede, und dann kommt ein Gedanke dazwischen, der wohl zu tun hat mit dem, was ich grade rede, aber der Klarheit wegen vielleicht später gesagt werden sollte. (I: 10, 3)

(42) P ja, ich weiß nich, also meine Gedanken sind eigentlich ziemlich ungeordnet. (13).

A das macht nichts, Sie können sie ja ungeordnet mitteilen. (IV: 1, 2)

Die Beispiele (41) und (42) verdeutlichen insgesamt ansatzweise mehrere Aspekte von Modalität. Die Patienten neigen offenbar noch dazu, eher den Maximen der Modalität als der Grundregelanweisung Folge zu leisten, nach der die Patienten angehalten sind, ihre Gedanken gerade so, d. h. evtl. auch so ausführlich und ungeordnet mitzuteilen, wie sie ihnen durch den Sinn gehen.

Das Beispiel (42) ist zugleich ein Beispiel für eine *implizite Instruktion* des Analytikers, mit der der Patient auf die Grundregel verpflichtet werden soll. Der Analytiker räumt zunächst die Bedenken des Patienten aus (»das macht nichts«) und ermuntert ihn dann dazu, ›seine Gedanken ungeordnet mitzuteilen‹. Im Unterschied zu expliziten Instruktionen, wie sie evtl. zu Therapiebeginn in mehr oder weniger standardisierten Formulierungen gegeben werden (vgl. oben § 2.1), sind derartige implizite Instruktionen wie (42) in die Interaktion mit dem Patienten eingebunden. Der Analytiker reagiert auf die vom Patienten zum Ausdruck gebrachte Irritation, indem er einen Aspekt der Grundregel durch Wiederaufnahme von Ausdrücken des Patienten ›in der Sprache des Patienten‹ paraphrasiert.

5 Gesprächsordnung und Gesprächsnutzen

Die Untersuchung des psa Diskurses als eines für den Patienten ungewohnten Diskurstyps führte zu dem Ergebnis, daß die durch Sozialisation stabilisierte Alltagserwartung der Patienten in vielfacher Hinsicht enttäuscht wurde. Die Patienten bemerkten und formulierten nicht nur die Verletzung gewohnter Alltagsdiskursregeln, sondern brachten auch ihre Irritationen, Frustrationen und Widerstände gegen die für sie neuartigen Diskursregeln in vielfältigen Formen zum Ausdruck.

Wenn wir auch in Alltagsdiskursen mehr oder weniger häufig enttäuschte Erwartungen zu tolerieren bereit sind, geschieht dies dennoch in der generellen Einstellung, daß wir mit Eintritt in ein Gespräch in irgendeiner Form einen Nutzen daraus ziehen. Andernfalls würden wir den Eintritt in ein Gespräch – sofern dies zur Wahl steht – verweigern. »For it is a basic principle of human interaction that we do not generally participate in any form of interpersonal behavior unless it seems likely that we will emerge from the encounter with some advantage, that there is benefit to be gained in the discourse.« (Lakoff 1981: 9 f.)

In Alltagssituationen ist der Gesprächsnutzen in der Regel für alle Teilnehmer antizipierbar, weil die Interaktionsziele entweder als bekannt vorausgesetzt oder aber gemeinsam ausgehandelt werden. In diesem Sinne konnte Grice sein Kooperationsprinzip formulieren: »Make your conversation contribution such as is required, at the stage at which it occurs, by the accepted purpose or direction of the talk exchange in which you are engaged.« (1975: 45, vgl. oben § 4.1) Unbestritten ist im psa Diskurs das allgemeine therapeutische Interaktionsziel, das von beiden Gesprächspartnern wechselseitig akzeptiert und verfolgt wird. Was ist aber trotz dieser allgemeinen Voraussetzung ›an der jeweiligen Stelle, an der der Redebeitrag erscheint‹, im psa Diskurs ›das akzeptierte Ziel oder die Richtung des Redewechsels‹? Die durch die Grundregel nicht nur garantierte, sondern oktroyierte Gesprächsinitiative und freie Themenwahl stellen den Patienten vor das Problem, ›an der jeweiligen Stelle‹ die Richtung des Gesprächs gegen die Alltagsgewohnheiten ohne den Gesprächspartner ratifizieren zu müssen, was zu verschiedenartigen Ordnungsproblemen führt, die die Orientierung der Patienten im für sie neuartigen Diskurs erschweren.

Das unter dem Aspekt der Geltung von Konversationsmaximen bereits (in 4.2) behandelte Problem der Relevanzorientierung erweist sich im psa Diskurs als generelles Problem der thematischen Orientierung. So klammert beispielsweise ein Patient zum Beginn und Schluß der achten Stunde seine Erzählungen mit der Frage nach dem »eigentlichen Thema« ein.

(43) P also wenn ich jetzt so anfange, von Karin zu erzählen . hm dann hab' ich fast das Gefühl . also daß das nicht unbedingt das eigentliche Thema is, nich . aber was das eigentliche Thema is, weiß ich auch nich .

A hm .

P aber wir können ja trotzdem erst mal einfach erzählen . (IV: 8, 1)

(44) P . (45) . ja, und jetzt sollte wohl eigentlich das kommen . was ich ((kurzes Auflachen)) eingangs der Stunde als ›eigentlich‹ bezeichnet hab', ne . da kommt natürlich nichts . (270) . (IV: 8, 8)

Das Orientierungsproblem stellt sich für den Patienten hier deswegen verschärft, weil er nicht nur entgegen der Alltagserwartung, nach der die Diskursteilnehmer normalerweise zu einem evtl. gemeinsam ausgehandelten und schließlich wechselseitig akzeptierten Thema kooperieren, ein thematisches Kooperationsangebot ohne weitere Ratifizierung durch den Gesprächspartner machen muß, sondern weil er offenbar selbst Ratifizierungsprobleme hat. Seine Erzählungen hängen gleichsam interaktiv in der Luft, weil sie weder einer wechselseitig akzeptierten noch offenbar einer vom Patienten selbst akzeptierbaren Gesprächsrichtung folgen. Sein probeweises Handeln (»... trotzdem erst mal einfach erzählen«, in [43]) führt auch nach Erzählabschluß nicht zu einer Ratifizierung. Vielmehr bewertet der Patient gegen Ende der Stunde retrospektiv seine Erzählungen als »uneigentlich« (in [44]).

Die von den Patienten häufig ausgedrückten Erwartungen in bezug auf Orientierungsvorgaben durch eine wie immer antizipierte Gesprächsordnung bewegen sich allerdings auf verschiedenen Niveaus, die nach dem Grad der jeweils erwarteten Gesprächsreglementierungen differenziert werden können. Diese Erwartungen erstrecken sich beispielsweise von einer mehr oder weniger aktiven Beteiligung des Analytikers bei der Themenfindung bis hin zu einer dirigistischen Gesprächssteuerung, wie sie etwa im folgenden Beispiel vom Patienten für therapeutische Diskurse unterstellt wird:

(45) P (...) ich mir unter der Führung und Struktur der Therapie was anderes vorgestellt habe (...) eben eine ... ehm . dirigistische Führung gedacht, die mehr von Ihnen ausgeht . (III: 2, 6)

Derselbe Patient, der hier in der zweiten Stunde zunächst seine Erwartung einer »dirigistischen Führung« von seiten des Analytikers enttäuscht sieht, beklagt in der dritten und vierten Stunde allgemein den Mangel an Gesprächsreglementierungen, wie er sie vom Alltagsdiskurs her gewohnt ist, wenn er insgesamt seiner Befürchtung Ausdruck verleiht, daß die »Art der Gesprächsführung« wegen Mangels an »festen Linien« »entgleiten« und sich letztlich als »'ne Art Sandbank« erweisen könne. Durch die abstraktiv-paraphrastische Wiederaufnahme dieser Patienten-Einstellung in der Intervention des Analytikers (in [46]) und dessen Nachfrage-Intervention (in [47]) eher noch zur weiteren Kritik ermuntert, stellt der Patient dann die ›Konstruktivität‹ und ›Effektivität‹ dieser Art von ›planlosem Gespräch‹ radikal in Frage.

(46) P ich hab' mich in der Zwischenzeit gefragt, ob diese Art der Gesprächsführung ./ob das . auf lange Sicht gesehen nicht 'ne

Art Sandbank is . . insofern war's . daß man nich irgendwie . ehm . . feste Linien zieht und/und nich irgendwie . ehm . . stell' ich mir das so vor, eins/eins auf das andere bauen kann . sondern daß das so auch irgendwie . entgleiten kann (. . .)

A (. . .) es steckt eine Beobachtung drin, in dem was Sie sagen . daß eh . äh . dieses Steinchen auf Steinchen setzen, also etwas genau weiß, wo es hingeht, auch eine wichtige hm . hm Funktion haben kann . es gibt hm/Sie wissen, wo Sie dran sind.

P ja, ich find' das eben . die Art . irgendwie im/planlos im/im Gegensatz zu/zu/zu etwas Konstruktivem (. . .) oder ob es äh . irgendwelche Kriterien gibt für Sie, um eh ./um zu entscheiden, welche eh . Gesprächsführung . und Art der Kommunikation Sie/Sie wählen . . . da hab' ich mir auch Gedanken drüber gemacht . (III: 3, 4)

(47) P es beunruhigt mich, daß ich entweder bewußt oder unbewußt in 'ne Richtung schwimme, die äh ./die nich richtig is .

A was wäre die falsche Richtung? .

P ja, daß es . wenn ich in zehn Jahren hier noch liege, genau dasselbe is . daß es eben . nich effektiv is . (III: 4, 3)

Die Nutzenfrage wird in diesen Beispielen vom Patienten mehrfach in einer Weise gestellt, wie sie zwar für Alltagsdiskurse, nicht aber für therapeutische Diskurse angemessen ist. Lakoff spezifiziert diese Frage nach dem Gesprächsnutzen als Frage nach der Gesprächseinheit, für die Nutzen erwartet werden kann, folgendermaßen: »The question is, what is the unit that is the ›conversation‹? In O(rdinary) C(onversation), it is the single encounter, since within the span, we must achieve satisfaction of our aims, must come out to the encounter with whatever we went into it hoping for.« (1981: 24) Diese Erwartungs-Perspektive in bezug auf ›die Erreichung unserer Ziele in einzelnen Begegnungen‹ kann für therapeutische Diskurse nicht in derselben Weise aufrechterhalten werden: »Rather, the success of the therapy is determined at its end – when it has run its course, usually over many sessions. Therefore, we are justified in calling the ›conversation‹ in therapeutic discourse the whole of treatment. For this reason, whether it is satisfying its purpose cannot be gauged by what happens in a single encounter (. . .).« (1981: 24 f.)

Die beiden abschließenden Beispiele machen deutlich, daß der Patient die Nutzenfrage noch ganz in Maßstäben der Alltagserwartung stellt, wenn er als Gesprächseinheit die einzelne Analysestunde bilanziert und »aus der Stunde profitieren« will:

(48) P aber es ist nichts was mich/mich . . . in Richtung ahm . daß ich davon was hab' . daß ich im ah . aus der Stunde profitieren kann. (. . .) (III: 8, 1)

(49) P (. . .) was ich auch noch nicht richtig verstehe ist . hm/. ist gerade das letzte Mal als Beispiel, daß ich überhaupt Probleme besprochen habe von mir und . ahm . daß Sie sich das angehört haben und . . . daß es eben wieder recht einseitig war, und daß ich an Positivem nichts aus der Stunde mitnehmen konnte . daß ich eigentlich nur von mir erzählt habe . . und da drängt sich dann gleich die Frage immer auf, worin besteht die Therapie, wenn ich nur erzähle und erzähle und erzähl' und erzähl' . ja da hab' ich das erzählt, aber nur vom Erzählen wird's nicht besser . (III: 8, 1)

Die vorausgegangenen Beispiele verdeutlichen insgesamt die Grenzen tolerierbarer Enttäuschungen von Alltagserwartungen. Verletzungen von Alltagsdiskursregeln können offenbar nur so lange hingenommen werden, als die Erwartung einer allgemeinen Gesprächsordnung nicht aufgehoben werden muß, an die die Vorstellung von Gesprächsnutzen offenbar wesentlich geknüpft ist. So stellte der Patient in den Beispielen (46) und (47) die Frage nach der ›Effektivität‹ nicht von ungefähr im Zusammenhang mit der von ihm so erlebten ›Planlosigkeit‹ des Gesprächs.

Die unter anderem der psa Grundregel geschuldete ›Planlosigkeit‹ des Gesprächs, wie sie sich aus der Alltagsperspektive des Patienten häufig darstellen mag, fordert ihm eine besondere Toleranz in bezug auf die Erwartung von Gesprächsnutzen ab. Freud formuliert zwar in seiner Grundregel-Mitteilung an den Patienten ex negativo die Abweichung »von einer gewöhnlichen Konversation« (vgl. § 2.1), enthält sich aber jeder positiven Bestimmung des psa Diskurses. Offenbar ist diese für den Patienten nicht vor aller Erfahrung einsichtsfähig formulierbar. Vielmehr verlangt Freud dem Patienten eine »wait-and-see«-Perspektive ab, wenn er direkt im Zusammenhang mit der Grundregel-Mitteilung ausführt: »Den Grund für diese Vorschrift – eigentlich die einzige, die Sie befolgen sollen – werden Sie später erfahren und einsehen lernen (. . .)« (vgl. § 2.1). Dies ist der Kredit, den der Patient vorab dem psa Diskurs einräumen muß, bevor er die neue Gesprächsordnung wie auch ihre Sinnhaftigkeit durch weitere Gesprächserfahrung erkennen und damit die Vorstellungseinheit von Gesprächsordnung und Gesprächsnutzen wiederherstellen kann.

Anmerkungen

1 ›(I: 2, 8)‹ ist zu lesen als ›Therapie I, 2. Analysestunde, Transkriptseite 8‹. Zur Lesbarkeit der Beispiele seien folgende Angaben zur Transkription gemacht:
Transkriptionsformular (Auszüge) des Projekts ›Psychoanalytischer Diskurs‹:
(1) Transkriptionsmodus: literarische Umschrift
(2) Pause
kurze Pause: xxx . xxx
mittlere Pause: xxx . . xxx
längere Pause: xxx . . . xxx
z. B. 4 Sek.-Pause: xxx . (4) . xxx
(3) Simultanität (Partiturschreibung)
Arzt [Kürzel: A –
Patient [P =
(4) Selbstkorrekturen
z. B. hat/habe ich
(5) Akustisch schwer verständlich/unverständlich
schwer verständlich: (xxxxx)
unverständlich: ( )
(6) Sonstige akustische Daten (redebegleitend)
z. B. ((lachend)), ((stöhnt))

2 Unsere folgende Untersuchung akzentuiert die Divergenzen zwischen Alltagsdiskursen und psa Diskurs. Einen um die ›Tiefendimension‹ psa Interpretation erweiterten Begriff von Diskursanalyse legen Flader/Grodzicki (in diesem Band) zugrunde, um die Interpretationsweise des Analytikers erfassen zu können. Dabei verfolgen sie auch die Frage, inwieweit sich der psa Diskurs alltäglicher Kommunikationsformen bedient, die wie z. B. im Falle des ›Deutens‹ eine Modifikation und Spezialisierung in bezug auf die therapeutischen Behandlungsziele erfahren.

3 Der von D. Flader und W.-D. Grodzicki initiierte Fragebogen wurde über das Balint-Institut in Hamburg an praktizierende Psychoanalytiker in der BRD verschickt. Eine Gesamtauswertung der Fragebögen erfolgt noch im Rahmen des DFG-Projekts.

4 Eine genauer quantifizierende Untersuchung der Ausprägung des Dialogrollenwechsels in den jeweils ersten zwölf Sitzungen der vier Analysen steht noch aus. Die folgende, vorläufig gewählte Darstellungsform beruht auf ersten Auswertungen einzelner Analysestunden und folgt ansonsten dem intuitiven Gesamturteil.

5 Sowohl in der Arzt-Patienten-Kommunikation wie in Beratungsgesprächen und Therapien, die nicht der klassischen psa Form folgen, werden nach einer gewissen Einleitungsphase, in der das Ausgangspro-

blem durch den Betroffenen dargestellt wird, die Problemgeschichten durch konventionelle Interaktionsschemata wie Fragen – Antworten gemeinsam erkundet und Problemlösungen erarbeitet und evtl. erprobt, d. h. beispielsweise auf konventionelle Art Ratschläge erbeten, erteilt, befolgt oder ausgeschlagen etc.

6 Die Klärung der Frage nach der uneingeschränkten Gültigkeit der Konversationsmaximen und des Rationalitätspostulats von Grice für Alltagsdiskurse sei hier dahingestellt. Vergleiche zur Kritik z. B. Maas (1976) und Braunroth u. a. (1975), deren Übersetzung auch die folgende Überblicksdarstellung der Griceschen Maximen folgt:

a) Die Maxime der *Quantität*
Mache deinen Beitrag so informativ wie erforderlich
Mache deinen Beitrag nicht informativer als erforderlich

b) Die Maxime der *Qualität*
Versuche deinen Beitrag so zu machen, daß er wahr ist
Sage nichts, von dem du glaubst, es sei falsch
Sage nichts, wofür du keine angemessene Evidenz hast

c) Die Maxime der *Relation*
Sei relevant

d) Die Maxime der *Art und Weise*
Vermeide Dunkelheit des Ausdrucks
Vermeide Mehrdeutigkeit
Sei kurz
Sei folgerichtig (»be orderly«)

7 Das Beispiel (37) kann auch als eine vom Patienten bemerkte Verletzung der Maxime der Quantität interpretiert werden: Der Ausdruck »daß ich *unheimlich viel* erzähl'« legt nahe, daß der Patient selbst seine Erzählungen als ›informativer als erforderlich‹ bewertet. Es sei jedoch angemerkt, daß Grice die zweite Maxime der Quantität selbst problematisiert, deren Wirkung er evtl. durch die Relevanz-Maxime abgesichert sieht. Angesichts dieser von Grice selbst angenommenen Affinität soll die Maxime der Quantität hier nicht gesondert behandelt und in Abänderung der von Grice gewählten Reihenfolge die Maxime der Relevanz vorgezogen werden.

Literaturverzeichnis

Argyle, M. (1969): *Social Interaction.* London: Methuen

Braunroth, M.; Seyfert, G.; Siegel, K.; Vahle, F. (1975): *Ansätze und Aufgaben der linguistischen Pragmatik.* Ffm.: Fischer Athenäum Taschenbuch Verlag.

Flader, D.; Grodzicki, W.-D. (1978): Hypothesen zur Wirkungsweise der

psychoanalytischen »Grundregel«. In: *Psyche 32*, 545-594 und in diesem Band.
Freud, S. (1912): Ratschläge für den Arzt bei der psychoanalytischen Behandlung. In: Sigmund Freud, *Studienausgabe*. Ergänzungsband, Ffm.: Fischer, 1970 ff., 169-180.
– (1913): Zur Einleitung der Behandlung. Weitere Ratschläge zur Technik der Psychoanalyse. In: Sigmund Freud, *Studienausgabe*. Ergänzungsband, 181-203.
Greenson, R. R. (1965): Das Arbeitsbündnis und die Übertragungsneurose. In: *Psyche 20*, 81-103.
Grice, H. P. (1975): Logic and Conversation. In: Cole, P. / Morgan, J. L. (Hrsg.): *Speech Acts*. New York usw.: Academic Press, (1975), 41-58.
Habermas, J. (1968): *Erkenntnis und Interesse*. Ffm.: Suhrkamp.
Kendon, A. (1967): Some Functions of Gaze-Direction in Social Interaction. In: *Acta Psychologica*, Vol. *26*, 22-63.
Klann, G. (1977): Psychoanalyse und Sprachwissenschaft. In: Hager, F. (Hrsg.): *Die Sache der Sprache*. Stuttgart: Metzler.
Koerfer, A. (1980): Interaktionssteuerung und Themenprogression im Gruppendiskurs. Erscheint in: Ehlich, K.; Kallmeyer, W. (Hrsg.): *Aufzeichnungen und Analyse gesprochener Sprache*.
Koerfer, A.; Zeck, J. (1978): Themen- und personenorientierte Interaktion in der Hochschule. Erscheint in: Ehlich, K.; Rehbein, J. (Hrsg.): *Linguistische und ethnomethodologische Analysen von Kommunikation in Schule und Hochschule*.
Labov, W.; Fanshel, D. (1977): *Therapeutic Discourse*. Psychotherapie as Conversation. New York, San Francisco, London: Academic Press.
Lakoff, R. T. (1980): *Psychoanalytic Discourse and Ordinary Conversation*. Berkeley: Mimeo.
– (1981): *The Rationale of Psychotherapeutic Discourse*. Berkeley: Mimeo.
Maas, U. (1976): *Kann man Sprache lernen?* Für einen anderen Sprachunterricht. Ffm.: Syndikat.
Menninger, K. A.; Holzman, Ph. S. (1977): *Theorie der psychoanalytischen Technik*. Stuttgart-Bad Cannstatt: frommann-holzboog.
Muck, M. (1974): Die psychoanalytische Behandlung und ihre Wirkung. In: Muck, M. u. a.: *Information über Psychoanalyse*. Therapeutische, theoretische und interdisziplinäre Aspekte. Ffm.: Suhrkamp, 37-44.
Sacks, H.; Schlegloff, E. A.; Jefferson, G. (1974): A simplest systematics for the organization of turn-taking for conversation. In: *Language 50*, 696-735.
Sandler, J.; Dare, Ch.; Holder, A. (1979): *Die Grundbegriffe der psychoanalytischen Therapie*. Stuttgart: Klett.
Schwitalla, J. (1979): *Dialogsteuerung in Interviews*. Ansätze zu einer

Theorie der Dialogsteuerung mit empirischen Untersuchungen von Politiker-, Experten- und Starinterviews in Rundfunk und Fernsehen. München: Hueber.
Schröter, K. (1974): Psychoanalytischer Dialog und alltägliche Kommunikation. In: Muck, M. u. a.: *Information über Psychoanalyse.* Therapeutische, theoretische und interdisziplinäre Aspekte. Ffm.: Suhrkamp, 45-63.
Wunderlich, D. (1976): *Studien zur Sprechakttheorie.* Ffm.: Suhrkamp.

Dieter Flader/Wolf-Dietrich Grodzicki

Die psychoanalytische Deutung – eine diskursanalytische Fallstudie

Inhalt

0. Vorbemerkung

Die nachfolgende Untersuchung ist im Rahmen des Forschungsprojekts »Diskursstrukturen der psychoanalytischen Therapie« entstanden.* Die Untersuchung ist eine Pilotstudie, die dem

* Dieses Projekt wird seit dem 1. Oktober 1980 von der Deutschen Forschungsgemeinschaft innerhalb des Schwerpunkts »Verbale Interaktion« gefördert. Projektleiter: D. Flader; Mitarbeiter: A. Koerfer, Ch. Neumann und (als beratender Psychoanalytiker) W.-D. Grodzicki.

Zweck dient, Kategorien zu entwickeln, die das psychoanalytische *Deuten* hinsichtlich der zugrunde liegenden Struktur kommunikativen Handelns aufschlüsseln können.

Neben den sprachlich-kommunikativen Aktivitäten, die für das Deuten in der psychoanalytischen Therapie charakteristisch sind, sollen auch die Annahmen und Interpretationsmuster in die Untersuchung einbezogen werden, die die Deutungsaktivitäten des behandelnden Psychoanalytikers in dem hier vorliegenden Therapiegespräch geleitet haben. Damit wollen wir versuchen, die *Tiefendimension* des Gesprächstextes zu erhellen, ohne die weder die Zielrichtung der Deutungsaktivitäten des Analytikers noch die Plazierung dieser Aktivitäten im Ablauf der Interaktion mit dem Patienten verständlich werden.

Bevor wir das Ziel und den methodischen Ansatz unserer Untersuchung weiter erläutern, soll kurz das Kommunikationsphänomen des Deutens erörtert und anschließend dessen Behandlung innerhalb der psychoanalytischen Diskussion skizziert werden.

1. Die Deutung – ein allgemeines soziales Kommunikationsphänomen?

Die Entwicklung der Psychoanalyse nahm ihren Ausgang von einer entscheidenden Einsicht, nämlich der, daß Symptome einen Sinn und eine Bedeutung haben, daß sie nämlich Ausdruck oder Ersatz von etwas »hinter« ihnen Stehendem, nicht sichtbar werden Könnendem sind und daß, wenn es gelingt, dies »dahinter Stehende« dem Patienten verfügbar zu machen, die Symptome verschwinden.

Diese Einsicht führte zu dem dynamischen Konzept der Abwehr. Dies wiederum bestimmte die zur Aufhebung der Abwehr notwendigen Maßnahmen, als deren Folge das Abgewehrte dem Patienten verfügbar gemacht werden sollte, womit das Schwinden des Symptoms als Ersatzhandlung zu erwarten war.

Aus der Hypnosetechnik entwickelt Freud eine therapeutische Technik, wie wir sie heute als analytisches Setting kennen. Freud schrieb hierzu:

»Die neue Technik änderte den Eindruck der Behandlung so sehr ab, brachte den Arzt in so neue Beziehungen zum Kranken und lieferte so viel überraschende Ergebnisse, daß es berechtigt schien, das Verfahren durch einen Namen von der kathartischen Methode zu scheiden. Referent wählte für die Behandlungsweise, die nun auf viele andere Formen neurotischer Störung ausgedehnt werden konnte, den Namen *Psychoanalyse*. Diese Psychoanalyse war nun in erster Linie eine Kunst der Deutung und stellte sich die Aufgabe, die erste der großen Entdeckungen Breuers, daß die neurotischen Symptome ein sinnvoller Ersatz für andere unterbliebene seelische Akte seien, zu vertiefen«. (Freud 1923, 215)

Damit hatte das Deutungsverfahren seine zentrale Bedeutung erlangt. Mit dessen Hilfe konnten nicht nur therapeutische Aufgaben gelöst werden, indem es gelang, Symptome aufzuheben und Abgewehrtes zugänglich werden zu lassen, sondern es ergaben sich vermittels der Anwendung dieses Verfahrens immer weitere und tiefere Einsichten in die Bedingtheiten seelischer Entwicklung, die wiederum die therapeutische Technik subtiler und differenzierter werden ließen.

Da »Deuten« allen Menschen ein vertrautes und naheliegendes Verfahren ist, muß gefragt werden, was das Besondere am psychoanalytischen Deuten ist.

Deutung als Interpretationsmöglichkeit basiert ganz allgemein auf der Erfahrung, daß etwas Beobachtetes über sich hinausweist auf etwas, das es bedingt, selbst aber nicht unmittelbar zu beobachten ist. Um zu einer hinlänglich verläßlichen Aussage zu kommen, muß man mit dem zu interpretierenden Beobachteten in Verbindung stehende weitere Phänomene berücksichtigen und schließlich aus dem Gesamt des Ermittelbaren Schlüsse auf die Bedingtheiten des Aufzuklärenden ziehen.

Wenn ich einen Menschenauflauf in der Innenstadt bemerke, habe ich zunächst eine Reihe von Deutungsmöglichkeiten. Erst wenn ich weitere Beobachtungen gemacht habe, werde ich die Möglichkeiten weiter eingrenzen können und schließlich, wenn es nicht gelingt, ganz eindeutige Verhältnisse zu ermitteln, eine mehr oder minder zutreffende Deutung versuchen können.

Erst dann, wenn die Ermittlungen eine Eindeutigkeit ergeben, erübrigt »Deutung« sich, denn dann weiß ich eben.

Deutung haftet also immer ein bestimmtes Maß an Unsicherheit an. Deutungen können »richtig« sein, können aber auch nur den Charakter des Plausiblen haben, d. h., daß etwas so sein könnte und nur die letzte Gewißheit fehlt, daß es tatsächlich auch so ist.

Dem Deuten haftet also der Charakter des nicht ganz Gewissen, nicht ganz Sicheren an.

Trotzdem ist das Deuten für den Menschen von jeher von großer Wichtigkeit gewesen als Mittel, Unverstandenes und Unverstehbares dem Verständnis, besonders aber dem handelnd damit Umgehenkönnen näherzubringen.

Dem Deuter kam in der Frühzeit des Menschen eine hohe Bedeutung zu. Er vermittelte »Wissen« und zugleich »Handhabbarkeit«. Wenn der »Seher« und »Deuter« Kalchas in Aulis deutete, daß die widrigen Winde, die die Ausfahrt der Flotte der Achäer hinderten, Ausdruck des Zornes der Artemis seien, die sich von Agamemnon beleidigt fühlte, so gab er deutend nicht nur die »Ursache« der widrigen Winde an, sondern zugleich auch eine Handlungsmöglichkeit, nämlich ein Opfer zu bringen, das die Göttin versöhnlich stimmen würde. Agamemnon mußte seine Tochter Iphigenie opfern.

Deutung ist also nicht nur Schaffung von *»Wissen« über Zusammenhänge,* sondern ist erst dann vollständig, wenn sie auch *Handlungsmöglichkeiten* eröffnet.

Dem Deutenden haftet daher auch der Nimbus des Besonderen, des über mehr Möglichkeiten Verfügenden als andere Menschen an, er bekommt einen Allmachtsaspekt, der verknüpft ist mit dem ambivalenten Gefühl des Unheimlichen wie auch dem, des Helfen- und Schützenkönnenden, d. h., er rückt dicht an die Sphäre des Göttlichen heran.

Diese Aura von Macht, die den Deutenden umgibt, ist die Folge einer Asymmetrie, die zwischen ihm und seinem Publikum besteht: Er allein verfügt über die Mittel, Unverstandenes verständlich und damit handhabbar zu machen.

In den meisten Untersuchungen und Beispielen, die das Deuten betreffen, handelt es sich darum, daß ein Mensch ein bestimmtes Phänomen deutet, Kalchas die Behinderung des Auslaufens der griechischen Flotte. Oder es wird das Verhalten eines bestimmten Menschen zu einem Dritten gedeutet, wobei zwischen Deuter und Gedeutetem in der Regel keine unmittelbare Beziehung besteht.

Es kommt auch vor, daß in einer Direktbeziehung dem Gegenüber eine Deutung hinsichtlich eines Vorganges zwischen diesem und einem Dritten gegeben wird. Es scheint dabei zu den Konventionen zu gehören, daß solche Deutungen die Bewertungsakzente, z. B. die Schuldfrage, so setzen, daß der unmittelbare Gesprächspartner dabei keine »negative« Deutung erfährt. Es widerspricht offenbar dem gemeinschaftlichen Charakter von Handlungen im Alltag, ein Gegenüber in bezug auf einen Dritten »negativ« zu deuten. Ein solches Handlungsmuster scheint aber bestimmten Teilen von Gerichtsverhandlungen zugrunde zu liegen.

Wenn hingegen zwei Menschen eine gemeinschaftliche Handlung verfolgen, in dem der Eine das Verhalten des Anderen in bezug auf sich (den Deutenden) einer Deutung unterzieht, wird das in der Regel als ungewöhnlich, sehr häufig als aggressiver Akt empfunden. Es widerspricht dem gemeinschaftlichen Charakter von alltäglichen Interaktionen, sich in einer Zweierbeziehung wechselseitig zu deuten. Es sei hier nebenbei angemerkt, daß es unter Psychoanalytikern z. B. verpönt ist, dies untereinander zu tun. Wenn es doch geschieht, drückt es nahezu immer Aggressionen aus.

Das analytische (therapeutische) Setting aber führt dieses Handlungsmuster als von zentraler Bedeutung ein. Es kommt zu dem in der analytischen Grundregel enthaltenen, ebenfalls nicht-konventionellen Interaktionsmuster hinzu. (Flader/Grodzicki 1978)

Die Strukturveränderung gemeinschaftlichen Handelns, die das Deuten in der psychoanalytischen Therapie impliziert, ist in seiner genauen Form bislang noch nicht an Texten psychoanalytischer Gespräche rekonstruiert worden, obwohl es ein wesentliches Moment dieser therapeutischen Aktivität darstellt. In der psychoanalytischen Diskussion, die sich mit dem Deuten befaßt, werden die interaktionelle Form des Deutens und die damit verbundene gefühlshafte Beziehungsstruktur zwischen dem Patienten und dem Analytiker gewöhnlich nicht genauer erhellt.

Dies gilt in ähnlicher Weise auch für das psychoanalytische Konzept der *Abwehr*, das ja die Zielrichtung von Deutungen charakterisiert, insofern mit ihnen die Abwehr gelockert und das »dahinter Stehende« zu Bewußtsein gebracht werden soll, wobei Deutungen als differenziertes Interpretations-Instrument eingesetzt werden. (vgl. 5.2)

Um den Ansatz unserer Untersuchung zu verdeutlichen, wollen wir kurz die Hauptgesichtspunkte, unter denen das Deuten in der psychoanalytischen Theorie- und Technik-Diskussion thematisch wurde, benennen.

2. Die Deutung in der Diskussion der psychoanalytischen Behandlungsmethode

Die psychoanalytische Deutung steht für die *wissenschaftstheoretischen* Arbeiten zur Psychoanalyse im Zentrum der Untersuchung. Ihrer Zielsetzung entsprechend konzentrieren sich diese Arbeiten auf Fragen des Erkenntnisprozesses, der die Inhalte von Deutungen bestimmt und der von der psychoanalytischen Theorie angeleitet wird bzw. zum Aufbau dieser Theorie führt. (vgl. z. B. Habermas 1968 und Lorenzer 1970, 1973)

Der Begriff von »psychoanalytischer Deutung« wird in diesen Arbeiten auf zwei verschiedenen Ebenen der Betrachtung verwendet. Unter der Fragestellung nach dem Geltungsbereich der psychoanalytischen Erkenntnisse wird die »Logik der Deutung in der analytischen Gesprächssituation« (Habermas, a.a.O., S. 310) thematisch. Nach dem Vorschlag von Habermas stellt die »Metapsychologie« diese Logik dar, wenn sie nicht als empirische Theorie sondern als Metatheorie verstanden wird; als solche stellt das Strukturmodell Freuds die (wenngleich selbstmißverstandene) Bemühung dar, aus den Erfahrungen der psychoanalytischen Therapie als einem Aufklärungsprozeß, der im Kern aus der Auseinandersetzung mit dem Widerstand und den Übertragungsreaktionen des Patienten besteht, Kategorien abzuleiten, die den »transzendentalen Rahmen der analytischen Erkenntnis« reflektieren. Nach diesem Vorschlag von Habermas ist es sinnvoll, die Metapsychologie auf die Annahmen über den Zusammenhang von Sprachdeformation und Verhaltenspathologie zu beziehen (was eine Theorie der Umgangssprache voraussetze, die zur Umformulierung des Abwehrkonzepts, des Triebkonzepts und des Konzepts der Ich-Funktionen notwendig ist).

»Deutung« ist auf dieser Untersuchungsebene gemeint im Sinne von »Anwendung psychoanalytischer Erkenntnisse«.

Unter einem anderen Blickwinkel wird an der psychoanalytischen Deutung die Methode der Erkenntnisgewinnung thematisch – d. h. die besonderen Verstehensoperationen, die der Analytiker an den Äußerungen/Verhaltensweisen des Patienten durchführt. Da die psychoanalytische Erkenntnis Selbstreflexion ist, zu der der Patient angeleitet wird, sind die besonderen Verstehensmethoden des Analytikers im Hinblick auf die angestrebte Selbstaufklärung des Patienten zu beschreiben.

Hierzu finden sich bei Habermas Charakterisierungen, die gewonnen wurden aus der genannten Auffassung der Metapsychologie, speziell dem von Lorenzer übernommenen Begriff der »Verdrängung« als einer »privatsprachlichen Deformation der Umgangssprache«.

»Der Analytiker leitet den Patienten an, damit er die eigenen, von ihm selbst verstümmelten und entstellten Texte lesen und Symbole von einer privatsprachlich deformierten Ausdrucksweise in die Ausdrucksweise der öffentlichen Kommunikation übersetzen lernt.« (a.a.O., S. 280)

»Die Sprachanalyse, die in den Symptomen unbewußte Motive so entziffert wie aus den verderbten Stellen, den Bruchstellen eines Textes den durch Zensur unterdrückten Sinn, überschreitet die Dimension des subjektiv vermeinten Sinnes intentionalen Handelns. Sie tritt aus der Sprache, soweit die der Kommunikation dient, heraus und dringt in jene symbolische Schicht ein, in der die Subjekte *sich* mit der Sprache über sich *täuschen* und zugleich in ihr *sich verraten.*« (a.a.O., S. 312 f.)

Und über die Rekonstruktion der »kindlichen Ursprungsszene« aus dem »unbewußten Agieren« des Patienten heißt es:

»Diese Rekonstruktion löst falsche Identifikationen von allgemeinsprachlichen Ausdrücken mit privatsprachlichen Bedeutungen auf und macht den verborgenen grammatischen Zusammenhang zwischen abgespaltenem Symbol und symptomatisch verzerrtem öffentlichen Text begreiflich.« (a.a.O., S. 314)

Da die psychoanalytische Theorie als eine allgemeine Interpretation von abweichenden Bildungsprozessen bestimmt wird, heißt es schließlich über die psychoanalytische Deutung (oder besser: Konstruktion), die den Patienten zu einer selbstreflexiven Einsicht in einen unterbrochenen Bildungsprozeß anregen soll:

»Er (der Analytiker) macht Interpretationsvorschläge für eine Geschichte, die der Patient nicht erzählen kann; ...« (a.a.O., S. 318)

Wir wollen diese (und ähnliche) Beschreibungen des Deutens in der psychoanalytischen Therapie nicht einfach als für unsere Untersuchung irrelevant abtun; der Intention des Argumentationszusammenhangs, in dem diese Beschreibungen stehen – dem Nachweis des »szientistischen Selbstmißverständnisses« der Metapsychologie Freuds auf dem Wege einer Klärung der analytischen Erkenntnis als Selbstreflexion und der Verankerung der psychoanalytischen Theorie in diesem Bezugssystem der Selbstreflexion – stimmen wir durchaus zu. Andererseits meinen wir, daß die Geltung der Aussagen von Habermas über die psychoanalytische Deutung einzuschränken ist: Diese Aussagen haben nicht notwendig eine empirische Geltung, d. h., über die kommunikative Form, in der eine Deutung in der psychoanalytischen Therapie gegeben wird, ist damit noch nichts Genaueres gesagt. Die Charakterisierung des Deutens (als eine besondere Art des »Übersetzens«), als eine Anleitung zu einer Selbstreflexion etc.) ist vielmehr im Zusammenhang mit der spezifischen Auffassung der Metapsychologie als einer »Metatheorie« über den Zusammenhang von Sprachdeformation und Verhaltenspathologie zu sehen. Pointiert gesagt: Sie sind Aussagen über die Methode des Deutens aus dem Blickwinkel der »Methodologie« der Psychoanalyse, nicht aus dem Blickwinkel der psychoanalytischen Therapie als einem in bestimmter Weise geregelten und bestimmte Beziehungsmuster zwischen Analytiker und Patient entfaltenden Prozeß verbaler Interaktion. Letzteres charakterisiert nun genau den Blickwinkel unserer nachfolgenden Untersuchung. Die *symboltheoretische* Behandlung des Deutungsphänomens stellt dieses über die Psychoanalyse hinaus in den allgemeineren kultur- bzw. geisteswissenschaftlichen Rahmen. (vgl. z. B. Ricœur, 1974)

Mit der Theorie allgemeinmenschlicher Interpretationsleistungen, die dabei entwickelt wird, will sich unsere Untersuchung nicht näher befassen; sie ist hier nicht thematisch. Betonen wollen wir aber, daß unsere Methode der Diskursanalyse in einem wesentlichen Punkte der symboltheoretischen Behandlung von Deutungen widerspricht: Diese ist, wo das Deuten sich auf Sprache bezieht, zeichenorientiert; d. h., sie sieht das isolierte sprachliche Symbol – ein Wort oder einen Satz – als Gegenstand von Deutung und bestimmt die Funktion von Deutung dahingehend, daß diese den in einem Symbol enthaltenen Doppelsinn entschlüsselt.

Demgegenüber gehen wir davon aus, daß der Vorgang des Deutens und das, worauf es sich bezieht, als ein Vorgang des kommunikativen Handelns aufzufassen ist. Sprache funktioniert in diesem Vorgang nicht als ein »System von Zeichen« (wie im Strukturalismus angenommen wird) sondern als eine (von Regeln geprägte) Form des sozialen Handelns. Da in einem Diskurs Bedeutungen interaktionell aufgebaut werden (d. h. durch die Form der Beteiligung der Interaktionspartner), sind die Leistungen der Deutung von dorther – und nicht in bezug auf Eigenschaften isolierter sprachlicher Einheiten – zu rekonstruieren. Die Methodik unserer Untersuchung soll dem Rechnung tragen. (vgl. 3.)

Eine andere Gruppe von Arbeiten befaßt sich mit der psychoanalytischen Deutung im Rahmen der sogenannten *»Theorie der Technik«*. Diese Untersuchungen sind – in einem allgemeinen Sinn – empirisch gerichtet, insofern Analytiker ihre klinischen Erfahrungen mit Deutungen reflektieren und eine Verständigung über die Abgrenzung verschiedener Deutungstypen, ihre Wirksamkeit im Verhältnis zu unterschiedlichen Störungen von Patienten (bzw. der Komplexität dieser Störungen), zum jeweiligen Entwicklungsstand der therapeutischen Behandlung u. a. zu erreichen suchen. (vgl. z. B. Sandler, Dare, Holder 1973)

Unser Untersuchungsansatz unterscheidet sich von dieser Gruppe von Arbeiten folgendermaßen:

Die psychoanalytischen Arbeiten zur »Theorie der Technik«, speziell zur psychoanalytischen Deutung, verfolgen ausschließlich die professionelle Sichtweise des Therapeuten. Was den Kommunikationsvorgang der Deutung betrifft, so unterscheidet man in der psychoanalytischen Literatur gewöhnlich Konfrontation, Klarifizierung und die »eigentliche« Deutung (vgl. Sandler/Dare/Holder 1973), unter dem Gesichtspunkt des Deutungsinhalts verschiedene Typen wie Abwehr-Deutungen, Übertragungsdeutungen und Direkt-Deutungen (bzw. Symbol-Deutungen).

Über die sprachliche Form, in der diese Aktivitäten realisiert werden, und die mit ihnen realisierte Handlungsstruktur ist mit diesen Begriffen nichts Näheres ausgesagt. Die verbalen und interaktiven Prozesse, die der Ausführung einer Deutung zugrunde liegen, werden dabei als »geläufig« oder »bekannt« vorausgesetzt, da die Beherrschung dieser Prozesse zu dem praktischen Wissen von Analytikern über die Durchführung der Therapie als ein Gespräch (besonderer Art) gehört. Dieses praktische Diskurswissen wird implizit im Verlauf der Ausbildung (der Lehranalyse) und in Seminaren zur »Technik« erworben und im Verlauf der eigenen therapeutischen Praxis vervollkommnet. – Genau hier liegt der Ansatzpunkt unserer Untersuchung.

3. Ziel der Untersuchung und methodischer Ansatz

Wir fassen das (intuitive) Wissen von Psychoanalytikern, wie eine Deutung als eine kommunikative Handlung durchzuführen ist, als Bestandteil ihres praktischen Diskurswissens auf, das als eine für die Durchführung einer psychoanalytischen Behandlung notwendige Voraussetzung entwickelt worden ist. Die spezifischen Handlungsmuster, Verfahren der Gesprächsorganisation, Sprach- und Verstehensleistungen, die Bestandteile dieses praktischen Wissens sind, wurden entwickelt zur Bewältigung der besonderen Kommunikationsaufgaben, die sich bei der Durchführung einer psychoanalytischen Behandlung stellen – als Anforderung an den Psychoanalytiker, der die Durchführung einer Therapie leitet, sowie als gegebene Interaktionsbedingung für den jeweiligen Patienten, der sich einer psychoanalytischen Behandlung unterzieht. – In diesem Sinne kann die Kategorie des »Diskurstyps« als linguistische Parallele zur soziologischen Kategorie der »Institution« aufgefaßt werden.

Ziel unserer Untersuchung ist also, ansatzweise das praktische Diskurswissen zu rekonstruieren, das den Psychoanalytiker bei der Durchführung einer Deutung leitet. Zu diesem Wissen zählen wir nicht nur die sprachlichen Aktivitäten, die mit der Ausführung eines Sprechakts und der Strukturierung des Interaktionsablaufs im Zusammenhang mit den für eine Deutung charakteristischen Kommunikationsleistungen stehen. (vgl. zur Methodik der Diskursanalyse, Wunderlich 1976) Wir beziehen in das praktische Diskurswissen des Psychoanalytikers auch dessen theoretische Annahmen und Interpretationsmuster ein, die den Deutungsinhalt bestimmen; hier handelt es sich vor allem um das psychoanalytische Konzept von »Abwehr«.

Weiterhin sehen wir das therapeutische Relevanzsystem – das Interesse an Selbsterkenntnis – als entscheidende Bedingung der Interaktionsbeteiligung des Psychoanalytikers an. Das praktische Wissen, wie Deutungsaktivitäten im therapeutischen Gesprächsablauf so zu plazieren sind, daß das damit angebotene Stück an Selbsterkenntnis von dem Patienten aufgenommen und verarbeitet werden kann, gehört sicher zum zentralen Bestandteil des (gewöhnlich intuitiven) Diskurswissens von Psychoanalytikern. –

Zur Klärung dieser Frage, die eine umfassendere Untersuchung verlangt, wird unsere Studie nur einige Anregungen geben können.

Zur Methodik unserer Untersuchung: Der Interaktionsverlauf, der in einem Abschnitt eines psychoanalytischen Gesprächs realisiert wurde, liegt als Transkription vor (4.).

Nach der Präsentation des Therapietextes folgt ein Kommentar des behandelnden Psychoanalytikers (W.-D. Grodzicki). Der Kommentar hat die Form einer Reflexion über die eigene Deutungsaktivität. (5.1) Dieser Kommentar ist eine zweite Darstellung des Gesprächsablaufs, dessen erste Darstellung das Transkript des Gesprächsablaufs ist.

In den beiden Darstellungen ist das intuitive Diskurswissen des Psychoanalytikers über seine Deutungsaktivität unterschiedlich realisiert: Das Transkript zeigt ein Beispiel für die praktische Anwendung dieses Wissens; der Kommentar versucht, dieses Wissen (aus der Sicht seines professionellen Inhabers) in bestimmten Punkten zu versprachlichen. Die Selbstreflexion des behandelnden Therapeuten hat sich auf die folgenden Punkte konzentriert: die Entwicklung seiner psychoanalytischen Interpretation (Erkenntnis) im Gesprächsablauf; die Stellen im Gesprächsverlauf, an denen er eine Deutung gegeben hat; die diesen Deutungen zugeschriebenen Wirkungen (Funktionen).

Ein dritter Untersuchungsschritt bezweckt, das in diesem Kommentar angesprochene praktische Wissen in Verbindung mit der Untersuchung der Transkripte zu verbegrifflichen – ein Vorgehen, das dem »Triangulationsverfahren« für Untersuchungen in der verstehenden Soziologie verwandt ist. (vgl. Cicourel 1972) Dieser Untersuchungsschritt hat einen psychoanalytischen und einen linguistischen Teil:

Das psychoanalytische Konzept der »Abwehr«, das für den (hier ausgewählten) Behandlungsabschnitt die entscheidenden Interpretationskategorien lieferte, wird vom behandelnden Psychoanalytiker selbst umrissen. (5.2)

Die (vom Analytiker) der Deutungsaktivität zugeschriebenen Funktionen sollen linguistisch auf die ihnen zugrunde liegenden Diskursstrukturen untersucht werden. Zu diesem Zweck wird ein Ansatz zur Bestimmung der Deutung als einem komplexen sprachlichen Handlungsmuster entwickelt bzw. an dem Therapietext erprobt werden (6.). Damit sollen das Interaktionsverfahren und die sprachlichen Aktivitäten ansatzweise rekonstruiert werden, die mit einer Deutung verbunden sind, deren Realisierung aber unterhalb der Aufmerksamkeitsschwelle des Therapeuten liegt. Auf die Plazierungsbedingungen einer Deutung im Diskurs wird dabei als Bedingung für die Anwendung des Handlungsmusters »Deuten« im Diskursverlauf eingegangen.

Die Grundannahme war hier, daß die psychoanalytische Therapie mit der »Deutung« ein spezifisches Muster sprachlichen Handelns ausgebildet hat, das der Bewältigung bestimmter, im Verlauf eines psychoanalytischen Gesprächs immer wiederkehrender Aufgaben der Verständigung (bzw. der therapeutischen Arbeit) dient, die auf den allgemeinen therapeutischen Zweck ausgerichtet sind: der Entwicklung der Selbsterkenntnis des Patienten.

Eingehender untersuchen werden wir dabei die Frage, wie die eigentümliche Struktur von interaktiver Kooperativität in der Psychoanalyse sich in den Deutungsaktivitäten realisiert. Von der Verfolgung dieser Frage, die in der psychoanalytischen Literatur mit dem Terminus »therapeutisches Arbeitsbündnis« eher global thematisiert wird, erwarten wir einen Aufschluß über die Bewegungsform der Verständigung zwischen Analytiker und Patient im Verlauf eines therapeutischen Gesprächs, speziell über die Rolle von Deutungsaktivitäten bei diesem Ablauf. (vgl. Flader 1979) Mit dem *Prinzip von Kooperativität* in sprachlicher Interaktion soll dabei die (für den Ablauf von sozialer Interaktion notwendige) Anforderung an einen Gesprächspartner gemeint sein, mit seinen Äußerungen die allgemeinen Kommunikationsleistungen des Partners ebenso in Rechnung zu stellen wie (auf der Basis einer gemeinsamen Orientiertheit) dessen individuelle Handlungsinteressen und Erwartungen (vgl. auch den Beitrag von Koerfer und Neumann in diesem Band).

In Alltagsgesprächen äußert sich Kooperativität in Kommunikationsbereitschaft, in der Akzeptanz von Handlungsinitiativen des Gesprächspartners, in der Sicherung des Verständnisses u. a. In unserer Arbeit zum psychoanalytischen Setting (Flader und Grodzicki 1978) haben wir entwickelt, wie sich die Struktur von Kooperativität in der psychoanalytischen Therapie generell von der unterscheidet, die in Alltagsgesprächen realisiert wird, und zwar sowohl hinsichtlich der Interaktionsbeteiligung, zu der der Patient durch die »psychoanalytische Grundregel« angehalten wird, als auch hinsichtlich des Verhaltens, das der Psychoanalytiker zeigt. Die hier vorgelegte Untersuchung dient auch dazu, einige der in der Arbeit zur »Grundregel« entwickelten Kategorien anhand eines Therapietextes zu präzisieren und am Phänomen des Deutens die besondere Form von Kooperativität des Psychoanalytikers genauer aufzuschlüsseln, die für den Diskurstyp psychoanalytisches Gespräch charakteristisch ist. Aus der Durchsicht von Therapietexten (mit verschiedenen Psychoanalytikern als Therapeuten) wird heuristisch davon ausgegangen, daß bei der sogenannten »Übertragungsdeutung« die vollständige Realisierung dieses Handlungsmusters ebenso vorliegt wie bei der »Abwehrdeutung«, die in dem hier untersuchten Text häufig auftritt. (Zur linguistischen Analyse von sprachlichen Handlungs- bzw. Interaktionsmustern vgl. Wunderlich 1978.) Daher wird zunächst an einem Textbeispiel von Übertragungsdeutung dieses Handlungsmuster ansatzweise rekonstruiert; die Ergebnisse der Analyse werden dann für die Untersuchung der Deutungsaktivitäten in dem hier vorliegenden Ausschnitt eines Therapiegesprächs fruchtbar gemacht. (6.2.)

Um den Nachvollzug der Untersuchung zu erleichtern, wurden die Redebeiträge des transkribierten Gesprächsabschnitts durchnumeriert.

4. Präsentation eines Therapietextes

Transkription eines Abschnitts eines therapeutischen Gesprächs aus einer schon länger laufenden psychoanalytischen Behandlung.
(Notiz des behandelnden Analytikers):

Der Patient machte im Laufe der letzten Wochen mehrfach Versuche, mit Frauen in näheren Kontakt zu kommen. Er lud sie z. B. ins Kino und anschließend zum Essen ein, er unterhielt sich gut mit ihnen, die Frauen ließen erkennen, daß sie ihn mochten und auch interessiert waren, die Beziehung intensiver und näher werden zu lassen. Jedesmal, wenn davon etwas spürbar wurde, war der Patient total blockiert. Er wurde entweder todmüde oder einsilbig und beendete das Zusammensein. Er brachte die Frauen nach Hause, ohne daß er auch nur das geringste von seinen Gefühlen hätte sehen lassen, geschweige denn etwas davon hätte sagen können.

Nach einem Bericht des Patienten, der sich auf eine ähnliche

Erfahrung am Abend zuvor bezieht und den er mit dem Ausdruck seiner Ratlosigkeit abschließt:

(1) A: Ich finde es für Sie auch bedrückend und *kränkend*, daß es Ihnen passiert. ... Denn Sie spüren ja das Defizit in der Beziehung ... Sie spüren, daß Sie . die Vorstellung dieser Frauen von Ihnen partiell enttäuscht haben.

(2) P: Ach, das würd' mich gar nich' so jucken, das Problem also für *mich* is', daß sich alles, was ich da anfange, als . Seifenblase entpuppt und ich sozusagen sukzessiv vereinsame. . Also so 'n Abend wie der bestätigt mir ja dann irgendwie nochmal: kannst dich nett unterhalten und zu den Filmen 23 kluge Sätze sagen . und irgendwie charmant . da irgendwie hinter so 'm Bierglas hocken, aber mehr bringst du nich' und irgendwie *Nähe* kommt da nicht zustande.

(3) A: Mir fällt auf, daß Sie bei der ganzen Sache völlig ausblenden, .. daß es eine Reaktion dieser Frauen auf Sie gibt . und die Frauen etwas widerspiegeln. .. Die spiegeln Ihnen wider, daß Sie enttäuschend waren. Sie sagen: Das juckte Sie nicht. Ich meine, daß Sie nur davon reden, daß Sie vereinsamen, weist daraufhin, daß Sie die Beziehung ausblenden, daß nämlich die andere *Person* in ihrer Widerspiegelung auf Sie .. von Ihnen nicht wahrgenommen werden will. Sie möchten gar nicht *sehen*, .. was zwischen Ihnen und den Anderen passiert, Sie reduzieren das nur auf das, was Sie bei sich selbst sehen.

(4) P: .. Ja ich weiß auch gar nich', . wie denn die/wie so 'ne Frau (denn) darauf reagiert, wie *die* z. B. darauf reagiert hat. ... Allerdings, äh, hm, .. is' das richtig, das is' so'n, so'n hhh ((ausatmend)),/is' irgendwie 'n Abend mit mir alleine hh . könnt' man sagen, nämlich . so'n Test, schaff' ich nun irgendwie, 'was mit der anzustellen oder schaff' ich das nich', . lauf' ich nun meine 100 in 10.3 oder lauf' ich sie nich', . gleich, welche Frau da sitzt.

(5) A: Fernbild mit Dame

(6) P: ... Ich nehm' da die Frauen auch also äußerst grob wahr, es gibt also Kriterien von: wie sie mir äußerlich gefällt oder nicht. Und dann is' natürlich angenehm, wenn ich mit dem, was die sagt, was anfangen kann und die wiederum 'was mit dem, was ich sage, man da nicht irgendwie so händeringend nach Worten suchen muß. Da kann ich noch so'ne Art Beschreibung von der geben, aber wie die nun grade auf mich reagiert? – Ich glaube in der Tat, das blende ich aus.

(7) A: Hm ((bejahend)). .. Da bin ich sogar ziemlich sicher.

(8) P: ... Grade *diese*, diese letzte da – is' mir nun 'mal aufgefallen, daß sie irgendwann im Gespräch mich am Oberarm gepackt hat, hh ((ausatmend)) . . oder mehr oder beiläufig ihre Hand auf mein Knie gelegt hat, hhh . ((ausatmend)) und da hab' ich sofort »huch« gedacht.

(9) A: Huch?

(10) P: ((Lacht)) Ja, wie die Frau, die 'ne Maus sieht und auf den Tisch springt.

(11) A: Ja . . . Sie legt (Ihnen) die Hand auf den Oberschenkel . und sagt damit: »Ich hab' auch einen Oberschenkel, hast du 'ne Hand?« und Sie sagen »huch«, »huch« als wenn 'ne Maus in'n Ausschnitt springt.

(12) P: . . Ja, ich bin 'ne Karikatur dabei.

(13) A: Nein, ich empfinde Sie nicht als Karikatur. Ich möchte es anders sagen: um was zu verdecken, karikieren Sie sich. . Ich hab' das Karikieren eben aufgenommen, ich selbst möchte Sie nicht karikieren. Sie machen aus sich eine Karikatur, damit Sie ein bißchen *lachen* können und mich auch zum Lachen dabei verführen, damit Sie nich' sehen müssen, daß es eigentlich eine traurige Geschichte is'. . . Ich find's jedenfalls 'ne traurige Geschichte.

Längere Pause (24)

(14) P: Ja, ich glaub', sie is' so traurig, daß . man nur noch per Witz drüber reden kann.

(15) A: Ja

(16) P: . . . So, wie 'ne Zeitlang in unserer Familie die Probleme, die mein Bruder und ich mit meiner Mutter hatten, in den Witz von ((schweres Atmen)) dem Schwesterchen Charlotte verpackt worden sind.

Pause (4)

(17) A: Helfen Sie mir ein bißchen, ich –

(18) P: Das ist dieser doofe Hund da gewesen.

(19) A: Ach ja, natürlich, war der Hund ja, ja, klar.

(20) P: Übrigens ist das auch 'ne Reaktionsweise von meiner Mutter.

(21) A: Hmhm ((bejahend))

(22) P: Die wirklich/(also) . letztes Mal, als die Gretel da in A. war, hat sie 'ne *Gänsehaut* bekommen, weil meine Mutter über die schrecklichsten Sachen ihre Scherze da machte.

(23) A: Zum Beispiel?

(24) P: Na über die Sterbenden im Krankenhaus und über ihre Abgewracktheit und über ihr Nervenleiden und weiß der Himmel was. Sie hat also sozusagen ihre ganze Hoffnungslosigkeit da aufgeblättert und man mußte immer irgendwie unter'm Tisch liegen vor Lachen, so komisch war das.

(25) A: War's wirklich komisch?

(26) P: 's war wirklich komisch.
(27) A: Ja, hmhm .
(28) P: Eben . so *abstrus* komisch, so: das kann doch nicht wahr sein.
(29) A: Hmhm

(Im weiteren Verlauf der Analysestunde bleibt die Beziehung des Patienten zu Frauen thematisch, speziell die Beziehung zu einer ehemaligen Freundin des Patienten kommt zur Sprache.)

5. Der Interaktionsverlauf zwischen Psychoanalytiker und Patient aus der Sicht des Psychoanalytikers

5.1 Der Kommentar des behandelnden Analytikers zum Interaktionsverlauf

Der Patient stellte fest:

1. Er kann sich nett unterhalten.
2. Er kann kluge Sachen sagen.
3. Er kann charmant sein.
4. Es kommt keine Nähe auf, er vereinsamt sukzessiv.

Die Aussagen 1-3 weisen den gleichen Sinn auf: so bin ich in Ordnung.

Die Aussage 4 stellt fest: das ist nicht in Ordnung. Der Patient hätte auch sagen können: obwohl ich nett, klug und charmant bin, vereinsame ich.

Es fehlt der Sinnzusammenhang für das Vereinsamen bei soviel positiven Zügen.

Das Fehlen eines solchen Sinnzusammenhanges weist darauf hin, daß hier ein Abwehrprozeß stattgefunden hat und anstelle des Eigentlichen (Abgewehrten) etwas anderes getreten ist. Dieses Andere würde die Abwehr garantieren, d. h. das Abgewehrte der Wahrnehmung des Patienten entziehen und von der Beteiligung an der Interaktion ausschließen. Es käme nun darauf an, die fehlende Sinnhaftigkeit – man könnte natürlich auch sagen: den »Widersinn« – aufzuheben dadurch, daß man an das Abgewehrte herangelangt.

Der Analytiker weist den Patienten darauf hin, daß die Reaktion der Frauen auf seine Nettigkeit, Klugheit und seinen Charme eine partielle Enttäuschung ist.

Durch diese Feststellung wird einmal die fehlende Sinnhaftigkeit vergrößert. In einer Paraphrase könnte man ausdrücken:

Bei aller Nettigkeit, Klugheit und allem Charme vereinsamen Sie nicht nur, sondern die Frauen sind auch noch von Ihnen enttäuscht.

Damit wird zugleich die Feststellung seines Erlebens und seiner Befindlichkeit erweitert durch Aufnahme des interaktiven Aspekts: die Frauen reagieren auf dich.

Es wird also eine fehlende Sinnhaftigkeit aufgedeckt: Bei aller Nettigkeit usw. vereinsamt er nicht nur, sondern sind die Frauen auch enttäuscht.

Die Analytiker weist ausdrücklich daraufhin (Redebeitrag 3): Sie reden nur von sich selbst. Sie reduzieren auf das, was Sie bei sich selbst sehen.

Sie möchten nicht sehen, was zwischen Ihnen und Ihrer Partnerin passiert. Sie sagen: das interessiert mich nicht.

Dies ist ein Hinweis auf die Beziehung, die der Patient entwirft. Die Partnerin wird darin partiell ausgeblendet, womit eine Wechselseitigkeit (ein Aufeinanderbezogensein) des Handelns wie des Erlebens in bestimmten Bereichen ausgeschlossen wird, und aufgrund dieser fehlenden Wechselseitigkeit muß in diesen Bereichen ein Vereinsamungsgefühl auftreten.

Hier dürfte ein weiterer Hinweis auf einen abgelaufenen Abwehrprozeß vorliegen. Bestimmte Bereiche werden vom Patienten nicht wahrgenommen und damit dem wechselseitigen Handelnkönnen entzogen.

Wiederum die Frage: was ist hier abgewehrt.

Bis hierhin bestand die Arbeit darin, Bruchstellen im Bereich des Erlebens und interaktiven Handelns aufzudecken. Dadurch wird zweifellos das labile Gleichgewicht von Abwehr und Abgewehrtem gestört.

Wenn dem so ist, müßte das im folgenden sichtbar werden. Der Patient sagt: »Ich weiß auch gar nich', (. . .) wie so'ne Frau darauf reagiert« (Redebeitrag 4).

Dieses »Darauf« ist unklar. Man müßte fragen: »Worauf?« In diesem »Darauf‹ verdichtet sich offenbar etwas, was wiederum auf Abwehrprozesse hindeutet. Wenig später in demselben Redebeitrag kommt ein Hinweis, den man eine Anspielung nennen könnte. Er sagt: »(. . .) das is' (. . .) 'n Abend mit mir alleine, könnt' man sagen, nämlich so'n Test, schaff' ich nun irgendwie,

’was mit der anzustellen (. . .)«

Das Wort »anstellen« gewann in vorangehenden Stunden den Sinn: etwas Sexuelles mit jemandem tun. Etwas anstellen hieß in der Kindheit aber auch: etwas tun, was nicht den Beifall der Mutter fand, was verboten war, was Ärger brachte u. ä. m.

»Anstellen« weist sowohl auf Sexualität wie auf die Kindheit, d. h. wenn man etwas Sexuelles tut, stellt man was an, und zugleich ist es ein Hinweis auf infantile Anteile des sexuellen Verhaltens und Erlebens.

»Schaff ich nun, ’was mit der anzustellen« heißt also: Er weiß nicht, ob er Mut haben wird, seine sexuellen Wünsche zu äußern oder zu zeigen, und er weiß nicht, wie die Frau darauf reagieren wird.

Zugleich artikuliert er seine Einstellung zur Frau überhaupt:

1. Es ist ganz gleich, welche Frau da sitzt.
2. Der Abend war eigentlich ein Abend, den er mit sich allein verbracht hat.
3. Er nimmt die Frau nur äußerst »grob« (= wenig differenziert) wahr.
4. Er blendet die Frau nicht aus, soweit sie auf seine Nettigkeit, Klugheit und seinen Charme reagiert.
5. Er blendet sie aus hinsichtlich aller sexueller Thematik.

Er exemplifiziert das sofort.

Die Frau hat ihn am Oberarm und am Oberschenkel berührt, und er hat »huch« gedacht, »wie die Frau, die ’ne Maus sieht und auf den Tisch springt« (10).

Hier ist ein erneuter Hinweis auf fehlende Sinnhaftigkeit. Er möchte was anstellen und muß alles Sexuelle ausblenden.

Die Frau nähert sich ihrerseits, und er erschrickt und sagt in seinem Beispiel mit der Maus, daß er sich entsetzt in Sicherheit bringen muß, wenn es eigentlich auch unsinnig zu sein scheint, aber die Frau weiß ja auch nicht, weshalb sie vor der Maus solche Angst hat.

Es ist dem Patienten durchaus bewußt, daß »anstellen« eine sexuelle Bedeutung hat. Das Wissen, daß er was Sexuelles möchte, ist nicht abgewehrt.

Er wehrt im Zusammensein mit der Frau die Wahrnehmung seiner sexuellen Wünsche ab (in der aktuellen Situation hat er keine) und blendet alle Sexualität betreffenden Signale von seiten der Frau aus. Das vorsichtige Handeln der Frau (ihn anfassen) kann er nicht ausblenden, er erschrickt.

Was seiner Verfügbarkeit gänzlich entzogen ist, ist alles Handeln, das im weitesten Sinn auf Sexuelles zielt.

Der Analytiker weist auf das sexuelle Aufforderungsverhalten der Frau hin (11). Hier entdeckt der Patient, daß sein aktuelles Verhalten (»Huch«) in einem Sinn-Widerspruch zu seiner Intention (schaff ich, was mit der anzustellen – ich möchte versuchen, was mit der anzustellen) steht. Wir stoßen hier auf die fehlende Sinnhaftigkeit seines Verhaltens (auf den Sinn-Widerspruch).

Die Antwort des Patienten ist treffend (12): »Ich bin 'ne Karikatur dabei.« Er kennzeichnet den Sinnwiderspruch damit. Er weiß also »irgendwie«, daß sein Handeln nicht zu dem Sinnzusammenhang paßt, der zwischen seinen Wünschen, mit der Frau was »anzustellen«, und dem auf Sexuelles anspielenden Verhalten der Frau besteht, sondern eine grobe, dem eigentlichen Sinn »widrige« Verzerrung darstellt. Er kann in diesem Augenblick, in dem seine ursprünglichen Wünsche (was anstellen) und die der Frau übereinstimmend sich begegnen könnten, nicht den Anschluß an ein dazu »passendes« Handlungsmuster finden.

Er versagt.

Er bezeichnet sich als Karikatur.

Der Analytiker deutet: »Sie machen aus sich eine Karikatur, damit Sie ein bißchen *lachen* können (...), damit Sie nich' sehen müssen, daß es eigentlich eine traurige Geschichte is'. (...) (13).

Patient bestätigt das: »(...) Sie is' so traurig, daß man nur noch per Witz drüber reden kann« (14).

Der Patient hat seine Unfähigkeit, sich – sinnvoll handelnd – auf das, was eigene Wünsche wie die der Frau anbetrifft, zu beziehen, erfaßt. Den Hintergrund dazu bildet die Unerlaubtheit eines solchen Tuns. Ursprünglich half der Verzicht auf das Unerlaubte, die Beziehung zur Mutter zu halten, d. h., die Liebe der Mutter nicht zu verlieren. In der aktuellen Situation tritt durch diesen Verzicht das Gegenteil ein. Das eigentlich dem Erhalten der Liebe und Zuneigung der Mutter dienende Verhalten kehrt sich jetzt gegen ihn, ohne daß er das bemerken kann. Er büßt Zuneigung wie Selbstachtung dadurch ein.

Das ist eine Katastrophe, eine so traurige Geschichte, daß man nur noch per Witz darüber reden kann.

Dies Verhalten entspricht der »Darstellung durch das Gegenteil«. Der Analytiker merkt natürlich diesen Bruch (den Sinn-Widerspruch), der einen Hinweis auf einen Abwehrprozeß gibt, und richtet seine Deutung entsprechend ein.

Es ist nun herauszuarbeiten, an welcher Stelle der Analytiker eingreift, d. h. auf das vom Patienten Geäußerte Bezug nimmt, wie er dies macht und dabei im Patienten etwas in Bewegung setzt, so daß weiteres erhellendes Material zutage kommt und sich allmählich eine Veränderung anbahnt.

1. Der Analytiker entdeckt als »Bruchlinien« Paradoxien in der Darstellung des Patienten.

Beispiel: Ich bin nett, klug, charmant und vereinsame.

2. Der Analytiker entdeckt als »Bruchlinien« fehlende Wahrnehmungsstrukturen innerhalb bestimmter Beziehungsmuster.

Beispiel: Der Analytiker sagt: »Ich meine, daß Sie nur davon reden, daß Sie vereinsamen, weist darauf hin, daß Sie die Beziehung ausblenden, daß nämlich die andere *Person* (. . .) von Ihnen nicht wahrgenommen werden will (. . .)«

3. Der Analytiker entdeckt als »Bruchlinien« fehlende Handlungsstrukturen innerhalb bestimmter Beziehungsmuster.

Beispiel: Die Frau legt die Hand auf seinen Arm und seinen Oberschenkel, er denkt »huch«. Das vom Patienten vor dem Treffen entworfene »Wunschbeziehungsmuster« für das Treffen mit der Frau enthielt den Anteil »mit ihr was anstellen zu wollen« = Sexualität.

In der aktuellen Interaktion fehlt jedes Handeln wie Sprechhandeln bei ihm. Als die Frau eine »passende« Handlung anbietet, weicht er zurück. Alle Handlungsmuster »Sexualität« sind bei ihm abgekoppelt.

4. Der Analytiker entdeckt als »Bruchlinie« einen Widerspruch zwischen dem tatsächlichen und dem aus der aktuellen Situation zu erwartenden Handeln des Patienten.

Beispiel: Ich bin eine Karikatur. In Wahrheit ist er tieftraurig. Er erzählt etwas auf eine Weise, daß man sich »totlachen« muß, in Wahrheit ist er so erschüttert, daß ihm die Worte fehlen. Er unterdrückt seine »wahren« Gefühle.

Diese hier »Bruchlinien« genannten Stellen weisen auf stattgehabte Abwehrprozesse hin. Es sind dabei Sinnwidrigkeiten in den betreffenden Beziehungsmustern entstanden (nett – vereinsamt) oder Lücken (Ausblenden der Wahrnehmung, Abkoppelung der Handlungsanteile) oder Sinnumkehrungen (Witz statt Trauer).

Es fehlt hier jeweils etwas (das Abgewehrte), dessen Kenntnis die Sinnwidrigkeit aufheben oder die Sinnumkehr rückgängig machen könnte, dessen Einschaltung die Lücke füllen könnte.

Solange der Patient Mitteilungen macht, die »schlüssig« sind, d. h. die keine solchen »Bruchstellen« aufweisen, ist der Analytiker Zuhörer. Seine Aktionen beschränken sich auf die Bemühung, das Erfahrene (sprachlich Mitgeteilte wie Art und Weise der Mitteilung) in das ihm schon Bekannte zu integrieren. Er wird eventuell einmal eine Frage einschalten, um eine eigene Unklarheit zu beseitigen oder eventuell eine Feststellung darüber treffen zu können, daß ihm eine Person oder ein Vorgang nun in einem anderen Licht erschiene oder ihm nun besser verstehbar geworden sei.

Wenn hingegen »Bruchlinien« auftauchen, kann der Analytiker, wenn es die aktuellen Möglichkeiten des Patienten erlauben, sich in einer speziellen Weise in die Interaktion einbringen.

Das Mittel, das der Analytiker dazu wählt, ist dies:

1. Er versucht, die durch den Abwehrprozeß geschaffene Unstimmigkeit anzusprechen, z. B. (im vorliegenden Fall nicht tatsächlich geschehen, aber möglich): »Sie vereinsamen bei soviel Eigenschaften, die eigentlich Zuwendung und Bewunderung garantieren«.

2. Er versucht, auf die Wahrnehmungslücke hinzuweisen. (»Sie möchten gar nicht sehen, ... was zwischen Ihnen und den anderen passiert ...«) (3)

3. Er versucht, das fehlende Handlungsmuster anzusprechen (»Die Frau sagt damit: »Ich hab' auch einen Oberschenkel, hast du 'ne Hand?« Und Sie sagen »huch« ...«) (11)

4. Er versucht darzustellen, daß das Angebotene das Gegenteil des eigentlich Gemeinten ist. (13)

Mit all diesen Aktionen stellt der Analytiker etwas fest, was das mitgeteilte Erleben oder Handeln des Patienten in Frage stellt, genauer: seine Wahrnehmungs- und Handlungskompetenz wird partiell in Frage gestellt. Damit wird im Patienten sehr viel in Gang gesetzt.

So bringt ihn diese Feststellung in die Position dessen, der schlecht funktioniert (hat).

Er erlebt den Analytiker als ein Gegenüber, das seine Mitteilungen durchschaut und die Mängel (»Bruchstellen«) erkennt.

Das bedeutet aber wiederum die Remobilisierung infantiler Beziehungsmuster.

Vor allem aber: das labile Gleichgewicht zwischen Abwehr und Abgewehrtem wird erschüttert (z. B. die Gefühlsabwehr des Patienten, die im weiteren Verlauf der Stunde eine partielle genetische Aufklärung erfährt – infantiles Material war schon in vorangehenden Sitzungen aufgekommen –, wird dadurch erschüttert, daß seine Technik des Witzigen als uneigentlich entlarvt wird.)

Sein Abkoppeln aller sexuellen Handlungsmuster wird dadurch in Frage gestellt, daß der Analytiker den Handlungsanteil der Frau deutet und die Frage nach dem Handlungsanteil des Patienten als sogenannte »unerledigte Handlung« offenläßt. Alle Abwehrorganisationen hatten ursprünglich den Sinn (und damit auch einen hohen Wert), die Isolierung vom Liebesobjekt zu verhindern, also Glücklichsein in der Vereinigung (Übereinstimmung) mit diesem zu garantieren.

Das Hinweisen darauf, daß die der Abwehr dienenden Strukturen im aktuellen Leben des Patienten das Gegenteil von dem, was sie ursprünglich leisten sollten und auch leisteten, bewirken, muß eine hohe Verunsicherung schaffen, mit dem Bedürfnis, Interaktionsmuster aufzubauen, mit denen die Liebe des neuen, aktuellen Liebesobjektes (Analytiker) erhalten werden kann.

Dies dürfte der aus den »Deutungen« resultierende entscheidende Anstoß für in der Analyse sich vollziehende Veränderungen sein.

Die Interventionen, die von therapeutischer Seite im Verlauf dieses Gesprächs eingesetzt wurden, werden aber nicht voll verständlich ohne eine kurze Darstellung der theoretischen Annahmen über die lebensgeschichtliche Entstehung und Struktur von seelischen Abwehrvorgängen in einem Menschen.

5.2 Das psychoanalytische Konzept der »Abwehr« als Basis der psychoanalytischen Interpretation

Der Vorgang des Deutens im analytisch-therapeutischen Prozeß zielt darauf ab, Abgewehrtes der Gesamtperson wieder oder erstmals verfügbar zu machen und damit Abwehr und den diese aufrechterhaltenden Abwehraufwand überflüssig zu machen.

Wie entstehen Abwehrstrukturen?

Das Kind macht die Erfahrung, daß in ersten Ansätzen versuchtes (gewagtes) Handeln auf Ablehnung der Eltern stößt. Das Kind weiß in der Regel nicht, warum sein Tun unterbunden wird. Da dies Unterbinden sehr häufig eigenem Abwehrverhalten der Eltern entspringt, kann mit dem Kind nicht über die Gründe des Verbots gesprochen werden. Das Kind wird dadurch unvollständig informiert. Es erfährt nur, daß etwas nicht sein darf und daß es, falls es dies doch tut, die Liebe und Zuneigung der Eltern verlieren wird. Es möchte zwar wissen, warum es dies nicht tun darf, trifft damit aber auf die elterliche Haltung, nicht informieren zu wollen oder zu können. Um keine Trennung zu erleben oder eine erlebte solche wiederaufzuheben, übernimmt das Kind das »Verbot«. Da aber für das verbotene Handeln in der Regel keine adäquaten anderen Handlungsmöglichkeiten angeboten werden (je mehr das Verbot neurotischen Haltungen der Eltern entspringt, um so weniger erfolgen auch nur einigermaßen adäquate Ersatzangebote), entsteht eine »Lücke«, die möglicherweise mit der Übernahme des Verbots und des Verbietens (als Handlungsmöglichkeit) ausgefüllt wird.

Es entsteht nun die Frage, ob die zu dem Verbot fehlende Sinnstruktur dadurch vom Kind geschaffen wird, daß es die so wichtige Vereinigung mit dem Liebesobjekt, die durch das Einhalten des Verbots gewährleistet ist, an die Stelle des fehlenden eigentlichen Sinnes des Verbots setzt. Damit aber wird die Abhängigkeit vom Liebesobjekt vergrößert und durch jedes weitere, nicht sinnvoll gegebene Verbot noch verstärkt. Dadurch, daß auf diese Weise das Verbotene einen Sinn erhält, der zu einem anderen Geschehen gehört (nämlich: es hat einen Sinn, das Verbot einzuhalten, wenn ich dadurch die Liebe meiner Eltern erhalten kann), erscheint es dem Kind richtig und sinnvoll. Der tatsächliche Vorgang ist aber der: Die Liebe der Eltern zu erhalten ist sinnvoll und entspringt einem eigenen Bedürfnis des Kindes. Dieser Sinnanteil wird mit der Verbotshandlung verknüpft, die für die Eltern einen (neurotischen) Sinn hat, aber nicht für das Kind. Durch diese Verknüpfung bekommt das ichfremde Verbot einen ichhaften Sinn und wird als ichhaft erlebt. Das dürfte der Grund sein, weshalb solche Verbote so festgehalten werden, sie scheinen ja ihren Ursprung aus dem eigenen Bedürfnis zu nehmen.

Das Kind baut an Stelle der nichtmöglichen, verbotenen Handlung zweierlei auf. Einmal Ersatzhandlungen, d. h. solche, die die eigentlich gewünschte Handlung zugleich ersetzen und paralysieren sollen, z. B. wird das verbotene Interesse für alles Sexuelle ersetzt durch vermehrtes Interesse an anderen Dingen, die aber oft das eigentlich Gemeinte noch eben erkennen lassen.

Zum anderen errichtet es Wertpositionen, die das Verbot dadurch absichern, daß das Verbotene bei sich selbst und anderen als negativ und böse verworfen wird.

Die ganze Kompliziertheit dieser Vorgänge wird dadurch noch deutlicher, daß derartige Verbote neben dem Wunsch, die Übereinstimmung mit dem Liebesobjekt nicht zu verlieren, zugleich auch Wut und Haß gegen dieses Liebesobjekt auslösen. Wut und Haß aber gefährden wiederum die Übereinstimmung und müssen ihrerseits wieder abgewehrt werden, was oft nur dadurch möglich wird, daß der Haß z. B. auf andere Objekte verschoben wird, wodurch diese wieder einen »Ersatzcharakter« gewinnen.

Jedes Verfahren, das nun dieses Abwehrgefüge aufheben will, muß zwangsläufig auf schwere Widerstände stoßen. Das eigene Wertsystem sowie alle Verhaltensweisen, die die Isolierung vom Liebesobjekt vermeiden helfen, werden bedroht gesehen. Das muß Angst auslösen. Aus diesem Grunde gibt es wohl unter unseren konventionellen, das Miteinanderleben garantierenden Interaktionsmustern keines, das ein wechselseitiges Einander-Deuten als Aufdeckenwollen von Abwehr und Abgewehrtem zuließe.

Jedes Symptom, womit hier auch jedes neurotisch gestörte Verhalten gemeint ist, hat, wie wir oben darlegten, eine Sinnstruktur.

Der Sinn liegt ganz allgemein darin, Übereinstimmung mit dem Liebesobjekt herzustellen und Trennung von ihm zu vermeiden. Wie wir darlegten, wird der Sinn des Verbots bestimmter Handlungen nicht mitgeteilt. Dem Wunsch des Kindes, über den Sinn des Verbots informiert zu werden, steht die Ablehnung des Erwachsenen gegenüber, nicht informieren zu wollen oder zu können. Der Verzicht auf das eigentlich Gewollte zieht Ersatzbildungen und »falsche« Wertsysteme nach sich.

Wie wir weiter ausführten, bedient sich Deutung als »Aufklärungs- und Sinngebungsverfahren« zahlreicher, dem unmittelbar Beobachtbaren zu entnehmender Hinweise auf das »dahinter« Stehende, also auf das, was abgewehrt wird.

Das ist nun einmal die spezifische, dem Verbot anheimgefallene Handlung. Darüber hinaus aber wird der aus allen Verboten resultierende Haß gegen die verbietenden Personen abgewehrt. Wir haben in der Psychoanalyse ein ganzes Arsenal von Abwehrmechanismen erarbeitet, vermittels derer die notwendige Abwehr geleistet und aufrechterhalten werden kann. Innerhalb der analytischen Arbeit begegnen wir ständig diesen Formationen.

Im Deutungsprozeß wird jeweils der Versuch gemacht, aus den Mitteilungen des Patienten diesem vertraute und zugängliche Sinnstrukturen zu ermitteln und diese zu anderen, ihm zugänglichen Sinnstrukturen in Beziehung zu bringen, so daß neue, ihm bis dahin nicht bekannte und zugängliche Sinnstrukturen entstehen.

Dies kann im großen und ganzen in zwei voneinander unterscheidbaren Weisen geschehen:

1. Der Patient berichtet dem Analytiker, der in einer zuhörenden Beziehung zum Patienten sich befindet und nicht unmittelbarer Interaktionspartner ist, von Beziehungen zu dritten Personen. Aus der Art des Umganges beider miteinander lassen sich für den Patienten relevante Deutungen entwickeln.
2. Der Patient setzt sich unmittelbar zu dem Analytiker in Beziehung, d. h., dessen tatsächliches oder vermeintliches Verhalten wird Gegenstand der Interaktion und läßt dann Deutungen des Verhaltens des Patienten zu.

Das diesen Deutungen zugrunde liegende (nach unserer Vermutung identische) Handlungsmuster des Analytikers soll nun von der linguistischen Seite her rekonstruiert werden.

6. Die psychoanalytische Deutung als eine komplexe sprachliche Handlungsform

Im folgenden soll die Deutungsaktivität des Psychoanalytikers diskurslinguistisch untersucht werden. Diese Untersuchung konzentriert sich zunächst darauf, das komplexe sprachliche Handlungsmuster zu rekonstruieren, das mit einer Deutung im psychoanalytischen Diskurs realisiert wird.

Bevor wir den Fall einer Deutung eingehender untersuchen, ist es notwendig, daß wir unsere theoretischen Voraussetzungen für die Analyse von sprachlichen Handlungsmustern erläutern.

Wir gehen davon aus, daß Handlungen im Diskurs nach Ebenen

gegliedert sind, die Schemata (Mustern) jeweils höherer Ordnung entsprechen. Für den Zweck unserer Untersuchung beschränken wir die Analyse auf die folgenden drei Ebenen:

– die Ebene der einzelnen einfachen Sprechhandlungen, die mit einer Deutung realisiert werden (isoliert vom Interaktionsverlauf)
– die Ebene der Sequenzierung (d. h. die Stellung von Analytiker-Äußerung und Patienten-Äußerung zueinander)
– die institutionelle Ebene (d. h. die Berücksichtigung des Handlungssystems »psychoanalytischer Diskurs«)

Diese Gliederung nach Ebenen der Untersuchung darf nicht im Sinne eines »Baukastensystems« für soziale Handlungen mißverstanden werden. Wie empirische Analysen von Diskursen gezeigt haben, besteht eine Wechselbeziehung zwischen den Schemata verschiedener Ordnung: Ein Schema höherer Ordnung ist einerseits erst dadurch realisierbar, daß die Schemata der niedrigeren Ordnung verwendet werden; diese verwendeten Schemata erfahren andererseits aber eine spezielle Ausprägung (oder sogar Umformung) entsprechend der Struktur der höheren Ordnung. (vgl. Wunderlich 1976)

Ein komplexes sprachliches Handlungsmuster sehen wir einerseits geprägt durch bestimmte Kommunikationsaufgaben, die sich zur Erreichung eines Ziels während des Verlaufs eines Diskurses stellen und für deren Bewältigung bestimmte sprachliche Verfahren, eine geregelte Abfolge (wechselseitiger) Handlungen und (damit verbunden) bestimmte Interpretationen notwendig sind; andererseits werden Handlungsmuster durch die genannten Prozesse auch realisiert.

Im Rahmen unserer diskursanalytischen Studie müssen wir die Untersuchung des Handlungsmusters einer Deutung auf einige wenige Aspekte eingrenzen. Auf der Ebene der einzelnen Sprechhandlungen soll vor allem der Typ der *Illokution* der realisierten Sprechhandlungen bestimmt werden, d. h. die interaktionelle Funktion dessen, was (als Ausschnitt von der Wirklichkeit) der Therapeut mit seiner Sprechhandlung thematisiert; auf der Ebene der Sequenzierung interessiert uns die Art des Übergangs zwischen der Patienten-Äußerung, die der Deutung vorausging, der Deutungsäußerung des Psychoanalytikers und der dieser nachfolgenden Äußerung des Patienten.

Auf der institutionellen Ebene werden wir versuchen, die Interpretation dieser Handlungen relativ zum Handlungssystem »psychoanalytischer Diskurs«, speziell seinen besonderen Kooperationsprinzipien zu rekonstruieren.

Mit dieser thematischen Ausrichtung der Untersuchung soll die »Bedeutungsstruktur« (oder der »inhaltliche Zusammenhang«) des Handlungsmusters in wichtigen Punkten erfaßt werden. Ein weiterer Aspekt betrifft die besonderen Kommunikationsleistungen des Therapeuten, die bei der Lenkung der Aufmerksamkeit des Patienten zum Tragen kommen. Deutungen haben ja etwas damit zu tun, daß der Sprecher den Hörer auf etwas Bestimmtes aufmerksam macht. Man kann daher annehmen, daß die sprachlichen Verfahren/Kommunikationsmittel, die in Diskursen diese Aufgabe lösen sollen, auch im psychoanalytischen Diskurs zum Tragen kommen und einen wichtigen Bestandteil des Handlungsmusters sind, das mit einer Deutung realisiert wird. Da die Mittel des sprachlichen »Zeigens« (*Deixis*) besonders wichtig sind, um im Diskurs die Aufmerksamkeit eines Hörers zu lenken, sind diese Mittel besonders zu berücksichtigen. –

Handlungsmuster sind auf die Realisierung von Zielen (Zwekken) ausgerichtet. Dem Analytiker-Kommentar ist zu entnehmen (5.1), daß mit dem Deuten etwas erreicht werden soll, was mit »Problematisierung« und »Objektivierung« umschrieben werden kann. Die folgende Untersuchung orientiert sich zunächst hieran, erstrebt aber eine Spezifizierung dieser Umschreibung aus diskurslinguistischer Sicht.

6.1 Untersuchung des sprachlichen Handlungsmusters am Beispiel einer »Übertragungsdeutung«

Im folgenden soll der Fall einer »Übertragungsdeutung« hinsichtlich des zugrunde liegenden sprachlichen Handlungsmusters untersucht werden. – Es handelt sich um eine Mitschrift des Therapeuten.

(Notiz des behandelnden Psychoanalytikers zum Kontext der Deutung:)

Länger laufende Analyse. Die Patientin schweigt viel und lange. Bisher gelang nur ein unbefriedigendes Verständnis dieses Verhaltens. Eines Tages erzählt sie von der Mutter, daß die oft so lange geschwiegen habe, das sei immer unheilverkündend und angstmachend gewesen. Als die Patientin dann eine ganze Weile schweigt, fällt die Deutung:

A.: Sie kündigen mir Unheil an und wollen mir Angst machen, wie es die Mutter mit Ihnen machte, wenn sie schwieg.

(Die Patientin stimmt der Deutung zu, schweigt dann aber längere Zeit wieder. Später sagt sie, daß die Deutung sie sehr getroffen hat, weil sie feststellen muß, daß sie der Mutter, die von ihr zutiefst gehaßt wird, in einem bestimmten Bereich ähnelt, was sie zuvor nicht gesehen hatte.)

6.1.1 Der Sprechakttyp

Eine Paraphrase soll den vollen propositionalen Gehalt der Deutung darstellen:

»Sie kündigen mir mit Ihrem Schweigen Unheil an und wollen mir damit Angst machen. Sie tun auf diese Weise hier und jetzt etwas mit mir, wie es die Mutter damals mit Ihnen immer machte, wenn sie schwieg.«

Um diese Deutungsäußerung einem Sprechakttyp zuordnen zu können, gehen wir von einem Sprechakt aus, dessen Status einigermaßen linguistisch geklärt ist und dessen Realisierung in diesem Beispiel einer Deutung annäherungsweise vorzuliegen scheint. Dies ist der Sprechakt der *Feststellung*. Entsprechend dieser Zuordnung konstatiert der Psychoanalytiker im ersten Äußerungsteil eine bestimmte Handlungsweise und ein bestimmtes Bedürfnis der Patientin; im zweiten Äußerungsteil wird zusätzlich konstatiert, daß zwischen der Verhaltensweise »hier und jetzt« seitens der Patientin und einer (wiederholt in der Kindheit erfahrenen) Verhaltensweise seitens der Mutter eine Analogiebeziehung besteht.

Welche interaktionelle Funktion hat nun eine Äußerung, die (gemäß den Konventionen der Sprachgemeinschaft) eine Feststellung ist? Charakteristisch für diesen Sprechakt – ebenso wie für den der Behauptung, Versicherung etc. – ist, daß der Sprecher damit einen Wahrheitsanspruch erhebt, in bezug auf den die prinzipielle Möglichkeit der Zustimmung oder Ablehnung unterstellt wird. (vgl. Grewendorf 1979)

Damit ist in egalitären Kommunikationsverhältnissen die Erwartung verbunden, daß der Sprecher, der eine Feststellung trifft, in der Lage und bereit ist, diesen Wahrheitsanspruch (auf ein entsprechendes Drängen seitens des Hörers) auch einzulösen; d. h., er muß zeigen können (und wollen), daß das, was von ihm festgestellt wurde, tatsächlich der Fall ist.

Inwieweit treffen diese Bestimmungen nun auf Deutungsäußerungen in der psychoanalytischen Therapie zu? Psychoanalytische Erfahrungen sowie die Sichtung von Transkripten psychoanalytischer Gespräche zeigen, daß Deutungen, die der Therapeut abgibt, im Prinzip problematisierbar sind. Der Patient kann einer Deutung zustimmen oder sie ablehnen. Hingegen wird die zweite konventionell mit einer Feststellung verbundene Konsequenz – die prinzipielle Fähigkeit und Bereitschaft des Sprechers, seinen Wahrheitsanspruch auszuweisen – im psychoanalytischen Diskurs modifiziert: Wenn ein Patient eine vom Therapeuten gegebene Deutung nicht akzeptiert, sieht sich der Therapeut nicht notwendig der Konsequenz gegenüber, dem Patienten den Wahrheitsanspruch seiner Deutung mit Beweismitteln (Gründen usw.) auszuweisen (indem er z. B. in eine Argumentation darüber eintritt).

Der Patient seinerseits insistiert (im Regelfall) auch nicht darauf, daß der Psychoanalytiker sich dieser Konsequenz stellt.

Psychoanalytische Deutungen sind also in ihrem Handlungscharakter als Feststellungen spezifisch modifiziert. Diese Modifikation ist nun genauer zu bestimmen.

Von der Position des Psychoanalytikers aus gesehen haben seine Deutungen (als Feststellungen betrachtet) einen hypothetischen Charakter. Er kann nicht völlig sicher sein, daß er mit einer Deutung eine jeweils für den Patienten zutreffende Feststellung macht (wenngleich die Wahrscheinlichkeit dieses Zutreffens recht hoch ist). Auf die damit verbundene Frage nach dem Verfahren der Erkenntnisgewinnung des Psychoanalytikers soll hier aber nicht weiter eingegangen werden.

Es stellt sich die Frage, ob nicht auch der Zweck, den Feststellungen im Alltag haben – einen Wahrheitsanspruch zu setzen –, für eine Analytiker-Deutung modifiziert ist. – Diese Frage wird erst auf der Untersuchungsebene des psychoanalytischen Handlungssystems zu beantworten sein.

6.1.2 Der sequenzielle Aspekt

Deutungsäußerungen des Therapeuten stehen in einem Interaktionsablauf:

Der Psychoanalytiker »plaziert« seine Deutungsäußerung in Relation zu der Äußerung (bzw. zu dem Redebeitrag), die/den der Patient zuvor abgegeben hat; dieser wiederum knüpft in bestimmter Weise an die Deutungsäußerung des Therapeuten an. Wir gehen davon aus, daß die Handlungsbedeutung einer Äußerung (eines Redebeitrags) im Diskurs (ob nun alltäglicher Art oder psychoanalytischen Typs) vollständig nur in Relation zum Interaktionsablauf bestimmt werden kann.

Betrachten wir zunächst das (längere) Schweigen der Patientin, das der Analytiker-Deutung vorausging. »Längeres Schweigen« ist eine Diskursaktivität, die in unterschiedlichen sozialen Handlungsmustern ein sinnvoller Handlungsschritt sein kann. In dem Handlungsmuster »Schweige-Duell« in einer Situation, in der es (möglicherweise) viel zu sagen gäbe, wird mit einem längeren Schweigen u. a. das Ziel verfolgt, die Ausdauer der Partner in einer Situation des wechselseitigen Sprach- und Informationsentzugs zu testen, wobei der erste Sprecher, der das Schweigen bricht, sich als Unterlegener erweist. Mit der Initiierung dieses Musters wird eine Herausforderung gesetzt, die der Kommunikationspartner akzeptiert, wenn er seinerseits zu schweigen beginnt. In dem Handlungsmuster »Eine Beichte (oder ein Bekenntnis) ablegen« ist das längere Schweigen dessen, der eine Beichte oder ein Bekenntnis ablegt, ebenfalls ein sinnvoller Handlungsschritt, wenn es an einer passenden Stelle im Interaktionsablauf plaziert ist: z. B. nach einem Kommentar des anderen, den der Sprecher, der viel Persönliches von sich mitgeteilt hat, als verletzend empfindet.

Wenn wir davon ausgehen, daß die wechselseitigen Handlungsschritte in einem Interaktionsablauf entsprechend dem Konzept der *konditionellen Relevanz* strukturiert sind (eine erste Handlung eines bestimmten Typs hat die zweite Handlung eines korrespondierenden Typs durch den Partner zur Folge), dann führt der Therapeut mit seiner Deutungsäußerung eine Handlung aus, die dem längeren Schweigen der Patientin nicht korrespondiert. Er akzeptiert nicht den ihm zugewiesenen *Zugzwang* und unterläuft damit das Handlungsmuster, das die Patientin initiierte

– sei dies nun das Muster des »Schweige-Duells« oder das des »verletzten Schweigens« als Reaktion auf eine unpassende Bemerkung oder ein anderes mögliches Handlungsmuster.

Bezogen auf die Handlungsinitiative der Patientin liegt hier eine gezielte Interaktionsverweigerung des Therapeuten vor, da er das initiierte Handlungsmuster nicht ratifiziert; bezogen auf die Handlungsbedeutung des längeren Schweigens hat sein Verhalten zur Folge, daß die von der Patientin intendierte Bedeutung unbestätigt bleibt, da Bedeutungen in einem Diskurs interaktionell aufgebaut werden.

Diese Verhaltensweise der (häufigen) Nicht-Bestätigung und des »Unterlaufens« dessen, was der Patient in der Psychoanalyse tut oder sagt, ist unter gebildeten, aber mit der Psychoanalyse nicht näher vertrauten Laien als eine für den psychoanalytischen Therapeuten charakteristische Haltung relativ bekannt; neben den Deutungen gilt außerdem sein (hartnäckiges) Schweigen als für diese Haltung charakteristisch. Vernachlässigt man das besondere Handlungssystem, in dem diese Verhaltensweise (speziell das Deuten) steht und setzt statt dessen außeranalytische (alltägliche) Verhältnisse von Kommunikation als Bezugsrahmen, dann muß (zumal die wiederholte Praktizierung) diese(r) Art der Interaktionsteilnahme als nicht-kooperativ gelten.

Bevor wir die Deutungsäußerung nach Hinweisen auf eine (eventuell verdeckte) Kooperativität seitens des Therapeuten untersuchen, soll noch ein weiterer Ausdruck seiner Nicht-Kooperativität geklärt werden.

Mit seiner Deutungsäußerung konstatiert der Therapeut im ersten Äußerungsteil einen Wunsch der Patientin, den diese nicht zuvor ausgedrückt und – wie aus dem Fortgang des Gesprächs ersichtlich – auch nicht realisiert hat. Weiterhin konstatiert der Therapeut das Vorliegen einer bestimmten Handlung der Patientin, die diese nicht mit ihrem Schweigen intentional realisiert hat: die Ankündigung eines Unheils.

Damit impliziert der Therapeut, daß die Patientin in dem hier angesprochenen Aspekt ihrer Diskursaktivität »längeres Schweigen« nicht (oder nicht genau) realisiert, was sie tut und was sie damit zu erreichen wünscht (Problematisierung der Kommunikationsleistung in einem bestimmten Bereich).

Der Therapeut verletzt mit dieser Feststellung ein bestimmtes Kooperationsprinzip von Kommunikation im Alltag als einem gemeinschaftlichen Handeln: nämlich das Prinzip, daß der Sprecher seinem Kommunikationspartner allgemeine Kommunikationsleistungen zuschreibt. Unter dieses Prinzip fällt, daß der Kommunikationspartner als selbstmächtig für die Darstellung/Interpretation seiner Handlungen und den sprachlichen Ausdruck seiner emotionalen Befindlichkeit angesehen wird. Mit den oben angeführten Voraussetzungen seiner Feststellung hebt der Psychoanalytiker (zumindest für den Zeitpunkt seiner Deutung) die Bestimmungen dieses Kooperationsprinzips auf.

Mit einer etwas anderen Formulierung hat Schröter diese Eigentümlichkeit psychoanalytischer Deutungen als eine teilweise Negation der für alltägliche Interaktionen grundlegenden Überstellung der »Zurechnungsfähigkeit« wie folgt beschrieben:

»Deutungen sind Kommentare des Analytikers zu Äußerungen und Handlungen des Patienten, durch die er ihren unbewußten Sinn bzw. die sich in ihnen andeutenden unbewußten Phantasien, Wünsche und Ängste zu interpretieren versucht. Damit wird der Patient implizit – mindestens im Hinblick auf den gedeuteten Sinn seiner Äußerung – so definiert, daß er nicht in vollem Umfang weiß, was er sagt.« (Schröter 1979, S. 181 f.).

Ein damit zusammenhängender Gesichtspunkt ist das Kompetenzgefälle, das durch diese therapeutische Handlungsform, die ja im Behandlungsverlauf repetitiv ist, aufgebaut wird. (vgl. Flader/Grodzicki 1978) Der Therapeut beansprucht ein Wissen über den jeweilig angesprochenen Aspekt der Diskursaktivität des Patienten, das dieser – nach der Voraussetzung des Therapeuten – selbst nicht hat. Dieses vom Therapeuten beanspruchte Wissen ist aufgrund seiner Ausbildung und seiner praktischen Erfahrung mit hoher Wahrscheinlichkeit auch zutreffend. Mit seiner Deutungsäußerung setzt der Psychoanalytiker also eine Nicht-Reziprozität des beiderseitigen Wissens in einem den Patienten als Person (oder Subjekt) betreffenden Bereich voraus – hier das Wissen über eine aktuelle Handlung (und den damit verbundenen Wunsch) sowie die Analogie zwischen dieser Handlung und einer in der Kindheit mit der Mutter gemachten Erfahrung.

Das genannte Kompetenzgefälle stellt aber nur *eine* strukturelle Komponente der Interaktion dar, die der Therapeut mit seiner Deutungsäußerung herstellt. Eine weitere wird ersichtlich, wenn wir die (vorausgesetzte) Nicht-Reziprozität von Wissen im Zusammenhang sehen mit der Veränderung, die ein Deutungsvorgang hinsichtlich der Reziprozität des Handelns bewirkt. Dies soll als ein Zusammenwirken von Handlung und deren Interpretation im Kontext rekonstruiert werden.

Wie zuvor ausgeführt, sistiert die Deutungsäußerung (isoliert betrachtet) die interaktive Kooperativität des Therapeuten in wichtigen Punkten, weil sie ein Handlungsschritt ist, der der vorangegangenen Patientenäußerung nicht korrespondiert (die interaktive Kooperativität des Therapeuten ist nicht gänzlich aufgehoben, da z. B. seine Sprechbereitschaft dokumentiert ist). In anderen, nicht-psychoanalytischen Handlungskontexten würde ein solches Interaktionsverhalten als ein »Affront«, als eine persönliche Interaktionsunwilligkeit oder ähnliches gewertet werden.

Der Patient unterstellt in der Regel hingegen, daß der Analytiker mit einem solchen Handlungsschritt einen bestimmten Zweck verfolgt, der auf den von ihm geleiteten Behandlungsvorgang bezogen ist. Dies schließt ein, daß eine konditionelle Relevanz für die Deutungsäußerung gegeben ist; diese muß von einer anderen Art sein als die, die jeweils durch das vom Patienten initiierte Handlungsmuster festgelegt ist.

Die konditionelle Relevanz, die den Deutungsschritt des Analytikers bestimmt, »findet« der Patient, indem er sich an der Problematisierung seiner allgemeinen Kommunikationsleistung orientiert, die durch die Feststellungen des Therapeuten gegeben ist (also durch einen Vorgang, der, isoliert betrachtet, wiederum eine lokale »Verletzung« eines Kooperationsprinzips für Kommunikation darstellt). (s. o.)

In Verbindung mit dieser Problematisierung findet der Patient die konditionelle Relevanz der Deutungsäußerung in dem Dialogmuster von Frage und Antwort:

In Alltagsdiskursen tritt eine Frage auf, wenn ein Sprecher etwas Bestimmtes nicht weiß, es jedoch wissen möchte. Mit seiner Frageäußerung bittet er den Angesprochenen, ihm dieses Wissen (oder Wissenselement) zu vermitteln, da er voraussetzt, daß der Angesprochene darüber verfügt. Was die Patientin in dem hier vorliegenden Beispiel einer Übertragungsdeutung nicht weiß – nach der Voraussetzung des Therapeuten, die durch den weiteren Gesprächsverlauf bestätigt wird –, könnte man in der Frageäußerung ausdrücken: ›Was tu und will ich jetzt eigentlich wirklich?‹

Diese Frage ist vom Typ der selbst-problematisierenden Frage. Sie bezieht sich inhaltlich auf ein eigenes, unmittelbar in einer jeweiligen Situation auftretendes Verhalten.

Die Deutungsäußerung des Therapeuten kann unter der Bedingung als eine angemessene Handlung von seiner Seite verstanden werden, daß man sie als *Antwort* auf diese (von der Patientin nicht gestellte) Frage versteht:

»Sie kündigen mir Unheil an und wollen mir Angst machen, wie es die Mutter mit Ihnen machte, wenn sie schwieg.«

Dieses Dialogmuster liefert also die konditionelle Relevanz der Analytiker-Deutung.

Es ist insgesamt für das Verständnis der psychoanalytischen Behandlung als eines besonderen Diskurstyps wichtig, sich seine Stellung zu den Regeln für Alltagsdiskurse klarzumachen. Einerseits bilden auch für diesen Diskurstyp die Kooperationsregeln alltäglicher Kommunikation das Fundament, da anders eine Verständigung zwischen Analytiker und Patient nicht möglich wäre. – In dem hier untersuchten Deutungsbeispiel ist die Reziprozität des Handelns, die zunächst unterbrochen schien, ja wiederhergestellt, wenn der Patient die Position der selbstproblematisierenden Frage bezieht. Allerdings kennzeichnet es das Machtgefälle, das im psychoanalytischen Diskurs zwischen Patient und Therapeut besteht, daß der Analytiker allein den beschriebenen Wechsel des Handlungsmusters im Gesprächsverlauf initiieren kann. (Im außeranalytischen Bereich tritt eine solche kommunikative Asymmetrie z. B. in der Institution des Gerichts häufiger auf.) Andererseits sind in diesem Diskurstyp Muster des kommunikativen Handelns, wie sie im Alltag gebraucht werden, in bestimmter Weise umgeformt – hier das Dialogmuster von Frage und Antwort.

Daß eine Äußerung als eine Antwort auf eine Frage verstanden wird, die von dem Angesprochenen zuvor nicht gestellt wurde, ist auch im Alltag nicht ungewöhnlich. Dabei handelt es sich jedoch häufig um eine Informationsfrage; der eine sucht z. B. etwas (und stellt sich selbst die Frage: ›Wohin habe ich das gelegt?‹), der andere, der dies bemerkt, macht eine entsprechende, auf das Gesuchte hinweisende Feststellung, die eine Antwort ist (›Dort liegt es!‹). Für Alltagsdiskurse jedoch ungewöhnlich ist die psychoanalytische Ausprägung dieses Dialogmusters: die Antwort auf eine nicht gestellte (weil durch den Patienten selbst nicht formulierbare!) Frage einer Selbst-Problematisierung. Das Handlungsmuster des Deutens »bedient« sich aber gewissermaßen des Zugzwangs des Alltagsmusters, insofern der Patient angehalten wird, selbst (für sich) die Frage zu finden, auf die die Deutung eine angemessene Antwort ist.

Die Struktur der sequenziellen Einbettung der Deutungsäußerung kann nun vollständiger rekonstruiert werden. Der Analytiker leitet mit seiner Deutungsäußerung im Gesprächsablauf einen Wechsel des Handlungsmusters ein. Er initiiert das Dialogmuster von Frage und Antwort in einer Form, die man eine »Musterinitiierung durch Positionierung der zweiten Handlung« nennen kann: Er gibt eine Äußerung, die in dem Kontext, in dem sie steht, dann als ein angemessener Handlungsschritt von seiner Seite verstanden werden kann, wenn man sie als eine Antwort auf eine selbst-problematisierende Frage der Patientin »hört«, die diese faktisch zwar nicht gestellt hat, die aber in dem Kontext ihrerseits angemessen wäre. Durch die Initiierung dieses Dialogmusters weist der deutende Therapeut der Patientin die Position der Selbst-Problematisierung bzw. die entsprechende Fragehaltung und Selbstwahrnehmung als »angemessen« zu.

Nimmt ein Patient diese Frageposition ein, dann kann die Äußerung des Analytikers als eine kooperative Gesprächsbeteiligung gewertet werden: als Interpretationshilfe für den Patienten in bezug auf Aspekte seines eigenen Handelns, die ihm selbst (zuvor) in ihrer faktischen Bedeutung nicht bekannt waren. – Eine andere Kooperativitätsform des Analytikers – sein aufmerksames Zuhören – wird weiter unten, im Zusammenhang der Untersuchung des therapeutischen Textes, genauer beschrieben.

(Es sei hier angemerkt, daß die hier dargestellte Rekonstruktion des Deutungsmusters notwendig minutiös ist; wenn der Patient mit dem psychoanalytischen Handlungssystem vertraut und die Deutungsaktivität wiederholt vorgefallen ist, läuft der beschriebene Interpretationsvorgang natürlich routinisiert ab.)

Das durch die Deutungsäußerung eingeführte Handlungsmuster ist aber erst dann auch an der jeweiligen Stelle, an der die Deutung im Gesprächsablauf plaziert ist, realisiert, wenn der Patient die Deutung akzeptiert. Diese Akzeptierung kann in verschiedenen Aktivitätsformen geschehen: ein Schweigen (insofern es der Verarbeitung dessen dient, was der Therapeut mitgeteilt hat), eine Bestätigung, eine Weiterentwicklung des Deutungsinhalts u. a. –

In dem hier vorliegenden Beispiel einer Übertragungsdeutung hat die Patientin der Deutung zunächst zugestimmt und ist dann in ein Schweigen verfallen, das wahrscheinlich der Verarbeitung diente.

Neben dem Wechsel des Handlungsmusters spielt der Wechsel des Fokus (Aufmerksamkeitsbrennpunkts), den eine Deutungsäußerung einleitet, eine große Rolle.

Die Deutung des Therapeuten will den Fokus der Patientin verändern – von bestimmten Aspekten ihres Verhaltens bzw. dem des Analytikers zu anderen, bislang nicht als »Muster« gesehenen Verhaltensaspekten bzw. auf die Patientin selbst (»Selbstkonfrontation«). Der von dem Analytiker eingebrachte Fokus der Betrachtung hat u. a. folgende Elemente:

– Bestimmung der tatsächlichen Bedeutung des angesprochenen Verhaltens (»Was steht tatsächlich dahinter«)
– Hinweis auf eine Analogie zwischen dem Verhalten gegenüber dem Analytiker und einer (in der Kindheit erfahrenen) Verhaltensweise der Mutter.

Dieser Vorgang der Fokussierung, der mit dem Gebrauch sprachdeiktischer Mittel verbunden ist, soll im folgenden genauer untersucht werden. Eine solche Untersuchung verspricht eine genauere Bestimmung der Interpretationshilfe und Aufklärung, die mit einer Deutung bezweckt werden. Anschließend sollen die wichtigsten Analyseergebnisse unter dem Gesichtspunkt des psychoanalytischen Handlungssystems interpretiert und zusammengefaßt werden.

6.1.3 Deixis

Mit einer Äußerung werden von einem Sprecher simultan mehrere Aktivitäten ausgeführt; dabei ist der Vorgang der Aufmerksamkeitslenkung des Hörers durch sprachliches »Zeigen« eine Aktivität, die für die psychoanalytische Deutung als Handlungsmuster offenbar eine Rolle spielt.

Grundlage der Untersuchung ist dabei die Form, in der die Deutungsäußerung faktisch getan wurde:

A.: Sie kündigen mir Unheil an und wollen mir Angst machen, wie es die Mutter mit Ihnen machte, wenn sie schwieg.

Die folgenden deiktischen Mittel wurden für diese Deutung verwendet:

»Sie« – eine Anredeform, mit der sich der Therapeut auf die Person der Patientin als Hörer bezieht; in anderer grammatischer Form »(mit) Ihnen«.

»mir« – ein personaldeiktisches Mittel, mit dem der Therapeut auf sich selbst als Sprecher verweist.

In Verbindung mit der Interpretation des grammatischen Tempusmorphems für *Präsens* bzw. *Präteritum* wird der Hörer (die Patientin) durch diese deiktischen Mittel angeleitet, die beiden angesprochenen Erfahrungen als Ereignisse zu identifizieren, die in zwei verschiedenen raumzeitlichen Bezugssystemen lokalisiert sind: ihr Unheilankündigen und Angstmachen als Ereignis im »Hier und Jetzt«, das Schweigen der Mutter als Ereignis im »Damals und Dort«.

Diese (noch recht vordergründige) Betrachtung soll nun vertieft werden.

Auf der Grundlage der Arbeit von Bühler (1934) und der Untersuchungen von Ehlich (1979; unveröff. Ms) sehen wir den Gebrauch deiktischer Ausdrücke in Verbindung mit bestimmten Verweisräumen, die ein Sprecher jeweils eröffnet, um darin dem Hörer etwas Bestimmtes zu zeigen. Es lassen sich drei solcher Verweisräume unterscheiden: der (für Sprecher und Hörer gemeinsame) *Sprechzeit- und Wahrnehmungsraum* – worauf mit deiktischen Mitteln wie »ich«, »du«, »das da«, »jetzt« etc. Bezug genommen wird; der *Rederaum*, der dadurch eröffnet wird, daß innerhalb der zeitlichen oder lokalen Organisation einer Rede- bzw. Textentwicklung etwas gezeigt wird – mit Mitteln wie »*Bevor* ich ausführe, wie ...« oder »Weiter *unten* werde ich entwickeln ...« u. a.; schließlich der *Vorstellungsraum* (Bühlers »Phantasma«) – worauf Ausdrücke wie »damals« »danach«, »dort« (an einem vorgestellten Ort) Bezug nehmen.

Der Verweisraum stellt jeweils das Orientierungssystem dar, das der Hörer benötigt, um die deiktische Aktivität des Sprechers nachvollziehen zu können. Bei dem Gebrauch der Deixis im Sprechzeit- und Wahrnehmungsraum sind die Bezugselemente direkt in der aktuellen Gesprächssituation verfügbar; im Falle der Textdeixis liefert die räumlich-zeitliche Ausdehnung der Rede bzw. des Textes die Koordinaten; bei der Deixis am Phantasma muß der Sprecher jeweils das raumzeitliche Bezugssystem der Handlungen oder Ereignisse spezifizieren, auf die er mit deiktischen Ausdrücken Bezug nehmen will – ein Kommunikationserfordernis, das sich z. B. regelmäßig einem Sprecher stellt, der im Alltag die Erzählung einer selbsterlebten Geschichte zum besten geben will, deren Schauplatz dem Hörer nicht schon bekannt ist. (vgl. Flader/Giesecke 1980)

In dem vorliegenden Fall einer Deutungsäußerung verknüpft der Therapeut zwei verschiedene Verweisräume miteinander: den Verweisraum, der durch die aktuelle Situation des psychoanalytischen Gesprächs gegeben ist, soweit sie für ihn wie die Patientin gemeinsam wahrnehmbar ist – hier sind ihrer beider Personen ebenso wie das Schweigen der Patientin, auf das der Therapeut unausgesprochen Bezug nimmt, als Elemente direkt verfügbar; und den Vorstellungsraum »früher in der Kindheit« (der Patientin), der in vielen vorangegangenen Sitzungen im Gespräch zwischen Therapeut und Patientin gemeinsam aufgebaut (z. T. auch weiter erschlossen) wurde und der für unser Deutungsbeispiel stillschweigend als Bezugsrahmen für die Mutter (und ihr Schweigen) vom Therapeuten vorausgesetzt wird. –

Obwohl der Vorstellungsraum »früher in der Kindheit« hier nicht im engeren Sinne als Verweisraum fungiert, da die entsprechenden deiktischen Ausdrücke nicht gebraucht wurden (das wäre der Fall gewesen bei der Formulierung: »wie damals Ihre Mutter zu Haus«), erscheint die Kategorie *Verweisraum* gerechtfertigt, da die grammatischen Tempusmorpheme und der Gebrauch des bestimmten Artikels als *indexikalischer Ausdruck* – »die Mutter« – einen solchen Verweis implizit darstellen (zur Kategorie indexikalischer Ausdruck vgl. Cicourel 1972).

Als der Kategorie des Verweisraumes übergeordnet wollen wir im folgenden die Kategorie *Diskurswelt* verwenden. Damit soll der allgemeinste Bezugsrahmen für all das erfaßt sein, was im Diskurs Gegenstand der Verständigung sein kann. Unter dem Gesichtspunkt, in welcher Art ein solcher Gegenstand der Verständigung zugänglich ist – als Element der Gesprächssituation der Wahrnehmung direkt zugänglich oder sprachlich vermittelt im Medium des Diskurses –, wollen wir zwei verschiedene Diskurswelten unterscheiden – eine Unterscheidung, die uns für das bessere Verständnis psychoanalytischer Deutungen wichtig erscheint.

Mit der Diskurswelt »psychoanalytisches Gespräch« soll all das erfaßt sein, was an dem ablaufenden Behandlungsgespräch als einem Ereignis, an dem Therapeut und Patient unmittelbar beteiligt sind, Gegenstand von Verständigung sein kann. Hinsichtlich des Gebrauchs deiktischer Ausdrücke umfaßt diese Diskurswelt zwei verschiedene Verweisräume: den gemeinsamen Sprechzeit- und Wahrnehmungsraum (er fällt nicht mit der gesamten Gesprächssituation zusammen, da im Behandlungszimmer das Wahrnehmungsfeld des Psychoanalytikers ja größer ist als das des Patienten, der vor ihm auf der Couch liegt); und den Rederaum (der durch textdeiktische Mittel eröffnet und aufrechterhalten wird).

Die Diskurswelt »Erfahrungen des Patienten« umfaßt all das, was der Patient an Erfahrungen, die er gemacht hat, in den Diskurs einbringt bzw. was vom Therapeuten so thematisiert wird. Für den Gebrauch deiktischer Mittel ist hier der (für Patient wie Therapeut gemeinsame) Vorstellungsraum der relevante Verweisraum. In dem hier vorliegenden Deutungsbeispiel ist das raum-zeitliche Bezugssystem als »damals« und »dort« spezifiziert, d. h., es handelt sich um Erfahrungen der Patientin aus der Kindheit. Es sind aber auch Fälle von Deutungen anzunehmen, bei denen das raum-zeitliche Bezugssystem der Erfahrungen des Patienten ein »neulich« und »da« ist, d. h., Bezugsrahmen der Erfahrungen ist das Alltagsleben, das der Patient als Erwachsener führt.

Halten wir fest: Der Therapeut verbindet in der vorliegenden Deutungsäußerung zwei Ereignisse miteinander, die zu zwei verschiedenen Diskurswelten gehören: der Diskurswelt des »Hier und Jetzt« im psychoanalytischen Gespräch (das Schweigen der Patientin) und der Diskurswelt »Erfahrungen des Patienten« (das Schweigen der Mutter in der Kindheit).

Für das »Hier und jetzt« sind zwei Interpretationen möglich. Einmal eine im Sinne von »hic et nunc«, d. h., der Aspekt des Verhaltens wird als einer angesprochen, der gerade im Augenblick (oder im Zeitpunkt) der Deutung in Erscheinung tritt. Eine umfassendere Interpretation ist die, daß der »Raum«, in dem die Verhaltensweise als Ereignis der psychoanalytischen Diskurswelt lokalisiert wird, weiter ist als das augenblickliche Wahrnehmungsfeld. Er umfaßt dann die bisher abgelaufene Sitzung und darüber hinaus noch mehrere vorausgegangene Sitzungen, die dann unter dem gemeinsamen Aspekt des angesprochenen Patientenverhaltens zusammen gesehen werden. Mit dieser Interpretation enthält die obige Deutung einen (impliziten) Hinweis auf das Repetitive dieses Aspekts (Schweigen als wiederholt gebrauchtes Mittel). Die Frage, wie ein für Analytiker wie Patient gemeinsamer Vorstellungsraum eröffnet wird, führt zum Sprachgebrauch des Analytikers. Ein solcher Vorstellungsraum wird nicht nur durch die deiktischen Mittel aufgebaut; weitere sprachliche Mittel müssen eingesetzt werden, um den Vorstellungsraum als einen für Hörer und Sprecher gemeinsamen zu strukturieren. Das führt zu der allgemeinen Frage, was ein Sprecher (Analytiker) tun muß, damit die gemeinsame Orientiertheit mit dem Hörer (Patienten), die eine Basis bildet für die Hauptfunktion deiktischer Aktivitäten – die Fokussierung der Aufmerksamkeit des Hörers –, vorweg hergestellt ist. (vgl. Ehlich 1979)

Diese gemeinsame Orientiertheit ist in dem *Zeigfeld* einer aktuellen Gesprächssituation und einem Textraum wahrscheinlich leichter herzustellen als in einem Vorstellungsraum, da dessen Komplexität höher und der Anteil der die Gemeinsamkeitsanforderung auf ein höheres Strukturniveau treibenden persönlichen Elemente größer ist.

Dieser Frage kann hier nicht weiter nachgegangen werden. Es sei lediglich die Vermutung ausgesprochen (die an Texten psychoanalytischer Gespräche zu belegen wäre), daß der Therapeut, der eine Deutungsäußerung abgibt, mit der ein Verweisraum in der Diskurswelt »Erfahrungen des Patienten« eröffnet wird, die dafür notwendige gemeinsame Orientiertheit u. a. dadurch sichern kann, daß er an die Formulierungen des Patienten anknüpft, die dieser für die Mitteilung der jeweiligen Erfahrung selbst gebraucht hat. Eine solche Anknüpfung kann in Zitierformen bestehen, aber auch in leichten Abwandlungen der Ausdrücke, die von dem Patienten gebraucht wurden. In der hier untersuchten Deutungsäußerung sind die Ausdrücke »Unheilankündigen« und »Angstmachen« den vorangegangenen Äußerungen der Patientin entnommen.

Die in der psychoanalytischen Literatur häufig erwähnte Forderung, daß Analytiker und Patient eine gemeinsame Sprache sprechen müssen und daß speziell der Analytiker sich eng an der Sprach- und Erfahrungsform des Patienten orientieren sollte, wenn er eine Deutung formuliert, könnte unter diesem Gesichtspunkt in ein neues Licht gerückt werden.

6.1.4 Die Deutungsäußerung in Relation zum Handlungssystem

Das allgemeine Ziel psychoanalytischer Therapie ist, die (in Teilen) gestörte Subjektivität des Patienten (seine Erlebnis- und Handlungsmöglichkeit im Bereich sozialer Beziehungen) wiederherzustellen.

Da diese Störungen in eingeschränkten bzw. fehlgeleiteten Entwicklungen der frühen Kindheit verankert sind, die den Patienten ohne sein Wissen (durch das Festhalten an den entsprechenden Infantilkonzepten) beeinflussen, wird die Hauptaufgabe der psychoanalytischen Behandlung darin gesehen, die Entstehungsbedingungen der Entwicklungsstörungen zu rekonstruieren und den Patienten (durch eine Konfrontation mit seinen Infantilkonzepten) zu einer Auseinandersetzung und Reintegration der durch innere Widerstände abgespaltenen Teile seiner Lebensgeschichte anzuhalten. In früheren Arbeiten (vgl. Flader/Grodzicki, 1978 und Flader, 1978 in diesem Band) haben wir einige der Strukturmerkmale des psychoanalytischen settings bestimmt, die wir zur Durchführung dieses Behandlungsprozesses für funktional halten.

Da Handlungen, die in einer Institution (bzw. einem Diskurstyp wie dem der psychoanalytischen Therapie) vorfallen, relativ zum Handlungszusammenhang interpretiert werden müssen, ist dieser auch für eine Untersuchung des Handlungsmusters »Deutung« heranzuziehen. Dabei gehen wir davon aus, daß ein solcher Handlungszusammenhang (mit den geltenden Kommunikationsregeln, Verhaltensvorschriften, Zielsetzungen usw.) dem Prozeß sprachlichen Handelns nicht äußerlich ist, sondern daß er sich vielmehr in diesem Prozeß realisiert.

Wir beanspruchen mit unserer Pilotstudie natürlich nicht, das psychoanalytische Konzept der Therapie als Aufklärungsprozeß in den Deutungsaktivitäten des Analytikers aufzuschlüsseln (in denen es sich ja realisiert). Wir beschränken uns auf einige wenige Aspekte des Zusammenhangs von therapeutischem Behandlungskontext und psychoanalytischer Deutungsäußerung.

Zunächst soll die eingangs aufgeworfene Frage erörtert werden, ob der Zweck von Feststellungen in Alltagsdiskursen – einen Wahrheitsanspruch zu erheben – auch für die Deutungsäußerung des Analytikers gegeben ist. Diese Frage steht in Verbindung mit der Tatsache, daß Patienten (im Regelfall) den Analytiker, dessen gegebene Deutung sie abgelehnt haben, nicht in einen Disput über seine Beweismittel ziehen; der Analytiker sieht sich auch seinerseits nicht (wie in Alltagsdiskursen dies der Fall wäre) im Zugzwang, bei Ablehnung seiner Deutungsäußerung den Wahrheitsanspruch einzulösen.

Warum führen psychoanalytische Patienten bei Ablehnung einer Deutung in der Regel keinen Disput? Bevor wir hier subjektive Faktoren (die sicher eine Rolle spielen) heranziehen (also etwa: Unterwerfungsbereitschaft unter eine Autorität; Angst, den Therapeuten zu verlieren u. a.), soll das oben beschriebene Handlungsmuster auf einen entsprechenden Hinweis überprüft werden.

Wir hatten gesagt, daß der deutende Therapeut das Dialogmuster von selbstreflexiver/problematisierender Frage und (eine Interpretationshilfe vermittelnde) Antwort initiiert und damit dem Patienten die Position der (kritischen) Selbstbeobachtung zuweist. Dabei sistiert er seine Kooperativität in dem von der Patientin angeregten Handlungsmuster und versucht, an die Stelle dessen das genannte Dialogmuster zu setzen.

Dieser Muster-Wechsel (der den Fokus-Wechsel einbegreift) läßt sich in bezug auf das Relevanzsystem des Analytikers rekonstruieren: An der Stelle im Ablauf des Behandlungsgesprächs, an der ihm die Reziprozität des Verstehens gestört zu sein scheint (also ein »Bruch« der Verständigung vorliegt), versucht er, den leitenden therapeutischen Relevanzgesichtspunkt (Bemühung um Selbstverständnis des Patienten) wieder in Kraft zu setzen, indem er das auf die Selbstreflexion des Patienten abzielende Handlungsmuster »Deutung« initiiert.

Dies ist ein im Behandlungsverlauf wiederholt ablaufender Vorgang. Patienten, die in der Eingangsphase einer psychoanalytischen Behandlung sich in der für sie ungewohnten Kommunikationssituation erst orientieren müssen, lernen, diesen besonderen therapeutischen Relevanzgesichtspunkt zu realisieren und als Interaktionsbedingung zu akzeptieren (vgl. aber zur besonderen Problematik der psychoanalytischen Behandlung von Patienten aus der sozialen Unterschicht Menne und Schröter 1980).

Den Patienten macht der deutende Therapeut (implizit) aufmerksam, daß seine Kommunikationsleistung, »wissen/darstellen zu können, was er aktuell tut bzw. sagt«, an einer bestimmten

Stelle (also »lokal«) eingeschränkt ist.

Wenn der Patient (an einer jeweiligen Stelle im Interaktionsablauf) die Initiierung dieses Handlungsmusters »Deuten« durch den Therapeuten akzeptiert, übernimmt er damit auch den therapeutischen Relevanzgesichtspunkt.

In diesem Zusammenhang kann der Status der Feststellungen besser geklärt werden, die der Therapeut über den Patienten trifft. In dem Handlungsmuster, in dem sie stehen, ist der Status nur bedingt mit Feststellungen in Alltagsdiskursen vergleichbar. Einerseits identifiziert der Therapeut ein Ereignis (eine Handlung bzw. einen Wunsch) als etwas objektiv Gegebenes; andererseits kann er den Wahrheitsanspruch, der damit gesetzt ist, nur mit Hilfe des Patienten einlösen. Dieser muß den Deutungsinhalt auf sich selbst so anwenden können, daß sein Selbstverständnis (ein Stück weit) erweitert ist. Ist dies gegeben, dann anerkennt der Patient den Deutungsinhalt als Tatbestand.

Lehnt der Patient eine Deutung ab, dann ist es aus der Sicht des Analytikers nicht sinnvoll, in eine Auseinandersetzung darüber einzutreten, die – wie im Alltag – mit Beweismitteln operiert. Der Therapeut geht vielmehr im Regelfall davon aus, daß der Patient, der eine Deutung ablehnt, ihre Funktion als Interpretationshilfe nicht realisieren kann.

Der Patient seinerseits, der eine Deutung ablehnt, kennt deren Handlungsstatus als Interpretationshilfe (weil ihm das psychoanalytische Handlungssystem bekannt ist); wenn er eine Deutung ablehnt, lehnt er also diese Hilfe (an einer bestimmten Stelle des Gesprächsablaufs) ab.

Die weitere Leistung einer psychoanalytischen Deutung, die wir erschließen können – die der Objektivierung –, ist zum Teil ebenfalls interaktionell bedingt. Das Handlungsmuster weist dem Patienten ja die Position einer (kritischen) Selbst-Beobachtung zu, in der er sich selbst zum Gegenstand der Reflexion macht. Die Objektivierungsleistung wird gestützt durch die Hinweise, die für den Patienten (als Teil der Interpretationshilfe) in dem Inhalt der Deutungsäußerung enthalten sind:

Mit der Verknüpfung zweier Diskurswelten (s. o.) verbindet der Therapeut etwas der Patientin Bekanntes (die frühere Erfahrung mit der Mutter) mit etwas ihr nicht Bekanntem (die Bedeutung ihrer Handlung im »Hier« und »Jetzt«). Damit folgt die psychoanalytische Deutung dem allgemeinen Prinzip von Lernvorgängen, daß etwas Neues nur dann vermittelt werden kann, wenn es in das Bezugssystem des bereits Bekannten integrierbar ist.

Schließlich enthält der Hinweis auf die Analogiebeziehung zwischen den Ereignissen in den beiden Diskurswelten »frühere Erfahrungen (des Patienten)« und »psychoanalytischer Diskurs« zumindest als Bedeutungspotential die Anleitung, eine »Urheberverwechslung« in bezug auf das angesprochene Verhalten zu erkennen. ›Es ist gar nicht ursprünglich »dein« Verhalten, sondern das einer wichtigen Beziehungsperson‹ (in diesem Beispiel das der Mutter). D. h., etwas an dem eigenen Verhalten, das bislang unbekannt (fremd) war, wird als fremd bestimmt (aus bestimmten, schwierigen Erfahrungen mit einer wichtigen Beziehungsperson herrührend) erhellt.

Abschließend sei der Aspekt der besonderen Lernsituation erwähnt, die durch Deutungsäußerungen geschaffen wird.

Ein wichtiger Bestandteil des Deutens ist, auf etwas hinzuweisen; dabei wird auch das Zeigfeld des »Jetzt und Hier« eröffnet (s. o.). Indem der Analytiker dem Patienten bestimmte Seiten seines Verhaltens »zeigt«, stellt er eine Lernsituation her, die Bezüge zur frühen Kindheit und ihren Lernsituationen hat. Diese zeichneten sich dadurch aus, daß die Sprache wesentlich im »Zeigfeld« gebraucht wurde und das Lernen über eine »*demonstratio ad oculos*« verlief.

Wir wollen nun prüfen, wie das hier ansatzweise beschriebene Handlungsmuster des Deutens in dem oben wiedergegebenen Ausschnitt eines psychoanalytischen Behandlungsgesprächs realisiert wurde.

6.2 *Untersuchung am therapeutischen Text*

Die Grundlage der Untersuchung bilden – wie oben ausgeführt (3) – die beiden Darstellungen des therapeutischen Interaktionsablaufs: das Transkript der Bandaufzeichnung und der Kommentar des behandelnden Analytikers.

Zunächst soll geklärt werden, welche Form die Redebeiträge haben, die der Therapeut insgesamt während des Interaktionsablaufs als *Nicht-Deutungen* abgegeben hat; diese Frage kann im ersten Schritt mit Hilfe der Selbstkommentierung des Therapeuten geklärt werden, der aufgrund seines intuitiven Diskurswissens

Deutungen nicht nur praktisch ausführen, sondern Fälle von Deutungen auch sicher identifizieren und von Nicht-Deutungen unterscheiden kann. Im zweiten Untersuchungsschritt soll die allgemeine Interaktionsbedingung dieser Aktivitäten im Unterschied zu der von Deutungen bestimmt werden.

Im Kommentar findet sich hierzu die Bemerkung:

»Solange der Patient Mitteilungen macht, die ›schlüssig‹ sind, d. h. die keine (...) Bruchstellen aufweisen, ist der Analytiker Zuhörer. Seine Aktionen beschränken sich auf die Bemühung, das Erfahrene (...) in das ihm schon Bekannte zu integrieren.«

Dem Therapietext können wir Hinweise darauf entnehmen, daß die Gesprächsteilnahme des Analytikers dort, wo er (nach eigener Auffassung) nicht gedeutet hat, weitgehend der Beteiligungsform eines Zuhörers einer Erzählung in Alltagsdiskursen entspricht.

Er gibt (bejahende) Hörersignale ab – in den Redebeiträgen 7, 21, 27 und 29. Er initiiert eine Verständnissicherung für einen (überraschend gefallenen) Ausdruck des Patienten – Redebeitrag 9: »Huch?« Er bittet um eine Orientierungshilfe, wo in einer vom Patienten erzählten Episode ein Name fällt, der ihm nicht bekannt ist – Redebeitrag 17: »Helfen Sie mir ein bißchen, ich ...« Er leitet eine Verständnissicherung ein, die sich auf die Stellungnahme des Patienten zum Kern seiner Geschichte bezieht – Redebeitrag 25: »War's wirklich komisch?« Und er gibt einen Kurzkommentar ab, der eine Erfahrung des Patienten »auf den Punkt bringt« – Redebeitrag 6: »Fernbild mit Dame.«

Der Analytiker erweist sich mit diesen Aktivitäten als ein Interaktionspartner, der die Position des Zuhörers einer Erzählung sehr kooperativ ausfüllt. Er ist darin, wie schon in dem kurzen Gesprächsabschnitt zu erkennen ist, wahrscheinlich wesentlich kooperativer als ein Hörer, der im Alltag der Erzählung eines anderen folgt.

Die Gesprächsaktivität des Patienten folgt in dem vorliegenden Interaktionsablauf weitgehend dem sprachlichen Handlungsmuster des Erzählens. Der Analytiker kooperiert seinerseits in diesem Muster als aufmerksamer Zuhörer. Die Bemerkung im Analytiker-Kommentar macht die Übernahme dieser (kooperativen) Zuhörerposition abhängig davon, daß die Mitteilungen des Patienten »schlüssig« gewesen sind. Dies läßt sich als eine Interaktionsbedingung einer Nicht-Deutung umformulieren: Solange die Kommunikationsanforderungen, die an das Erzählen gestellt sind, für ihn realisiert waren (z. B. die Anforderung, daß eine erzählte Geschichte kohärent ist), entsprach der Analytiker den Aktivitäten, die in den vom Patienten initiierten Handlungsmustern ihm zugewiesen waren.

Wenn dabei Verständigungsprobleme auftraten, waren sie an ein direkt zu lokalisierendes Redeelement des Patienten gebunden – ein überraschend gefallener Ausdruck, ein für den Therapeuten unbekannter Name etc. Die Beseitigung dieser Art von Verständigungsproblemen war unter dem Relevanzgesichtspunkt »Bemühung um Verständnis des Patienten« erforderlich. Die Anwendung des Handlungsmusters »Deuten« war für die Bewältigung dieser Art von Verständigungsproblemen nicht angezeigt, da es auf einer tieferliegenden Ebene einer Verständigungsproblematik ansetzt, die durch eine partielle Einschränkung der allgemeinen Kommunikationsleistung des Patienten charakterisiert ist (6.1).

Wenn der Analytiker eine Deutung gegeben hat, dann geschah dies (nach seinem Kommentar) an einer Stelle im Gesprächsablauf, an der er eine »Bruchlinie« in einer Mitteilung des Patienten realisierte. D. h., er sah die Reziprozität des Verstehens als partiell unterbrochen an.

Folgende Arten von »Bruchlinien« wurden bemerkt: eine Paradoxie in der Darstellung des Patienten (ich bin nett, klug, charmant und vereinsame); eine Wahrnehmungslücke (Ausblendung der Beziehung zu anderen Personen); das Fehlen einer Handlungsstruktur in einem Beziehungsmuster (Abkoppelung des Sexuellen); und ein Widerspruch zwischen Affekt und Handlung (obwohl tieftraurig, karikiert der Patient sich).

Wie die Regeln für diese Interpretation von »Bruchlinien« in Verbindung mit dem psychoanalytischen Abwehrkonzept systematisch »ausbuchstabiert« werden können, soll hier nicht weiter verfolgt werden; ein Versuch in dieser Richtung liegt vor in Flader/Giesecke (1980).

Als eine (wesentliche) Interaktionsbedingung für die Anwendung des Handlungsmusters »Deuten« läßt sich daraus das Auftreten eines Verständigungsproblems formulieren, das nicht an ein einzelnes Redeelement in den Patientenäußerungen gebunden ist, sondern mit einer partiellen Einschränkung allgemeiner Kommunikationsleistungen im Zusammenhang gesehen wird.

Die Gesprächsbeteiligung des Analytikers ist aber durch die beiden Klassen von Aktivitätsformen – aktives Zuhören und Deuten – keineswegs vollständig erfaßt. Redebeitrag 23 (A: »Zum Beispiel?«) fällt wahrscheinlich weder unter die Klasse des aktiven Zuhörens noch unter die des Deutens. Es handelt sich um eine Bitte um Konkretisierung. Diese Sprechhandlung kann zu der Klasse der Beteiligungsformen des Therapeuten gerechnet werden, die deutungsvorbereitend oder deutungsverarbeitend sind. Sie können hier nicht weiter behandelt werden.

Der Interaktionsablauf soll nun auf die darin abgegebenen Deutungsäußerungen des Therapeuten untersucht werden.

Der Kommentar des Analytikers liefert den Hinweis, daß seine Redebeiträge 3, 11 und 13 Fälle von Deutungen sind. Es handelt sich um die folgenden Äußerungen:

I

(Der Patient hat in Redebeitrag 2 gesagt, daß der Abend, den er mit einer Frau verbracht hat, ihm noch einmal bestätigt hat, daß er bei aller Nettigkeit, Klugheit und bei allem Charme vereinsamt.)

(Redebeitrag 3)

A: Mir fällt auf, daß Sie bei der ganzen Sache völlig ausblenden, . daß es eine Reaktion dieser Frauen auf Sie gibt . und die Frauen etwas widerspiegeln. . . Die spiegeln Ihnen wider, daß Sie enttäuschend waren. Sie sagen: Das juckte Sie nicht. Ich meine, daß Sie nur davon reden, daß Sie vereinsamen, weist darauf hin, daß Sie die Beziehung ausblenden, daß nämlich die andere *Person* in ihrer Widerspiegelung auf Sie . . von Ihnen nicht wahrgenommen werden will. Sie möchten gar nicht *sehen*, . . was zwischen Ihnen und den anderen passiert, Sie reduzieren das nur auf das, was Sie bei sich selbst sehen.

Zunächst ist die sequenzielle Einbettung dieser Äußerung zu klären. Mit Redebeitrag 2, der ihr vorausging, kann der Patient verschiedene Handlungsmuster initiiert haben. Man kann seinen Beitrag als eine Klage über seine Einsamkeit verstehen (die seine vergeblichen Bemühungen einschließt, zu Frauen einen engeren Kontakt herzustellen). Eine solche Klage zieht – in bestimmten Kontexten des Alltags – einen Trost oder eine Ermunterung seitens des Hörers nach sich.

Mit seinem Redebeitrag leitet der Analytiker einen Wechsel des Fokus ein. Während in Redebeitrag 2 die negative Erfahrung des Patienten im Umgang mit Frauen (bzw. eine Art resignatives Resumé davon) im Brennpunkt der Aufmerksamkeit stand, fokussiert der Therapeut eine charakteristische Verhaltensweise des Patienten (paraphrasiert: ›Es ist für Sie eigentümlich, daß . . .‹) in Verbindung mit der Art und Weise, in der der Patient diese negative Erfahrung berichtet hat: »Ich meine, daß Sie nur davon reden, daß (. . .)«.

Der Therapeut trifft damit Feststellungen über den Patienten, die sich auf Aspekte seines Verhaltens beziehen, die dieser (wahrscheinlich) noch nicht realisiert hat: Es ist charakteristisch für ihn, daß er die Beziehung zu Frauen (in bestimmter Weise) ausblendet; und er hat – als Konsequenz davon – seine Erfahrung dem Therapeuten in einer Weise dargestellt, die entsprechend »lückenhaft« ist. Mit diesen Feststellungen »unterläuft« der Analytiker das Handlungsmuster des Patienten. Er spendet weder Trost noch gibt er eine Ermunterung.

Während der Therapeut in dem weiter oben angegebenen Fall einer Übertragungsdeutung der Patientin eine partielle Einschränkung ihrer allgemeinen Kommunikationsleistung *implizit* zugeschrieben hat, geschieht diese Zuschreibung hier in direkter bzw. inhaltlich spezifizierter Form.

Wie im Fall der Übertragungsdeutung verbindet der Therapeut in seiner Äußerung Ereignisse aus zwei verschiedenen Diskurswelten: ein Ereignis des Patienten aus der Diskurswelt »Erfahrungen des Patienten« (im »Neulich« und »Da«) mit einem Ereignis in der Diskurswelt »psychoanalytisches Gespräch« (nämlich dem im »Hier« und »Jetzt« abgegebenen Bericht des Patienten).

Wie bei der Übertragungsdeutung stiftet der Therapeut eine Analogiebeziehung zwischen diesen Ereignissen; paraphrasiert: ›Was Sie hier durch die Art Ihres Berichts zeigen, ist analog zu dem, wie Sie gewöhnlich andere wahrnehmen.‹ Die Interpretationshilfe, die der Therapeut damit gibt, bezieht sich auf das Verständnis des Repetitiven der Patientenerfahrung als Folge einer für ihn charakteristischen Einschränkung seiner Fremdwahrnehmung.

(Der Patient berichtet von einer Episode mit einer Frau, die ihre Hand auf sein Knie gelegt hat, worauf er mit einem »Huch« reagierte.)

(Redebeitrag 11)
A: (. . .) . . Sie legt Ihnen die Hand auf den Oberschenkel . und sagt damit: »Ich hab' auch einen Oberschenkel, hast du 'ne Hand?« und Sie sagen »huch«, »huch«, als wenn 'ne Maus in'n Ausschnitt springt.
P: . . Ja, ich bin 'ne Karikatur dabei.
A: Nein, ich empfinde Sie nicht als Karikatur. (. . .)

Das Handlungsmuster des Deutens ist in diesem Fall nicht vollständig realisiert, wenn das oben skizzierte Modell zutrifft. Es werden hier nicht zwei Ereignisse aus verschiedenen Diskurswelten verknüpft; der Therapeut bezieht sich allein auf ein Ereignis in der Vorstellungswelt, die der Patient mit seinem Bericht über die Episode strukturiert hat.

Auch unterläuft er mit seiner Äußerung nicht deutlich das vom Patienten zuvor initiierte Handlungsmuster Selbstkarikatur – Lachen über die (Bestätigung der) Selbstkarikatur. Dazu paßt, daß der Patient in seiner Folgeäußerung die Therapeutenäußerung als eine Art von Explikation des Komischen in seiner Reaktion auf die Frau interpretiert hat; er bestätigt, daß der Therapeut diese Bedeutung verstanden hat: »Ja, ich bin 'ne Karikatur dabei.«

Die Interpretationshilfe des Therapeuten ist hier nicht deutlich auf eine Einschränkung der Kommunikationsleistung seitens des Patienten bezogen; vielmehr gibt der Therapeut eine Übersetzung einer Symbolbedeutung: was es bedeutet, daß die Frau ihre Hand auf den Oberschenkel des Patienten gelegt hat, und was es bedeutet, »Huch« zu denken.

Offenbar liegt hier ein unvollständiger Deutungsversuch seitens des Analytikers vor. Dafür spricht seine Nachfolgeäußerung, die zunächst seine Auffassung klarstellt: »Nein, ich empfinde Sie nicht als Karikatur.« Damit wird indirekt eine Korrektur der Handlungsdeutung der vorher gefallenen Therapeutenäußerung (bezüglich der symbolischen Bedeutung der Hand auf dem Knie) geleistet; der Therapeut löst sich deutlicher als zuvor von dem Handlungsmuster des Patienten (Selbst-Karikatur – Lachen des Zuhörers). Ein Beleg dafür ist, daß dies wiederholt wird: »Ich habe das Karikieren eben aufgenommen, ich selbst möchte Sie nicht karikieren. (. . .)«

Die 3. Deutungsäußerung realisiert dagegen voll das oben skizzierte Handlungsmuster für eine solche Äußerung.

III

(Redebeitrag 13)

A: Sie machen aus sich eine Karikatur, damit Sie ein bißchen *lachen* können und mich auch zum Lachen dabei verführen, damit Sie nich' sehen müssen, daß es eigentlich eine traurige Geschichte is' . . . Ich find's jedenfalls 'ne traurige Geschichte.

In dieser Äußerung verbindet der Therapeut wieder zwei Ereignisse aus verschiedenen Diskurswelten. Aus der Diskurswelt »psychoanalytisches Gespräch« bezieht er das Ereignis, das zuvor stattgefunden hat, nämlich die Handlung der Selbstkarikatur des Patienten; damit verbindet er das Ereignis aus der Diskurswelt »Erfahrungen des Patienten« – die zuvor berichtete negative Erfahrung des Patienten, zu vereinsamen.

Dabei stellt er an dem Patienten eine Absicht fest, die dieser wahrscheinlich nicht realisierte: Er will zum Lachen anregen, damit er seine Traurigkeit nicht sieht.

Während der Patient den Deutungsversuch von A in 12 nicht aufgenommen hatte (wahrscheinlich war er nicht deutlich realisiert), nimmt er den von 13 auf. »Ja, ich glaub', sie is' so traurig, daß . man nur noch per Witz drüber reden kann.« Er bestätigt damit auch inhaltlich das durch die Deutung Ausgesprochene.

Auch in dieser Deutungsäußerung liegt eine Zuschreibung einer eingeschränkten Kommunikationsleistung des Patienten vor: Er stellt seine tatsächliche emotionale Befindlichkeit als Gegenteil dar, seine Technik des Witzigen ist ein unangemessener Behelf.

In Kapitel 6.1 wurde ausgeführt, daß die Deutung das Dialogmuster problematisierende Frage – Antwort (mit der Funktion der Interpretationshilfe/Aufklärung) durch den Schritt der Antwort aktualisiert. In dem untersuchten Beispiel einer Übertragungsdeutung implizierte die Deutungsäußerung die Patienten-Position/Fragehaltung: ›Was tu und will ich jetzt eigentlich wirklich?‹

Bei den vorliegenden Fällen von Deutungen scheint die dem Patienten zugewiesene Fragehaltung die zu sein: ›Wie kommuniziere ich eigentlich meine Erfahrungen?‹ bzw. ›Wie gehe ich eigentlich mit meinen Mitmenschen um?‹ Dabei wird eine in der aktuellen Gesprächssituation auftretende Kommunikationsschwierigkeit in dem Bereich verbunden mit einer Verhaltens-/Beziehungseigentümlichkeit des Patienten, die sich in Ereignissen der Diskurswelt »Erfahrungen des Patienten« (im »Neulich« und »Da« seines Alltagslebens) dokumentiert. Das Verhältnis von dem dem Patienten Bekannten zu dem ihm (noch) nicht Bekannten ist dabei etwas anders gelagert als im untersuchten Fall der Übertragungsdeutung. Etwas ihm Bekanntes (hier seine negative Erfahrung im Kontakt mit Frauen) wird

a) unter einem ihm bislang nicht bekannten Aspekt von Verhaltens-/Beziehungseigentümlichkeit generalisiert und

b) mit einem in der aktuellen Gesprächssituation mit dem Analytiker auftretenden Phänomen eingeschränkter Kommunizierbarkeit von Erfahrung (das der Patient nicht realisierte) in Verbindung gebracht.

Die Problematisierungs- und Objektivierungsleistung, die wir dem Handlungsmuster des Deutens zugeschrieben hatten, wird mit dieser Diskursstruktur nach unserer Vermutung ebenso realisiert wie im Fall der Übertragungsdeutung.

Weitere mikroanalytische Untersuchungen von psychoanalytischen Gesprächen müssen diese Hypothesen überprüfen und das von uns nur grob umrissene Muster der psychoanalytischen Deutungsaktivität verfeinern.

7. Abschließende Bemerkungen: Interaktionelle Aspekte des Deutungsvorgangs

Unsere Untersuchung konnte einige Aspekte des psychoanalytischen Deutungsvorgangs von linguistischer wie von psychoanalytischer Seite ermitteln, die kurz zusammengefaßt werden sollen.

Die Kooperation im analytisch-therapeutischen Diskurs, d. h. die Interaktion von Analysand und Analytiker auf gleicher Ebene, wird von seiten des Analytikers in der Regel in dem Augenblick sistiert, in dem er bemerkt, daß etwas vom Analysanden Mitgeteiltes von diesem nicht oder nicht voll verstanden worden ist resp. Phänomene auftauchen, deren fehlende Integration in den aktuellen Gesamtzusammenhang dem Analytiker zwar deutlich, dem Analysanden jedoch verborgen ist. Dieser behandelt Nicht-Integriertes vielmehr so, als sei es voll integriert und damit auch voll in den aktuellen Sinnzusammenhang eingegliedert.

Die bisherige Kooperationsebene zwischen Analysand und Analytiker wird vom letzteren verlassen zugunsten einer anderen Ebene, die man die analytische nennen könnte, die aber, zunächst jedenfalls, eine Kooperation für den Analysanden nahezu ausschließt (zumindest aber sehr schwer macht), da der Analytiker versucht, die von ihm erfaßte Desintegration, die dem Analysanden verborgen ist, diesem sichtbar zu machen, womit ja das mehr oder weniger labile Gleichgewicht zwischen Abwehr und Abgewehrtem gestört wird.

Dieser (aus psychoanalytischer Sicht beschriebene) Vorgang konnte mit einer diskurslinguistischen Rekonstruktion in einigen wesentlichen Punkten verbegrifflicht werden. Deutungen leiten einen Wechsel des Handlungsmusters im psychoanalytischen Gesprächsablauf ein. Für den Patienten, der das, worauf sich die Deutung inhaltlich bezieht, selbst nicht realisiert hatte (und nicht realisieren konnte), stellt sich damit ein lokal auftretendes Interaktionsproblem. Was für den Analytiker die wesentliche Interaktionsbedingung für die Deutung ist – das Auftreten einer Reziprozitätsstörung im Verstehen, die in einer partiellen Einschränkung der Kommunikationsleistungen des Patienten verwurzelt ist –, dokumentiert sich für den Patienten zunächst als das Auftreten einer Reziprozitätsstörung im beiderseitigen Handeln. Er findet die interaktive Reziprozität wieder, wenn er, in der Position der Selbstbeobachtung, die spezielle Frage (für sich) formuliert, für die die Deutung des Analytikers eine angemessene Antwort ist. Der Zweck einer Deutungsäußerung ist jeweils erreicht, wenn der Patient sich mit dem Deutungsinhalt auseinandersetzt.

Die interaktionelle Seite einer Deutung ist mithin (im Zusammenhang mit der besonderen Handlungssituation des »Settings«) wahrscheinlich das für die mit einer Deutung therapeutisch beabsichtigten Wirkungen Primäre. Die Interventionstypen von »Abwehrdeutung« und »Übertragungsdeutung«, die in der psychoanalytischen Literatur zur therapeutischen Technik unterschieden werden, scheinen sich, nach dem Ergebnis unserer

Untersuchung, hinsichtlich des realisierten Handlungsmusters nicht zu unterscheiden.

Weiterhin läßt sich feststellen: Die Charakterisierung einer psychoanalytischen Deutung als einer »Übersetzung« (die in der Diskussion darüber recht gebräuchlich ist, vgl. 2.) trifft wahrscheinlich nicht die Kernstruktur des Deutungsvorgangs; sie trifft nur eine (sicher wesentliche) Seite der Interpretationsleistung des Analytikers. Die Intervention vom Typ der »Symboldeutung«, die sich auf ein isoliertes Wort, ein Traumbild etc. bezieht, realisiert den beschriebenen Handlungsvorgang nicht, wenn sie auf die Übersetzung des jeweiligen Symbolgehalts beschränkt bleibt; das angesprochene Verstehensproblem tritt nicht als Verständigungsproblem im »Hier« und »Jetzt« des psychoanalytischen Gesprächs auf. – Die entwickelten Kategorien für die Rekonstruktion sind sicher noch unvollständig. (Z. B. bleiben die Formen, in denen der Therapeut sein Interpretationsergebnis sprachlich für den Patienten umsetzt, noch ungeklärt; das Verhältnis von Singularität und Repetitivem eines angesprochenen Patientenverhaltens ist nicht klar u. a.) Gleichwohl reichten die Kategorien aus, um den behandelnden Analytiker auf ein Fehlurteil in seinem Kommentar aufmerksam zu machen:

Sein Redebeitrag 11 »(...) Sie legt Ihnen die Hand auf den Oberschenkel . und sagt damit (...)« erwies sich in der diskurslinguistischen Analyse als ein mißglückter Deutungsversuch; der Analytiker hatte den notwendigen Wechsel des Handlungsmusters nicht deutlich genug ausgeführt. Er mußte in seinem nachfolgenden Redebeitrag 13 (der dann eine Deutung ausführt), rückbezüglich eine Art von »Reparatur« des mißglückten Versuchs vornehmen: »Nein, ich empfinde Sie nicht als Karikatur (...)«. Im Kommentar wurde der Redebeitrag 11 jedoch als Fall von Deutung notiert.

In einer nochmaligen Betrachtung dieser Gesprächsstelle bestätigte der behandelnde Analytiker diese Fehleinschätzung; dies weist auf einen möglichen praktischen Nutzen der linguistischen Diskursanalyse hin, speziell den der Methode der »Triangulation« als mögliches Korrektiv im Zusammenhang von therapeutischer Selbstwahrnehmung und praktisch-therapeutischem Handeln. (Der Metakommentar des Analytikers liegt auf der 4. Ebene der Interaktionsdarstellung.

Die psychoanalytischen Gedanken über die längerfristigen Wirkungen, die Deutungen für den Patienten haben, können – bei dem augenblicklichen Stand der Kategorienbildung – diskurslinguistisch noch nicht verbegrifflicht werden. Diese psychoanalytischen Überlegungen sollen zum Abschluß dargestellt werden.

Wie in 5.2. ausgeführt, sind Abwehrprozesse Vorgänge, die ein Getrenntwerden vermeiden und eine Übereinstimmung mit dem Liebesobjekt erhalten und fördern sollen. Werden anfangs die Versuche, so zu sein wie das Liebesobjekt, im wesentlichen durch Handlungen ausgedrückt, so tritt später die Sprache hinzu. Über sie kann man bereits vor dem Einsetzen einer Handlung eine Information erlangen, ob die gewünschte Handlung zu einer Übereinstimmung mit dem Liebesobjekt oder zu einer Trennung von ihm führen wird.

Alle die Prozesse, die im Zusammenhang mit der Bildung von Abwehrstrukturen ablaufen und schließlich eine mehr oder minder stabile Abwehrformation ermöglichen, finden in der Sprache ihre Entsprechung.

In der sprachlichen Kooperation zwischen Analytiker und Analysand sind für den letzteren viele Möglichkeiten gegeben, sich mit dem Analytiker in Übereinstimmung zu befinden und das Erlebnis der Gemeinsamkeit zu haben.

Im Augenblick, in dem der Analytiker diese Kooperation aufgibt und im Zusammenhang damit das Abwehrgefüge berührt, setzt etwas ganz Entscheidendes ein.

Die errichtete Abwehrformation diente ursprünglich zur Aufrechterhaltung der Kooperation, d. h. der Übereinstimmung und damit der Vermeidung von Trennung. Wenn der Analytiker dies durch sein Verfahren selbst im weitesten Sinne in Frage stellt – allein schon dadurch, daß er z. B. auf einen Widerspruch hinweist –, kehrt sich der Sinn der betreffenden Abwehrformation um. Sie garantiert auf einmal nicht mehr Übereinstimmung, sondern wird wie das ursprünglich Abgewehrte etwas, was vom Liebesobjekt nicht ohne weiteres akzeptiert zu werden scheint.

Damit ist der Patient im Grunde wieder in der gleichen Situation, in der er war, als er die Abwehr errichten mußte. Nun aber ist diese Abwehr selbst in Frage gestellt und das Abgewehrte kommt erneut ins Spiel, vor allem aber die Bemühung, wiederum Trennung vom Liebesobjekt (Analytiker) zu vermeiden.

Dies dürfte der Motor sein, der bewirkt, daß der Patient sich auf das »gefährliche« Unternehmen einlassen kann, das bis dahin

Abgewehrte sich und dem Analytiker wieder sicht- und erlebbar werden zu lassen. Der gleiche Wunsch, der seinerzeit die Abwehr in Gang setzte, setzt nun den therapeutischen Prozeß in Gang.

Nur am Rande sei angemerkt, daß dieser Zwang zur Kooperation auf einer neuen Ebene mit dem Analytiker je nach der Neurosenstruktur unterschiedlich ablaufen muß. So werden etwa Strukturen, die große Ängste vor Nähe und Verschmelzung haben, sich nur sehr zögernd und vorsichtig auf neue und nicht bekannte Kooperationen einlassen können. Die Fähigkeit, mit Trennungserlebnissen umzugehen, ist bei den unterschiedlichen Strukturen sehr verschieden, entsprechend dann auch der Umgang mit dem Trennungserlebnis, das ein integrierter Bestandteil des Deutungsprozesses ist.

Anmerkungen

1 Zur Transkription der Tonbandaufzeichnung:
Die tatsächlichen Personennamen wurden selbstverständlich ausgewechselt. Die folgenden Transkriptionszeichen wurden verwendet:

Pause:	xxx . xxx (kurze Pause, ca. 1 Sekunde)
Sprecher:	A (nalytiker): xxx
	P (atient): xxx
Akzentuierung:	*xxxx*
Selbstkorrekturen:	xxx/xxx (z. B.: hat/habe ich)
Akustisch unverständlich:	( )

redebegleitende akustische Daten: z. B. ((ausatmend)) ((bejahend))

2 Die in der Äußerung verwendeten Pronomina »es« und »sie« sind – nach dem funktionalen Konzept von Ehlich – nicht zu den deiktischen Ausdrücken zu rechnen, da ihre Funktion im Kommunikationsvorgang konträr ist zu der deiktischer Ausdrücke.
Sie sind anaphorische Ausdrücke (»er«, »sie«, »es«), die gebraucht werden, um den Hörer zu instruieren, seine zuvor eingenommene Orientierung der Aufmerksamkeit beizubehalten; mit deiktischen Ausdrücken wird hingegen der Hörer instruiert, seine Aufmerksamkeit auf ein neues Element zu lenken. (vgl. Ehlich, unveröff. Ms.)

Bibliographie

Bühler, K. (1934): *Sprachtheorie.* Jena: Gustav Fischer.

Cicourel, A. V. (1972): *Cognitive Sociology.* München: Paul List 1975.

Ehlich, K. (1979): *Verwendung der Deixis beim sprachlichen Handeln.* Frankfurt, Bern, Las Vegas: Peter Lang Verlag.

– (unveröff. Ms.): Deixis and Anaphora: Same or Different? Erscheint in: Jarvella, R. J.; Klein, W. (edd.): *Speech, Place and Action: Studies of Language in Context.* Chichester: Wiley.

Flader, D. (1979): Techniken der Verstehenssteuerung im psychoanalytischen Diskurs. In: Flader, D; Wodak-Leodolter (Hrsg.): *Therapeutische Kommunikation.* Königstein/Ts.: Scriptor, 24-42.

Flader, D.; Giesecke, M. (1980): Erzählen im psychoanalytischen Erstinterview – eine Fallstudie. In: Ehlich, K. (Hrsg.): *Erzählen im Alltag.* Frankfurt/M.: Suhrkamp, 209-262.

Freud, S. (1923): ›Psychoanalyse‹ und ›Libidotheorie‹. In: *Gesammelte Werke. Bd. 13.* London: Imago 1940, 211-233.

Grewendorf, G. (1979): Explizit performative Äußerungen und Feststellungen. In: Grewendorf, G. (Hrsg.): *Sprechakttheorie und Semantik.* Frankfurt/M.: Suhrkamp, 197-216.

Habermas, J. (1968): *Erkenntnis und Interesse.* Frankfurt/M.: Suhrkamp 1974.

Lorenzer, A. (1970): *Kritik des psychoanalytischen Symbolbegriffs.* Frankfurt/M.: Suhrkamp.

– (1973): *Sprachzerstörung und Rekonstruktion.* Frankfurt/M.: Suhrkamp.

Menne, K.; Schröter, K. (Hrsg.) (1980): *Psychoanalyse und Unterschicht.* Frankfurt/M.: Suhrkamp.

Ricœur, P. (1965): *De L'Interpretation. Essai sur Freud.* Frankfurt/M.: Suhrkamp 1974.

Sandler, J.; Dare, Ch.; Holder, A. (1973): *The Patient and the Analyst: The Basis of the Psychoanalytic Process.* Stuttgart: Ernst Klett 1973.

Schröter, K. (1979): Einige formale Aspekte des psychoanalytischen Dialogs. In: Flader, D.; Wodak-Leodolter (Hrsg.): *Therapeutische Kommunikation.* Königstein/Ts.: Scriptor, 179-185.

Wunderlich, D. (1976): *Studien zur Sprechakttheorie.* Frankfurt/M.: Suhrkamp.

– (1978): Wie analysiert man Gespräche? Beispiel Wegauskünfte. In: *Linguistische Berichte,* 58, 41-76.

Klaus Schröter
Zur Rekonstruktion der Bedeutungsstruktur von Gesprächssequenzen

Anhand einer ausgewählten Sequenz aus einem Therapiegespräch soll gezeigt werden, wie mit Hilfe des Interpretationsverfahrens der objektiven Hermeneutik die spezifische Komplexität der Bedeutungsstruktur therapeutischer Interaktion rekonstruiert werden kann.

Die methodologische Position und das Interpretationsverfahren der objektiven Hermeneutik wurden von der Forschungsgruppe um Ulrich Oevermann entwickelt und in ihren Veröffentlichungen ausführlich beschrieben und begründet (Oevermann u. a. 1976 u. 1979). Das Interpretationsverfahren soll hier deshalb in abstrakter Form nur kurz charakterisiert und dann in seiner konkreten exemplarischen Anwendung auf eine Gesprächssequenz dargestellt werden, wobei die Sequenzanalyse abweichend von einer strengen Durchführung des Verfahrens der objektiv-hermeneutischen Feinanalyse an kenntlich gemachten Stellen Kontextwissen verwendet und zusammenfassend verfährt.

Die Bezeichnung »objektive Hermeneutik« grenzt das Verfahren ab von solchen Interpretationsmethoden, die unmittelbar auf die Rekonstruktion oder das Erschließen der Intention der Handelnden ausgerichtet sind; ebenso von den in alltäglicher Interaktion von den Akteuren implizit vorgenommenen Interpretationen der Handlungen und Äußerungen ihrer Interaktionspartner, die, da diese Interpretationen unter Handlungsdruck vorgenommen werden, auf ein möglichst rasches Erfassen der vermuteten Intentionen der Interaktionspartner ausgerichtet sind.

Die objektive Hermeneutik geht davon aus, daß in Interaktionen Bedeutungsstrukturen emergieren, die von den an der Interaktion beteiligten Subjekten nur zu einem kleinen Teil intendiert oder nachträglich realisiert werden. Das Interpretationsverfahren hat das Ziel, diese Bedeutungsstrukturen sowie den selektiven Umgang der Subjekte mit diesen Bedeutungsstrukturen zu rekonstruieren. Bei der Analyse von Gesprächssequenzen werden ohne Vorgriff auf den weiteren Gesprächsverlauf die Bedeutungsmöglichkeiten (Lesarten) der einzelnen Äußerungen nacheinander expliziert. Nach jeder Äußerung werden die Optionen, d. h. die möglichen Handlungsalternativen für die Gesprächsteilnehmer notiert, und bei der Interpretation der darauf folgenden Äußerung werden dann zugleich die aus den angegebenen Handlungsalternativen faktisch getroffenen Selektionen expliziert.

Die ausgewählte Sequenz stammt aus einem Gespräch einer Psychoanalytikerin mit einem Ehepaar. Die Gespräche mit diesem Ehepaar waren Teil eines Familienprojekts.[1] Der Kontakt zu der Familie kam über eine Erziehungsberatungsstelle zustande, an die sich die Eltern wegen der Schwierigkeiten mit ihrer Tochter gewandt hatten. Die Eltern gaben an, daß das Mädchen (zu diesem Zeitpunkt vier Jahre alt) noch einkote und allgemein viele Probleme mache. Ihnen wurde in Aussicht gestellt, daß sie durch die Teilnahme an der Untersuchung Hilfe bei ihren Schwierigkeiten erwarten könnten.

Der den Gesprächen mit der Psychoanalytikerin vorangehende Teil der Untersuchung umfaßte unstrukturierte Hausbeobachtungen mit den Eltern, psychodiagnostische Untersuchungen der Tochter und der Eltern sowie (von anderen Psychoanalytikern durchgeführte) Erstinterviews mit den Eltern. Die ca. 1½stündigen Gespräche der Psychoanalytikerin mit den Eltern folgten nach einer Pause von etwa 1½ Jahren. Die analysierte Gesprächssequenz stammt aus dem ersten einer Reihe von insgesamt 12 Gesprächen, die die Psychoanalytikerin mit dem Ehepaar im Sigmund-Freud-Institut führte.[2]

Interpretation einer Gesprächssequenz

Der Gesprächsausschnitt

(1) V Und da sin'mer, die ganze Woche sin'mer eigentlich immer beschäftigt. Gell. (zu P., lächelnd)
(2) P Hm.
(3) V Jetz wie heute, da mußt ich auch noch ma ne Besorgung machen,
(4) P Hm.
(5) V gell, des läßt/ließ sich gar net vermeiden.
(Pause)

(6) P So daß sich eigentlich notwendig die Situation ergibt, wenn ich ein Wort von Ihnen aufgreifen darf, daß die Familie in den Windschatten tritt. Gegenüber dem,
[was Sie beruflich machen.
(7) V [We'mer, we'mer des
so will, ja aber äh . . in anderer Hinsicht, wenn ich dann wirklich mal frei habe, zum Beispiel so an Feiertagen, wie jetzt Ostern oder Pfingsten,

(8) P Hm.

(9) V gell, dann äh . . wenn ma nichts mit'm Geschäft zu tun ist, dann liegen wir uns daheim meistens äh in'n Haaren, gell meine Frau, die erwartet dann äh . . plötzlich Initiative, häusliche Initiative von mir, während ich mich dann meistens äh ausruhen un' erholen will.

(10) P Hm.

(11) V gell, weil ja dann äh ein über'n andern Tach die/der Alltach halt doch wieder losgeht.

(Verwendete Abkürzungen und Zeichen: V = Vater; P = Psychoanalytikerin. – Simultan gesprochene Äußerungen wurden durch Partiturzeichen gekennzeichnet.)

Kontextinformation

Der ausgewählten Gesprächssequenz ging eine längere Passage voraus, in der das Ehepaar über Probleme mit den Kindern und Streitigkeiten der Kinder untereinander berichtet hatte. Dabei deutete sich an, daß es in diesem Zusammenhang auch zu Konflikten zwischen den Eltern kommt. Als daraufhin P. zugleich kommentiert und fragt: »Da ist viel los bei Ihnen, nicht?«, beantwortet V. diese Frage in einem ausschließlich instrumentellen Sinn, den angesprochenen Beziehungsaspekt ausblendend: »Na ja, da ist schon allerhand zu tun«. Damit leitet er eine ausführliche Darstellung der mit dem Geschäft verbundenen Verpflichtungen ein, wobei er darlegt, wie stark die Familie, insbesondere er selbst, durch das auch samstags und sonntags geöffnete Geschäft in Anspruch genommen wird. Er sei »überwiegend schon durch das Geschäft gebunden«, und seine Frau müsse ihm da, obwohl sie den Haushalt und die Kinder habe, teilweise auch noch behilflich sein. An diese Ausführungen schließt 1 V an.

(1) V »Und da sin'mer, die ganze Woche sin'mer eigentlich immer beschäftigt. Gell.« (zu P., lächelnd)

Da das »da« nicht betont ist, kann es hier nicht die Funktion einer lokalen Deixis haben; die Äußerung ist also als Resümee zu lesen (›und so kommt es dann, daß wir . . .‹).

Die Feststellung, daß sie (V. und M.) die *ganze* Woche hindurch *»eigentlich immer«* beschäftigt seien, impliziert, daß für andere Dinge, die nicht als Beschäftigung definiert sind, eigentlich keine Zeit bleibt, zumal V. vorher darauf hingewiesen hatte, daß das Geschäft jeden Tag, auch samstags und sonntags, geöffnet ist. Selbst wenn man faktisch nicht dauernd beschäftigt sein sollte: *eigentlich* ist man es doch immer.

Das »gell« am Ende einer lächelnd an P. adressierten Äußerung impliziert einen Versuch, eine Ebene relativer Gleichrangigkeit und Intimität in Anspruch zu nehmen und ein Einverständnis herzustellen.

1 V ist als Resümee im Sinne einer festzuhaltenden Schlußfolgerung aus der ausführlichen Darstellung der mit dem Geschäft verbundenen Aufgaben formuliert. Diese Darstellung ist zusammen mit der sie einleitenden Feststellung, daß da »allerhand zu tun« sei, als V.s Antwort auf die Frage »Da ist viel los bei Ihnen, nicht?« zu lesen. Als pointiert formuliertes Resümee (daß sie *immer* beschäftigt seien) enthält 1 V dadurch die Bedeutung eines entschiedenen Vorbehalts gegen die in P.s Frage implizit enthaltene Aufforderung an V. und M., sich über ihre Beziehung zu äußern, und damit zugleich gegen bereits vorher in eine ähnliche Richtung gehende Versuche P.s, die Ehebeziehung zum Thema zu machen.

Obwohl in V.s Bericht in erster Linie von *seinen* geschäftlichen Verpflichtungen die Rede war, bezieht er in dem Resümee seine Frau mit ein. Dadurch wird M. auf seine Einschätzung der Situation festgelegt und indirekt auch auf seine gemeinsame Abgrenzung gegen mögliche Ansprüche von P.

Optionen für die Gesprächspartner bezüglich 1 V: M. kann (explizit oder stillschweigend) akzeptieren oder zurückweisen, daß V. sie in dieser Weise einbezieht, oder sie kann die von ihm gegebene Situationsdefinition korrigieren. P. ist direkt adressiert und durch das »gell« zu einer zustimmenden Antwort aufgefordert. Vom Inhalt her, insbesondere durch den gravierenden Charakter der mit ihr aufgestellten Behauptung, enthält die Äußerung eine Aufforderung, in irgendeiner Weise Stellung zu nehmen (etwa im Sinne des Bezeugens von Verständnis für die geschilderte Situation oder im Sinne der Äußerung eines Zweifels an der Richtigkeit der aufgestellten Behauptung).

(2) P »Hm«.

Es gibt in der Linguistik nur erste Ansätze zur Unterscheidung von unterschiedlichen Typen und Funktionen dieses Hörersignals.[4] 2 P wie auch die anderen »Hms« in dieser Sequenz sind alle sehr kurz und weisen eine ebene Tonstruktur auf. Die Bedeutungen derartiger Signale sind sehr schwer zu interpretieren, mit einiger Sicherheit läßt sich aber doch Folgendes sagen: Dieser Typ von »Hm« (was andere Typen bedeuten, können wir hier offenlassen) bestätigt, daß die vorhergehende Äußerung gehört und zur Kenntnis genommen wurde, ohne daß zugleich eine Zustimmung ausgedrückt wird.

Wenn wir jetzt im Falle von 2 P berücksichtigen, an welcher Stelle des Interaktionsverlaufs dieses Hörersignal der Psychoanalytikerin steht, welche Optionen nach 1 V gegeben waren und welche Alternativen zu 2 P *nicht* realisiert wurden, dann sehen wir, daß 2 P auch die Bedeutung einer Aufforderung zukommt, die in 1 V aufgestellte Behauptung, die durch 2 P unbestätigt geblieben ist, weiter zu explizieren oder zu begründen.

Optionen bez. 2 P: V. ist aufgefordert, fortzufahren und die unbestätigt gebliebene Behauptung weiter zu explizieren.

(3) V »Jetzt wie heute, da mußt ich auch noch ma ne Besorgung machen«
(5) V »gell, des läßt/ließ sich gar net vermeiden.«

(Um die Interpretation zu straffen, werden 3 V und 5 V hier zusammen und 4 P danach interpretiert.) Die Feststellung, daß sie immer beschäftigt seien, wird an einem Beispiel verdeutlicht. Als exemplarische Veranschaulichung oder als Beleg für die generalisierende Behauptung, daß sie die ganze Woche hindurch *immer* beschäftigt seien, ist ein Hinweis auf eine *einzelne* Besorgung untauglich; dieser Hinweis ergibt jedoch einen Sinn, wenn man berücksichtigt, daß es hier um den Wochentag geht, der in der

Familie als V.s »freier Tag« bezeichnet wird und der deshalb als Tag für die Gespräche mit P. gewählt wurde (Rückgriff auf Kontextinformationen). V. kann also davon ausgehen, daß P. weiß, daß es hier um seinen freien Tag geht. In der Darstellung der geschäftlichen Verpflichtungen, bei der V. besonders betont hatte, daß das Geschäft jeden Tag, auch samstags und sonntags geöffnet ist, war dieser Tag, an dem ihn seine Mutter oder andere Familienangehörige im Geschäft vertreten, nicht erwähnt worden. Jetzt wird die Information nachgeliefert, daß auch an diesem Tag unvermeidbare Verpflichtungen zu erfüllen sind.

Im Hinblick auf die aktuelle Sprechsituation erhält dieser Hinweis durch den Kontext noch eine spezifische Bedeutung, die das Verhältnis zu den Gesprächen und zu P. betrifft. Vom Kontext her kann es sich bei der erwähnten Besorgung nur um jene Besorgung handeln, die V. zu Beginn des Gesprächs als Grund für ihre Verspätung angeführt hatte: sie hätten noch etwas zu besorgen gehabt und auf dem Weg ins Geschäft seien sie in einen Verkehrsstau gekommen – »sonst hätt des grad noch geklappt«. Die Implikation, daß die Zeit äußerst knapp kalkuliert war, enthielt zusammen mit der Form der Äußerung, die nicht als Entschuldigung, sondern als ohne Ausdruck von Bedauern formulierte Erklärung[5] vorgebracht worden war, eine leichte tendenzielle Entwertung des Gesprächs. Diese Entwertung wird jetzt dadurch verstärkt, daß implizit festgestellt wird, daß derartige Besorgungen in jedem Fall vorgehen müssen, eine unvermeidbare Priorität auch vor den Gesprächen mit P. haben. Die Gespräche mit P. werden also als etwas behandelt, das im Hinblick auf seine Relevanz hinter Besorgungen, die als unaufschiebbar gelten, zurücktritt und im Konfliktfall zurückzustehen hat, so daß sich auch mögliche Verspätungen bei den Gesprächen mit P. wiederholen können. (Die implizierte Drohung für die Zukunft wird durch die Selbstkorrektur (Präteritum für Präsens) abgeschwächt, nicht jedoch aufgehoben, da die erwähnte Besorgung exemplarisch für einen immer bestehenden Zustand permanenten Beschäftigtseins steht.)

(4) P »Hm.«

Dieses »Hm« ist 2 P sehr ähnlich (siehe dort). 4 P hat den Charakter eines kurzen Einwurfs, der nicht als Zustimmung, sondern nur als Bestätigung gehört werden kann, daß P. verstanden hat, um welche Besorgung es sich handelt.

Optionen (bez. 3 + 5 P): Die Äußerung V.s explizit oder stillschweigend zu akzeptieren würde bedeuten, sich in das Nicht-Vermeidbare zu fügen. M. und P. sind »Betroffene«, insbesondere aber P. wegen der Art, wie V. hier sie und die gemeinsamen Gespräche »behandelt«.

(6) P »So daß sich eigentlich notwendig die Situation ergibt, wenn ich ein Wort von Ihnen aufgreifen darf, daß die Familie in den Windschatten tritt. Gegenüber dem, was Sie beruflich machen.«

Die Einleitung des Redebeitrags »So daß sich ... ergibt« kennzeichnet ihn als eine Schlußfolgerung aus dem vorher Gesagten. P. formuliert wie jemand, der lediglich einen Gedankengang vervollständigt, den der vorhergehende Sprecher begonnen hat; wie jemand, der mitgedacht hat, um dann eine Schlußfolgerung zu ziehen, die bereits impliziert, jedoch nicht ausgesprochen war.

Kontextinformation zu: »Wenn ich ein Wort von Ihnen aufgreifen darf ...« V. hatte von »Windschatten« gesprochen, als er zu erklären versuchte, warum es seiner Ansicht nach zu Schwierigkeiten bei ihrer Tochter gekommen war. Dabei führte er u. a. an, daß das Kind »immer so'n bißchen im Windschatten von dem ersten Kind aufgewachsen« sei und daß sie da vielleicht auch ein bißchen zuviel vorausgesetzt hätten. Er gebrauchte das Bild in der Weise, daß es eine Situation bezeichnet, in der Eltern ein jüngeres Kind überfordern, weil sie altersbedingte Unterschiede gegenüber dem älteren nicht wahrnehmen und beachten und ihm dadurch nicht gerecht werden. V. hat das »im Windschatten aufwachsen« also als Metapher für ein Verhältnis der Benachteiligung benutzt, das Probleme produziert.

Richtig interpretiert bezeichnet die Metapher eine Situation des Aufwachsens in einem windgeschützten Raum und damit in diesem Fall eine familiale Situation, in der ein Kind in einem Schonraum aufwächst, d. h., ohne den Wind abzubekommen, dem das Erstgeborene ausgesetzt ist. Bemerkenswert ist, daß V. diese Textbedeutung offenbar nicht realisiert. (Daß sie jedoch auch einen Aspekt der Situation der Kinder in dieser Familie trifft, sei hier nur angedeutet.)

Wenn P. in ihrem Redebeitrag das Bild vom Windschatten

verwendet und das als Aufgreifen von V.s Formulierung kennzeichnet, dann impliziert das, daß die Metapher mindestens zunächst einmal in dem Sinn verstanden werden muß, in dem V. sie benutzt hat, nämlich im Sinne eines Bildes für eine Situation des Benachteiligtseins und des Nicht-gerecht-Werdens, die Probleme schaffen kann. 6 P. präsupponiert, daß es in der Konsequenz von V.s Ausführungen liegt, daß die Familie im Verhältnis zum Geschäft in eine Situation gerät, die genauso problematisch ist, wie es seiner Darstellung zufolge die Situation seiner Tochter im Verhältnis zu ihrem Bruder war.

Bei der Aufzählung der Optionen für die Hörer wurde darauf hingewiesen, daß P. die unmittelbar »Betroffene« ist hinsichtlich der Art, wie V. sie und die gemeinsamen Gespräche behandelt. Auf den ersten Blick sieht es so aus, als würde 6 P dazu nicht Stellung nehmen und nur die impliziten Konsequenzen von V.s Ausführungen im Hinblick auf die Situation der Familie thematisieren, tatsächlich ist implizit über die kontextuelle Plazierung des Redebeitrags in 6 P zugleich mit angesprochen, was mit P.s Bemühungen gerade aktuell in der Gesprächssituation passiert ist: P. hatte mögliche Probleme der Familie, in diesem Fall mögliche Konflikte des Paares, angesprochen, und, indem V. auf das Geschäft auswich, war im Gespräch mit P. die Familie mit ihren Problemen unversehens auch in den Hintergrund (Schatten) getreten gegenüber dem, was V. beruflich macht. Über diese Bedeutung von 6 P wird also implizit auch V.s Abgrenzung gegenüber diesem Gespräch thematisiert. (Die Anknüpfung mit »so daß« erlaubt sowohl die Lesart »nach dem, was Sie sagen« wie auch die Lesart »nach dem, was hier eben passiert ist«.)

Die positive, d. h. die adäquate Interpretation der Windschatten-Metapher ergibt folgende Lesart für 6 P: ›Es ergibt sich notwendig die Situation, daß die Familie in einen Schonraum gerät, von dem »Wind« verschont bleibt, dem sie ausgesetzt wäre, wenn es das Geschäft nicht gäbe‹. Bezogen auf die aktuelle Gesprächssituation verweist diese Lesart darauf, daß V., als P. familiale Konflikte zu thematisieren versuchte, auf die geschäftlichen Verpflichtungen ausgewichen war und diese mit dem impliziten Hinweis auf seine begrenzte Verfügbarkeit wie einen Schutzschild gegen unerwünschte Erwartungen von P.s Seite benutzt hatte.

Um die Darstellung der Analyse hier abzukürzen, soll die

Interpretation der folgenden Äußerungen zusammengefaßt werden. Dabei werden nur die Bedeutungen herausgearbeitet, die als wesentlich im Hinblick auf die Frage angesehen werden können, wie 6 P von V. verarbeitet wird. 8 P und 10 P bleiben dabei unberücksichtigt.

Optionen bez. 6 P: V. wurde direkt angesprochen. Durch die thematisierten problematischen Sachverhalte enthält 6 P einen starken Aufforderungscharakter, Stellung zu nehmen.

(7) V »We'mer, we'mer des so will, ja aber, äh . . in anderer Hinsicht, wenn ich dann wirklich mal frei habe, zum Beispiel so an Feiertagen, wie jetzt Ostern oder Pfingsten«,

(9) V »gell, dann äh . . wenn ma nichts mit'm Geschäft zu tun ist, dann liegen wir uns daheim meistens, äh in'n Haaren, gell meine Frau, die erwartet dann äh . . plötzlich Initiative, häusliche Initiative von mir, während ich mich dann meistens ausruhen un erholen will«,

(11) V »gell, weil ja dann ein über'n andern Tach die/der Alltach halt doch wieder losgeht.«

V. qualifiziert P.s Äußerung als eine zwar nicht falsche, jedoch relativ beliebige und nicht sehr relevante Sicht, die auf jeden Fall einseitig ist, nur eine Seite der in Frage stehenden Angelegenheit trifft. V. stellt demgegenüber die andere Seite dieses Sachverhalts heraus: Wenn er wirklich mal frei hat, wenn einmal nichts »mit dem Geschäft« zu tun ist, dann gebe es meistens zwischen ihnen Streit. Als Grund gibt er eine Diskrepanz in den Erwartungen bzw. Bedürfnissen an: M. erwarte »plötzlich«, daß er von sich aus zu Hause etwas tue, während er sich ausruhen und erholen wolle. Seine Begründung präsupponiert, daß die Freizeit (das »frei haben«) im Dienst des Alltags zu stehen habe, und daß auch in dieser Hinsicht dem Geschäft Priorität vor den Erwartungen »häuslicher Initiative« zukomme.

Gerade die Passagen der auf 6 P folgenden Äußerungen, die als Einwände gegen 6 P formuliert sind, enthalten also eine Bestätigung der Interpretation, daß die Familie gegenüber dem Geschäft in den Hintergrund tritt: Es wird deutlich, daß V. nur sehr selten einmal »wirklich frei« hat, nur sehr selten »mal nichts mit dem Geschäft zu tun« ist, und daß für ihn diese Zeit auch noch im Dienst der Erholung von seiner beruflichen Tätigkeit steht.

Die in 6 P enthaltene Interpretation über das Verhältnis von Geschäft und Familie wird als Behauptung über einen Sachverhalt bestätigt, die Bewertung dieses Sachverhalts wird jedoch ins Gegenteil gewendet: Problematisch ist nicht das Zurücktreten der Familie hinter den Beruf, sondern Probleme entstehen umgekehrt gerade dann, wenn die Familie einmal nicht im Schatten des Geschäfts steht. Damit tritt zugleich die positive Bedeutung von Windschatten im Sinne von Schonraum hervor: Der Hinweis auf die Konflikte in den Situationen, die von geschäftlichen Verpflichtungen frei sind, impliziert, daß die mindestens vergleichsweise größere Ruhe (Windstille) zwischen den Ehepartnern im Alltag dem Geschäft zu verdanken ist.

Schlußfolgerungen

Den Regeln der objektiven Hermeneutik entsprechend wurde, um Zirkelschlüsse zu vermeiden, bei der Interpretation der Gesprächssequenz von Vorwissen über Therapiegespräche abgesehen und das Gesprächsprotokoll wie ein beliebiger Text analysiert. Jetzt soll noch die Richtung angedeutet werden, in der in einem zweiten Schritt, von der Rekonstruktion der Textdeutungen ausgehend, Vorwissen über therapeutische Gespräche eingeführt und z. B. das in der Sequenz sich zeigende Kommunikationsverhalten der Psychoanalytikerin im Hinblick auf mögliche Funktionen für therapeutische Prozesse betrachtet werden kann.

Wenn man das Kommunikationsverhalten der Psychoanalytikerin in der ausgewählten Sequenz insgesamt betrachtet, ist zunächst festzuhalten, daß sie überwiegend einen bestimmten Typ des Hörersignals »Hm« benutzt, der keine Zustimmung zu den Äußerungen des vorhergehenden Sprechers enthält. Die Abfolge 1 V-2 P zeigte, daß dieses Hörersignal selbst nach einer Klientenäußerung eingesetzt werden kann, die einen relativ starken Appell enthält, der in ihr formulierten Behauptung zuzustimmen oder in anderer Weise positiv zu ihr Stellung zu nehmen. In der Abfolge 1 V-5 V wird deutlich, daß das Hörersignal die Funktion erfüllen kann, zur weiteren Explikation oder zum Fortfahren anzuregen und dadurch genügend »Material« zu bekommen, durch das Sinnzusammenhänge sichtbar und dem Klienten demonstriert werden können.

Die einzige längere Äußerung der Psychoanalytikerin in der

analysierten Sequenz kommentiert die Äußerungen des Vaters im Hinblick auf die impliziten Konsequenzen für das Verhältnis von Familie und Berufsarbeit. Von der Oberflächenstruktur her hat diese Äußerung, worauf bereits hingewiesen wurde, die Form einer Schlußfolgerung, die V. selbst auch hätte ziehen können. Durch das Zitat der Windschatten-Metapher erinnert die Psychoanalytikerin V. jedoch zugleich daran, daß er selbst bereits eine ähnliche Situation als problematisch, als Ursache für Schwierigkeiten qualifiziert hatte: indem er nämlich das Symptom seiner Tochter damit erklärte, daß sie im Windschatten des ersten Kindes aufgewachsen sei. Im Hinblick auf die Situation seiner Tochter hatte V. gezeigt, daß er ein Bewußtsein davon hat, daß es problematisch ist, wenn Menschen nicht genügend beachtet werden, in den Hintergrund treten. P. konfrontiert V. also mit einem Zweifel an seiner Haltung gegenüber der Familie, den er hier nicht zeigt, von dem man aber angesichts des in anderem Zusammenhang zum Ausdruck gebrachten Problembewußtseins annehmen kann, daß er diesen Zweifel insgeheim auch im Hinblick auf die Situation seiner Familie haben muß.

Die impliziten Vorbehalte gegenüber der Therapeutin und den Gesprächen mit ihr werden nicht direkt thematisiert, nur indirekt insofern, als 6 P die Lesart zuläßt, daß in der aktuellen Gesprächssituation die Familie auch gegenüber dem Geschäft in den Hintergrund getreten ist. Das ist nicht typisch für die Gespräche insgesamt, vielmehr werden im weiteren Verlauf implizit geäußerte Vorbehalte gegen die Gespräche von der Psychoanalytikerin häufig direkt zum Thema gemacht. Daß hier solche Vorbehalte nicht direkt angesprochen werden, hängt sehr wahrscheinlich damit zusammen, daß die ausgewählte Sequenz aus der Anfangsphase der Gespräche stammt, in der noch keine explizite oder implizite gemeinsame Situationsdefinition im Hinblick auf Ziel und Charakter der Gespräche erreicht und Probleme der Familie noch kaum deutlich geworden waren. Vielmehr hatte das Ehepaar, insbesondere V., sich andeutende Probleme bagatellisiert oder als bereits gelöste dargestellt. Auf diesem Hintergrund kann die vorliegende Sequenz als ein Wendepunkt im Verlauf des ersten Gesprächs betrachtet werden, denn nach 6 P werden zum ersten Mal Konflikte der Ehebeziehung offen thematisiert.

6 P ist nicht als Meinungs- oder Urteilsäußerung der Psychoanalytikerin formuliert, sondern als Schlußfolgerung aus den Äu-

ßerungen des Vaters. 6 P expliziert Präsuppositionen, und zwar sowohl auf den Inhalts- wie auf den Beziehungsaspekt bezogene (pragmatische) Präsuppositionen. Diese werden deutlich als Schlußfolgerung aus dem Gesagten formuliert. In den ersten Gesprächen fiel auf, daß Interventionen der Psychoanalytikerin häufiger auf diese oder ähnliche Weise ausdrücklich gekennzeichnet waren. Die Annahme liegt nahe, daß das damit zusammenhängt, daß am Anfang einer Therapie und insbesondere dort, wo noch kein Konsens über die Situationsdefinition hergestellt ist, die Möglichkeit von Mißverständnissen über den Verwendungssinn von Interventionen besonders groß ist. Nach den Regeln der analytischen Technik hat der Therapeut keine bewertende Stellungnahme vorzunehmen, vielmehr soll er die in den Äußerungen des Klienten sich ausdrückenden vor- oder unbewußten Gedanken und Gefühle deuten oder mit ihnen konfrontieren. Wenn der Patient oder Klient solche Deutungen oder Konfrontationen prinzipiell im Sinne einer wertenden Stellungnahme oder eines Urteils des Therapeuten verstehen würde, würde das ein Mißverständnis des Verwendungssinns solcher Interventionen bedeuten. (Daß der Patient auf Grund einer bestimmten Übertragungssituation sie in dieser Weise erleben kann, steht gleichsam auf einem anderen Blatt. Als Übertragungsreaktion läßt sich dieses Erleben jedoch nur auf Grund der getroffenen Unterscheidung fassen.) Im vorliegenden Fall hat V. wahrscheinlich trotz der im beschriebenen Sinne »vorsichtigen« Formulierung der Intervention 6 P als Kritik wahrgenommen. Für diese Annahme spricht, daß seine auf 6 P folgenden Äußerungen sich als Rechtfertigung (durch eine Beschuldigung seiner Frau) lesen lassen.

Die extensive Analyse einer Gesprächssequenz hat eine sehr komplexe Bedeutungsstruktur freigelegt. Abgesehen davon, daß der Interpret eines Textes ohnehin bestenfalls Vermutungen über die Intentionen der Sprecher anstellen könnte, läßt es die Komplexität dieser Struktur höchst unwahrscheinlich erscheinen, daß die rekonstruierten Bedeutungen alle oder auch nur zu einem überwiegenden Teil intendiert waren. Ein Moment dieser Komplexität bestand darin, daß die von der Psychoanalytikerin zitierte Metapher durch den Kontext, in dem sie zuerst verwendet wurde, eine gegenüber den im allgemeinen Sprachgebrauch implizierten Bedeutungen zusätzlich neue Bedeutungen erhalten hat. In den neuen Verwendungskontext gerückt, transportiert die Metapher diese neuen Bedeutungen mit, ohne daß dies ausgesprochen und begründet werden müßte. Zugleich kommt im neuen Kontext die richtige Bedeutung des Bildes zur Geltung, wodurch rückwirkend auch der alte Kontext einer neuen Interpretation offensteht. Dieser Bedeutungszuwachs ist ein Produkt des sich strukturierenden Gesprächs, der Interaktion zwischen der Psychoanalytikerin und den Klienten, und nicht dem einzelnen Sprecher zurechenbar. Diese Gesichtspunkte sowie die Überlegung, daß es im Hinblick auf die Frage nach der therapeutischen Wirkung von Interventionen nicht entscheidend ist, was jeweils vom Therapeuten intendiert war, lassen es sinnvoll erscheinen, die objektive Bedeutungsstruktur therapeutischer Interaktion zu rekonstruieren.

Anmerkungen

1 Die Therapiegespräche stammen aus dem Forschungsprojekt »Elternhaus und Schule«, das vom Max-Planck-Institut für Bildungsforschung unter der Leitung von Ulrich Oevermann, L. Krappmann und Kurt Kreppner durchgeführt wurde. Der Teil des Projekts, zu dem diese Gespräche gehörten, wurde in Zusammenarbeit mit dem Sigmund-Freud-Institut in Frankfurt von einer Forschungsgruppe unter der Leitung von Ulrich Oevermann bearbeitet.

2 Die Gespräche wurden – selbstverständlich mit Einwilligung des Ehepaares – mit Ton- und Videoband aufgezeichnet. Die vorgelegte Analyse stützt sich auf das Transkript der Tonaufzeichnung, das durch einige für die Adressierung von Äußerungen relevante Informationen vom Videoband (z. B. Blickrichtung beim Sprechen) ergänzt wurde.

3 Die Sequenzanalyse greift teilweise auf Interpretationen zurück, die zusammen mit Elisabeth Seyfarth erarbeitet wurden.

4 Zur Unterscheidung unterschiedlicher Typen des Hörersignals »Hm« vgl. Flader 1981.

5 Zur Unterscheidung verschiedener Typen von »accounts« vgl. Austin 1956 und Scott/Lyman 1968.

Literaturverzeichnis

Austin, J. L. (1956): A Plea for Excuses. In: *Philosophical Papers.* Oxford, London, New York 1961, 123-152.

Flader, D. (1981): Diskurs-Strukturen der Psychoanalytischen Therapie.

Antrag auf Fortsetzung einer Sachbeihilfe an die Deutsche Forschungsgemeinschaft (GHS Essen, Unveröff. Manuskript).

Oevermann, U. u. a. (1976): Beobachtungen zur Struktur der sozialisatorischen Interaktion. Theoretische und methodologische Fragen der Sozialisationsforschung. In: M. Auwärter, E. Kirsch, K. Schröter (Hrsg.): *Kommunikation, Interaktion, Identität.* Frankfurt a. M.: Suhrkamp, 371-403.

– u. a. (1979): Die Methodologie einer objektiven Hermeneutik und ihre allgemeine forschungslogische Bedeutung in den Sozialwissenschaften. In: H. G. Soeffner (Hrsg.): *Interpretative Verfahren in den Sozial- und Textwissenschaften.* Stuttgart: Metzler.

Scott, M. B./Lyman, St. (1968): Accounts. In: *American Sociological Review 33*, 46-62.

Michael Giesecke und Kornelia Rappe

Setting und Ablaufstrukturen in Supervisions- und Balintgruppen

Ergebnisse einer kommunikationswissenschaftlichen Untersuchung

Inhalt

Wir fragen in diesem Aufsatz nach den Aufgaben, die sich in einer Balintgruppensitzung den Teilnehmern und dem Leiter immer wieder stellen, und nach den Verständigungsproblemen, die bei der Abstimmung des kollektiven Handelns ständig wiederkehren.

Wir betrachten das Geschehen in den Gruppen also nicht in erster Linie unter einer psychoanalytischen, soziologischen oder lerntheoretischen Fragestellung, sondern unter dem Gesichtspunkt der Reziprozitätsherstellung.

Arbeitsaufgaben und Verständigungsprobleme werden u. E. in den Gruppen durch ein System wechselseitiger Annahmen (›Idealisierungen‹) bewältigt.

Ein Modell dieser Annahmen haben wir im Rahmen eines DFG-Projekts entwickelt. Wir stellen dieses Modell der ›Normalformerwartungen‹ in tabellarischer Form dar und erläutern seine Aussagen anhand von Beispielen aus den Tonaufzeichnungen einer Balintgruppe.

Abschließend beschreiben wir die konzeptionellen Rahmenbedingungen, das ›Setting‹, unter denen sich die Normalformerwartungen herausgebildet haben. Dabei gehen wir von der Annahme aus, daß sich das ›Setting‹ als eine komplexe Situationsdefinition des Gruppenleiters auffassen läßt.

1. Fragestellung und Gliederung

Die folgenden Überlegungen gehen auf die gemeinsame Arbeit in einem Projekt zur ›Erforschung interaktioneller Vorgänge in ausbildungs- und berufsbegleitenden Supervisions- und Balintgruppen‹ zurück.[1] Ziel dieses Projekts war eine kommunikations- und interaktionssoziologische Beschreibung des Gruppengeschehens, an die sich eine Interpretation der Ergebnisse mit Blick auf psychoanalytische Supervisionskonzeptionen anschloß.

In dem hier abgedruckten Aufsatz beschränken wir uns darauf, die Ergebnisse der kommunikationswissenschaftlichen Untersuchung vorzustellen. Von einem kommunikations- und interaktionssoziologischen Standpunkt aus lassen sich psychoanalytisch orientierte Supervisionsgruppen und Balintgruppen als eine Institution beschreiben, die durch eine bestimmte, institutionalisierte Situationsdefinition und durch Normalformerwartungen charakterisiert werden kann.[2]

Unter ›Normalformerwartungen‹ verstehen wir ein System von Idealisierungen, die von den Interaktionspartnern zur Bewältigung von Verständigungsproblemen und zur Lösung von Arbeitsaufgaben vorzunehmen sind.

Unsere Fragestellung bei der Ausarbeitung des Normalformmodells lautete entsprechend:

Welche *Arbeitsaufgaben* stellen sich für die Gruppenmitglieder, um die institutionellen Ziele zu erreichen?
Welche *Verständigungsprobleme* tauchen dabei auf und wie werden sie gelöst?

Wir teilen die Ergebnisse dieser Untersuchung, die wir als ›Normalformrekonstruktion‹ bezeichnen, in Kapitel 3 in tabellarischer Form mit und erläutern sie in groben Zügen.

Im Anschluß daran soll das Normalformmodell zur Analyse des Geschehens in einer Balintgruppe verwendet und dabei unsere Annahmen über die handlungsleitenden und orientierungsrelevanten Idealisierungen weiter präzisiert werden.

In einem weiteren Kapitel stellen wir ein Konzept zur Erfassung der Situationsdefinition vor, die in den Gruppen von den Leitern vorgenommen wird und unter der sich die Normalformerwartungen bei den Teilnehmern herausgebildet haben.

Wir systematisieren anschließend Äußerungen, die M. Balint und D. Eicke in ihren theoretischen Schriften über das ›Setting‹ und die konzeptionellen Ziele der Gruppenarbeit formuliert haben, mithilfe des Konzepts der Situationsdefinition.

Wir können in diesem Aufsatz nicht auf die kommunikationswissenschaftlichen und konversationsanalytischen Methoden eingehen, die wir bei unserer Untersuchung verwendet haben. Ein Überblick über die theoretischen und methodologischen Grundannahmen des interdisziplinären Projekts wird in dem Manuskript ›Nutzen, Möglichkeiten und Methoden einer kommunikationswissenschaftlichen Untersuchung von psychoanalytisch orientierten Therapie- und Arbeitsgruppen‹ (Giesecke 1981) gegeben. Eine exemplarische Anwendung der Verfahren der ›Normalformanalyse‹ nimmt der Projektmitarbeiter H. Müller in einer ebenfalls unveröffentlichen Fallstudie vor.

2. Datenbasis

Das empirische Material, an dem unsere Annahmen über die Arbeitsaufgaben und die Verständigungsprobleme gewonnen wurden, stammt hauptsächlich aus einer Balintgruppe, die Dieter Eicke leitete. Der Ko-Leiter der Gruppe war Adrian Gaertner. Teilnehmer dieser Gruppe waren Mitarbeiter verschiedener Institutionen der Supervisionsausbildung, die neben dieser Tätigkeit auch im Rahmen des Kasseler Studiengangs ›Supervision‹ als Lehrsupervisoren tätig waren. Die Sitzungen dieser Gruppe wurden über den Zeitraum von zwei Jahren auf Tonträger aufgezeichnet und anschließend nach einem besonderen Verfahren ›verschriftlicht‹, transkribiert. In einer späteren Phase der Projektarbeit dienten uns als Informationsquellen auch Interviews und wöchentliche Auswertungsgespräche mit dem Gruppenleiter und dem Ko-Supervisor sowie Veröffentlichungen über die Arbeit in Balintgruppen von Michael Balint und Dieter Eicke. Zur Ergänzung und Überprüfung unserer Hypothesen standen uns weiterhin folgende Quellen zur Verfügung:

- Eine Auswertung des unbewußten Gruppenprozesses der Balintgruppe durch einen externen Psychoanalytiker;
- Protokolle einer »Auswertungssitzung«, in der die Teilnehmer der Balintgruppe mit den Ergebnissen der Auswertung des unbewußten Gruppenprozesses bekannt gemacht werden;
- mehrere Transkriptionen von Balintgruppensitzungen, die Ulrich Rosin uns zur Verfügung stellte und kommentierte;
- zwei Diskussionen mit Teilnehmern einer untersuchten Supervisionsgruppe über unsere Rekonstruktionen handlungsleitender Erwartungen;
- Hospitationen einzelner Projektmitarbeiter bei weiteren Balintgruppenleitern.

3. Das Modell der Normalformerwartungen in Balintgruppen

3.1. Fragestellung und Genese des Modells der Normalformerwartungen

Wir haben unsere Analyse der interaktionellen Vorgänge in den Supervisions- und Balintgruppen damit begonnen, daß wir nach Regelmäßigkeiten im Ablauf der einzelnen Sitzungen der verschiedenen Gruppen suchten. Leitender Gesichtspunkt war für uns dabei die Frage nach den Problemen, die bei der Herstellung der Reziprozität in diesen Sitzungen auftreten, nach der Reihenfolge, in der diese Probleme auftauchen und nach den Mechanismen, mit denen sie bewältigt werden.

Ergebnis der Auswertung ist ein Modell der Erwartungen, die die Verständigung und den Interaktionsablauf in den Gruppen regeln, der sogenannten Normalformerwartungen.

Als Untersuchungsmaterial verwendeten wir zunächst ausschließlich Transkriptionen der Gruppensitzungen. Später kamen Befragungen des Leiters nach den institutionellen Arbeitszielen und Gespräche mit Gruppenteilnehmern zur Überprüfung unserer Hypothesen und zur Gewinnung zusätzlichen Datenmaterials hinzu.

Gegen Ende dieser Projektphase führten einzelne Mitarbeiter teilnehmende Beobachtungen in Balintgruppen anderer Leiter in Düsseldorf und Frankfurt durch. Dem kontrastiven Vergleich dienten auch mehrere Beobachtungssitzungen in Therapiegruppen, die von Psychoanalytikern geleitet wurden.[3] Auch von diesen Sitzungen standen uns Tonaufzeichnungen bzw. Transkriptionen zur Überprüfung unserer Eindrücke zur Verfügung.

In der Forschungsarbeit wechselten sich die Hypothesenbildung aufgrund kommunikationswissenschaftlicher Theorien über die Reziprozitätsherstellung und ihre Überprüfung in Fallstudien ab. Psychoanalytische Kategorien wurden bei der Auswertung zunächst nicht herangezogen. Dies ließ sich insofern durchhalten, als die wissenschaftlichen Mitarbeiter des Projekts über keine psychoanalytische, sondern über sprachwissenschaftliche und soziologische Ausbildungen verfügen.

Die Sequenzierung des Datenmaterials erfolgte anfangs mit den üblichen Verfahren der ethnomethodologisch orientierten Konversationsanalyse. Schrittweise erweiterten sich dabei unsere Methoden und Vorstellungen über die Mechanismen der Reziprozitätsherstellung. Wir bezeichnen das besondere Verfahren, das wir bei der Ausarbeitung des Modells der Normalformerwartungen benutzt und teilweise entwickelt haben als ›Normalformrekonstruktion‹. Eine systematische Darstellung dieses Verfahrens kann in diesem Aufsatz nicht geleistet werden. Wir beschränken uns darauf, den Gang der Untersuchung nachzuzeichnen und hoffen, dadurch einen Zugang zum Verständnis des Modells der Normalformerwartungen zu öffnen.

Bei der sequenziellen Analyse der Transkripitonen fiel uns auf, daß in den einzelnen Gruppensitzungen ganz unterschiedliche Aktivitäten durchgeführt werden.

Die einzige Aktivität, die in fast allen Sitzungen auftauchte, ist das ›Erzählen‹. Eine regelhafte Gemeinsamkeit im Ablauf der Sitzungen ließ sich erst finden, als wir nach Aufgaben suchten, die durch die verschiedenen Aktivitäten gelöst werden können. Hinter dieser Frage stand bei uns das Konzept, Handeln als ›Problemlösen‹ aufzufassen. Es zeigte sich dann, daß auf der Ebene der ›Aufgaben‹ Gemeinsamkeiten im Ablauf der einzelnen Sitzungen zu beobachten waren: zahlreiche unterschiedliche Aktivitäten wurden nämlich zur Lösung der gleichen Aufgabe eingesetzt. Folgende *Arbeitsaufgaben* tauchen in den Sitzungen mit monotoner Regelmäßigkeit auf:

- ein Falleinbringer/Erzähler muß ausgewählt werden;
- dieser muß eine Erzählung über ein persönliches berufliches Problem abliefern;
- das mitgeteilte Erlebnis muß gemeinsam bearbeitet werden;
- aus der Erzählung und ihrer Bearbeitung müssen Schlußfolgerungen für das Verhalten des Erzählers und seine professionelle Arbeit gezogen werden.

Sieht man sich diese Aufgaben an, so gewinnt man den Eindruck, daß sie nicht in einer beliebigen, sondern nur in der hier angeführten Reihenfolge auftreten können. Die vorangehende Aufgabe muß jeweils gelöst werden, bevor die nächste Aufgabe erfolgreich bearbeitet werden kann. Wir haben daraus die Hypothese entwickelt, daß es eine natürliche Logik des Ablaufs der institutionellen Arbeit gibt.

Da die eben erwähnten institutionellen Aufgaben nicht von einer einzelnen Person gelöst werden können oder sollen, sondern von mehreren Personen, ist Verständigung erforderlich. Das schafft neue Probleme, die einem anderen Typus zuzuordnen sind. Wir bezeichnen diese Probleme als Verständigungsprobleme oder Probleme der Reziprozitätsherstellung.[4]

Wir gehen davon aus, daß mit den vorgenannten institutionellen oder ›sozialen‹ Aufgaben folgende Probleme der *Reziprozitätsherstellung* verknüpft sind, die sich als Frage darstellen lassen:

- Wie einigen sich die Gruppenmitglieder untereinander auf einen Falleinbringer?
- Wie wird die Verständigung zwischen dem Erzähler und den übrigen Teilnehmern über sein berufliches Erlebnis hergestellt?
- Wie verständigen sich die Gruppenmitglieder mit dem Erzähler

über ihr Erleben und ihre Verarbeitung der Erzählung?
- Wie verständigen sich die Gruppenmitglieder (einschl. des Erzählers) und der Leiter über die Bedeutung der Erzählung und ihrer Verarbeitung für den Erzähler und für das professionelle Handeln?

Diese Fragen wurden von uns im wesentlichen aufgrund der zuvor ermittelten institutionellen Aufgabenstruktur erschlossen. Unter Rückgriff auf die theoretischen Annahmen von Alfred Schütz über die Mechanismen der Verständigungssicherung haben wir im Anschluß Hypothesen über mögliche Wege der Lösung dieser Verständigungsprobleme gebildet. Diese Hypothesen wurden dann an den Tonaufzeichnungen bzw. deren Transkriptionen überprüft.

Der Kern unserer theoretischen Überlegungen war, daß die Verständigungsprobleme durch unterschiedliche Typen von Idealisierungen (Erwartungen, Unterstellungen) gelöst werden. Wir nehmen nun – wie an anderer Stelle (Giesecke 1981) ausführlicher dargestellt ist – an, daß insbesondere drei größere Gruppen von Idealisierungen oder Regelmechanismen für das Verständnis der Vorgänge in den Gruppen von Bedeutung sind:

– Zum einen finden wir diejenigen Verfahren wieder, die auch in alltäglichen Gesprächen bei der Reziprozitätsherstellung eingesetzt werden. Wir werden diese Idealisierungen, Konversationspostulate und *kleinräumigen Gesprächsschemata,* die in der konversationsanalytischen Literatur beschrieben werden, in der folgenden Darstellung nicht besonders berücksichtigen.[5]

– Konstitutiv für den Ablauf der interaktionellen Vorgänge in den psychoanalytisch orientierten Supervisionsgruppen und in Balintgruppen ist weiterhin das ›Erzählen‹. Wir betrachten das *Erzählen* als eine kommunikative Interaktionsform, die durch eine Reihe von Erwartungen gekennzeichnet ist, die sich von den ›kleinräumigen‹ alltagsweltlichen Regeln des Sprecherwechsels unterscheiden. Die Erwartungen, die den Ablauf des Erzählens und der Verständigung zwischen dem Erzähler und seinen Zuhörern regeln, haben wir als ›Normalform‹ des Erzählens bezeichnet.[6]

– Der Rückgriff auf die alltagsweltlichen Regeln des Sprecherwechsels und auf das Modell der Normalform des Erzählens reicht nicht aus, um die kollektiven Verständigungsprozesse und die Organisation des Ablaufs der Aktivitäten in der Balintgruppe zu verstehen. Auffallende Verständnisschwierigkeiten bereitete uns eine besondere Klasse temporaler deiktischer Ausdrücke, deren Referenzraum zwar den Gruppenteilnehmern, nicht aber uns bekannt war, und der auch im Verlauf der Interaktion selten ausbuchstabiert wurde. An bestimmten Stellen des Interaktionsablaufs ist »etwas dran«, plötzlich »drängt« die Zeit, etwas muß noch »zuvor« erledigt werden oder bestimmte Zeitpunkte erscheinen den Interaktanten »verpaßt«. Wir gewannen den Eindruck, daß die interaktionellen Vorgänge in den Balintgruppen einen eigentümlichen Zeitplan besitzen, der sich nicht auf einer interaktionsunabhängigen homogen organisierten Zeitskala – wie etwa der Uhrzeit – abtragen läßt.[7] Auf diesen Zeitplan, der in den Transkriptionen nirgendwo genannt wird, referieren die Gruppenmitglieder.

Es lag nahe, diese Beobachtung mit dem Ergebnis unserer deskriptiven Analyse des Ablaufs der Gruppen nach dem gleichen Muster zu verknüpfen, wie wir das schon bei der Erzählanalyse getan hatten. Wir nahmen an, daß die Gruppenmitglieder nach einer gewissen Zeit die Aufgabenstruktur, die wir als Gemeinsamkeit der Balintgruppen ermittelt hatten, erwarten. Dieses Erwartungsmuster des Ablaufs der Interaktion als eine bestimmte Abfolge von Aufgaben nennen wir *Ablaufschema*. Jede einzelne Äußerung, die in der Gruppe vorgenommen wird, besitzt einen zeitlichen Index, eine bestimmte Wertigkeit, die durch die Position im Rahmen des Ablaufschemas bestimmt wird.

Wir nehmen weiterhin an, daß das institutionelle Erwartungsmuster ähnlich wie jenes der kommunikativen Interaktionsform ›Erzählen‹ komplex organisiert ist und auch Annahmen über die Standpunkte und Perspektiven einschließt, die die Gruppenmitglieder (Rollen) bei der Lösung dieser Aufgaben einnehmen. Dieses System von Erwartungen bezeichnen wir als institutionelle *Normalformerwartungen* oder als Normalform der Balintgruppen.

Wir sparen es uns an dieser Stelle, die Entwicklung der Hypothesen über weitere Elemente der institutionellen Normalformerwartung nachzuzeichnen, und führen nur zusammenfassend alle diejenigen Elemente auf, die bei der Analyse der Supervisions- und Balintgruppen im Rahmen des Kasseler Projekts berücksichtigt werden. Es sind dies:

– Das Ablaufschema der interaktionellen Vorgänge mit den in

den einzelnen Phasen kollektiv oder durch Schematräger zu lösenden *Aufgaben*;

- die zur Lösung dieser Aufgaben von den Rollenträgern einzunehmenden *Standpunkte und Perspektiven*;
- die *Wirklichkeitsbereiche*, die in den einzelnen Phasen fokussiert werden;
- das *Modalitätsschema*, das in den Phasen erwartet wird sowie
- einige wenige grundlegende *kommunikative Interaktionsformen* und *Aktivitäten*, die zur Bewältigung der Aufgaben in den einzelnen Phasen in Gang gesetzt werden können.

Als Antwort auf die eingangs gestellte Frage nach den Mechanismen der Reziprozitätsherstellung in Balintgruppen können wir nun sagen: *Der wesentliche Mechanismus der Ordnung der Vorgänge in den Gruppen ist die Ausbildung eines komplexen intersubjektiven Erwartungsmusters über den idealen Ablauf des Gruppengeschehens einschließlich der zur Gewährung dieses Ablaufs erforderlichen Unterstellungen.*

In einer nächsten Phase unserer Auswertungsarbeit versuchten wir, uns über den Charakter der Normalformerwartungen klar zu werden. Aus der Auswertung war uns bekannt, daß die Teilnehmer der Gruppen auf Befragen diese Erwartungen nicht mitteilen konnten. Außerdem sahen wir, daß in nahezu jeder Sitzung gegen die Ablauferwartungen verstoßen wurde. Diese Abweichungen wurden häufig thematisiert und korrigiert. Gerade in diesen Krisensituationen zeigten sich die Unterstellungen der Gruppenteilnehmer am deutlichsten. Uns überraschte zunächst, daß die Normalformerwartungen anscheinend in Kraft blieben, obwohl sie beständig enttäuscht wurden. Die an und für sich naheliegende Vermutung, daß unter diesen Umständen im Laufe des historischen Gruppenprozesses das Erwartungsmuster so lange verändert wird, bis es »eingehalten« werden kann, konnten wir im Fall der von uns untersuchten Gruppen nicht bestätigen. Die Normalformerwartungen blieben etwa von der dritten oder vierten Sitzung an bis zum Ende des historischen Gruppenprozesses im wesentlichen konstant. Sie erwiesen sich als ›kontrafaktisch‹ stabilisiert. Nun wird die kontrafaktische Stabilisierung von Erwartungen in der Soziologie, etwa bei Niklas Luhmann, als wesentliches Kennzeichen sozialer ›Normen‹ betrachtet.[8] Unter Rückgriff auf diese soziologischen Gedanken kann man jede einzelne *Erwartung* (Idealisierung) des komplexen Systems der

Normalformerwartungen vielleicht als Handlungsnorm mit der folgenden Struktur auffassen:

Als Gruppenmitglied gehe ich davon aus, daß alle anderen Gruppenmitglieder davon ausgehen, daß ich bereit bin, die Aktivitäten und Unterstellungen (in der gerade anstehenden Supervisionsphase) vorzunehmen. Ich gehe davon aus, daß alle anderen ebenfalls bereit sind, die Aktivitäten und Unterstellungen durchzuführen, und daß wir alle von unseren wechselseitigen Erwartungen wissen. Ich nehme weiter an, daß wir als selbstverständlich unterstellen, daß diese reziproken Erwartungserwartungen notwendig sind, damit wir entsprechend den Zielen der Institution in der Gruppe arbeiten können.

Wie andererseits durch die Bestimmung der Idealisierungen der Normalformerwartungen als ›kontrafaktisch stabilisierte Erwartungserwartungen‹ schon ausgedrückt wurde, stimmt das faktische Verhalten der Interaktanten keineswegs immer mit diesem Erwartungsmuster überein. Die Erwartungen der Gruppenteilnehmer werden immer wieder enttäuscht, und sie stehen deshalb beständig vor der Aufgabe, mit diesen Enttäuschungen und den daraus resultierenden Verständigungsschwierigkeiten und Interaktionskrisen fertig zu werden.

Nach unseren Beobachtungen bilden sich im Verlauf des historischen Gruppenprozesses allgemein anerkannte *Maximen* über den Umgang mit diesen Abweichungen heraus. Wir können auf die Struktur dieser Maximen, die für Therapie- und Balintgruppen spezifisch sind, an dieser Stelle nicht eingehen.

3.2. Tabellarische Darstellung und Erläuterung der Normalformerwartungen

Die Ergebnisse der Normalformrekonstruktion haben wir in der Tabelle 1 zusammengestellt. Sie soll im folgenden erläutert werden.

Das Kernstück der Normalformerwartungen, die sich in den Supervisions- und Balintgruppen herausbilden, ist, wie schon erwähnt, die Annahme eines eigentümlichen ›Zeitplans‹, eines Ablaufschemas der institutionellen Interaktion.

Man kann das Ablaufschema als eine genaue Zusammenstellung und zeitliche Anordnung derjenigen Verständigungsprobleme

Tabelle 1. Normalformerwartungen in Balintgruppen

Phase	Sequenz	Kollektiv zu lösende Aufgaben	Schaltstellen
Vorphase	1.	HERSTELLEN DER RANDBEDINGUNGEN FÜR DIE INSTITUTIONELLE ARBEIT UND ÜBERGANG VON DER ALLTAGSWELTLICHEN ZUR INSTITUTIONELLEN INTERAKTION UND THEMATIK	
	1.1.	Konstitution der Gruppe	
	1.2.	Verständigung über die Randbedingungen des zukünftigen Gruppenprozesses / das Setting	
	1.3.	Verständigung über die (voraussichtliche) Zusammensetzung der heutigen Gruppe durch Feststellen / Entschuldigen der abwesenden Gruppenmitglieder	
	1.4.	Verständigung über die Beendigung der Vorphase und Herauslösung der Materialerzeugung	S 1: Übergang zur Aushandlung des Schematrägers
Aushandlung	2.	HERSTELLEN DER BEDINGUNGEN FÜR DIE FALLEINBRINGUNG	
	2.1.	Einigung auf ein Arbeitsthema und einen Fallvortragenden / Erzähler	
	2.2.	Verständigung über die Vertrauensbasis in der Gruppe	S 2: Entscheidung für Fallarbeit oder Gruppendynamik
Falleinbringung	3.	HERSTELLEN DER (EMOTIONALEN) REZIPROZITÄT ZWISCHEN DER GRUPPE UND EINEM SCHEMATRÄGER (ERZÄHLER) ÜBER EIN PERSÖNLICHES BERUFSABHÄNGIGES PROBLEM, DAS DIESEN GEGENWÄRTIG BEDRÜCKT, DURCH DIE ABWICKLUNG DER KOMMUNIKATIVEN KOOPERATIONSFORM ›ERZÄHLEN‹	S 3: Abbruch der Erzählung

Fallbearbeitung	4.	BEARBEITEN DER ERZÄHLUNG	
	4.1.	Verständigung über das Geschehen und seine Begleitumstände, Rekonstruktion der Typisierungen der Figuren der Erzählung und ihrer Beziehung untereinander	
	4.2.	Herstellen der Reziprozität zwischen der Gruppe und dem Erzähler über sein Erleben / Problem und das Erleben der Figuren der Erzählung (durch Rekonstruktion des Erlebens)	
	4.3.	Verständigung zwischen Gruppe und Leiter über eine verallgemeinernde Typisierung des (veränderten) Themas / Problems der Erzählung	
	4.4.	Verständigung zwischen Gruppenleiter und Erzähler über die Bedeutung der Geschichte / des Problems a) für den Erzähler und b) für das professionelle Handeln der Teilnehmer	
	4.5.	Verständigung zwischen Gruppe und Leiter über die Bedeutung der Bearbeitungsphase und des (veränderten) Problems der Erzählung für den Gruppenprozeß / die Gruppe	S 4: Abschluß oder Abbruch der Arbeit
Abschlußphase	5.	ÜBERGANG VON DER INSTITUTIONELLEN INTERAKTION UND THEMATIK ZUM ALLTAGSWELTLICHEN HANDELN	
	5.1.	Verständigung über die Beendigung der Arbeitsaufgaben [Entgegennahme von Reziprozitätsverweigerungen, Ankündigungen von ungelösten Aufgaben und Themen durch einzelne Gruppenmitglieder von der Gruppe]	
	5.2.	Auflösung der Gruppe	

und Arbeitsaufgaben lesen, an deren Lösung die gesamte Gruppe beteiligt ist. Wir haben diese Aufgaben in der Spalte »*kollektiv zu lösende Aufgaben*« untereinander zusammengestellt. Das Ablaufschema teilt sich entsprechend der vorhin genannten Arbeitsaufgaben in *Phasen*. Zu diesen Arbeitsaufgaben tritt die Aufgabe der Konstitution bzw. Auflösung der Gruppe, die in einer Vor- bzw. Abschlußphase bewältigt wird. Die Verständigung über das Fallmaterial (die Erzählung) und die Selbstreflexion dieser Bearbeitung haben wir in einer Phase, der »Fallbearbeitung«, zusammengefaßt. Wir unterscheiden demnach 5 Phasen, die sich weiter in Sequenzen unterteilen lassen. Diese sind in der zweiten Spalte der Tabelle (»Sequenz«) durchnumeriert. Auf eine Untergliederung der »Falleinbringungsphase« ist in der Tabelle verzichtet worden. Ihre Unterteilung ergibt sich aus den Aufgaben, die der Erzähler in dieser Phase zu erfüllen hat, um eine Erzählung entsprechend den Normalformerwartungen an diese Kommunikationsform abzuwickeln. Die Stationen des Erzählschemas haben wir gesondert aufgeführt (vgl. S. 243 f.).

Wir nehmen an, daß alle in dem Schema aufgeführten »kollektiv zu lösenden Aufgaben« den vorhin beschriebenen Status von Normalformerwartungen besitzen. Lediglich in der Vorphase und in der Abschlußphase sind Erwartungen von Aktivitäten zu verzeichnen, die nicht obligatorisch sind. Dies ist einsichtig, weil in diesen Phasen die Institutionalisierung bzw. Entinstitutionalisierung stattfindet, das Arbeitsbündnis erneuert bzw. aufgelöst wird. Die in der Sequenz 5.1 in eckigen Klammern verzeichneten Aktivitäten: »Entgegennahme von Reziprozitätsverweigerungen, Ankündigung über ungelöste Aufgaben und Themen« sind weder obligatorisch, noch werden sie von der Gruppe ratifiziert. Vielmehr besitzt das Ablaufschema hier einen Ort, an dem Teilnehmer Bemerkungen zu dem Gruppengeschehen machen können, die nicht mehr weiteren Kommentierungen oder Aushandlungen ausgesetzt sind.

Einen besonderen Status besitzen auch die Sequenzen 1.1 »Konstitution der Gruppe« und 5.2 »Auflösung der Gruppe«. Natürlich wird wechselseitig erwartet, daß alle Gruppenteilnehmer auch tatsächlich zu jeder Gruppensitzung erscheinen und zu dem vereinbarten Zeitpunkt eintreffen. Aber diese Erwartung hat eher den Charakter einer Vorschrift, einer Verhaltensanweisung und ist daher eher dem ›Setting‹ als den Normalformerwartungen zuzurechnen. Auch die »Auflösung« ist nicht nur vom Stand der Ableistung der Arbeitsaufgaben abhängig, sondern wird auch von dem durch das Setting festgelegten zeitlichen Endpunkt der Sitzung bestimmt.

Wir haben uns bemüht, die in der Tabelle aufgeführten Aufgaben durchweg so zu formulieren, daß ihr interaktiver Charakter, die Notwendigkeit von interaktiven Aushandlungs- und Verständigungsprozessen sichtbar wird. Die Aktivitäten, die zur Lösung dieser Aufgaben von den Gruppenmitgliedern, dem Schematräger oder dem Leiter auszuführen sind, stellen wir in einer besonderen Tabelle zusammen. Man erhält von den Arbeitsaufgaben vielleicht eine bessere Vorstellung, wenn man gelegentlich einen Blick auf die Aktivitäten wirft, die in jener Tabelle als Mittel zu ihrer Lösung aufgeführt werden.

In einer vierten Spalte führen wir kritische Passagen des Interaktionsablaufs, sogenannte »Schaltstellen« auf. Als *Schaltstellen* bezeichnen wir diejenigen Abschnitte im Ablauf der institutionellen Interaktion, in denen von einer grundlegenden Arbeitsaufgabe zur nächsten übergegangen, »umgeschaltet« wird. Die Schaltstellen sind uns in der empirischen Auswertungsarbeit zunächst als besonders problematische Momente der Interaktion aufgefallen. Die Klärung der zugrundeliegenden Verständigungsprobleme hat uns den Zugang zum Verständnis der Phasen und Sequenzen des Ablaufschemas eröffnet. Auch für das Verständnis jeder einzelnen Supervisions- oder Balintgruppensitzung ist die Identifizierung und Analyse von Schaltstellen ein außerordentlich fruchtbarer Ansatz.

Vier Schaltstellen lassen sich normalerweise in den Sitzungen ausmachen: Zunächst steht die Gruppe immer wieder vor der Aufgabe, die Vorphase zu beenden und einen Falleinbringer auszuwählen. Hier liegt die erste Schaltstelle, die wir in der Tabelle als »S 1«, »Übergang zur Aushandlung des Schematrägers«, bezeichnet haben.

Zeigt sich in der anschließenden Aushandlungsphase, daß sich die Gruppe nicht auf einen Erzähler einigen kann, etwa weil sich kein Gruppenmitglied bereit erklärt, mit einer Erzählung anzufangen, so wird hierdurch ein Problem der Gruppe signalisiert, das einen direkten Übergang zur Falleinbringung verhindert. Falls die Gruppenleiter dieses Problem nicht aus konzeptionellen Gründen administrativ lösen, muß sich die Gruppe mit den

Gründen auseinandersetzen, die ein Einbringen von Fällen verhindert. Diese Gründe werden zumeist in den Beziehungen der Gruppenteilnehmer untereinander gefunden. Es kommt vor, daß an dieser Stelle von einer Falleinbringung zugunsten der Thematisierung gruppendynamischer Probleme Abstand genommen wird. Wir bezeichnen diese »Entscheidung für Fallarbeit oder Gruppendynamik« als Schaltstelle 2, »S 2«.

Eine besonders schwierige Gelenkstelle der Interaktion findet sich zwischen dem Ende der Falleinbringung und dem Beginn der Bearbeitungsphase. Normalerweise hat der Erzähler sein Erleben nicht so gut verarbeitet, daß seine Erzählung einen »natürlichen« Abschluß hat. Die Erzählung wird also eher abgebrochen als zu Ende geführt. Die Entscheidung, wann eine Erzählung abzubrechen ist, wann »genug« erzählt ist, damit die Gruppe weiterarbeiten kann, ist häufig kritisch. Wir bezeichnen den »Abbruch der Erzählung« und den Übergang zur Fallbearbeitung als dritte Schaltstelle, »S 3«.

Ein viertes kritisches Moment der Interaktion ist der »Abschluß oder Abbruch der Arbeit«, »S 4«. Konnte über wesentliche Probleme der Gruppensitzung im Rahmen der zur Verfügung stehenden Zeit keine Reziprozität hergestellt werden, so kann es in der Abschlußphase noch einmal zu einer kurzen Thematisierung dieser Verständigungsprobleme kommen.

3.3. Tabellarische Darstellung und Erläuterung typischer Aktivitäten in Balintgruppen

In diesem Abschnitt gehen wir auf die *Aktivitäten* ein, die von den Teilnehmern und dem Gruppenleiter zur Lösung der Arbeitsaufgaben, die in der Tabelle 1 aufgeführt sind, eingesetzt werden.

Daß wir auf die Aktivitäten erst nach der Darstellung der Normalformerwartungen zu sprechen kommen, entspricht nicht dem Gang unserer Auswertungsarbeit: Die Formulierung der Arbeitsaufgaben beruhte auf den Ergebnissen der deskriptiven Analyse der Aktivitäten in den Gruppen. Erst nach der Ausarbeitung der Phasenstruktur des Ablaufs ist es uns aber möglich geworden, die Ergebnisse dieser Analyse systematisch darzustellen, »abweichende« und nebensächliche Aktivitäten von denen zu trennen, die immer wieder eingesetzt werden.

Diese Zusammenstellung erfolgt in der Tabelle 2. Die hier verzeichneten Aktivitäten haben einen anderen Status als die Aufgaben, die in dem Schema der Normalformerwartungen aufgeführt sind. Wir verstehen die eingetragenen Aktivitäten der Gruppenteilnehmer als *mögliche* Lösungsmittel, denen wir in unserer empirischen Auswertung häufig begegnet sind, wenn die institutionellen Aufgaben der entsprechenden Phase *erfolgreich* bewältigt wurden. In der ersten Spalte der Tabelle 2 führen wir die Phasen und Sequenzen des Ablaufschemas auf, die wir in der Tabelle 1 schon erläutert haben. In den folgenden Spalten werden nacheinander die Aktivitäten der Gruppenmitglieder, des Schematrägers (Erzählers) sowie zwei Typen von Leiteraktivitäten aufgeführt. Die Aktivitäten der Gruppenmitglieder und des Schematrägers sollen an dieser Stelle nicht im einzelnen behandelt werden. Sie werden im folgenden Kapitel dieses Aufsatzes gemeinsam mit den Normalformerwartungen erläutert. Dabei sollen auch die Standpunkte und Perspektiven, die die Gruppenteilnehmer einnehmen, sowie die Referenzräume der sprachlichen Aktivitäten – soweit wir uns darüber klar werden konnten – erwähnt werden. Diese Annahmen sind nicht mit in die Tabelle aufgenommen, weil sie beim gegenwärtigen Stand der Auswertung noch zu unvollständig geblieben sind. Bislang konnten wir unsere Hypothesen lediglich für wenige Sequenzen testen.

Ausführlichere Anmerkungen sind hinsichtlich der ›Aktivitäten‹ des Gruppenleiters erforderlich. Es ist nämlich nicht davon auszugehen, daß sich die Leiteraktivitäten insgesamt nach den gleichen Arbeitsaufgaben klassifizieren lassen wie die Aktivitäten der Gruppenteilnehmer. Wir haben uns aber bislang nur mit der Frage nach den von allen Gruppenmitgliedern kollektiv zu bewältigenden Aufgaben beschäftigt; die Antwort auf diese Frage liefert das Modell der Normalformerwartungen. Da jedes Gruppenmitglied auch ein potentieller Falleinbringer ist, beinhaltet dieses nicht nur die Aufgaben der ›Gruppenmitglieder‹, sondern auch die Aufgaben des ›Schematrägers‹. Auch sie gehören zu den kollektiven Erwartungen. Dagegen können die Gruppenmitglieder die Rolle des Leiters, seine professionellen Standpunkte und Perspektiven nicht übernehmen. Ob und ggf. inwieweit sie die Aufgaben und Aktivitäten des Gruppenleiters erwarten und in Rechnung stellen können, wissen wir nicht. Die Entwicklung

Tabelle 2. Typische Aktivitäten im Ablauf einer Balintgruppensitzung

Phase des Ablaufschemas (vgl. Tabelle 1)	Aktivitäten der Gruppenmitglieder	Aktivitäten des Schematrägers / Erzählers	Aktivitäten des Leiters zur Durchsetzung und Aufrechterhaltung des ›Settings‹	Referenzräume der Leiterinterventionen bei Reparaturen von Abweichungen / Interaktionskrisen
Vorphase				
1.1	Eintreffen, Begrüßen, Alltagskommunikation			
			Eröffnen der Sitzung, Begrüßen	Beginn der Arbeit, Einigung auf die institutionelle Situationsdefinition
1.2 und 1.3	Terminabsprachen, Ankündigung von Abwesenheit und von organisatorischen Änderungen	Aktivitäten des Erzählers unterscheiden sich in der Vorphase nicht von denen der Gruppenmitglieder	(ggf. Ankündigung und) Ratifizierung von Setting-Änderungen	Setting der zukünftigen Arbeit
1.4	Schweigen, Auffordern zum Übergang zur nächsten Phase, Ratifizieren des Übergangs		Initiieren der Aushandlung eines Schematrägers	Entscheidung über Beginn der Fallarbeit oder Gruppendynamik (S 1)
Aushandlung				
2.1	Relevanz prüfen, Nachfragen	Fall ankündigen, Relevanz andeuten, Problem verdeutlichen, Orientierung geben		

2.2	Interesse bekunden, Fall ratifizieren	Sondieren der Vertrauensbasis in der Gruppe, eigenes Interesse an Falleinbringung prüfen, Ratifizieren	Initiieren des Übergangs zur Falleinbringung	Entscheidung für Fallarbeit oder Gruppendynamik, (S 2), Vertrauensbasis in der Gruppe
Falleinbringung 3.	Zuhören, Rezeptionssignale geben, kurze Nachfragen stellen	Abwicklung des Erzählschemas	Zuhören, Rezeptionssignale geben, kurze Nachfragen stellen	Normalform des Erzählens
			Beenden der Erzählung	Entscheidung über Bearbeitbarkeit der Erzählung (S 3)
Fallbearbeitung 4.1.	Problem formulieren, Nachfragen, Beschreiben, praktisches Schließen, Rekonstruktion der Typisierung der Figuren der Erzählung	Problemformulierungen, Nachliefern von Beschreibungen des Geschehens, Berichten über das eigene Verhalten, situationsgebundene oder nachträgliche Interpretationen des eigenen und fremden Verhaltens		Problem der Erzählung, Detaillierung des Geschehens

Phase des Ablaufschemas (vgl. Tabelle 1)	Aktivitäten der Gruppenmitglieder	Aktivitäten des Schematrägers / Erzählers	Aktivitäten des Leiters zur Durchsetzung und Aufrechterhaltung des ›Settings‹	Referenzräume der Leiterinterventionen bei Reparaturen von Abweichungen / Interaktionskrisen
4.2.	Probeidentifikation, Inszenieren des Falls, ›Deuten‹ von Spiegelphänomenen, Konstruktion alternativer Erlebens- und Reaktionsmöglichkeiten, Assoziieren, Interpretieren des Erlebens der Figuren, Darstellen eigener, durch die Erzählung ausgelöster Gefühle	Versuch der Probeidentifikation, Nachliefern von nachträglichen oder situationsgebundenen Interpretationen des eigenen und fremden Erlebens		Erlebende Perspektive auf die geschilderte Interaktion
4.3.	Vorschläge zur Typisierung der Beziehungen, Beschreiben und Paraphrasieren des Problems / der Beziehung, terminologisches Reformulieren des Problems / der geschilderten Beziehung, Argumentieren über Problemformulierungen	Aktivitäten des Erzählers unterscheiden sich in dieser Sequenz nicht von denen der übrigen Gruppenmitglieder		Beschreibende Typisierung des Problems / der geschilderten Beziehung

4.4. a)	Rekonstruieren der Bedeutung des Falls für den Erzähler	Ratifizieren der Leiterdeutung und der Fallbearbeitung durch die Gruppe, Andeuten von Handlungsperspektiven	Zusammenfassen der ausgehandelten Problematik der Erzählung	
4.4. b)	Formulieren von Maximen für professionelles Handeln; Schildern eigener Erfahrungen im Umgang mit Problemen, die denen des Erzählers ähnlich sind	Siehe 4.3.	Formulieren von Maximen für professionelles Handeln, Kommentar zu den geschilderten professionellen Problemen aus psychoanalytischer Sicht	
4.5.		Siehe 4.3.	Kommentieren der Arbeit der Gruppe, Andeuten der unbewußten Thematik der Sitzung (in bezug auf den historischen Gruppenprozeß) Beenden der Bearbeitungsphase	Entscheidung über Abbruch bzw. Abschluß der Arbeit (S 4)

Phase des Ablaufschemas (vgl. Tabelle 1)	Aktivitäten der Gruppenmitglieder	Aktivitäten des Schematrägers / Erzählers	Aktivitäten des Leiters zur Durchsetzung und Aufrechterhaltung des ›Settings‹	Referenzräume der Leiterinterventionen bei Reparaturen von Abweichungen / Interaktionskrisen
Abschlußphase				
5.1.	Verständigung über Organisatorisches, Einverständnis oder Unzufriedenheit mit der Fallbearbeitung mitteilen, Ankündigen von Themen für die nächsten Sitzungen	Siehe 4.3.		
5.2.	Verabschieden		Beenden der Gruppensitzung	

eines Modells der Aufgaben des Gruppenleiters war kein spezieller Untersuchungsgegenstand unseres Projekts. Trotzdem lassen sich aus dem Modell der Normalformerwartungen und unseren Beschreibungsversuchen der Leiteraktivitäten, die wir im Rahmen der deskriptiven, sequenziellen Analyse vorgenommen haben, erste Hypothesen über diese Aufgabenbereiche bilden. Wir nehmen an, daß in einem Modell der *Leiteraufgaben* fünf Aufgabenbereiche zu unterscheiden sind:

a) alltagsweltliches Verstehen und Beteiligung am Gruppengeschehen;
b) professionelles, psychoanalytisches Verstehen des Gruppengeschehens;
c) Vermittlung von a) und b) in manifesten Handlungen;
d) Durchsetzung und Aufrechterhaltung der institutionellen Situationsdefinition;
e) Bewältigen komplizierter Interaktionskrisen.

Die fünf Aufgabenbereiche sollen kurz erläutert werden.

Zu a)

Der Gruppenleiter ist in der Lage, neben seiner professionellen Rolle auch alltagsweltliche Standpunkte und Perspektiven einzunehmen, die denen der Gruppenmitglieder vergleichbar sind. Wir nehmen an, daß er die alltagsweltlichen Mechanismen der Reziprozitätsherstellung, die Normalformerwartungen über das Erzählen und die institutionellen Aufgaben kennt und einsetzt, um sich mit den Gruppenmitgliedern zu verständigen. Eine Reihe von Rezeptionssignalen und Verständnisfragen, wie: »Kann ich das noch einmal erklärt bekommen?« oder »Habe ich Sie richtig verstanden . . .«, können u. E. als Lösungsaktivitäten unter diesen Aufgabenbereich subsumiert werden. Man muß aber betonen, daß sich die Beteiligung des Leiters am Gruppengeschehen nicht auf die Lösung jener Aufgaben bezieht, die sich im Rahmen der Normalformerwartungen stellen, und daß für ihn keine Pflicht besteht, seine »alltagsweltlichen« Bedeutungszuschreibungen zu *manifestieren.* Diese Besonderheit der Beteiligung des Leiters am Gruppengeschehen wird in der Fachliteratur als »Abstinenz« oder »Beteiligung mit Verständnisvorbehalt« bezeichnet.[9]

Zu b)

Der Gruppenleiter kennt die Normalformerwartungen des Erzählschemas vermutlich sehr viel genauer als die Gruppenteilnehmer. Zudem verfügt er aufgrund seiner Ausbildung als Psychoanalytiker über professionelles Sonderwissen, das den Gruppenteilnehmern nicht zur Verfügung steht. Das ermöglicht es ihm, das Geschehen in der Gruppe von einem anderen Standpunkt und unter einem anderen Relevanzsystem zu verstehen und zu bewerten. Die Resultate dieser Anstrengung teilt der Leiter der Gruppe jedoch nicht mit. Wir wurden mit ihnen erst durch die gemeinsamen Auswertungsgespräche und die Lektüre der Auswertung des unbewußten Gruppenprozesses bekannt.

Zu c)

Es gibt jedoch Passagen in der Fallbearbeitungsphase, in denen der Gruppenleiter der von uns untersuchten Balintgruppe aktiv in die Lösung von thematischen Problemen einbezogen ist: Wir nehmen an, daß die Gruppe am Ende der Fallbearbeitungsphase erwartet, daß der Leiter aus seiner Perspektive zu den anstehenden Aufgaben Stellung bezieht. Normalerweise faßt der Leiter in der Sequenz 4.4. die zuvor von der Gruppe ausgehandelte Problematik der Erzählung zusammen und verdeutlicht dann sein professionelles Problemverständnis, indem er eine Andeutung zur unbewußten Thematik des Falls liefert. Er übernimmt in dieser Sequenz also sowohl die Aufgaben der Ergebnissicherung als auch einer Kommentierung. Bei diesen Äußerungen nimmt er einen Standpunkt ein, der den Gruppenmitgliedern nicht zugänglich ist – wie sich beispielsweise an der Zurückweisung von Versuchen »zusammenfassender Deutung« eines Mitglieds durch die anderen Gruppenteilnehmer zeigen läßt.

In der von uns untersuchten Balintgruppe wird die Fallbearbeitungsphase zumeist durch eine längere Leiteräußerung abgeschlossen, in der auf eine »unbewußte Thematik« »deutend« hingewiesen wird.[10] Dies geschieht immer unter Verknüpfung der Ergebnisse der Bearbeitung der Erzählung mit jenen der Selbstreflexion des Gruppengeschehens im Verlauf der Sitzung. Bearbeitungsprobleme und Verständigungskrisen in der Gruppe erscheinen nach dieser Äußerung häufiger in einem anderen Licht.

Wir wollen einschränkend darauf hinweisen, daß in den ersten Sitzungen des historischen Gruppenprozesses die in unserem Normalformschema angenommenen Sequenzen 4.4 und 4.5 kaum getrennt auftreten und die Sequenz 4.5 sehr schwach ausgebildet ist. Die angenommene Phaseneinteilung ist erst das Ergebnis einer gewissen Gruppenerfahrung. Dann aber scheinen die eben beschriebenen Aktivitäten der »Ergebnissicherung« und der »deutenden Kommentierung« zur Lösung der Arbeitsaufgaben von den Gruppenteilnehmern erwartet zu werden.

Zu d)

Eine institutionell vorgegebene Funktion des Gruppenleiters ist es, die Gruppe zusammenzustellen, auf die Einhaltung des »Settings« zu achten und die institutionellen Ziele im Auge zu behalten.

Wir haben die Hypothese, daß der Gruppenleiter das Geschehen in der Balintgruppe gerade dadurch bestimmt, daß er immer wieder die gleichen situativen Bedingungen herstellt und den Teilnehmern die Aufgabenstellung deutlich macht. Auf die Art und Weise, wie die Gruppenmitglieder diese Aufgaben für sich definieren und wie sie diese lösen, scheint er direkt, z. B. durch Handlungsvorschriften, keinen Einfluß zu nehmen. *Er ist »gesetzgeberisch« nur im Hinblick auf die Aufgabenstellung und die situativen Randbedingungen, nicht aber hinsichtlich der Lösungswege, die durch die Gruppenteilnehmer beschritten werden.*[11]

Der Gruppenleiter erfüllt diesen Aspekt seiner professionellen Funktion im wesentlichen dadurch, daß er die Aufmerksamkeit der Teilnehmer bei Bedarf auf die im Rahmen des Ablaufschemas kollektiv zu lösenden Aufgaben und auf die zu ihrer Lösung einzunehmenden Standpunkte und Perspektiven lenkt. Er tut dies durch Äußerungen, die wir als »fokussierende Interventionen« oder kurz als *»Fokussierungen«* bezeichnet haben. Fokussierungen lösen nicht die direkt anstehenden Probleme der Gruppenarbeit, aber sie geben – sofern sie von der Gruppe akzeptiert werden – den Lösungsaktivitäten eine Richtung. Wir sehen die Funktion der Fokussierung also in erster Linie darin, die Herausbildung der Erwartungen über Arbeitsaufgaben zu unterstützen. In dem Maße, in dem sich im Laufe des historischen Gruppenprozesses die Normalformerwartungen bei den Gruppenmitgliedern festigen, taucht dieser Typus der Intervention in der von uns untersuchten Balintgruppe nicht mehr so häufig auf. Die Gruppenteilnehmer haben sich diese Wissensbestände praktisch angeeignet und kontrollieren den Ablauf dieser Sitzung in den Grundzügen in eigener Regie. Man kann insofern sagen, daß dieser Aufgabenbereich des Leiters darauf angelegt ist, sich selbst im Verlauf der Arbeit überflüssig zu machen. Für uns war es immer wieder überraschend, wie schnell sich in Gruppen, die von erfahrenen Leitern geführt wurden, die grundlegenden Erwartungen einstellten und die Gruppe der Selbstregulierung überlassen werden konnte. Wir nehmen deshalb an, daß die Erwartungen des Leiters über die grundlegenden Aufgaben von den Gruppenmitgliedern im Prinzip in Rechnung gestellt werden können und zu den kollektiven Wissensbeständen gehören. Wir haben die nach unseren Erfahrungen am häufigsten vorkommenden fokussierenden Interventionen des Leiters in die Spalte 3 der Tabelle aufgenommen. Aus den Angaben in der Tabelle wird leicht ersichtlich, welche Bedeutung die Schaltstellen für die fokussierenden Aktivitäten des Leiters haben: Sie sind der Ort, an dem der Leiter jeweils auf die neue Aufgabenstellung aufmerksam macht.

Zu e)

Der fünfte Aufgabenbereich des Leiters bezieht sich auf den Umgang mit Interaktionskrisen. Alle Interaktionskrisen, auf die der Leiter in dem von uns ausgewerteten Transkriptionsmaterial reagiert, sind Folgen einer Abweichung von den Normalformerwartungen. Psychoanalytisch ausgebildete Leiter bemühen sich nur dann einzugreifen, wenn Verständigungskrisen zutage treten, die von den Gruppenmitgliedern in eigener Regie nicht gut bewältigt werden können, wo also die Maximen, die sie im Laufe der Arbeit herausgebildet haben, nicht ausreichen. Wir glauben deshalb nicht, daß die Gruppenteilnehmer in der Lage sind, Leiteraktivitäten aus diesem Aufgabenbereich in Rechnung zu stellen.

Natürlich lassen sich die spezifischen Mechanismen, über die die Psychoanalytiker verfügen, um Verständigungskrisen unter Berücksichtigung unbewußter Vorgänge zu verstehen und zu »heilen«, nicht in Form von bestimmten Aktivitäten in einer Tabelle verzeichnen. Es ist uns aber aufgefallen, daß ein Teil der Leiterinterventionen, die unter diesen Aufgabenbereich zu subsumieren sind, die Funktion der Rückführung des interaktionellen Geschehens auf diejenigen Aufgaben hat, die nach der Normalform erwartet werden. Der Leiter fokussiert mit seinen Interventionen in diesen Fällen immer wieder die gleichen kritischen Momente. Wir haben die Referenzräume dieser »reparierenden« Interventionen in die Spalte 5 der Tabelle aufgenommen.

Diese Aktivitäten tauchen nur auf, wenn es krisenhafte Entwicklungen in der Gruppe gibt. Die Eintragungen in dieser Spalte besitzen demnach einen völlig anderen Status als jene in den

Spalten 2 und 3: Letztere werden nur unter den Bedingungen eines normalen Gruppenablaufs beobachtet.

4. Normalformanalyse der interaktionellen Vorgänge einer Balintgruppe

4.0. Ziele und Vorgehen bei der Untersuchung

In diesem Kapitel werden wir das *Normalformmodell*, das wir in der ersten Arbeitsphase, der der *Normalformrekonstruktion*, erarbeitet haben, an Transkriptionsausschnitten von Gruppensitzungen veranschaulichen. Die Interpretation von Gesprächsstellen mit Hilfe des Normalformmodells nennen wir *Normalformanalyse.* Das Modell der Normalformerwartung dient uns dazu, das interaktive Geschehen in einer Sitzung zu sequenzieren und dadurch besser zu verstehen. Außerdem ziehen wir bei der Rekonstruktion von Bedeutungszuschreibungen, die Gruppenmitglieder zu Äußerungen vornehmen, unsere Annahmen über die Normalformerwartungen heran.

Wir können an dieser Stelle aber keine detaillierte Darstellung der Methode der Normalformanalyse geben, sondern müssen uns darauf beschränken, ausgewählte Transkriptionsbeispiele zu interpretieren und die Position der betreffenden Äußerung im Rahmen des Ablaufschemas der interaktionellen Vorgänge zu klären.

Ein zweites Ziel dieses Kapitels ist es, unsere tabellarische Darstellung des Modells der Normalformerwartungen anhand von Beispielen etwas genauer zu erläutern. Dabei werden wir auch einige Erwartungen hinsichtlich der Standpunkte und Perspektiven der Aktanten näher ausführen, die wir noch nicht in die Tabelle der Normalformerwartungen aufgenommen haben.

Ein drittes Ziel ist es, die Annahmen über typische Aktivitäten des Erzählers, der Gruppenmitglieder und des Leiters, die wir in der Tabelle 2 zusammengestellt haben, zu illustrieren und weiter zu differenzieren.

Wir gehen bei der Darstellung in diesem Kapitel entsprechend dem Ablaufschema vor: Unsere Kapitelüberschriften wiederholen jeweils die Arbeitsaufgaben, die für die einzelnen Sequenzen des

Modells der Normalformerwartungen in der Tabelle 1 angegeben sind. Anschließend erläutern wir die Arbeitsaufgaben, Aktivitäten sowie die Standpunkte und Perspektiven, die in den einzelnen Sequenzen erwartet werden, an Beispielen aus unserem Material.

Der Einfachheit halber haben wir die Beispiele so ausgewählt, daß sie möglichst wenig Abweichungen von den Normalformerwartungen enthalten.

Die Transkriptionsausschnitte stammen durchweg aus der Balintgruppe, die von Dieter Eicke geleitet wurde.

4.1. Analyse der Vorphase

In der Vorphase konstituiert sich die Gruppe, der Übergang von der alltagsweltlichen zur institutionellen Interaktion wird vollzogen. In dieser Phase können außerdem die Randbedingungen der institutionellen Arbeit, wie z. B. Terminänderungen, geklärt werden. Die Vorphase teilt sich in verschiedene Unterphasen.

4.1.1. Konstitution der Gruppe

Die Gruppenmitglieder treffen nacheinander ein und begrüßen sich gegenseitig. Man spricht noch über alltägliche und private Bereiche, z. B. über den Urlaub eines Gruppenmitgliedes. Oft werden auch Themen aus dem beruflichen Alltag der Beteiligten angesprochen. Diese kurzen Erzählungen oder Berichte bleiben für den Fortgang der Sitzung allerdings insofern folgenlos, als sie nicht als Fallankündigungen gelten.

Die Gruppe ist in dieser Phase noch nicht in Rollen differenziert. Die Gruppenmitglieder nehmen ›alltägliche‹ Standpunkte ein. Erst langsam stellt man sich darauf ein, daß die Arbeit beginnt und andere Relevanzsysteme als das alltagsweltliche gelten; die alltagsweltlichen Regeln des Sprecherwechsels werden durch institutionsspezifische Regeln abgelöst.

Der Übergang zur nächsten Sequenz der Arbeit wird entweder dadurch markiert, daß die Gruppe immer leiser spricht oder daß sie ihre Gespräche, die bislang noch meist dyadisch verlaufen, unterbricht. Oft entsteht ein kurzes Schweigen, das den Übergang signalisiert, und der Leiter oder ein Teilnehmer fordert die

Gruppe auf ›anzufangen‹. Ein Beispiel für diesen Übergang von der alltagsweltlichen zur institutionellen Situation, das wir aus einer Sitzung der Balintgruppe entnehmen, lautet wie folgt:

Lauer:	ich mein wir hatten also (.) während dort oben die die Schneestürme tobten (k) habn wir uns also unter Palmen gesonnt √ und also √ die Indianer
√Groß:	ach ja
√m/m:	(Flüstern)
m:	(???)
Lauer:	in uns offenen (k) die Indianer in ihren offenen Hütten besucht (.) √ äh . . und so weiter (,)
√m:	Hm
Groß:	(kaum hörbar)oh da wär i jo neidisch +
Lauer:	hä (')
Groß:	da wär i jo richtig neidisch (,)
Lauer:	(leises Lachen) (sehr leise) es war (???) (,)
m:	(hustet) (4) [12]

Herr Lauer und Herr Groß sprechen immer leiser, Herr Lauer macht zwei Abschlußmarkierungen (»und so weiter«, »es war (???)(,)«). Sie signalisieren damit, daß sie ihr Gespräch über den letzten Urlaub beenden wollen und den Beginn der institutionellen Arbeit erwarten. Nach dieser Sequenz stellt die Gruppe fest, wer in der heutigen Sitzung fehlt.

4.1.2. Verständigung über die Randbedingungen des zukünftigen Gruppenprozesses/Settings

In dieser Sequenz können, falls erforderlich, alle diejenigen Probleme behandelt werden, die den Rahmen der zukünftigen Gruppeninteraktion, das ›Setting‹, betreffen. Z. B. wird über die Änderung von Terminen verhandelt, Gruppenmitglieder kündigen ihre Abwesenheit in einer der folgenden Sitzungen an oder entschuldigen sich dafür, daß sie die betreffende Sitzung früher verlassen müssen.

In den von uns untersuchten Balintgruppen wurde an dieser Stelle gelegentlich über den Stand der wissenschaftlichen Auswertung dieser Gruppe gesprochen. Der Leiter gab Informationen über erste Forschungsergebnisse, und die Gruppe diskutierte Möglichkeiten der Rückkoppelung dieser Resultate.

Wir geben ein Beispiel für eine typische Interaktion in dieser Sequenz:

Leiter:	Herr Lauer wird wohl noch kommen (')
Garbe:	darf ich vorweg noch mal fragen mhm siebenundzwanzigster ist nächster Termin/bleibt dabei (')
Rohmann:	heute in vierzehn Tagen
Garbe:	heute in vierzehn Tagen (')
Leiter:	& ja (,) (11)

Der Leiter hatte zunächst über den Stand der Forschungsarbeit berichtet, die Gruppe hatte eine Weile geschwiegen und der Leiter hatte aufgefordert anzufangen, sich selbst dabei unterbrochen und nach Herrn Lauer gefragt. An dieser Stelle fragt Herr Garbe nach dem nächsten Termin. Er markiert durch seine Bitte »darf ich«, daß er etwas fragen möchte, was von der Gruppe ratifiziert werden muß. Er möchte die Einwilligung der Gruppe erlangen, nochmal »vorweg«, bevor die nächste Arbeitsaufgabe, nämlich die Verständigung über die Vollzähligkeit der Gruppe begonnen wird, einen Termin klären. Herr Garbe referiert damit auf den erwartbaren Ablauf der Interaktion, wie er im Schema der Normalformerwartungen beschrieben worden ist. Er holt sich die Einwilligung der Gruppe dafür, daß er noch einmal auf die letzte Sequenz zurückspulen darf, die der Leiter mit seiner Nachfrage schon verlassen hatte.

4.1.3. Verständigung über die (voraussichtliche) Zusammensetzung der heutigen Gruppe durch Feststellen/Entschuldigen der abwesenden Gruppenmitglieder

Nachdem die Terminangelegenheiten und andere Randbedingungen abgehandelt worden sind, prüft die Gruppe offenbar, ob sie ›anfangen‹ kann. Anfangen kann sie, wenn sie sich darüber verständigt hat, wie die heutige Zusammensetzung ist. An dieser Stelle werden Entschuldigungen, Vermutungen und Erklärungen für das Fehlen von Gruppenmitgliedern angebracht.

Ein Beispiel:

Groß:	kommt der Ludwig Garbe nicht (')
Rohmann:	&nein (leise) wie ich erfahren habe (???)+
Groß:	mhm (')
Rohmann:	(deutlich) wie ich erfahren habe+(.) im Laufe des Tages is er heute nich in Kassel (,)
Groß:	mhm (,) (4)

Fehlt ein Gruppenmitglied, ohne daß jemand über den Grund informiert ist, werden häufig Vermutungen darüber angestellt, warum es fehlen könnte. Man erinnert sich an die letzte Gruppensitzung und versucht, Motive des Fehlens zu finden. Die Teilnehmer beobachten in dieser Phase nicht nur die Zusammensetzung der Gruppe, sondern stellen auch das Erleben, das ihnen ein leer bleibender Stuhl vermittelt, dar. Sie nehmen, wie beispielsweise an der nachfolgenden Äußerung von Frau Rohmann gezeigt werden kann, sowohl eine beobachtende als auch erlebende Perspektive ein:

also zu dem hier (') fällt mir noch ein/daß das letzte mal ja ne andere Besetzung war (,) da war der Gerd Ammer da (') und Sie beide waren nicht da (.) und heute ist er nicht da (') (.) und Sie sind da und Sie waren ja einige Male nicht da/das schafft ein bißchen wieder (.) so n (viertel?) Neuanfang oder so ne (') (k) vertraut zu werden (.) . . . (leiser) das was die letzten Male besprochen ist/wissen Sie nicht (') nä (') (noch leiser) (???)+. . . (8)

4.1.4. Verständigung über die Beendigung der Vorphase und Herauslösung der Materialerzeugung

Neben direkten Aufforderungen durch Gruppenmitglieder wie: »laßt uns mal anfangen« gibt es noch verschiedene andere Möglichkeiten des Übergangs von der Vorphase zur Aushandlungsphase. Es gehört zur ›Kultur‹ der jeweiligen Gruppe, welche der Möglichkeiten sich zur gemeinsamen Erwartung stabilisiert. Der Übergang kann durch ein kurzes gemeinsames Schweigen eingeleitet werden. Nach diesem Schweigen fordert entweder der Leiter, der potentielle Erzähler oder ein beliebiges Gruppenmitglied dazu auf, gemeinsam einen Falleinbringer auszuwählen.

In der von uns untersuchten Gruppe hat der Leiter die Aufgabe übernommen, die Fallaushandlungsphase einzuleiten. Wir geben einige Beispiele für diese Leiteräußerungen:

- ja was wolln wir machen (')
- tja wer möchte (') (Pause)
- (kurze Pause) ja(,) was wolln wir denn dann uns heute (.) (leiser) vornehmen(')+

Wenn diese Aufforderung zur Aushandlung des Falleinbringers von der Gruppe nicht ratifiziert wird, hat der Leiter die Aufgabe, die ›*Schaltstelle 1*‹ zu fokussieren. Er stellt die Entscheidungsmöglichkeit, die die Gruppe hat, nämlich entweder einen Erzähler auszuwählen oder gruppendynamische Probleme zu thematisieren, dar.

In dem folgenden Transkriptionsausschnitt fordert der Leiter die Gruppe zunächst auf, einen Falleinbringer auszuhandeln. Die Gruppe schweigt einige Zeit. Der Leiter unterbricht das Schweigen und bietet der Gruppe an, die Schwierigkeiten zu thematisieren, die es verhindern, daß mit der Fallarbeit begonnen werden kann.

ja (.). . .(leise) was wollen wir dann (') (Räuspern)
(Pause)
tja zu irgendwas werden wir uns entschließen müssen(,). . .
wenn wir nichts anderes haben/dann sollten wir darüber
sprechen/was wir für Schwierigkeiten (.) haben (,) (11)

Auf diese Leiteräußerung folgt eine Fallankündigung, die dann aber bald wieder zurückgezogen wird. Die Gruppe beschäftigt sich den Rest der Sitzung mit den Beziehungen zwischen den Gruppenmitgliedern.

4.2. Analyse der Aushandlungsphase

4.2.1. Einigung auf ein Arbeitsthema und einen Fallvortragenden/Erzähler

In den von uns untersuchten Gruppen wird die Fallauswahl nicht durch formale Prinzipien geregelt. Es besteht in jeder Sitzung für die Gruppe die Aufgabe, sich auf einen Fallvortragenden und ein Thema zu einigen. In dieser Phase tritt erstmals eine Differenzierung der Gruppenmitglieder in einen *Schematräger* (Erzähler) mit besonderen Aufgaben und in die übrige Gruppe auf: Der potentielle Erzähler, der in der betreffenden Sitzung über einen Fall berichten will, liefert eine Problemverdeutlichung und deutet die Relevanz an, die der Fall für ihn selbst hat.

Er muß deutlich machen, daß sein Erlebnis tatsächlich ein Problem für ihn darstellt, das ihn bis zum jetzigen Zeitpunkt noch gefühlsmäßig beschäftigt und das er noch nicht verarbeitet hat. Darüber hinaus gibt er eine Orientierung über die beteiligten Personen, den Zeitpunkt der Handlung und über die Umstände des Geschehens. Diese Kurzcharakterisierung des Themas dient der Gruppe als Grundlage für die Ratifizierung der Falleinbringung. Die *Gruppe* prüft die Relevanz, die das Thema für den Erzähler und für die Gruppe hat. Sie hat die Möglichkeit, Nachfragen zu stellen, falls die vorgreifende Orientierung noch nicht ausreichend ist.

In den Transkriptionen der Balintgruppe findet sich ein Beispiel für eine Fallankündigung, in der die Erzählerin, Frau Rohmann, alle Erwartungen, die an eine Ankündigung bestehen, erfüllt:

Rohmann:	und ich hab was (') kann ich ja mal kurz erzählen (.) und dann könnten wir (???) (lacht leicht)
Leiter:	(ja?)
Rohmann:	(räuspert sich) (bedächtig) ich mach Supervision mit einer (.)Lehrerin(,)(.) Zusatzstudium in Heilpädagogik(.) und diese Lehrerin hatte(')(.) bis vor ungefähr & na ja gut vier fünf Monaten Supervision mit einem (.) Supervisor gemacht(,) und seit zirka(.) dreißig Stunden in etwa/und hatte dann abgebrochen(')(.) ähm weil s überhaupt nich mehr ging(,) und (.) wir haben angefangen(') und haben das thematisiert(,) zu Beginn war das ganz klar(') und das schien mir eigentlich so(.) ja soweit man das sagen kann/eigentlich hinreichend verbalisiert zu sein(') und(.) entsprechend bearbeitet(,) und nun stelle ich fest das letzte mal(.) tauchte es wieder auf das Thema& also von nicht gelungener Ablösung Trennung oder noch vorhandenen Resten/die da einfach vorhanden sind und (.) immer wieder neu auftauchen und (-)
Leiter:	mhm (')
Rohmann:	das wär eigentlich dann so das Thema (,)(10 sec Pause)
Leiter:	ja (') Sie sollten sich dazu äußern ob wir das. . .diskutiern wolln (,) (9)

Die Gruppe kann nach dieser Äußerung, ohne weitere Nachfragen stellen zu müssen, die Fallankündigung ratifizieren. Die potentielle Erzählerin hat ein Problem formuliert, ihre Unklarheit dargestellt, eine Orientierung über die Interaktionssituation gegeben und ihren Willen deutlich gemacht, dieses Thema zu bearbeiten. Einzig ihre emotionale Engagiertheit wird aus dem Transkript allein nicht ersichtlich. Die Ratifizierung durch die Gruppe kann entweder durch zustimmende Bemerkungen, Schweigen, nonverbale Zustimmung oder ausdrückliche Einverständnis- und Interessenbekundung geschehen. Im vorliegenden

Fall wird die Erzählung ausdrücklich ratifiziert. Herr Lauer, der die Ratifizierung vornimmt, macht darüberhinaus aber noch deutlich, daß er eigentlich auch einen Fall hatte einbringen wollen:

Mich interessiert dieses Thema auf jeden Fall/gleichzeitig bin ich aber noch dabei zusammenzukriegen/was vor drei Wochen in meiner Gruppe los war(???) (.) Vielleicht fangen wir erstmal an (.)

Die letzte Zeile seiner Äußerung: »Vielleicht fangen wir erstmal an« wird von der Gruppe als Zurückziehen des Fallangebots interpretiert. Es entsteht nach der Äußerung von Herrn Lauer eine Pause, dann beginnt Frau Rohmann mit ihrer Erzählung.

Probleme können in der Aushandlungsphase auftauchen, wenn mehrere konkurrierende Fallangebote vorliegen und die Gruppe sich im Gegensatz zu unserem Beispiel nicht auf einen Fallvortragenden einigen kann. Weiterhin kann es passieren, daß niemand einen Fall einbringen will, oder daß, wie sich eine Gruppe einmal ausdrückte, mehrere ›halbe Fallangebote‹ gemacht werden, das sind Fallangebote, die sofort wieder zurückgezogen werden.

Jede Andeutung über vorangegangene berufliche Erfahrungen wird als potentielles Fallangebot gewertet, sobald der Übergang zur Aushandlungsphase von der gesamten Gruppe ratifiziert worden ist. Durch diese Andeutung setzt sich das Gruppenmitglied der interaktiven Verpflichtung aus, einen Fall einzubringen, oder zumindest zu erläutern, warum es keinen einbringen will. Wir möchten jetzt ein Beispiel für eine solche Andeutung eines Gruppenmitglieds geben, die nicht eindeutig als Fallangebot gekennzeichnet ist, aber vom Leiter als solche interpretiert wird:

Leiter:	ja(,) was wolln wir denn dann heute(.)(leiser) uns vornehmen(')+ (Pause) mhm('). . .
Rohmann:	also ich kann eigentlich um die Zeit immer weil ich so grade immer drei frisch hinter (lachend) mir hab+√
√m:	(leises Lachen)
Rohmann:	die sich so die Türklinke in die Hand geben/und beim letzten komm ich mir dann immer(.) vor wie so ne ausgedrückte Zitrone +
m/m:	(lachen leise)
Rohmann:	(lacht leise) kann auch ne Pampelmuse oder √

√m:	(lachen)
Rohmann:	was anderes sein (lacht)+(leise) es geht jetzt nicht um die Zitrone+aber um das Ausgedrückte oder Ausgepreßtsein(lacht leise)+ (4)

Herr Gallas fragt daraufhin Frau Rohmann nach ihrem Erleben und ihren Gefühlen. Sie geht auf diese Fragen ein und es kommt zu einem kurzen Dialog zwischen den beiden Gruppenmitgliedern. Dann interveniert der Leiter und stellt die Notwendigkeit einer Entscheidung dar: Will Frau Rohmann einen Fall einbringen, oder gibt es noch jemand anderen, der erzählen möchte?

Leiter:	tja(,) solln wir das als Angebot auffassen/wenn keine andere (.) (leiser)was(.) hat/da die Frau Rohmann (-)√
√ Gallas:	ja ich hab n Problem
Leiter:	(leise lachend)bereit wäre(')+ ja(')
Gallas:	zu mir kommt eine Holländerin. . . (4)

Herr Gallas unterbricht den Leiter in seiner Äußerung und kündigt einen Fall an, den er gleich, ohne die Ratifizierung von der Gruppe abzuwarten, erzählt. Nach der Erzählung kommt es zu einer Interaktionskrise; die Gruppe macht deutlich, daß sie den Fall nicht ratifiziert hat, und der Erzähler zieht ihn daraufhin zurück. An dieser Abweichung wird deutlich, daß nicht einfach eine Phase des Ablaufs, in diesem Fall die Ratifizierung der Erzählung durch die Gruppe, übersprungen werden kann. Die vom Erzähler verhinderte Verständigung über die Vertrauensbasis in der Gruppe wird zum Thema der restlichen Sitzung: Gemeinsam wird herausgearbeitet, daß der Erzähler nicht sehr viel Vertrauen zur Balintgruppe hat. Herr Gallas meint, daß die Gruppe ihm auch nicht deutlich genug gezeigt hat, daß er ihr vertrauen kann.

An der zuletzt zitierten Leiteräußerung kann man sehen, daß der Gruppenleiter die Aufgabe hat, die Schaltstelle zu fokussieren, wenn sich die Gruppe nicht auf einen Falleinbringer und ein Thema einigen kann (vgl. oben).

4.2.2. Verständigung über die Vertrauensbasis in der Gruppe

Nachdem die Gruppe die Fallankündigung eines potentiellen Erzählers akzeptiert hat, besteht für diesen noch einmal die Möglichkeit, sein Angebot zurückzuziehen. Er tut dies unter

Umständen dann, wenn er den Eindruck hat, daß die anderen Gruppenteilnehmer nicht bereit sind, empathisch zuzuhören. Der Erzähler testet in dieser Situation m. a. W. die Vertrauensbasis, über die er hinsichtlich seines speziellen Problems in der Gruppe verfügt. Er kann erwarten, daß die Teilnehmer nicht nur bereit sind, seiner Geschichte ›beobachtend‹ und ›bewertend‹ zu folgen, sondern auch bereit sind, sich zeitweilig auf seinen persönlichen Standpunkt zu stellen, um von hier aus das Geschehen mit- und nachzuerleben.

Wir kennen in unserem Material eine Interaktionsszene, in der ein potentieller Erzähler, Herr Garbe, nicht den Eindruck gewonnen hat, daß die übrigen Gruppenmitglieder bereit sind, sich auf seine Geschichte emotional einzulassen. Die Unterstützung der Teilnehmer erscheint ihm als zu gering, so daß er sich nicht zur Preisgabe seines Erlebens entschließen kann und sein Fallangebot wieder zurückzieht.

Die Begründung, die er für seinen Schritt vorträgt, ist für die Balintgruppe recht ungewöhnlich: Er müsse erst mit seinem Supervisanden darüber sprechen, ob er den Fall einbringen könne.

Garbe: (lautere Stimme, wird dann wieder langsamer und stockender) also ich hab mir das noch mal überlegt/ich möchte(.) das heute lieber nicht machen(.)mhm und vielleicht beim nächsten mal und erst mit ihm drüber reden. . (sehr leise) da ist mir wohler dabei(,)

Leiter: tja wenn das so ist/müssen wir uns n neues Thema suchen(,) (Pause) oder mein Vorschlag nicht wahr(')was haben wir für Schwierigkeiten. . .uns für etwas zu entscheiden(,). . .(11)

Der Leiter stellt die Gruppe mit seinem Vorschlag vor die Alternative, entweder erneut in die Fallaushandlung einzutreten, oder zu klären, was die Gruppe daran hindert, sich auf das Miterleben bzw. das Mitteilen von Gefühlen einzulassen. Diese Entscheidungsalternative ist typisch für die Aushandlungsphase. Wir haben sie als *zweite Schaltstelle* in unserem Modell der Normalformerwartung vermerkt.

Das ›Umschalten‹ von der Falleinbringung auf die ›Gruppendynamik‹ ermöglicht es oft nach einer Weile, nachdem die notwendige Vertrauensbasis in der Gruppe wiederhergestellt worden ist, den angekündigten Fall doch noch darzustellen und zu bearbeiten. Die Gruppe stoppt – um den skizzierten Vorgang in unserer Terminologie zu beschreiben – das Ablaufschema, spult es zurück (Gruppendynamik) und nimmt es, nachdem die anstehenden Aufgaben gelöst sind, die Vertrauensbasis zwischen Falleinbringer und Gruppe hergestellt ist, wieder an der Stelle auf, an der angehalten worden war.

Häufig ist für die Gruppe nicht klar, wann sie nach einer Phase der Beziehungsklärung wieder in der Lage ist, die Fallarbeit aufzunehmen. Es ist dann die Aufgabe des Leiters, die Aufmerksamkeit der Gruppe wieder auf die Fallarbeit zu lenken. Wir können eine entsprechende Intervention in der folgenden Passage dokumentieren:

ja(,) ich weiß nich ob wir das (k) die Frage stand/ob wir jetzt noch nen Stück vielleicht von (.) dieser Supervision mit der Waltraud erfahren könnten um (Pause) (4)

Der Leiter fordert hier den Erzähler, der schon eine Fallankündigung und eine kurze Orientierung gegeben hatte, bevor es zu einer Diskussion der Beziehungsprobleme kam, auf, seinen Fall darzustellen. Darauf setzt der Erzähler seine Erzählung fort.

4.3. Analyse der Falleinbringungsphase

In der Falleinbringungsphase wird die emotionale Reziprozität zwischen der Gruppe und einem Schematräger über ein persönliches berufsabhängiges Problem, das diesen gegenwärtig beschäftigt, durch die Abwicklung der kommunikativen Kooperationsform ›Erzählen‹ hergestellt.

Wir verzichten an dieser Stelle darauf, die einzelnen Aktivitäten des Erzählers darzustellen und an Beispielen zu illustrieren. Wir skizzieren nur kurz das Ablaufschema, das an anderer Stelle schon ausführlich dargestellt wurde.[13]

Nach einer Problemankündigung und der Andeutung der Relevanz dieses Problems für seine eigene Person liefert der Erzähler eine Orientierung über Zeit, Ort, Personen und ggfs. institutionelle Bedingungen des Geschehens, über das er sprechen möchte. Danach schildert er das Geschehen in Form einer Ereigniskette, wobei er sein eigenes Verhalten und das seiner Interaktionspartner hervorhebt. Diese Ereigniskette enthält meist einen ›Ereignisknoten‹, einen Punkt maximaler Detaillierung desjenigen Geschehens, auf das es dem Erzähler ankommt. Zu den wichtigsten Etappen der Ereigniskette teilt der Erzähler sein Erleben mit und liefert nachträgliche oder situationsgebundene Interpretationen des Geschehens. Den Abschluß der Erzählung bildet normalerweise eine Problemverdeutlichung, in der er den Gruppenmitgliedern den Stand seiner Verarbeitung des Geschehens mitteilt.

Auf die Aktivitäten der *Gruppenmitglieder* bei der Abwicklung der Erzählung und auf das Problem der Beendigung der Erzählung gehen wir im folgenden kurz ein. Das Relevanzsystem der Zuhörer beim Anhören der Erzählung ist u. E. geprägt von den Normalformerwartungen an den Ablauf einer Erzählung. Der Erzähler hat in den von uns untersuchten Gruppen das Recht, das gesamte Erzählschema zunächst abzuwickeln, ohne unterbrochen zu werden. Die Gruppenmitglieder bewerten während des Zuhörens die jeweilige Erzählung auf dem Hintergrund dieser Normalformerwartungen im Hinblick auf Vollständigkeit, Abweichungen von der Normalform und Unklarheiten in der Darstellung. Diese Bewertungen werden aber nicht sofort ausgesprochen, sondern gespeichert und erst in der Bearbeitungsphase ausgesprochen. Über die wechselnden Standpunkte und Perspektiven, die ein Zuhörer während einer bestimmten Erzählung einnimmt, können wir keine gesicherten Aussagen machen, da sie sich nicht manifestieren. Wir nehmen aber an, daß die Gruppenmitglieder bereit sein müssen, alle diejenigen Perspektiven einzunehmen, die auch der betreffende Erzähler während der Abwicklung des Erzählvorgangs einnimmt. Wir hatten diese Perspektiven: die erlebende, die betrachtende und die bewertende im Kapitel 3.2. erläutert.

Zwei Typen von Aktivitäten scheinen allerdings schon während des Erzählens erlaubt zu sein: Rezeptionssignale geben und Nachfragen stellen. Nachfragen sind während der Erzählung gestattet, wenn es sich lediglich um kurze Informationsfragen handelt, die den Erzählfluß nicht unterbrechen.

Die Beendigung der Erzählung und der Übergang zur Bearbeitungsphase ist in Balintgruppen für den *Erzähler* problematisch. Er stellt ein unverarbeitetes Geschehen dar, eine Geschichte, die noch in die Gegenwart hineinreicht. Er ist noch emotional in das Geschehen verwickelt, hat noch keine Lösung oder Erklärung dafür gefunden. Aus diesem Grunde bringt er ja auch seinen Fall ein. Er möchte, daß die Gruppe ihm hilft, sein Erlebnis zu verarbeiten. Man kann die Bearbeitungsphase als Versuch verstehen, gemeinsam die Erzählung zu Ende zu erzählen. Der Erzähler muß sich also entschließen, seine Erzählung an irgendeinem Punkt abzuschließen, an dem er meint, daß die Gruppe vorläufig genug erfahren hat, um die Geschichte bearbeiten zu können. Die Unabgeschlossenheit der Erzählung wird in den folgenden Zitaten, die jeweils die letzte Sequenz der Falleinbringung wiedergeben, vom Erzähler selbst thematisiert:

- ja(,) ich weiß nich äh (leise) soweit vielleicht erstmal+(,)
- ich kann im Moment nicht mehr dazu sagen/vielleicht wenn da was kommt(,)
- wenns Fragen gibt/sonst komme ich lange ins Erzählen(,)
- jedesmal wenn ich was sage/fängt das wieder an/gut(,)(.) soweit erstmal(,)

Die Beendigung der Erzählung ist deshalb für den Erzähler problematisch, weil er sich an den Erwartungen seiner Zuhörer orientieren muß. Nur wenn es diesen möglich ist, sich ein ungefähres Bild von dem Geschehen und der emotionalen Problematik des Erzählers zu machen, können sie der Beendigung der Erzählung zustimmen. Es handelt sich also bei dem Abbruch der Erzählung um ein interaktives Problem, an dessen Bewältigung die gesamte Gruppe beteiligt ist. Wir haben dieses Problem in unserem Modell der Normalformerwartungen als *dritte Schaltstelle* berücksichtigt.

In der von uns untersuchten Balintgruppe greift der Leiter häufig ein, um den Teilnehmern vor Augen zu führen, daß sie sich nunmehr entscheiden müssen, ob die Erzählung beendet oder fortgesetzt werden soll. Beispiele für entsprechende Leiterinterventionen sind:

- ja(,). . ja(') wollen wir das diskutiern(')
- ja(,) was wollen wir jetzt damit machen(')
- das ist das Problem/soweit Sie uns dies erstmal anbieten wolln/wenn ich das richtig verstehe(,)

Die Gruppe kann nach diesen Interventionen die Erzählung entweder ratifizieren und zur nächsten Phase, zur Bearbeitung der Erzählung, übergehen, oder sie fordert den Erzähler auf, zu bestimmten Punkten seiner Geschichte Informationen nachzuliefern. Nach unseren Erfahrungen muß eine Erzählung eine gut verständlich geschilderte Ereigniskette und eine vorläufige Formulierung des Problems aus der Sicht des Erzählers enthalten.

Wir geben im Anschluß zwei Beispiele für das Verhalten der Gruppe, wenn sie den Abbruch der Erzählung nicht ratifiziert. Den Fortgang des Geschehens, wenn die Erzählung ratifiziert wird, schildern wir im nächsten Abschnitt.

Im ersten Beispiel fordert die Gruppe den Erzähler auf, die Problemverdeutlichung des Falls nachzuliefern:

m: darf ich mal kurz rückfragen/denn ich bin nämlich mit der Situation noch nicht klar/ich habe noch nicht verstanden/was das Problem deiner Gruppe ist/weil du da zwei verschiedene Sachen gesagt hast/und ich hab erst recht nicht verstanden/was dein Problem ist bei der Arbeit mit der Gruppe(,)

In einer anderen Sitzung fragt ein Gruppenmitglied in einer ähnlichen Situation:

m: (Pause) aber wo ist das Problem(')

In dem dritten Beispiel ist es der Gruppenleiter, der den Abbruch der Erzählung nicht ratifiziert. Er fordert den Erzähler indirekt auf, die Ereigniskette seines Falls nachzuliefern.

Leiter: aber wollen wir uns mit dem Problem befassen/sollten wir dann/wenn wir das tun wollen/nich äh im Detail(???) noch erfahren, wie sich das auf die Arbeit auswirkt/auf die Supervisionsarbeit(,) (4)

Der Erzähler hatte in der vorangegangenen Falldarstellung lediglich das Problem benannt und erklärt.

4.4. *Analyse der Fallbearbeitungsphase*

4.4.1. Verständigung über das Geschehen und seine Begleitumstände, Rekonstruktion der Typisierungen der Figuren der Erzählung und ihrer Beziehung untereinander

Wenn sich die Gruppe darüber verständigt hat, daß das Problem der Erzählung hinreichend deutlich geworden ist und die Erzählung insgesamt bearbeitungsfähig ist, beginnt die Phase der Fallbearbeitung. Die Gruppenmitglieder teilen die Beobachtungen mit, die sie während des Erzählvorgangs ›angesammelt‹ haben. In den von uns untersuchten Gruppen handeln die Erzählungen meist von den Supervisionen, die die Gruppenteilnehmer leiten. Bei der Bewertung der Erzählung können die Teilnehmer deshalb auf ihr professionelles Wissen, ihre Kenntnis des normalen Ablaufs und der normalen Beziehungskonstellation in einer Supervisionsgruppe zurückgreifen. Der Referenzraum ihrer Äußerungen ist in dieser Sequenz noch nicht die Gesamtheit der erzählten Geschichte, sondern das mitgeteilte ›Geschehen‹, das Verhalten und die Typisierungen der Personen und ihrer Beziehungen. Widersprüche und mangelnde Detaillierungen des Geschehens, die den Zuhörern aufgrund ihrer professionellen Erfahrung auffallen, stehen im Mittelpunkt des Gesprächs.

Die wesentlichen Aktivitäten, mit Hilfe derer sich die *Gruppenmitglieder* mit dem Erzähler über das Geschehen verständigen, sind nach unseren Beobachtungen

- Nachfragen,
- Bezweifeln der Interpretationen des Erzählers und
- das Vorschlagen eigener Interpretationen.

Diese Nachfragen, Bezweiflungen und Interpretationsangebote können sich auf die folgenden Referenzräume beziehen:

a) die Ereigniskette und die äußeren Umstände des Geschehens;

b) die Typisierungen der Personen, über die der Erzähler gesprochen hat, sowie die Selbsttypisierung des Erzählers und schließlich

c) die Typisierung der konflikthaften Beziehung, die im Zentrum des Falls steht.

Zu a)

Meist fehlen in der Schilderung des Erzählers einzelne Passagen der Ereigniskette. Die Gruppe fordert dann zu Detaillierungen und zur Ergänzung fehlender Aktivitäten auf. Unklare Übergänge zwischen einzelnen Teilen der Ereigniskette sollen vom Erzähler nachträglich plausibilisiert werden.

Ein typisches Beispiel für eine Aktivität in dieser Sequenz ist die folgende Nachfrage eines Zuhörers:

Wie kam es eigentlich/daß die die andere Frau vor zweimal noch dazu gekommen ist(') mir fällt das gerade ein/wo Sie sagen/der [Supervisand] lehnt eigentlich Gruppenarbeit ab/und jetzt haben wir ne Gruppensupervision(,) (2)

Der Erzähler wird in dieser Äußerung aufgefordert, die äußeren Umstände des Geschehens nachzuliefern. Er soll mitteilen, wie es dazu kam, daß eine weitere Supervisandin in die von ihm geleitete Supervision aufgenommen wurde, die bis dahin nur aus zwei Teilnehmern bestand.

Zu b)

In der Passage, die dem folgenden Beispiel vorangeht, hatte der Erzähler schon zusätzlich Typisierungen seiner Supervisandin, über die er in dieser Sitzung erzählt hatte, nachgeliefert. Ein Gruppenmitglied, Herr Gallas, paraphrasiert in seiner Nachfrage diese Typisierung und macht zugleich deutlich, daß er sich die betreffende Person noch nicht gut vorstellen kann:

Jetzt ging es also um schrill spitz laut und schnell/schneidend/ich weiß nun nicht/wie die Dame aussieht/es scheint ein Diamant zu sein(,) (6)

Zu c)

Neben Aufforderungen an den Erzähler, seine Typisierungen der Personen deutlich zu machen, haben die Gruppenmitglieder die Möglichkeit, eigene Interpretationen, die sie durch ›praktisches Schließen‹ oder aufgrund anderer Informationsquellen gewonnen haben, vorzutragen. Häufig geht ein derartiges Interpretationsangebot mit einer Bezweifelung der Schilderung des Erzählers einher. In dem folgenden Beispiel ist einem Zuhörer, Herrn Gallas, aufgefallen, daß die Supervisandin, über die der Erzähler berichtet hat, die Frau eines Kollegen des Erzählers ist. Aus dieser Überlegung heraus eröffnet sich für Herrn Gallas eine neue Interpretation der konflikthaften Beziehung, die der Fallvortragende in dieser Sitzung behandeln möchte:

ich hatte mir überlegt/ob diese Auseinandersetzung über die Frau mit dem Kollegen geführt wird/daß also die Frau da nur Medium ist in der Auseinandersetzung zwischen Ihnen und Ihrem Kollegen/das war eine der ersten möglichen Spekulationen (6)

Die Selbsttypisierung des Erzählers und seine Darstellung der konflikthaften Beziehung zu seinem Supervisanden wird von den Zuhörern immer besonders kritisch beobachtet und häufig neu interpretiert:

Ich sehe den Zusammenhang da/also wenn du offen oder implizit die Norm vertrittst/hier wird über Gefühle geredet/und er aus welchen

Gründen auch immer das nicht will oder nicht tut/sondern die Macht des Rationalen dagegensetzt/wie du sagst/dann ist da ein Machtkampf/was gilt hier und wer bestimmt das und wer gebraucht was(,) (7)

Derartige Angebote einer neuen Sehweise der Beziehungskonstellationen werden von dem Erzähler aufgegriffen, kommentiert und stellen damit einen wichtigen Zwischenschritt für den Fortgang der Gruppenarbeit dar.

Die *Aufgabe des Erzählers* besteht in dieser Phase zum einen darin, die Nachfragen der Gruppenmitglieder nach dem dargestellten Geschehen und nach seinem Verhalten zu beantworten. Wir geben zunächst ein Beispiel für das ›Nachliefern von Informationen über das Geschehen‹. Der Erzähler berichtet hier über einen Supervisanden, der zweimal hintereinander einen Fall eingebracht hatte:

Wenn ich s nur kurz erläutern darf/die Vorgeschichte war so/daß wir in der (.)vorigen Supervisionsstunde(k) daß er auch einen Fall vortrug/in dem ein Ehepaar eine Rolle spielte. . und er(.) aber (lachend gesprochen) keine Erfolgserlebnisse hatte+(')[Auslassung] daß er uns sicherlich(.) das zweite mal eben gewissermaßen eine Erfolgsmeldung präsentieren wollte. (2)

In dem letzten Teil seiner Äußerung nimmt der Erzähler schon eine ›Umdeutung‹ des Verhaltens seines Supervisanden vor, die ihm bei der Reflexion der ›Vorgeschichte‹ gekommen sein mag. In diesem Überdenken von Typisierungen eigenen Verhaltens und der konflikthaften Beziehung – aufgrund von Interpretationsangeboten der Zuhörer – besteht die zweite wesentliche Aufgabe des Erzählers in dieser Sequenz.

Als Beispiel möchten wir die Antwort zitieren, die der Erzähler, Herr Garbe, auf das Interpretationsangebot von Herrn Gallas – ›Rivalität mit Kollegen‹ – (vgl. Punkt c, S. 248) gibt:

Also ich weiß nicht/ich kann das nicht so sehen/[wie Herr Gallas] was ich wohl sehen kann/ist so der Aspekt von Leistungsdruck/also daß der Kollege eine Rolle spielt/ich habe eigentlich soweit mir das bewußt ist/wenig Angst/daß ich als nicht kompetent dem Kollegen gegenüber gelten könnte/ich möchte aber nicht ausschließen/daß es da trotzdem so einen Teil(k) wo ich auch besonders gut sein möchte als Supervisor/den Teil gibt es sicherlich/ich glaube allerdings/daß der Teil bei ihr [der Supervisandin] stärker ist (6)

In einer anderen Sitzung der Balintgruppe wird die Erzählerin, Frau Rohmann, durch die Gruppe angeregt, noch einmal ihr eigenes Verhalten genauer zu betrachten. Sie sucht daraufhin nach einer vergleichbaren Situation aus ihrer professionellen Praxis und schildert der Gruppe ihr Verhalten bei jener Gelegenheit:

Ich bin damals sehr viel vorsichtiger damit umgegangen/auch mit dieser Fragestellung/die vorsichtiger formuliert wurde/und jetzt habe das anders gemacht/stelle ich fest/ich muß aber sagen/wenn ich die beiden Situationen vergleiche daß ich analog auf die Frage reagiert habe/ich habe also damals auf eine vorsichtige Anfrage sehr vorsichtig reagiert ich hab vorsichtig geantwortet und ich habe diese Frage aus der Unsicherheit von Manfred heraus doch sehr direkt gefunden/und ich glaube daß ich also durch diese direkte Frage hier auch eher in der Lage war/glaub ich direkt darauf einzugehen (1)

Solche Schilderungen ähnlicher Interaktionssituationen ermöglichen es der Gruppe und dem Leiter, sich ein genaueres Bild darüber zu machen, ob die konflikthafte Interaktionskonstellation eher durch die Persönlichkeit des Erzählers oder durch die Person des Supervisanden/Klienten hervorgerufen wurde. Wenn sich bestimmte Interaktionsstile des Erzählers häufig wiederholen und immer wieder zu ähnlichen Konflikten führen, liegt die Vermutung nahe, daß es sich hier um ein persönliches Problem des Erzählers handelt.

4.4.2. Herstellen der Reziprozität zwischen der Gruppe und dem Erzähler über sein Erleben und das Erleben der Figuren der Erzählung

Wenn die Gruppe der Auffassung ist, daß das Geschehen und die Typisierungen der Personen genügend herausgearbeitet worden sind, geht sie zur Rekonstruktion des Erlebens der Figuren der Erzählung über. Oft geht diesem Übergang zu einem neuen Arbeitsabschnitt eine Zusammenfassung und Sicherung der Ergebnisse der vorigen Sequenz durch den Leiter oder durch den Erzähler voraus. Man kann dies exemplarisch an der gerade zitierten Äußerung von Frau Rohmann beobachten.

Hält sich die Gruppe nach Meinung des Gruppenleiters zu lange mit der ›Verständigung über das Geschehen‹ auf, fragt dieser gelegentlich direkt nach den Gefühlen, die den Erzähler während des von ihm mitgeteilten Geschehens bewegt haben.

Wir wollen nun zunächst die Aktivitäten, die von den *Zuhörern* bei der Rekonstruktion des Erlebens der Personen der Erzählung ausgeführt werden, näher erläutern. Nach unseren Erfahrungen lassen sich diese Aktivitäten am leichtesten auseinanderhalten und beschreiben, wenn man sich die Standpunkte vergegenwärtigt, die dabei von den Sprechern eingenommen werden. Wir unterscheiden die folgenden Standpunkte:

a) Den *Standpunkt einer beliebigen anderen Person.* In unserem Fall kann es sich entweder um den Standpunkt des Erzählers oder einer anderen Person (Figur) handeln, über die der Erzähler berichtet hat.

b) Den *authentischen, emotionalen oder selbstreflexiven Standpunkt des einzelnen Zuhörers.*

c) Den *Standpunkt eines ›Laiendeuters‹*, der versucht, die Gefühle der Beteiligten systematisch zu beschreiben.

Zu a)

Wir bezeichnen die Aktivität, die die Zuhörer ausführen, wenn sie versuchen, sich auf den Standpunkt des Erzählers oder einer anderen Person zu stellen, als ›Probeidentifikation‹.[14] Die Leitfrage bei Probeidentifikationen lautet: Was hat der Erzähler oder der Klient/Supervisand damals vermutlich erlebt und gefühlt? Um diese Frage überhaupt behandeln zu können, müssen sich die Zuhörer ein relativ genaues Bild über den Erzähler bzw. die andere Person machen können. Dies war die Aufgabe des vorigen Arbeitsabschnittes.

Wir veranschaulichen diesen Aktivitätstypus an einer Interaktionssequenz aus der Balintgruppe. Frau Rohmann erzählt, wie sie vor der ersten Supervisionssitzung von ihrem Supervisanden am Bahnhof mit einem großen Schild abgeholt wurde, worauf ihr Name stand. In der Supervision wollte dieser Supervisand gleich etwas über ihre politische Einstellung erfahren. Das Gruppenmitglied, das sich in diesem Beispiel ›probeidentifiziert‹, markiert die Standpunkte, von denen aus es spricht, sehr deutlich:

Ich habe mir vorgestellt/wie mir das ergangen wär am Bahnhof mit dem großen Plakat/das gab zunächst peinliche Gefühle und dann aber auch etwas schmeichelhafte/mein Name so groß auf dem Plakat/das war die andere Seite/und dann bei der Befragung über den parteipolitischen Standort/da dachte ich/au Backe was hast du da bloß gemacht/so einerseits habe ich so eine Abwehr gespürt in mir/also beim erstenmal so ausgefragt zu werden/das hätt ich nicht so gerne. . ja und dann kippte das um und dann hab ich mich mit dem Supervisanden identifiziert ... und dann hab ich gedacht/das kann ich auch gut verstehen/der will ein bißchen wissen/wer du [die Erzählerin] bist und da fragt er an der Stelle/die ihm wahrscheinlich besonders wichtig ist (1)

Zu b)

Eine andere Möglichkeit, das Erleben zu rekonstruieren, ist es, alternative Reaktions- und Erlebensweisen darzustellen. Die Zuhörer behalten bei diesem Verfahren ihren eigenen individuellen Standpunkt bei und lassen das Geschehen auf sich wirken. Die Gefühle, die in ihnen in dieser Situation aufsteigen, teilen sie in der Gruppe mit. Häufig unterscheiden sich ihre Erlebnisse und die phantasierten Reaktionsweisen von denen der Personen, über die der Erzähler gesprochen hat. Auch das Erleben des Erzählers wird auf diese Weise ›wiederholt‹: Empfinden einzelne Zuhörer in Anbetracht der gleichen Interaktionssituation, vor der der Erzähler stand, andere emotionale Reaktionen als der Erzähler, so tritt durch diesen Kontrast die Spezifik der Reaktionsweise des Erzählers deutlicher hervor und kann zum Gegenstand einer genaueren Reflexion gemacht werden. Zur Veranschaulichung dieses Aktivitätstyps zitieren wir eine weitere Reaktion eines Gruppenmitglieds auf die Erzählung von Frau Rohmann über den Supervisanden, der sie zur ersten Sitzung vom Bahnhof abgeholt hatte:

Groß: ich hab was Eigenartiges erlebt/ich hätte wahrscheinlich trotzig reagiert(,)

Rohmann: in welcher Rolle(')

Groß: in deiner Rolle/in deiner Situation. . ich hätte wahrscheinlich nicht darauf geantwortet und hätte nur gesagt (k) hätte gefragt/wo ich politisch stehe/was ihm [die Auskunft] wohl nützen würde(,) (1)

Häufig teilen die Zuhörer allerdings ihr Erleben nicht spontan mit, sondern versuchen zunächst, sich über die Gründe für die besondere Qualität ihres Erlebens klarzuwerden. Sie verhalten sich ›betrachtend‹ oder ›selbstreflexiv‹ zu ihrem eigenen Erleben, stellen also gleichsam vorgreifend ihre eigenen persönlichen Anteile in Rechnung.

In der gleichen Sitzung, aus der wir auch die beiden vorangehenden Zitate entnommen haben, wird kurze Zeit später deutlich, daß der Supervisand, der von der Erzählerin verlangte, daß sie ihre politische Einstellung klarlegen sollte, bereit war, seine eigene Anschauung mitzuteilen und ihr sehr schnell seine Probleme, die er in der beruflichen Arbeit hat, anvertraute. Ein weiteres Gruppenmitglied, Herr Groß, stellt dar, welche Gefühle durch das Verhalten des Supervisanden und das vermutete Verhalten der Supervisorin in ihm ausgelöst worden sind:

also je mehr das jetzt kommt/das sich ausziehen vor Ihnen [Erzählerin] /das ist eine Intimitätsfrage/je mehr das kommt desto mehr Widerstand entwickele ich/weil mir das vorkommt wie so kein anderes Evangelium wie (???) mit Jesus oder so/und das finde ich eine Distanzlosigkeit/daß ich selber die Möglichkeit zu sagen/wann ich das für richtig halte halte/was ich meine (k) diese Möglichkeit wird mir genommen(,) (1)

Aus der Äußerung von Herrn Groß wird den Zuhörern auch der Gang seiner eigenen Verarbeitung und ›Deutung‹ seiner Gefühle, seine Selbstreflexion nachvollziehbar.

Zu c)

Wenn sich die Gruppenteilnehmer ein ausreichend klares Bild von der emotionalen Situation gemacht haben, in die der Erzähler involviert war, dann versuchen sie die Gefühle der Beteiligten systematisch zueinander in Beziehung zu setzen. Sie können sich bei dieser Aktivität nicht auf den Standpunkt einer der beteiligten Personen stellen, sondern müssen einen allgemeineren Standpunkt einnehmen. Wir nennen diesen Standpunkt den des ›Laiendeuters‹. Der Laiendeuter benutzt bei seinen Typisierungen des emotionalen Erlebens ein Relevanzsystem, das wir noch nicht genau kennen. Sicherlich greift er auf sein professionelles Sonderwissen und seine Kenntnis der psychoanalytischen Theorien über Beziehungen zurück.

In der von uns untersuchten Balintgruppe gehen die Gruppenmitglieder mit diesen ›Laiendeutungen‹ allerdings sehr vorsichtig um. Es wird dem Erzähler überlassen, ob er die vorgeschlagenen ›Deutungen‹ annimmt. Die Gruppe vermeidet es, mit dem Erzähler über diese Interpretationen zu argumentieren und insistiert nicht auf der Richtigkeit der eigenen Meinung. Das Deutungsmonopol wird ohnehin dem Leiter zugeschrieben.

Ein Beispiel für eine systematische Beschreibung eines gesamten Ablaufs einer Supervisionssitzung vom Standpunkt des ›Laiendeuters‹ haben wir in einer anderen Sitzung der Balintgruppe gefunden:

Den Ablauf habe ich jetzt der Schilderung nach [Auslassung] so erlebt/eine Forderung nach Nähe und Vertrauen wird in der Gruppe erhoben/wird zurückgewiesen/dadurch schlägt die Forderung nach Nähe und Vertrauen um in Distanz und Aggression/beides am Punkt Irmgard/das ist ein Geschehen/das mehr oder weniger die ganze Gruppe erfaßt und nachträglich identifizierten sich einige der Aggressoren mit dem Opfer/mein Gott die arme Irmgard(,) (5)

Eine ganz andere Klasse von Aktivitäten, die in dieser Phase der Gruppenarbeit häufig zu beobachten sind, haben wir unter dem Oberbegriff ›*Inszenieren des Falls*‹ zusammengefaßt.[15] Das Inszenieren des Falls unterscheidet sich von den bisher geschilderten Aktivitäten vor allem dadurch, daß es nicht bewußt eingesetzt werden kann, sondern sich quasi hinter dem Rücken der Beteiligten durchsetzt. Einzelne Mitglieder der Balintgruppe wiederholen – vermutlich unbewußt – mit verteilten Rollen die in der Erzählung geschilderte Beziehungskonstellation. Um diese ›Wiederholung‹ für die Rekonstruktion des Erlebens des Erzählers nutzbar zu machen, muß sich die Gruppe über die emotionalen Reaktionen verständigen, die sie während des Inszenierens durchlebt hat.

Für diese Klasse von Aktivitäten können wir hier kein Beispiel anführen, weil sie sich über einen längeren Interaktionszeitraum erstrecken. Außerdem setzt eine Interpretation der Parallelen zwischen der Beziehungskonstellation in der Erzählung und ihrer Wiederholung in der Gruppe die Kenntnis der gesamten Erzählung und der vorangegangenen Gruppeninteraktion voraus.

Wir bezeichnen die Interpretation der Parallelen oder Wiederholungen in Anlehnung an die Terminologie von Leitern psychoanalytischer Therapiegruppen als ›*Deuten von Spiegelphänomenen*‹.[16] In der von uns untersuchten Balintgruppe, deren Mitglieder erfahrene Supervisoren sind, ist das ›Deuten von Spiegelphänomenen‹ nicht nur eine Aufgabe des Leiters, sondern wird auch von den Gruppenmitgliedern praktiziert. Für das Deuten von Spiegelphänomenen können wir an dieser Stelle ein Beispiel geben, weil es sich hierbei meist nur um einzelne Äußerungen handelt.

In der Vorphase der Gruppensitzung, der wir die folgende ›Deutung‹ entnehmen, hatte sich Herr Groß, der dann später auch einen Fall einbrachte, darüber beklagt, daß die letzte Sitzung ausfallen mußte, weil der Balintgruppenleiter zu spät bekanntgegeben hatte, daß er verhindert war. Herr Groß schlug vor, demnächst ohne den Leiter zu tagen, wenn dieser wieder fehlen sollte. In dem von ihm später eingebrachten Fall ging es um eine Rivalität zwischen ihm als Supervisor und einem Supervisanden, der ihm seinen Platz streitig machen wollte.

In der Bearbeitungsphase vergleicht Frau Rohmann die Problematik des von Herrn Groß geschilderten Falls mit der Problematik des Gruppengesprächs, welches sich an dem Vorschlag entzündete, demnächst unter Umständen auch ohne den Leiter zu tagen:

> Also ich hatt die Idee/ob sich hier nicht im Moment etwas ähnliches abgespielt hatte/denn wir haben angefangen und du [Herr Groß] hast dann hier eingebracht/wir könnten ja auch ohne Sie[Leiter] hier weitermachen/und das ist ja auch so eine ähnliche Geschichte bei dir [Herr Groß] gewesen mit dem Edgar[Supervisand]/der dir da deinen Platz streitig machte/von daher fand ich es also ganz bezeichnend/du [Herr Groß] bringst als erster dieses Thema ein/was machen wir/wenn Sie [Leiter] demnächst nicht da sind/und du [Herr Groß] bringst dann als Thema der Gruppe ein nochmals eine ähnliche Geschichte(,) (3)

Frau Rohmann hatte sich an dem Gruppengespräch kaum beteiligt und sich dem Geschehen gegenüber eher betrachtend verhalten. Wir haben generell den Eindruck, daß Gruppenmitglieder, die nicht an der Inszenierung des Falls beteiligt waren, eher in der Lage sind, Wiederholungen oder Spiegelungen zwischen Fallthematik und Gruppeninteraktion zu erkennen, als die Gruppenmitglieder, die in die Wiederholungen verwickelt waren. Eine Besonderheit des eben zitierten Beispiels ist, daß der Erzähler mit der Inszenierung des Falls schon begonnen hatte, bevor er die Erzählung eingebracht hat.

Das Inszenieren des Falls erfolgt durch Aktivitäten, die nicht intentional eingeleitet werden, sondern sich, wie schon erwähnt, ›hinter dem Rücken der Beteiligten‹ durchsetzen. Hat allerdings die Gruppe die erzählte Interaktion durchgespielt (›inszeniert‹), dann sind die beiden folgenden Aktivitäten notwendig (und auch erwartbar), um die Inszenierung für die Bearbeitung der Probleme des Erzählers fruchtbar zu machen: Zunächst ist es die Aufgabe des Leiters oder eines Gruppenmitglieds, das Spiegelphänomen zu deuten. In einem zweiten Schritt stellen diejenigen Gruppenmitglieder, die an der Inszenierung beteiligt waren, dar, was sie dabei erlebt haben.

Wir haben bei der Darstellung des Inszenierens des Falls schon einige Aktivitäten aufgezählt, an denen der *Erzähler* in dieser Sequenz der Bearbeitungsphase beteiligt ist. Wir wollen nun noch zwei weitere Arten von Aktivitäten nennen, die für den Falleinbringer nach Abschluß seiner Erzählung typisch sind. Zum einen versucht er, sich an seine Gefühle, die ihn in der geschilderten Interaktionssituation bewegten, zu erinnern und sie erneut zu durchleben. Er muß sich dabei auf seinen damaligen konkreten Standpunkt versetzen. Diese Versetzung erfolgt spontan und ist nicht durch kognitive Anstrengungen zu erreichen.

Zum anderen versucht der Erzähler, seine damaligen Gefühle zu verstehen und zu interpretieren. Er liefert nachträgliche Deutungen seines Erlebens. Wir sehen den wesentlichen Sinn der Aktivitäten der Zuhörer in dieser Sequenz darin, den Erzähler zu einem Nacherleben und Reflektieren seiner emotionalen Reaktion zu befähigen.

Als erstes Beispiel zitieren wir eine Stelle aus der Bearbeitungsphase, in der der Erzähler die Entwicklung seiner Gefühle während einer besonders kritischen Phase seines ›Falls‹ erinnert: Ein Supervisand, der eine Erzählung angekündigt und begonnen hatte, brach diese, enttäuscht über die Reaktion der Gruppe, ab und verließ die Sitzung:

> ja ja das ist nicht so die Hilflosigkeit/die Enttäuschung (k) meine Enttäuschung die begann schon als er abbrach (') (.) und die steigerte sich dann/als er wegging ja (') . . da saß ich dann ziemlich allein da(,) (2)

In unserem nächsten Beispiel für eine nachträgliche Deutung können wir beobachten, wie der Erzähler – durch die Hilfe der Gruppenteilnehmer – in der Lage ist, die Gefühle aller Beteiligten an dem konflikthaften Geschehen systematisch zueinander in Beziehung zu setzen.

> daß die ganze Unruhe und Angst, [der Gruppe] die sich da übertragen hat/ja eigentlich auch meine Angst ist oder mein Stein/über den ich nicht hüpfen konnte/weil ich mich mit dieser Angst der Gruppe identifiziert habe möglicherweise/die da entstanden ist(???) indem ich mitagiert habe (5)

4.4.3. Verständigung zwischen Gruppe und Leiter über das veränderte Thema / das Problem der Erzählung

In Zentrum dieser Arbeitssequenz steht das Bemühen aller Teilnehmer einschließlich des Erzählers um eine neue Sichtweise und Formulierung des Problems der Erzählung.

Bei diesem Bemühen wird die geschilderte konflikthafte Situation häufig gleichzeitig einer verallgemeinernden Betrachtung vom Standpunkt der Profession der Teilnehmer aus unterzogen. Die zuvor eher individuelle Sichtweise der erzählten Konflikte wird zugunsten einer generalisierenden, beschreibenden Betrachtung verlassen. Ziel dieser Verallgemeinerung ist es, das Problem des Erzählers auch für die professionelle Praxis der anderen Gruppenteilnehmer fruchtbar zu machen. Natürlich hängt es jeweils vom Fall ab, ob das Problem für die professionelle Praxis generell relevant ist, ober ob es sich hauptsächlich um die Schwierigkeit des Erzählers handelt. Wir werden diese Art der Bearbeitung des Falls bei der Darstellung der Arbeitsaufgaben der nächsten Sequenz behandeln. In dieser Sequenz sammeln die Teilnehmer einzelne Einfälle, die für die professionelle Verallgemeinerung des Fallproblems von Bedeutung sein könnten.

Wir haben bei unserer Auswertungsarbeit festgestellt, daß der Erzähler sein Problem zu Beginn der Sitzung zwar in einer vorläufigen Weise auf den Begriff bringen kann, am Ende der Sitzung aber immer eine neue Problemformulierung gefunden wird, die sich von der anfänglichen unterscheidet. Als neues oder *›verändertes Thema‹* bezeichnen wir das Ergebnis der kollektiven Bearbeitung des ursprünglichen Themas der Erzählung durch die Gruppe. Wir haben den Eindruck, daß zur Formulierung des veränderten Themas bestimmte Voraussetzungen erfüllt sein müssen. Diese wurden zum Teil schon durch die vorhergehenden Arbeitsschritte geschaffen.

Zu diesen Voraussetzungen zählten wir:
- die Typisierungen der Personen der Erzählung;
- die Beschreibung des emotionalen Beziehungsgeflechts;
- die Beschreibung der Ereigniskette und konstitutiver Aktivitäten.

Mit Einschränkung mag auch die Laiendeutung der bewußten und unbewußten Beziehungen der Personen der Erzählung zu diesen Voraussetzungen gezählt werden.

Damit der *Gruppe* eine Formulierung des veränderten Problems des Erzählers gelingen kann, müssen neben der Klärung dieser situativen Bedingungen und des Geschehens die beiden folgenden Aktivitäten bewältigt werden:

a) Es werden Annahmen über die Intentionen, die die Protagonisten der Erzählung bei der Ausführung ihrer Aktivitäten verfolgt haben, gemacht. Insbesondere werden die Aktivitäten des Erzählers auf ihre bewußten und – soweit dies den Gruppenmitgliedern möglich ist – auch unbewußten Handlungsantriebe befragt.

b) Die situativen Bedingungen, das emotionale Beziehungsgeflecht und der Ausgang des erzählten Geschehens müssen zu Handlungsantrieben oder Verständigungsabsichten des Erzählers in Beziehung gesetzt werden. Was im einzelnen das Problem des Erzählers ist und wie das ›veränderte Thema‹ im einzelnen aufgebaut wird, können wir in kommunikationswissenschaftlicher Terminologie nicht genauer beschreiben.

Wir beschränken uns darauf, die eben angeführten Aktivitäten, die wir bei der Auswertung der Transkription immer wieder feststellen konnten, an Beispielen zu erläutern.

Zu a)

Natürlich hat der Erzähler den Aktivitäten, über die er bei der Abwicklung seiner Erzählung berichtet hat, von Anfang an irgendeine Bedeutung zugeschrieben. Er hat beispielsweise behauptet, in seiner Supervisionssitzung mit bestimmten Handlungen bestimmte Intentionen verfolgt zu haben. In dieser Sequenz der Balintgruppenarbeit gelingt es ihm häufig, denselben Aktivitäten ganz andere Bedeutungen zuzuschreiben, Handlungsantriebe oder Verständigungsabsichten zu entdecken, die bislang verborgen geblieben waren und erst durch die Hinweise der übrigen Gruppenteilnehmer für ihn greifbar wurden.

Betrachten wir etwa die folgende Äußerung von Herrn Groß, der in der betreffenden Sitzung davon erzählte, daß er ›mit seiner Gruppe auf Grundeis geht‹:

Groß:	also das fand ich wieder/ da klickt es wieder/ was (k) (laut und bestimmt) wie ich mit diesem Kämpfen umgehen muß/ wenn ich (–)
Gallas:	ja(,)
Leiter:	ja(,)
Groß:	Supervisor dort in der Gruppe bin/ und die kämpfen

	untereinander und mit mir (.) +
Gallas:	hm (,)
Groß:	dann will ich mit diesem Kämpfen besser umgehen können/ und da habe ich das Gefühl/ da hindert mich was dran
Leiter:	ja(,)
Groß:	und ich weiß nicht was/ vielleicht is das so(k) / und dann interessiert mich im Moment gar nich/welche Ebene oder Funktion ich hier an der Hochschule (bestimmt und schneller) oder hier in der Gruppe hab/ ich komm + hierher und sag ihnen/ daß ich nen Problem hab/ mich hindert was/diesen Kampf so mitzukämpfen/daß er sinnvoll ist (,) (5)

Herr Groß will am Ende dieser Sitzung mit dem Kämpfen besser umgehen können. In seiner Erzählung hatte Herr Groß sein Verhalten nicht als »kämpfen« interpretiert. Er sprach davon, daß ihm »ein großer Stein im Weg liegt«, daß Gruppenmitglieder »mauern« und er ihnen »relativ scharf seine Meinung dazu gesagt habe«. In dem Maße, in dem er begreift, daß er in jener Situation eigentlich kämpfen wollte, wird ihm klar, warum diese Sitzung für ihn so frustrierend und konflikthaft war.

Zu b)

In der Auswertungsphase einer anderen Gruppensitzung, in der Herr Gallas von einem Supervisanden berichtet hatte (Sitzung 2), der seine Supervision enttäuscht verläßt, versucht Herr Lauer, die Handlungsantriebe des Supervisanden zu den Typisierungen der anderen Personen in Beziehung zu setzen. Bei der Beschreibung der emotionalen Beziehungskonstellation in der Supervisionssitzung bezieht Herr Lauer den Standpunkt eines Laiendeuters. Er entlehnt die personalen Typisierungen, die er verwendet, dem familiären Milieu:

jedenfalls der Druck/unter dem er steht/kommt mir also im Moment sehr sehr massiv vor/und äh der Versuch in einer solchen Gruppe/wo alle überlegen oder bedeutsam sind/wo ich mich vor keinem der anderen blamieren kann vorm Vater nicht [gemeint ist der Leiter] vor der Mutter/älteren Schwester nicht [gemeint ist eine Supervisandin] und vor meiner Arbeitsehefrau nicht [gemeint ist eine weitere Supervisandin, mit der der Supervisand eng zusammenarbeitet]/in solch einer Situation dann jetzt endlich ankommen/ich hab jetzt was zu bieten(.) und äh diese (,)/ja und/Reaktion also wird mir sehr viel plastischer/seine seine Hilflosigkeit jetzt da wo Sie die Gruppensituation schildern(,) (2)

Herr Lauer umschreibt die Intention des Supervisanden als Bedürfnis nach Anerkennung (»etwas bieten«). Der Supervisand stellte in der ›enttäuschenden‹ Supervisionssitzung ein Erfolgserlebnis aus seiner Tätigkeit dar, mit dem die Gruppenmitglieder aber nichts anfangen konnten (»ja und«). Dadurch, daß Herr Lauer die Handlungsantriebe des Supervisanden herausstellen kann, wird seine Reaktion auf das Verhalten der Supervisionsgruppe den Teilnehmern der Balintgruppe verständlich.

Für den Leiter der Balintgruppe wird aus den Versuchen der Gruppenteilnehmer, das Geschehen der Erzählung und die Intentionen der Personen vom Standpunkt eines Laiendeuters aus zu beschreiben, klarer einschätzbar, wie weit er selbst in der nächsten Sequenz des Ablaufschemas bei der Formulierung seiner Deutung gehen kann.

4.4.4. Verständigung zwischen Gruppe, Leiter und Erzähler über die Bedeutung der Geschichte/ des Problems a) für den Erzähler und b) für das professionelle Handeln der Teilnehmer

In dieser Arbeitssequenz stehen Gruppe und Leiter zunächst vor der Aufgabe, den individuellen Konflikt des Erzählers, wie er im ›veränderten Thema‹ formuliert wurde, zu verstehen. In den von uns untersuchten psychoanalytisch orientierten Supervisionsgruppen und den Balintgruppen werden keine Maximen oder Ratschläge für das zukünftige Verhalten des Erzählers gegeben. Die Hilfe, die dieser von der übrigen Gruppe und vom Leiter erwartet, liegt eher darin, daß sie die Konfliktsituation, in der er sich befunden hatte, interpretieren und ihn auf verborgene Hintergründe seines Verhaltens und Erlebens aufmerksam machen.

Im einzelnen kann man in dieser Sequenz Aktivitäten des Leiters, des Erzählers und der übrigen Gruppenmitglieder unterscheiden.

Dem *Leiter* fällt in dieser Sequenz die Aufgabe zu, die Problematik der erzählten Interaktion zusammenzufassen. Die Gruppe erwartet außerdem von ihm einen *Kommentar zum Fallproblem* aus seiner spezifisch psychoanalytischen Sicht. Diese Leiteräußerung kann man vielleicht als ›abschließende Deutung‹[17] bezeichnen. In einigen von uns untersuchten Supervisionssitzungen wird die Deutung des Problems des Erzählers und die Reflektion über Maximen professionellen Handelns in der vom

Erzähler geschilderten Konfliktsituation, die Gegenstand der nächsten Arbeitssequenz ist, in einem Redebeitrag zusammengefaßt. Diese Art der ›abschließenden Deutung‹ hat dann zwei Adressaten: Sie richtet sich zunächst an den Erzähler in seiner Rolle als Supervisor und stellt die individuelle Art des Umgangs mit der konflikthaften Situation heraus. Im zweiten Teil richtet sie sich an die Gruppenmitglieder in ihrer Rolle als Professionals, die mit den gleichen professionellen Problemen konfrontiert sind wie der Erzähler.

In anderen Sitzungen konnten wir beobachten, daß der Leiter die Interpretation des Problems des Erzählers von der Reflektion der allgemeinen Bedeutung dieses Problems für die professionelle Praxis trennt. Er formuliert oft die ›Deutung‹ des Problems des Erzählers in einzelnen Schritten, die sich über einen längeren Interaktionszeitraum verteilen. Der Leiter hat dann die Möglichkeit, die Rezeption seiner ›Deutung‹, insbesondere die Reaktion des Erzählers schrittweise zu verfolgen. Für diese Art der ›Deutung‹ geben wir gleich ein Beispiel. Die ›abschließende Deutung‹ läßt sich in zwei Teile untergliedern: in die Formulierung des Problems, wie es sich für den Erzähler in seiner Rolle als Supervisor immer wieder stellt; und in einen zweiten Teil, in dem der Leiter die konkrete, in der Erzählung geschilderte Interaktion auf dem Hintergrund dieser Problemformulierung reinterpretiert.

In der Passage, die dieser ›abschließenden Deutung‹ vorausgeht, hatte der Leiter schon mehrmals die Konflikte, die auftreten, wenn Supervisanden mit einem männlichen Leiter rivalisieren und kämpfen, angesprochen. Nun versucht er herauszustellen, daß es eine Möglichkeit für den Leiter gibt, ›väterlich‹ auf die Kampfansage einer Gruppe zu reagieren. Er referiert dabei auf einen von der Gruppe hinzugezogenen Vergleich des Verhaltens von Menschen mit dem Verhalten einer ›Schimpansenhorde‹.

Ich weiß nicht/ob das jetzt voreilig ist/aber ich meine doch/daß ich da vielleicht eine kleine Erklärung reingebe/das väterliche Element scheint mir/persönlich jedenfalls/doch als eine Fähigkeit/die Situation in einer Gruppe so zu strukturieren/daß Kämpfen und Aggressionen dort möglich sind/ohne daß zuviel Angst auftreten muß/wenn es gut geht/sogar Heiterkeit erzeugt wird/das wäre ja auch der stärkste Schimpanse sozusagen/der Witz bei dieser Schimpansenhorde ist ja/daß die anderen sich beschützt fühlen/wenn das geregelt ist/daß er der Stärkste ist/braucht ihn keiner mehr anzugreifen/dann können die anderen ruhig weiterfressen (5)

Im Fortgang seiner Äußerung bezieht sich der Leiter auf die vom Erzähler geschilderte Gruppensituation. Eine Supervisandin, Irmgard, hatte sich geweigert, in der Supervisionsgruppe einen Fall einzubringen, mit der Begründung, daß sie ihre Probleme lieber andernorts bespräche und der Leiter nicht qualifiziert genug sei. Der Balintgruppenleiter greift diese Tatsache auf:

irgendwo hab ich das Gefühl/daß diese Irmgard eine starke Angst bekommen haben muß/daß der Vater [Erzähler] nicht stark genug ist und daß sie sich nicht beschützt genug fühlt in dieser Gruppe zu kämpfen [Auslassung] und dann war ja auch eine Situation/wo er [Erzähler] sagte/ ich hab das Gefühl jetzt kommt sie/irgendwie hat er das doch ertragen diese enorme Aggression/die sie geboten hat/ist nicht umgefallen (5)

Vom *Erzähler* wird in der Balintgruppe erwartet, daß er manifestiert, daß er die ›Deutungen‹, die ihm der Leiter zu den von ihm geschilderten Konflikten gegeben hat, zur Kenntnis genommen hat. In der Sitzung, aus der wir die obige Leiterdeutung entnommen haben, reagiert der Erzähler folgendermaßen:

das ist auch eine Feststellung von mir selber/in der Einzelsupervision wo das auch massiv mit Widerständen(k) dann geht das sehr gut/kann ich selber Widerstände besser ertragen als in der Gruppe/deswegen war mir vorhin Ihr [Leiter] Hinweis/das muß doch mit der Gruppe zu tun haben/nicht bloß mit der Irmgard/ein enormer Hinweis darauf/daß die Angst/die die Irmgard hat/durch die Gruppe und wahrscheinlich durch meine anfängliche Unterstützung noch verstärkt worden ist (5)

Der Erzähler nimmt den ›Hinweis‹ des Leiters positiv auf, ratifiziert ihn und faßt das Beziehungsgeflecht in seiner Supervisionsgruppe noch einmal aus der Sichtweise zusammen, die ihm durch die Gruppe und durch den Leiter in der Bearbeitungsphase nahegebracht worden war. Dabei schreibt er auch seinem Verhalten eine andere Bedeutung zu, als er dies in seiner Erzählung getan hatte: Damals hatte er die Gruppensituation anders definiert und konnte deshalb die Reaktionen der Teilnehmer auf sein Verhalten nicht gut verstehen. Jetzt sieht er, daß er durch sein Verhalten ›Irmgard‹ ›Angst‹ eingeflößt hat. Die Interaktion in seiner Supervision wird ihm verständlicher. Gelegentlich schließt ein Erzähler an seine Reinterpretation der Ereignisse und Konflikte auch Überlegungen darüber an, wie er in der Folge mit vergleichbaren

Problemen umzugehen gedenkt. Er schafft dadurch einen Übergang zu einer zweiten Aufgabe dieser Sequenz, der Überprüfung des Falls auf seine Bedeutsamkeit für die professionelle Praxis und der Suche nach verallgemeinerbaren Lösungswegen für Konflikte, die als typisch für die berufliche Tätigkeit auch der anderen Gruppenteilnehmer empfunden werden.

Während der Falleinbringer in dieser Sequenz zunächst noch eine besondere Funktion besaß, ist er an der Lösung der *zweiten Aufgabe* (b) in ganz ähnlicher Weise wie die Gruppenteilnehmer beteiligt. Die Gruppe ist nicht mehr in die Rolle eines ›Schematrägers‹ und die der ›übrigen Gruppenteilnehmer‹ gespalten. Außerdem unterscheidet sich die Gruppeninteraktion bei der Behandlung dieser Arbeitsaufgabe von derjenigen der ersten dadurch, daß die Teilnehmer eine betrachtende Perspektive und den abstrakten Standpunkt eines Professionellen einnehmen. Die Verständigung zwischen dem Erzähler und dem Gruppenleiter über die Bedeutung seines Konfliktes setzt beiderseits Empathie, also erlebende Perspektiven und individuelle Standpunkte voraus.

Die Teilnehmer der Balintgruppe arbeiten durchweg als Supervisoren. Die Fragestellung, mit der sie nun den geschilderten Fall noch einmal untersuchen, kann man in etwa wie folgt umschreiben: ›Welche Bedeutung hat das geschilderte Problem für meine berufliche Tätigkeit und für das professionelle Handeln von Supervisoren allgemein?‹

Zur Lösung dieser Frage schildern die *Gruppenmitglieder* ihre persönlichen Erfahrungen mit vergleichbaren Problemen und reflektieren darüber, welche Vor- und Nachteile ihr individueller Umgang mit diesen Konflikten mit sich bringt. In unserem folgenden Beispiel äußert sich Herr Groß darüber, wie er persönlich mit Situationen in seiner Supervisionspraxis umgeht, in denen er sich hilflos fühlt:

Groß:	also, wenn ich die emotionale Situation nicht zulass/dann muß ich mhm irgendein anderes Mittel mir einfallen lassen/um über die Situation drüber weg zu kommen/das heißt ich tu (.) Ideen sprudeln lassen(,) (???) eine weitere Komponente sehen nicht (') theoretisieren/Ideen sprudeln lassen. . und das Dritte war(')
Leiter:	emotional reagieren
Groß:	&was Sie beschrieben haben (,)
Leiter:	die Hilflosigkeit zugeben (,) (2)

Eine andere Art von Aktivitäten der Teilnehmer ist das Formulieren von Maximen für das professionelle Handeln in bestimmten Problemsituationen. Häufig scheint es den Teilnehmern möglich, das Problem des Falls so weit zu generalisieren, daß sich für das Verhalten der Supervisoren Maximen von größerer Allgemeinheit formulieren lassen. Voraussetzung für die Formulierung professioneller Maximen ist aber, daß in der vorherigen Sequenz eine befriedigende Verständigung über eine ›verallgemeinernde Typisierung des veränderten Themas‹ stattgefunden hat. In der schon mehrfach zitierten Sitzung der Balintgruppe, in der von einem Supervisanden erzählt wird, der seine Supervisorin zur 1. Sitzung mit einem Schild vom Bahnhof abholte, hatte der Leiter in der vorangehenden Sequenz (4.3) folgende verallgemeinernde Typisierung der Beziehungskonstellation und der Handlungsantriebe geliefert:

wenn ich jetzt meine oder sage/daß in dieser Sequenz/die wir da jetzt gehört haben/wie er einen da erst bedrängt hat/wie das als bedrängend und peinlich oder erschreckend/oder was weiß ich aufgefaßt wird und wie sich dann dahinter die (???) Seite des Betreffenden zeigt und das Werben um die Liebeszuwendung/und wir dann auch hören/daß er am Ende liebenswert ist/kann man das/diese Sequenz als Erreichung eines gewissen Arbeitsbündnisses bezeichnen(') was sagen Ihre Erfahrungen dazu/oder ist meine Frage zu vorschnell(') (1)

Das Verhältnis zwischen dem Supervisanden und dem Supervisor wird als »Werben um Liebeszuwendung« beschrieben. Aufgrund seines professionellen Wissens ist dem Sprecher bekannt, daß in den ersten Sitzungen eines Supervisionsprozesses das »Arbeitsbündnis« geschlossen werden muß und daß dies ein Prozeß ist, der häufig konflikthaft abläuft. Er setzt dieses professionelle Wissen zu dem Problem des Falls in Beziehung und fragt, ob man das »Liebeswerben« nicht auch als »Erreichung eines gewissen Arbeitsbündnisses« verstehen kann. Der Übergang zu einer professionellen Sichtweise wird in der Äußerung schon durch die Wortwahl angedeutet: Der Begriff ›Arbeitsbündnis‹ entstammt der professionellen Terminologie der Psychoanalytiker, Balintgruppenleiter und Supervisoren.

Vor dem Hintergrund dieser allgemeinen Fragestellung ist es dann in der nachfolgenden Sequenz der Balintgruppensitzung möglich geworden, das Verhalten der Supervisorin mit einem professionellen Maßstab und einer professionellen Terminologie zu bewerten. Wir zitieren eine Äußerung von Herrn Garbe aus dieser Sequenz:

für mich ist es methodisch eine Frage der Funktion von Regression in der Anfangsphase / es ist für mich schon ein wichtiger Punkt / Angstminderung innerhalb (der Supervision?) / so etwa bei so einem Erstgespräch / aber das steht für mich in einem Spannungsverhältnis / also ich möchte auch ein Stück weit Verantwortlichkeit (k) Eigenverantwortlichkeit von vornherein in der Supervision lassen und auch fordern / und das ist zum Beispiel so eine Regressionsgrenze (,) (1)

In diesem Redebeitrag reformuliert das Gruppenmitglied das Problem des Falls von Frau Rohmann als »Frage der Funktion von Regression in der Anfangsphase« von Supervisionsprozessen. Wie man sich als Supervisor zu dieser Frage verhält, hängt davon ab, welche »Regressionsgrenzen« man setzt. Vor dem Problem, das Herr Garbe ausdrückt, steht jeder Supervisor in den ersten Supervisionssitzungen. Er kann und muß den Grad der Regression des/der Supervisanden steuern. Herr Garbe gibt zwei Kriterien an (»Eigenverantwortlichkeit«, »Angstminderung«), die zu berücksichtigen sind.

Als professionelle Maxime könnte man aus dieser Bemerkung von Herrn Garbe herausziehen, daß sich jeder Supervisor Klarheit darüber verschaffen soll, wieviel Regression er selbst in der Anfangsphase der Supervision zulassen will. Entsprechend dieser Entscheidung ist bei Konflikten zu intervenieren.

4.4.5. Verständigung zwischen Gruppe und Leiter über die Bedeutung der Bearbeitungsphase und des (veränderten) Problems für die Gruppe/den Gruppenprozeß

Diese Sequenz des Ablaufschemas finden wir nicht in jeder Sitzung. Besonders zu Beginn des historischen Gruppenprozesses – also der Arbeit der Gruppe über einen längeren Zeitraum hinweg – läßt sie sich seltener beobachten.

Gegenstand dieser Sequenz ist es, das in der Sequenz 4.3 erarbeitete Problem der Erzählung mit den Problemen, die bei der Bearbeitung dieser Erzählung in der Balintgruppe aufgetaucht sind, in Verbindung zu bringen. Das Thema dieser Arbeitsphase läßt sich so paraphrasieren: ›Welche Bedeutung hat das veränderte Thema des Falls für unsere heutige emotionale Situation in der

Gruppe und welche Bedeutung hat es für die Entwicklung unseres gemeinsamen historischen Gruppenprozesses?‹ Der Leiter und die Gruppenmitglieder gehen offenbar davon aus, daß diese Beziehung der Gruppe nicht bewußt ist. Den Aktivitäten des Leiters kommt in dieser Phase eine besondere Bedeutung zu. Er spricht aus seiner Sicht als Psychoanalytiker und damit als ›Spezialist für unbewußte Vorgänge in zwischenmenschlichen Beziehungen‹ über das Thema des Falls und der Sitzung.

Die Gruppe erwartet vom Leiter, daß er *ihre Arbeit kommentiert, die unbewußte Thematik der betreffenden Sitzung andeutet* und eventuell eine Einordnung des ›Falls‹ in den historischen Gruppenprozeß vornimmt. Wir bezeichnen die Äußerung, in der der Leiter auf diese Erwartungen eingeht, als ›zusammenfassende Deutung‹. Sie ist die einzige Aufgabe, die wir als Normalformerwartung in dieser Phase der Gruppensitzung ermitteln konnten.

Wie die Verständigung zwischen der Gruppe und dem Leiter über die ›unbewußten‹ Motive der Teilnehmer und die Hintergründe des Verhaltens der Gruppe abläuft, wissen wir nicht. Wir können die Verständigung, die in dieser Sequenz erfolgt, nicht mehr mit formalen kommunikationswissenschaftlichen Verfahren ermitteln.

Um Gegenstand und Ziel der Leiteräußerungen in dieser Sequenz zu verdeutlichen, greifen wir auf Äußerungen von Analytikern über die Aufgaben des Leiters in Balintgruppen als Datenbasis zurück. Wir beziehen uns außerdem auf die Auswertung des unbewußten Gruppenprozesses der Balintgruppe, die ein externer Psychoanalytiker, Frau A. Schäfer, vorgenommen hat. Diese Analyse wurde dem Leiter und dem Ko-Leiter der Gruppe später vorgelegt, und sie stimmten mit ihr im wesentlichen überein. Bei der Auswertung ihrer Analysen, die sich – wie unsere Untersuchungen – auf die Tonaufzeichnungen der Sitzungen stützen, war uns aufgefallen, daß sie regelmäßige Aussagen zum Verhältnis zwischen dem Fallproblem (›Thema der Erzählung‹) und der unbewußten Thematik der Sitzung formulierte, die uns einen Zugang zu dem Verständnis der Leiteräußerung öffneten.

Sie geht in ihrer Arbeit in Anlehnung an Gedanken von Argelander davon aus, daß ›jede Gruppe, die über einen längeren Zeitraum zusammenarbeitet, eine gemeinsame unbewußte Thematik und Dynamik entwickelt‹.[18] Diese Entwicklung des unbewußten Gruppenprozesses steht in einem ›wechselseitigen Bezug zum Fallthema‹. Ohne die Kenntnis des unbewußten Themas ist ihres Erachtens ein Verständnis des Falls für den Leiter nicht möglich. Sie kommt aufgrund ihrer Auswertung zu folgendem Schluß:

»Man könnte hier einwenden, [. . .] daß nur selten und rein zufällig die Konflikte der Gruppe und des Klienten identisch oder ähnlich sind. Es zeigt sich aber in der Praxis, daß die Auswahl der vorgetragenen Fälle, die spontan geschieht, abhängig ist von dem unbewußten Geschehen in der Gruppe; in der Weise, daß der dargestellte Fall eben dieses unbewußte Thema ausdrückt, wenn auch zunächst verschlüsselt.«[19]

Man kann es auch so formulieren, daß »der Fall auch als Spiegelung des Gruppengeschehens verstanden werden kann«. Das Ziel der Leiterinterventionen beschreibt sie im folgenden so:

»Aufgabe des Leiters ist es, das unbewußte Geschehen in der Gruppe aufzuspüren, es mit dem Fall in Verbindung zu bringen und durch seine Interventionen das Verständnis für den [unbewußten, die Verf.] Beziehungsaspekt bei den Teilnehmern zu wecken. Auf die verschiedenen Eigenarten und Probleme der Technik in Balint-Gruppen will ich hier nicht genauer eingehen. [. . .] Nur soviel sei gesagt, daß die Ausnutzung des Spiegeleffekts und seine Deutung das Kernstück und gleichzeitig der Idealfall der Arbeit ist.«[20]

Die Aufgabe des Leiters ist es demnach, die den Gruppenmitgliedern unbewußte Beziehung zwischen dem Thema des Falls und dem Problem der Gruppe mit seiner Äußerung in dieser Sequenz deutlich zu machen oder sie zumindest anzudeuten. Ein Beispiel für eine solche Leiterdeutung ist folgende Intervention aus einer Balintgruppensitzung. Es handelt sich um die schon mehrmals zitierte dritte Sitzung, in der von einem Supervisanden erzählt wurde, der mit dem Leiter rivalisierte. In der Sitzung selbst rivalisiert dann der Erzähler mit dem Leiter der Balintgruppe. Die Interpretation dieses Spiegeleffekts durch ein Gruppenmitglied haben wir als Beispiel in der Sequenz 4.2. zitiert (siehe S. 255). Der Leiter wechselt in seiner zusammenfassenden Äußerung beständig zwischen den Vorfällen bei der Bearbeitung des Falls durch die Balintgruppe und den Ereignissen in der erzählten Interaktion hin und her. Die Erkenntnisse, die die Gruppe über den Fall hatte, bezieht er auf die Probleme der

Balintgruppe, was in der aktuellen Balintgruppensituation deutlich wurde, benutzt er für die Erklärung des im Fall geschilderten Problems. Gegen Ende der Äußerung verallgemeinert er das Problem der Balintgruppe und gibt seine Einschätzung der Arbeit in der heutigen Sitzung wieder.

Leiter: da fällt mir noch was ein nicht wahr (') / ich habe vorhin was davon gesagt / daß ich den A. [Supervisanden] als unsicher empfinde / jetzt erst in dem Gespräch allerdings nicht (') ich habs auch oft sehr mühsam gefunden mit ihm . . und da auch (k) dazu kommt jetzt der Einfall nicht wahr (') daß das ja auch hier war / da war ne Unsicherheit in der Sprache / eine Frage nicht (')

m: Hm

Leiter: herausgekommen ist dann n Rivalitätsgeschehen . . nicht (') es gibt ja doch wohl verschiedene Formen / aus denen heraus rivalisiert wird . . nicht (') . . und wenn es hier / wenn das stimmen sollte nicht wahr (') aus einer Unsicherheit heraus geschieht / wie macht man s denn richtig . . . und das kommt da jetzt auch irgendwie jedenfalls gefühlsmäßig auf mich zu . . / daß Herr Groß das sagt nicht wahr (') . . so ne Unsicherheit wie mach s ich denn richtig (') . . dann wäre das doch das was was (,) gruppen (.) mäßig hier dann eben doch . . doch draus zu machen ist / ja nicht (') daß man das aufgreift (k) diese Unsicherheit und sagt/ na ja wenn wir s nicht wissen . . dann können wir ja drüber diskutieren . . das heißt also wir wissen jedenfalls voneinander noch nichts/und ich weiß nicht ob man s von andern weiß/ welche Standards oder Normen oder was nicht (') günstig . . ist an äußern . . Rahmenverhältnissen/ darum an Strukturierung von . . Gruppensupervision . . oder auch einzeln / wenn man so will nicht wahr (') daß man da nicht genau von einander weiß

m: Hm

Leiter: was hält der andere für gut . . und wo Ängste vorhanden sind . . na was könnten die anderen über mich denken / wenn sie wissen was ich mach (lacht)

m: Hm ja

Leiter: und ich meine . . ich kann noch hinzufügen/ das is ein Problem was also auch in in therapeutischen Kreisen eigentlich ja gang und gäbe ist und auch . . nich nicht offen glaub ich oder kaum offen ausgesprochen wird (,) . . . so daß wir da eigentlich ne Chance haben / etwas zu machen nicht (') . . . und ich würd nicht ganz meinen / daß wir da heute *gar* nichts schon gemacht hätten nicht (') wenn vielleicht sicher nicht auf . . . (k) aber doch irgendwie (–) . . . (3)

Von den Gruppenmitgliedern werden in dieser Sequenz keine Aktivitäten erwartet, weder eine Ratifizierung der Leiteräußerung noch eine Manifestierung ihrer Bedeutungszuschreibung zur Leiterdeutung. Wie die Verständigung über die unbewußte Problematik der Sitzung, die hier sicherlich stattfindet, aussieht, wissen wir nicht. Sie manifestiert sich jedenfalls nicht unbedingt sprachlich und nicht immer im Anschluß an die Leiteräußerung.

Wir haben in unserem Material lediglich eine Stelle gefunden, in der ein Gruppenmitglied zu einer abschließenden Deutung Stellung nimmt. Es handelt sich um die gleiche Sitzung, aus der die eben zitierte Leiteräußerung stammt. Herrn Gallas' Antwort schließt direkt an diese Äußerung an. Er stellt seine Sicht der Gruppensituation auf dem Hintergrund der vom Leiter vorgeschlagenen Problemdefinition dar:

Gallas: ja aber das muß doch ganz stark mit . . mit uns hier als Einzelpersönlichkeiten zusammenhängen . . daß wir weitgehend noch so dasitzen
Leiter: (lachend) ja
Gallas: das heißt . . man sieht (k) man nimmt nur recht wenig von den anderen wahr und der Rest bleibt unsichtbar / daß wir . . gewissermaßen noch mit halb (k) nur mit halb offenem Visier miteinander sprechen . . und ich weiß nicht / wie lang das dauern wird aber . . äh solange wie wir eben dieses Visier nicht beginnen immer weiter n Stückchen
m: Hm
Gallas: zu öffnen / wird es so sein (.) . . nur halt ich das für . . einen ganz . . normalen Vorgang ja (') es wäre vielleicht erschrekkend . . wenn nun gleich <u>so</u>
m: (Lachen)
Gallas: (lachend) vorgegangen würde+und so
Leiter: ja (???)
Gallas: haben wir hier die Möglichkeit aus der Sicherheit des halbgeöffneten Visiers . . uns vertrauter zu werden / mir gehts so ja (') ich empfinde also . .
Leiter: Hm
Gallas: gar nicht mal n Mangel dabei daß es so ist (.)
Leiter: fällt mir Ihr [Frau Rohmann] erster Fall ein / der

hat das Visier zu Hause gelassen gehabt (,) ja (.) mit dem Auto

m/w: (leises Lachen) (3)

Die letzte Anspielung bezieht sich auf die erste Sitzung, in der Frau Rohmann von dem Supervisanden berichtet hatte, der sie mit dem Schild vom Bahnhof abgeholt hatte. Falls Spiegelphänomene in der Sitzung aufgedeckt wurden, ist es an dieser Stelle üblich, daß der Leiter oder auch die Teilnehmer Vergleiche ziehen zwischen den Themen früherer Sitzungen und dem heutigen Problem. Reflektionen über den historischen Gruppenprozeß sind in dieser Sequenz oft feststellbar, sie gehören aber nicht zu den Normalformerwartungen an die Referenzräume der Interaktion.

An diesem Punkt des Ablaufschemas findet sich die *letzte Schaltstelle*, die wir als ›Abschluß oder Abbruch der Arbeit‹ bezeichnet haben. In unserem Material ist es immer der Leiter, der vorschlägt, die Fallbearbeitung zu beenden oder abzubrechen und zur Abschlußphase der Sitzung überzugehen. Er erinnert die Teilnehmer an das Setting der Arbeit, an das vereinbarte Ende der Stunde.

Leiteräußerungen, die diese Schaltstelle markieren, dokumentieren die beiden folgenden Transkriptionsstellen:

– ja wollte noch jemand was dazu sagen (')
– ja . . . dürfen wir Sie [Erzähler] (.) mit dieser (k) mit diesem Problem (,) dann belassen äh weil wir etwas mit der Zeit (???)

Mit diesen Äußerungen ist die Sitzung allerdings noch nicht beendet. Die Gruppe hat in der durch diese Äußerungen eingeleiteten Abschlußphase die Möglichkeit, sich über ihre Ansichten zur heutigen Arbeit zu verständigen. Wie ausführlich sich diese Phase gestaltet, hängt davon ab, ob die durch das Setting festgelegte Dauer der Sitzung schon erreicht ist und ob der Gruppenleiter diese Diskussion für zuträglich erachtet.

4.5. Bemerkungen zur Abschlußphase

4.5.1. Verständigung über die Beendigung der Arbeitsaufgaben

In dieser Phase hat die Gruppe noch einmal die Möglichkeit, sich über organisatorische Dinge, wie z. B. die nächsten Termine zu verständigen. Zuspätkommer können sich hier darüber informieren, ob in der Vorphase für sie wichtige Regelungen besprochen wurden.

Wie schon bei der Darstellung der 4. Schaltstelle (s. S. 270) erwähnt, verständigt sich die Gruppe an dieser Stelle über ihre Einschätzung der heutigen Arbeit. Sie kann Einverständnis oder Unzufriedenheit äußern, ohne daß aus diesen Kommentaren noch weitere interaktive Verpflichtungen erwachsen. Die Sitzung ist ja fast beendet und bearbeitet werden können diese Einschätzungen nicht mehr. Darüberhinaus können einzelne Teilnehmer Themen für die nächste Sitzung ankündigen und andeuten, welche Probleme der heutigen Sitzung noch nicht ausreichend genug behandelt worden sind.

Im ersten Beispiel für derartige Einschätzungen der Arbeit, das wir geben wollen, wird zunächst vom Leiter der Übergang zur Abschlußphase markiert. Dann werden Terminangelegenheiten diskutiert und am Schluß gibt die Erzählerin/Falleinbringerin der heutigen Sitzung ihren Eindruck von der Arbeit der Gruppe wieder:

Leiter:	ja (,) ist sonst noch was anderes abzuklären (')
Rohmann:	Ich bin in 14 Tagen leider nicht da / das ist der Termin mit dem Fragezeichen gewesen (,)
Leiter:	ja dann müssen wir uns ohne Sie behelfen (,)
Rohmann:	Sie werden es gut schaffen / vielleicht habe ich auch darum diesen Einstieg gemacht (,) (1)

Die Erzählerin liefert an dieser Stelle noch einmal eine Erklärung für ihr Fallangebot: Sie hatte der Gruppe über die Schwierigkeiten der ersten Sitzung hinweghelfen wollen.

In dem folgenden Beispiel wird für die Gruppe deutlich, daß das Thema der heutigen Sitzung noch nicht befriedigend aufgearbeitet worden ist und für die nächste Sitzung wieder ansteht:

Ko-Supervisor:	Das scheint ja ein Problem zu sein / mit dem wir noch größere Schwierigkeiten haben als mit dem Fall eben / das habe ich bloß gerade dem Schweigen entnommen (???)
Leiter:	was ist das für ein spannendes Thema (') vielleicht habe ich auch zu schnell reagiert und gleich was gesagt (')
Groß:	(???) ich habe Schweigen noch nie so intensiv erleben können wie jetzt (???)
Rohmann:	(???) und ich habe gedacht / ja Spannung ist schon gut / aber die Entspannung auch / die gehört ja wohl dazu / und

mich drängt s jetzt hier raus / unabhängig jetzt vom Zug / aber im Moment habe ich (k) mag ich nicht (,)

[Auslassung]

Leiter: ja wollen wir es dann beschließen (') wir sehen ja sozusagen / wie es weitergeht (,)

4.5.2. Auflösung der Gruppe

Meist beendet der Leiter in einer ähnlichen Weise wie in dem letztgenannten Zitat die Abschlußphase, oder die Gruppe signalisiert durch ein gemeinsames Schweigen ihre Auffassung, daß die Arbeit beendet ist. Man verabschiedet sich und geht zur Alltagskommunikation über. Das Gruppengespräch löst sich meist in dyadische Gespräche mit alltagsweltlichen Gegenständen auf. Die institutionelle Kommunikationssituation ist abgeschlossen.

5. Setting und Situationsdefinition von Balintgruppen

5.1. Das ›Setting‹ als Situationsdefinition des Gruppenleiters

Nach der Ausarbeitung und Überprüfung des Modells der Normalformerwartungen haben wir uns in einer weiteren Auswertungsphase gefragt:

Unter welchen Bedingungen gelten diese Ablaufstrukturen? Weshalb bilden sich in den von uns untersuchten Gruppen ähnliche Ablaufstrukturen heraus?[21]

Uns war aufgefallen, daß sich die Normalformerwartungen nicht nur in der von D. Eicke geleiteten Balintgruppe, sondern auch in Balintgruppen anderer Leiter, die Mitarbeiter des Projekts beobachten konnten, nachweisen ließen. Es gibt also nicht nur zwischen den einzelnen Sitzungen derselben Gruppe, sondern auch zwischen Balintgruppen mit unterschiedlicher professioneller Zusammensetzung und zwischen Gruppen, die von verschiedenen Personen geleitet werden, Gemeinsamkeiten. Selbst in den Supervisionsgruppen, die nicht von psychoanalytisch ausgebildeten Leitern durchgeführt wurden, ließen sich die interaktionellen Vorgänge und vor allem die Interaktionskrisen mithilfe des Modells der Normalformerwartungen verstehen und beschreiben. Es war also deutlich, daß es weitreichende Gemeinsamkeiten zwischen Gruppen gibt, die von ihren Leitern unterschiedlich, nämlich entweder als Supervisions- oder als Balintgruppen angekündigt wurden. Andererseits lagen uns auch Tonaufzeichnungen von mehreren Sitzungen einer Gruppe (nach dem Konzept von Argelander) vor, die von ihrem psychoanalytisch ausgebildeten Leiter als ›Supervisionsgruppe‹ bezeichnet wurde, in der die von uns ermittelten Erwartungen nicht zum Tragen kamen. Es war aufgrund unseres Materials also klar, daß unsere Ergebnisse nicht auf alle Typen von Gruppen übertragbar sind, die von ihren Leitern als Supervisionsgruppe bezeichnet wurden.

Die Gruppenleiter erklärten uns auf die Frage nach den Ursachen für die Gemeinsamkeiten, die wir in den unterschiedlichen Gruppen hinsichtlich der Erwartungen über die Aktivitäten und ihre Abfolge sowie über die Standpunkte und Perspektiven der Leiter und Teilnehmer im Zuge der Normalformanalyse ermittelt hatten, daß diese in den ähnlichen ›Konzepten‹ und den ähnlichen Vorstellungen über das ›Setting‹ bei den betreffenden Gruppenleitern lägen. Der Gruppenleiter bestimmt nach dieser Aussage m. a. W. durch die Durchsetzung seiner konzeptionellen Ziele und eine entsprechende Gestaltung des ›Settings‹, welche Erwartungen über den Ablauf und welche Typisierungen der Rollen sich in den Gruppen herausbilden.

Wir haben diesen wichtigen Gedanken, der eine Beziehung zwischen den ›Rahmenbedingungen‹ (›Setting‹) und den Interaktionsabläufen im Sinne einer Determination der Abläufe durch das ›Setting‹ herstellt, aufgegriffen. Dies lag auch deshalb nahe, weil in den Sprach- und Kommunikationswissenschaften der Gedanke, daß Gespräche durch Kommunikationssituationen beeinflußt werden, allgemein verbreitet ist. Wenn eine solche regelhafte Beziehung zwischen dem Setting von Supervisions- und Balintgruppen und den Ablaufstrukturen angenommen wird, dann wird eine genauere Beschreibung des Settings erforderlich. Sie ist eine Voraussetzung dafür, daß in einem zweiten Schritt die Art der Abhängigkeit der Ablaufstrukturen von den Rahmenbedingungen untersucht werden kann.

Eine Beschreibung des ›Settings‹ erfordert nun zuallererst eine Operationalisierung dieses Begriffs, also die Entscheidung für ein Relevanzsystem, mithilfe dessen festgelegt wird, welche Merkmale der sozialen Situation wesentlich sind und bei der Beschreibung des Settings berücksichtigt werden sollen. Soweit wir sehen, ist eine solche Operationalisierung des Begriffs ›Setting‹ in der psychoanalytischen Literatur weder allgemein noch in bezug auf Supervisions- oder Balintgruppen geleistet worden. Dies zeigte sich in der Projektarbeit und auf Tagungen in einer Reihe von Verständigungsproblemen zwischen den Gruppenleitern und uns als Soziologen oder Kommunikationswissenschaftlern sowie zwischen den Gruppenleitern untereinander. Beispielsweise wurde das ›Setting‹ aller von uns untersuchten Gruppen von den Leitern für unterschiedlich und untereinander kaum vergleichbar gehalten. Man wies darauf hin, daß das ›Setting‹ der Balintgruppe, die von dem Arzt und Psychoanalytiker U. Rosin mit Fachärzten einer psychiatrischen Klinik durchgeführt wurde, ein prinzipiell anderes sei als das der Balintgruppe, die D. Eicke mit Lehrsupervisoren abgehalten hatte. Das ›Setting‹ der beiden von uns ebenfalls aufgezeichneten und ausgewerteten ›Supervisionsgruppen‹ wurde gleichfalls als ein ›Ausnahmefall‹ gekennzeichnet, weil die Leiter dieser Gruppe weder eine psychoanalytische noch eine andere therapeutische Ausbildung besitzen. Stützt man sich nun auf die Charakterisierungen der Rahmenbedingungen der Gruppen, die von den jeweiligen Leitern gegeben werden und die von ihnen als ›Setting‹ bezeichnet werden, und nimmt man weiterhin ihre Hypothese ernst, daß es zwischen dem Setting und den Ablaufstrukturen feste Beziehungen gibt, dann müßte man erwarten, daß sich in den Gruppen recht unterschiedliche Ablauferwartungen und personale Typisierungen einstellen. Die Fallstudien zeigen aber, daß neben den natürlich tatsächlich vorhandenen Unterschieden in allen diesen Gruppen auch diejenigen Gemeinsamkeiten mehr oder weniger ausgeprägt auftauchen, die wir in dem Modell der Normalformerwartungen beschrieben haben. Konfrontiert man Gruppenleiter mit diesem Ergebnis, so haben wir im wesentlichen zwei Reaktionen erfahren: Entweder man bezeichnet die Gemeinsamkeiten als für die psychoanalytische Sichtweise irrelevant (oder stellt sie überhaupt in Abrede) oder aber man akzeptiert sie mehr oder weniger erstaunt. Im letzten Fall wird dann freilich auch die Behauptung brüchig, daß es sich bei allen diesen Gruppen um ›individuelle‹ Exemplare mit ganz eigentümlichen Rahmenbedingungen handele. Wir standen dann gemeinsam mit diesen Gruppenleitern vor der Frage, welches denn nun die essentiellen gemeinsamen Rahmenbedingungen der untersuchten Gruppe sind, in welchem theoretischen Zusammenhang und mit welcher Fachsprache sie zu formulieren sind.

Wir meinten zunächst, daß das Konzept der Institution, wie es von Berger/Luckmann im Rahmen ihrer ›Theorie der Wissenssoziologie‹ ausgearbeitet wurde, am besten geeignet sei, die situativen Rahmenbedingungen der Supervisions- und Balintgruppen zu erfassen und zwischen den verschiedenen Relevanzsystemen der Disziplinen zu vermitteln. Es zeigt sich dann aber, daß dieses Konzept für unsere Zwecke nicht hinreichend genau operationalisiert ist.

Unter einer kommunikationswissenschaftlichen Perspektive kann man diejenigen Erscheinungen, die von den Psychoanalytikern als ›Setting‹ bezeichnet werden, im weitesten Sinne unter dem Begriff der *›Kommunikationssituation‹* zusammenfassen. Da dieser Begriff – auch in den Sprach- und Kommunikationswissenschaften – sehr unterschiedlich verwendet wird, ist eine kurze Erläuterung unseres Konzepts angebracht. Wir gehen davon aus, daß jegliche Kommunikation in Kommunikationssituationen stattfindet. Verständigung zwischen den Gesprächspartnern ist nur möglich, wenn diese wechselseitig ihre Definitionen der Kommunikationssituation in Rechnung stellen können.

Wesentliche Bestandteile einer solchen Situationsdefinition sind nach unserer Auffassung:
– Typisierungen der *Personen* (Rollen) und ihrer Beziehungen;
– Erwartungen über konstitutive *Aktivitäten,* ihre Abfolge und die bei ihrer Ausführung einzunehmenden Standpunkte und Perspektiven;
– Typisierungen der *Referenzräume* des Gruppengesprächs bzw. der Aktivitäten
– sowie Annahmen über die *Ziele,* die in dem Gespräch erreicht werden sollen.

Im Alltag können solche Situationsdefinitionen zwischen den Gesprächspartnern ›ad hoc‹ unterstellt und bei Bedarf ausgehandelt werden. Für institutionelle Kommunikation scheint uns in Anlehnung an Gedanken von N. Luhmann typisch zu sein, daß

a) diese Situationsdefinitionen historisch ausgearbeitet und kontrafaktisch stabilisiert sind und daß

b) den Professionals das Recht über die Kontrolle der Einhaltung dieser Situationsdefinitionen zugeschrieben wird.[22]

Wenngleich vermutlich in jeglicher institutionellen Kommunikation eine Asymmetrie zwischen der Definition der Ziele des Gesprächs, die von den Klienten einerseits und den Professionals andererseits vorgenommen werden, anzunehmen ist, so scheint uns diese Asymmetrie in den psychoanalytisch orientierten Supervisionsgruppen und in Balintgruppen in besonderer Weise ausgeprägt und akzentuiert zu sein: Uns ist bei der Durchsicht der Transkriptionen der Sitzungen aufgefallen, daß über die institutionellen Rahmenbedingungen, die Ziele der Arbeit, die Typisierungen der Personen und ihrer Beziehung, also alle diejenigen Momente, die für die institutionelle Situationsdefinition typisch sind, auffällig wenig gesprochen wurde. Die Situationsdefinition des Leiters etwa wird in den Sitzungen nicht ausgehandelt, der Leiter benennt seine Maximen für den Umgang mit Abweichungen nicht, und seine Hinweise auf die Ziele der Gruppenarbeit sind spärlich. Andererseits gibt es in demselben Material genügend Hinweise dafür, daß den Gruppenteilnehmern die Situationsdefinition des Leiters und seine Maximen und Ziele nicht gut bekannt sind und sie gerne mehr darüber erfahren würden. Eine solche Neugier läßt sich besonders zu Beginn des jeweiligen Gruppenprozesses beobachten. Wir möchten zur Veranschaulichung dieser Bedürfnisse eine einschlägige Äußerung eines Teilnehmers aus der vierten Sitzung der Balintgruppe mitteilen. Herr Gallas begründet hier sein Zögern, über den Fall von ›Waltraud‹ zu sprechen, mit dem Hinweis auf seine Unsicherheiten bezüglich des ›Settings‹:

Gallas: ich hatte (.) in einer der ersten Sitzungen mal Herrn Eicke gefragt / was es eigentlich mit der Balintgruppe auf sich hat / ob er mir (.) (k) oder ob er nicht mal (.) erläutern könnte wie (.) (k) wie äh Herr Balint äh sich die ganze (leise lachend) Sache vorstellt +/ was dahintersteht ja (') / und äh . . da (.) erfuhr ich also nicht sehr viel / sondern (.) erhielt gewissermaßen den Rat / doch das Erleben mit einzubeziehen und aus der Erfahrung zu lernen / des hat mir (k) also hab ich (.) verstanden / nur gibt's dann ne Unsicherheit und diese Unsicherheit (,) die ist tatsächlich aufgetreten jetzt im Falle von Waltraud
[Auslassung]
und das hängt damit zusammen daß ich (.) mir unsicher war äh . . wieweit der Rahmen dessen ist / was (.) eingebracht werden kann und was nicht (3)

Kurze Zeit später präzisiert Herr Gallas seine Unsicherheit noch weiter:

Gallas: mir kamen plötzlich Bedenken äh weiterzureden / weil wir / weil ich auf einmal Angst bekam / wollen wir s mal so nennen / äh Dinge die (k) von denen ich nicht sicher war / daß sie (.) hier erörtert werden können (k) und damit kam auch die Unsicherheit zum Ausdruck / was is überhaupt Balintgruppe weshalb bin ich hier (,)

Leiter: Hm (3)

Herr Gallas ist sich also nicht ganz im klaren darüber, welche Themen als Gegenstände des Gesprächs in der Balintgruppe zugelassen sind, und er wendet sich deshalb fragend an den Leiter. Dieser hatte ihm seine Fragen offenbar schon in Vorgesprächen – in »einer der ersten Sitzungen« findet sich keine entsprechende Nachfrage von Herrn Gallas – nicht zu seiner Zufriedenheit beantwortet. Bei dieser Gelegenheit reagiert er erneut nur mit einem »Hm«. Am Ende der Sitzung scheint sich der Teilnehmer mit seinem gegebenen Informationsstand eingerichtet zu haben:

nein äh ich war von Anfang an unbefriedigt darüber / daß ich im Grunde nich erfahren habe / was für (k) wie das Endziel aussieht / und ich hab mich dann (k) ich hab s verstanden nicht (') daß wir hier so stückchenweise Selbsterfahrung (.) treiben / und daß es wohl auch recht subjektiv ist / daß jeder sehr subjektiv die Balintgruppe erlebt und mit diesem Erlebnis nach Hause geht / und wenn er gefragt wird / wird er subjektiv seine Eindrücke weitervermitteln und sagen / so habe ich die Balintgruppe erlebt aber es wird niemand geben der sagen wird so ist die Balintgruppe / und diese Unsicherheit ist bis jetzt geblieben und damit auch die Unsicherheit / was kann ich einbringen / wie weit kann ich gehen (,) (3)

Wir haben aus diesen und ähnlichen Beispielen von Verhalten der Gruppenmitglieder die Schlußfolgerung gezogen, daß sie über die Situationsdefinition, die Ziele der Gruppenarbeit und die Maximen für den Umgang mit Abweichungen nicht in der gleichen Weise Bescheid wissen wie der Gruppenleiter. Die Kenntnis des ›Settings‹ ist Teil des professionellen Sonderwissens der Gruppenleiter, und sie unterscheidet sich insofern von den Normalformerwartungen, die allen Beteiligten als Handlungs- und Orientierungsgrundlage dienen. Eine weitere Schlußfolgerung, die aus dem Beispiel und der Tatsache, daß wir in den Transkriptionen so wenig Äußerungen über das Setting und die Konzeption finden konnten, ziehen läßt, ist, daß der Gruppenleiter kein Interesse hat, über diese Fragen in den Gruppensitzungen zu reflektieren. Natürlich klärt er die Teilnehmer in Vorgesprächen oder in einer ersten gemeinsamen Sitzung in groben Zügen darüber auf, was sie zu erwarten haben. Diese Information geht aber, wie an dem Beispiel der Nachfragen von Herrn Gallas sichtbar wird, keineswegs so weit, daß ihnen nun feste Vorschriften hinsichtlich ihrer Rechte und Pflichten zur Verfügung stünden, auf die sie sich bei Entscheidungen über ihre Beteiligung an der Gruppenarbeit berufen könnten. Andererseits kann man, wie etwa Aufsätze von D. Eicke zeigen, nicht davon ausgehen, daß der Leiter selbst nicht die Möglichkeit gehabt hätte, die Fragen von Herrn Gallas zu beantworten. Man kann deshalb vermuten, daß der Gruppenleiter aus konzeptionellen Erwägungen eine direkte Thematisierung von Problemen, die mit den grundlegenden situativen Typisierungen zusammenhängen, vermeidet.

Diese Strategie bringt für eine kommunikationswissenschaftliche Analyse eine Reihe von Problemen mit sich. Das wichtigste ist vielleicht dasjenige, daß sich in den Transkriptionen der institutionellen Interaktion kein befriedigender Zugang zu den professionellen Situationsdefinitionen finden läßt. Aufgrund der Tatsache, daß es zwischen den Gruppenleitern und den Klienten nicht zu einer Aushandlung der Situationsdefinition kommt, sind auch die Informationen über die Situationsdefinitionen der Teilnehmer, die sich aus den Transkriptionen gewinnen lassen, spärlich.

Da man davon ausgehen kann, daß sich in funktionierenden Supervisions- und Balintgruppen die Situationsdefinitionen der Leiter durchsetzen – eben weil ihnen kraft ihrer Rolle die Kontrolle darüber zugestanden wird –, schien es uns vertretbar, bei der Ermittlung der Situationsdefinition auf eine andersartige Datenquelle zurückzugreifen. Wir nahmen Schriften von M. Balint, als dem Begründer der ›Institution‹, und von D. Eicke als dem Leiter der von uns am ausführlichsten analysierten Balintgruppe als Datenmaterial, um eine erste Systematisierung der Situationsdefinition durchzuführen.

Natürlich ist es fraglich, ob die Aussagen, die Gruppenleiter über ihre Konzeption und ihr situatives Arrangement (›Setting‹) machen, tatsächlich die Wirklichkeit ihrer praktischen Arbeit widerspiegeln. Wir haben ihre Aussagen zunächst einmal als

Hypothesen über ihre faktischen Situationsdefinitionen akzeptiert.

In einem ersten Auswertungschritt haben wir versucht, ihre Aussagen nach den Gesichtspunkten zu ordnen, die wir als wesentliche Bestandteile einer institutionellen Situationsdefinition angenommen hatten. Da institutionelle Situationsdefinitionen, wie schon erwähnt, häufig durch spezielle professionelle Kontroll- und Sanktionsmechanismen durchgesetzt und aufrechterhalten werden, haben wir uns auch bemüht, diejenigen Maximen zu erfassen, die sich in den Schriften der beiden Autoren zu diesem Aufgabenbereich finden ließen. Uns war bei den Fallstudien aufgefallen, daß gerade hinsichtlich der Interventionen zur Reparatur von Interaktionskrisen erhebliche Unterschiede zwischen den Gruppen bestanden, deren Ablauf sich durch das Modell der Normalformerwartungen darstellen läßt, und der Gruppe, in der sich diese Erwartungen nicht finden ließen.

Das Ergebnis dieser Zusammenstellung teilen wir im nächsten Kapitel in knappster Form mit.

Wir gehen davon aus, daß in den psychoanalytisch orientierten Supervisionsgruppen und in den Balintgruppen, an denen wir das Modell der Normalformerwartungen entwickelt und überprüft haben, die Leiter im wesentlichen die Situationsdefinition durchgesetzt haben, die wir im nächsten Abschnitt schildern. Insofern hat die folgende Darstellung des Settings auch den Zweck, dem Leser eine Vorstellung darüber zu vermitteln, auf welche Typen von Arbeitsgruppen die Normalformerwartungen übertragbar sein könnten.

5.2. Versuch einer Systematisierung von Balints Aussagen zum Setting

Michael Balint entwickelte sein Konzept der ›training-cum-research‹-Gruppen aus der Kritik der herkömmlichen Fortbildung von Ärzten. Sein Ziel war die Begründung einer ›patientenzentrierten Medizin‹ (Balint 1972, I). Er schlug vor, die Krankheit als eine somatische oder psychische Reaktion auf pathologische Interaktionen zu sehen. Diese Sichtweise erfordert es, den Patienten ganzheitlich zu betrachten und nicht nur das erkrankte Organ zu behandeln. Balint ging davon aus, daß das Leiden des

Patienten in vielen Fällen durch die Interaktion mit dem Arzt aufgehoben werden kann, wenn er sich therapeutisch verhält. Zu diesem Zwecke mußten die Ärzte in Gesprächsführung ausgebildet werden und den Umgang mit ›der Droge Arzt‹ (Balint 1976, 16), wie er die Wirkung des Arztes auf den Patienten nennt, lernen. Das Ziel der Ausbildung war nicht, die Ärzte zu Psychotherapeuten auszubilden, sondern ihnen psychoanalytische Techniken der Gesprächsführung zu vermitteln, die ihre Diagnose- und Therapiemöglichkeiten als Ärzte erweitern. Aus dieser Aufgabenstellung ergaben sich folgende Ziele für die Arbeit in den Trainingsgruppen mit Ärzten, die später nach ihrem Begründer ›Balintgruppen‹ genannt wurden.

5.2.1. Ziele der Balintgruppenarbeit

»In erster Linie bedeutet Lernen in unseren Seminaren Lernen in bezug auf die vernachlässigten Probleme der ›Pharmakologie‹, der ›Droge Arzt‹, namentlich über die spezielle Varietät dieser Arznei, die jeder individuelle Arzt darstellt, mit anderen Worten: Was für eine Arznei er selber ist« (Balint 1968, 133).

Balint versteht unter der ›Droge Arzt‹ die bewußten und unbewußten Wirkungen der Persönlichkeitsstruktur des Arztes und die Auswirkung seiner professionellen Maximen, seiner Überzeugungen, seines Bekehrungseifers, seiner sogenannten ›apostolischen Funktion‹ auf die Interaktion mit seinen Patienten. Der Prozeß des Lernens in bezug auf die Wirkung der ›Droge Arzt‹ vollzieht sich nach Balints Meinung in drei Stufen:

»Auf diesem Wege kommen die Ärzte zu ihren ersten Erfolgen, bzw. gewinnen an ihrem therapeutischen Potential:

a) indem sie die Kraft der eigenen ›apostolischen Funktion‹ erkennen, befreien sie sich nach und nach selber von deren zwanghaft wirkender Macht.

b) Das verhilft ihnen dazu, die eigenen emotionalen Reaktionen während der Behandlung des Patienten zu erkennen und namentlich auch das Wechselspiel zwischen seinen Reaktionen und den stark dynamischen Verhaltensmustern des Patienten. Die Einsicht in dieses Wechselspiel befähigt den Arzt zur bewußten Erkenntnis und Kontrolle der andernfalls nur automatisch ablaufenden Reaktionen.

c) Falls die beiden genannten Aufgaben einigermaßen zuverlässig bewältigt werden können, tritt die ganze Verhaltensweise des Patienten deutlicher hervor, und das verhilft dem Arzt, sich weniger emotional zu engagieren, während zugleich vermehrte Möglichkeiten zu geplanten therapeutischen Maßnahmen geschaffen werden.

Von einem anderen Gesichtswinkel her betrachtet, bedeutet das den Anfang dessen, was wir ›die beträchtliche, wenn auch begrenzte *Änderung in der Persönlichkeit des Arztes*‹ genannt haben. Und diese ist nach all unserer Erfahrung die Vorbedingung dafür, irgendwelche psychotherapeutische Geschicklichkeit zu erlangen.« (Balint 1968, 135; Hervorhebung von uns.)

Der historische Gruppenprozeß verläuft vom Kennenlernen der eigenen Person und der eigenen Normen (›learning‹) über das Verlernen (›unlearning‹) derjenigen automatischen Verhaltensweisen und Normen, die sich nachteilig auf die Interaktion mit den Patienten auswirken, hin zum Aufbau einer neuen professionellen Identität (›relearning‹) mit der Wahrnehmungsausrichtung auf das Wechselspiel der automatisierten Verhaltensweisen von Arzt und Patient, bzw. von Professional und Klient in ihrer Interaktion. (Balint 1968, 132) Eicke formuliert als Ziel für Balintgruppen mit Ärzten zusätzlich:

»Es ist weiterhin bekannt, daß in den Balint-Gruppen den praktischen Ärzten irgendwie etwas über Psychologie, Psychodynamik und psychosomatische Krankheitslehre gelehrt werden soll. Aber auch dies geschieht indirekt über die affektiven Erlebnisse in der Gruppe anhand von Diskussionen über die Krankheitsgeschichte eines Patienten.« (Eicke 1974, 129)

5.2.2. Die Typisierung der Rollen und ihrer Beziehung

Balint grenzt sein Lern- und Lehrkonzept von den herkömmlichen Methoden der Wissensvermittlung und -aneignung, wie es auch in der Aus- und Fortbildung von Ärzten zu finden ist, ab. Er charakterisiert u. E. sehr treffend die Problematik dieser ›schulischen‹ Lehr- und Lernsituationen, die wir als ›Instruktionssituationen‹ bezeichnen wollen[23]:

»Fast alle Fortbildungsseminare – ganz gleich, ob sie für praktische Ärzte oder für Fachärzte bestimmt sind – sind gemäß der altüberkommenen Beziehung zwischen Lehrer und Schüler aufgebaut. Die Lehrkräfte sind in der Praxis immer Spezialisten, die schon ihrer Definition zufolge mehr wissen, wogegen die Schüler – ganz gleich, ob es Allgemeinpraktiker sind oder Ärzte, die sich spezialisieren wollen – durch ihre bloße Teilnahme am Kursus offen zugeben, daß sie weniger wissen.

Diese Struktur determiniert das Geschehen im Kursus. Die Absicht der Lehrkräfte ist stets die, etwas von ihrem überlegenen Wissen und von ihren vollendeteren Fähigkeiten an die Teilnehmer weiterzugeben. Sie versuchen dies mit Hilfe von Vorlesungen über ihre Kenntnisse einerseits und durch Demonstration ihrer Fertigkeiten andererseits. Auf diese Art sind die Lehrkräfte allzeit *aktiv*, wogegen die Rolle des Lernenden mehr oder minder eine *passive, rezeptive* ist, d. h., letztere sollen das, was die Lehrer ihnen darbieten, ›in sich aufnehmen‹, ›sich aneignen‹. Allerdings dürfen die Schüler zuweilen über ihre Beobachtungen Bericht erstatten oder einige ihrer praktischen Geschicklichkeiten beweisen. Doch all dies geschieht nur mit dem ganz offen eingestandenen Ziel, daß sowohl ihre Beobachtungen als auch ihre Fertigkeiten der Korrektur bzw. Vervollkommnung bedürfen. So kommt es, daß die allermeisten Beiträge zur Thematik von den Lehrern herrühren, wogegen alles Lernen den Schülern zufällt.

Diese dynamische Struktur hat bestimmte unvermeidliche Konsequenzen, von denen einige erwünscht, andere dagegen unerwünscht sind.

Zunächst wird eine dauernde Ungleichheit zwischen Lehrkräften und Teilnehmern dadurch konstituiert. Lernen kann nur stattfinden, wenn allerseits akzeptiert worden ist, daß der Lehrende seine fachliche Überlegenheit bewiesen hat und die Teilnehmer vergleichsweise unterlegen sind. Dieser Umstand ruft, wie wir alle wissen, auf beiden Seiten Ambivalenz hervor. Oft wird sie ganz offen zugegeben, manchmal bleibt sie unbewußt.

Eine andere, diesmal willkommene Folge der genannten Gruppenstruktur ist die Tatsache, daß der Kursus *geplant* [Hervorhebung von uns] werden kann. Denn gemäß der grundlegenden Voraussetzung kennt der Spezialist sein Gebiet und weiß daher, welche Teile seines Wissens er während der zur Verfügung stehenden Zeit seinen Hörern übermitteln kann und soll. Er ist es, der die Entscheidung darüber trifft, wie lange der Kurs zu dauern hat, worüber er im einzelnen lesen soll und in welcher Reihenfolge.

Obgleich es gelegentlich erlaubt ist oder gar verlangt wird, daß die Lernenden ihre Wünsche zum Ausdruck bringen, bleiben es dennoch jederzeit Spezialisten, die das letzte Wort haben. Das muß so sein, weil ja die Verantwortung für den gesamten Kurs in ihre Kompetenz fällt.« (Balint 1968, 125-126)

Statt dieser Lehrsituation will Balint eine »emotionell freie und freundliche Atmosphäre« (Balint 1955, 379) herbeiführen, in der Fehler gemacht werden können und ». . . in der wir die Erfahrung ertragen können, daß recht oft unser tatsächliches Benehmen völlig von dem *abweicht*, was beabsichtigt war, und wenig mit der

Vorstellung übereinstimmt, die wir uns immer davon gemacht haben« (Balint 1955, 380; Hervorhebung von uns).

Die Gruppenmitglieder sollten »Mut zur eigenen Dummheit« finden, und dem Leiter rät er, »den Arzt erst einmal seine *Fehler* machen zu lassen, ihn vielleicht sogar dazu zu ermutigen, als zu versuchen, ihn daran zu hindern« (Balint 1976, 408; Hervorhebung von uns). Diese Maxime gilt sicherlich nicht nur für die Arbeit mit Ärzten, sondern sie läßt sich auch auf die Arbeit mit Angehörigen anderer Professionen ausdehnen. Sowohl an den skizzierten Maximen für das Verhalten des Leiters als auch an den folgenden Typisierungen der Rollen dürfte der Unterschied zu ›Schulsituationen‹ deutlich werden:

Der Gruppenleiter anerkennt die fachliche Kompetenz der Mitglieder der Gruppe und überläßt ihnen ausdrücklich die Eigenverantwortung für ihr Handeln in den betreffenden Fällen. Da der Leiter sich nicht als Spezialist und Fachmann typisiert, den einzelnen Teilnehmern nicht sagt, ›wie man es macht‹, müssen sie, mithilfe der anderen Gruppenmitglieder und des Leiters, die ihnen angemessenen Problemlösungen selbst erarbeiten. Der Leiter ist nach Balints Ansicht genau wie die Gruppenmitglieder Lernender und wird nur aufgrund seiner »Vertrautheit mit dem Unbewußten und mit dem Phänomen der Übertragung« (Balint 1968, 131) als Leiter anerkannt. Der Leiter ist nicht kraft seiner Rolle Leiter, wie in anderen Institutionen, sondern muß von der Gruppe ›gewählt‹ werden[24]. Er macht durch seine Art der Wahrnehmung und des Zuhörens und durch seine Reaktionen auf die Gruppenmitglieder die Haltung deutlich, die er lehren will, er lehrt also durch sein Beispiel (Balint 1976, 409). Balint plädiert für eine gleichberechtigte Beziehung, in der das ›Mehrwissen in bestimmten Hinsichten bei Wenigerwissen auf anderen Gebieten die Art unserer Beteiligung determiniert‹ (Balint 1968, 130). Es soll der ›Geist einer gemeinsamen Forschungsgruppe‹ herrschen (Balint 1968, 127).

5.2.3. Referenzräume des Gruppengesprächs

Die Technik der Gesprächsführung, die Balint vermitteln will, läßt sich seiner Ansicht nach nur anhand von »*tatsächlichen Situationen*« lernen (Balint 1955, 373). Die berufliche Praxis der Mitglieder, so wie sie der Arzt oder andere Professionals tagtäglich erfahren, ist Gegenstand der Gruppenarbeit. Es wird anhand von Berichten über reale Ereignisse aus der Interaktion mit Klienten gearbeitet und nicht an konstruierten Beispielen in einer quasi labormäßigen Situation experimentiert.

Balint betont dabei das »Wechselspiel der automatischen Reaktionen im Arzt und im Patienten«, also den interaktiven Charakter des Geschehens. Gegenstand ist nicht wie in herkömmlichen Anamnesen der Patient mit seiner Pathologie, dem der Arzt mit einer »unbeteiligten, wissenschaftlichen objektiven Haltung« gegenübertritt (Balint 1976, 404):

»Die Ereignisse, mit denen wir uns befassen, sind dagegen höchst subjektiv und persönlich, oft kaum bewußt oder sogar völlig außerhalb bewußter Kontrolle; oft besteht auch keine Möglichkeit, sie eindeutig mit Worten zu beschreiben.« (Balint 1976, 404)

Die professionellen Interaktionssituationen, die bearbeitet werden sollen, werden unter dem Gesichtspunkt des *Erlebens* des Arztes betrachtet. Der Leiter geht davon aus, daß die Ereignisse noch nicht gut verarbeitet sind, ›kaum bewußt‹ erlebt werden. Die zu bearbeitenden Fälle müssen also aus der realen professionellen Praxis stammen, müssen vom Erzähler selbst erlebt sein und ihm problematisch erscheinen.

5.2.4. Aktivitäten und ihre Abfolge

Um reale Situationen, in denen nur ein Teilnehmer der Gruppe anwesend war, der gesamten Gruppe verständlich zu machen, die reale Situation in die Balintgruppe ›hereinzuholen‹, muß eine Form gefunden werden, das Ereignis der Gruppe mitzuteilen, und zwar in einer Art und Weise, in der ›die subjektiven und oft außer bewußter Kontrolle liegenden‹ Vorgänge deutlich werden. Balint schreibt über diese Mitteilungsform:

»Ich duldete daher kein geschriebenes Material in den Fallkonferenzen; jeder mußte frei über seine Erlebnisse mit den Klienten berichten. Dies erinnert in einer Hinsicht an die ›freie Assoziation‹ und läßt auch alle möglichen subjektiven Entstellungen, Auslassungen, Überlegungen, spätere Interpolationen usw. zu ... Sowohl die Gedanken des Berichtenden wie Kritik und Kommentare der zuhörenden Gruppe wurden wie freie Assoziationen behandelt.« (Balint 1976, 401)

Durch die Falldarstellung werden in der Gruppe Affekte geweckt, die zum Verstehen des Falls genutzt werden:

»Aber welches auch immer die Reaktionen der Gruppe sein mögen, die im Berichterstatter wie bei den Zuhörern aufsteigenden Affekte müssen akzeptiert und als Ausdruck der unbewußten Prozesse, die durch den Bericht aktiviert wurden, bewertet werden.« (Balint 1976, 415-416)

Die Gruppe wird aufgefordert, Assoziationen, Phantasien und eigene Bewertungen des Falls zu bringen, Prognosen über den weiteren Verlauf der Behandlung zu machen. Die Arbeit der Gruppe ist fruchtbar,

». . . wenn dem Berichterstatter bei der Diskussion plötzlich etwas einfällt, woran er bisher nicht gedacht hatte, was seiner Aufmerksamkeit bei der [ärztlichen] Untersuchung womöglich schon entgangen war und was die Diskussion nun in einer neuen Richtung weiterbringt, oder ein neues Problem eröffnet.« (Eicke 1974, 133-134)

Der Vorteil dieser Arbeitsform wird so beschrieben: Die Gruppenmitglieder erwerben nicht gesichertes Wissen, sondern lernen »durch erlebte Einsicht« (Loch 1969, 153) anhand der Interaktion und der sie begleitenden Affekte. Argelander meint, ». . . daß der unmittelbare Erlebniszugang über die Identifizierung mit den am Gespräch beteiligten Personen eine situative Evidenz schafft, die andere Zugangsweisen nicht erreichen können.« (Argelander 1973, 132)

Die Aktivitäten in den Balintgruppen werden des weiteren dadurch beeinflußt, daß sie in einer *Gruppe als Gruppengespräch* und nicht in einer dyadischen Gesprächssituation ablaufen, wie dies z. B. in der klassischen psychoanalytischen Therapie der Fall ist. Balints Ziel war es, ». . . ein psychotherapeutisches Trainingsprogramm auszuarbeiten, das hauptsächlich auf einem intensiven Studium der Gegenübertragung mit Hilfe von Gruppenmethoden beruhte.« (Balint 1976, 401)

Die Entscheidung für die Ausbildung der Professionals in Gruppen hatte zunächst wohl eher ökonomische Gründe. Die Vorteile einer Gruppenarbeit wurden dann im Laufe der Zeit erst deutlich. Balint bemerkte vermutlich aber nicht nur diese Vorteile, auf die wir gleich noch näher eingehen, sondern mußte sich auch mit der Tatsache auseinandersetzen, daß es sich um eine ›Vielpersonensituation‹ handelt, für die er als Psychoanalytiker nicht ausgebildet worden ist: »Eine psychodynamische Situation, von der der Psychoanalytiker nur sehr wenig weiß.« (Balint 1968, 130) »Beinahe alles, was ich weiß, beschränkt sich auf die ›psychoanalytische Situation‹, die ja eine ausschließliche Zwei-Personen-Beziehung ist, innerhalb derer jeder Dritte zwangsläufig zu einem beinahe unerträglichen Eindringling wird.« (Balint 1968, 130) Aus diesem Umstand wird erklärlich, warum sich die meisten Hinweise zur Technik der Gruppenleitung, soweit sie sich in der Literatur überhaupt finden lassen, mit der Dynamik einer Gruppensituation beschäftigen.

Zu den Vorteilen einer Gruppenarbeit für den Lernprozeß der Teilnehmer schreibt Eicke:

»Schließlich gibt es noch ein drittes Lernziel, welches zuvor eigentlich gar nicht angestrebt wurde, welches sich aber im Laufe der Zeit als Nebenresultat herausgestellt hat, nämlich eine Gruppenerfahrung. Hier ist insbesondere jenes bekannte Phänomen zu erwähnen, daß die Gruppensituation die ursprüngliche Arzt-Patienten-Atmosphäre widerspiegelt. Dies wurde von Balint oft ausgesprochen. Die Technik, jenes Phänomen in einer Deutung zu benutzen, vermittelt unter anderem im Laufe der Zeit eine Gruppenerfahrung. Manche Mitglieder lernen es, jenes Phänomen selber zum Verständnis des anstehenden Falls zu benutzen.« (Eicke 1974, 129)

Der Vorteil der Gruppeninteraktion für den Leiter besteht nach Eicke darin, ». . . daß der Gruppenleiter meist durch die Diskussion vieles bemerkt oder neu lernt, worauf er beim Zuhören des Falles alleine nicht gekommen wäre.« (Eicke 1974, 133)

Balint nennt noch drei weitere Vorzüge der Gruppenarbeit gegenüber der dyadischen Situation:

»Der einzelne kann die Wahrnehmung seiner Fehler leichter ertragen, wenn er fühlt, daß die Gruppe diese Fehler versteht und sich darin mit ihm identifizieren kann, und wenn er sieht, daß er nicht der einzige ist, der Fehler macht. Ferner dauert es nicht lange, bis die Gruppe entdeckt hat, daß die Technik jedes Mitglieds, einschließlich des psychiatrischen Gruppenleiters, ein Ausdruck seiner Persönlichkeit ist, was natürlich auch für seine gewohnheitsmäßigen Fehler gilt.« (Balint 1976, 405)

Die emotionale Sicherheit und Geborgenheit ist also der eine Vorteil der Gruppenarbeit. Der andere ist der, daß Unterschiede zwischen den professionellen Handlungsweisen der Mitglieder einer Gruppe deutlich werden können und die Gruppenmitglieder in die Lage versetzt werden, die ›Normalität‹ des individuellen Handelns zu relativieren. Schließlich betont Balint, daß die Gruppenarbeit zu einer ihr eigenen Qualität führt, die mehr ist als die Summe der Arbeit von Individuen. Er spricht vom ›Gruppenideal‹, vom ›Fortschritt der Gruppe‹ und vom ›kollektiven Verständnis für die eigenen Probleme‹ (Balint 1976, 405-406), führt diese Annahmen aber theoretisch nicht weiter aus.

5.2.5. Umgang mit Interaktionskrisen

Krisen werden nicht als Problem eines einzelnen Gruppenmitgliedes behandelt, sondern als Problem der Gruppe. Auch hier steht das ›Wechselspiel der Verhaltensautomatismen‹, der interaktive Charakter allen Handelns im Mittelpunkt der Bearbeitung von Krisen. Wenn sich ein Gruppenmitglied z. B. isoliert oder isoliert wird, wird ». . . sowohl die Art und Weise, wie sich ein Gruppenmitglied isoliert, wie das Verhalten der Gruppe . . .« aufgezeigt (Balint 1976, 407).

»Natürlich kommt es gelegentlich zu Krisen, wenn der eine oder andere Teilnehmer Schwierigkeiten hat, die volle Tragweite gewisser Angewohnheiten im Umgang mit Patienten einzusehen oder sich einige Seiten seiner Persönlichkeit, deren er sich bis dahin nur dunkel bewußt war, einzugestehen. Solche Krisen können jedoch überwunden werden, da sie gleichfalls Gruppenerfahrung sind und nicht nur ein einzelnes Mitglied betreffen.« (Balint 1976, 406)

Wir möchten jetzt einige Typen von ›Krisensituationen‹ vorstellen, deren Ursachen nach Auffassung von Balint und Eicke Probleme sind, die aus unbewußten oder vorbewußten Phänomenen wie denen der ›Übertragung‹ und der ›Widerstände‹ resultieren. Auf die Problematik der Übertragbarkeit von Begriffen, die in der klassischen Situation der psychoanalytischen Einzeltherapie gewonnen wurden, auf die Gruppensituation hat schon Balint hingewiesen. (Vgl. oben S. 286) Er zieht es vor, bei der Beschreibung von psychischen Phänomenen in Gruppen statt von ›Widerständen‹ von ». . . Äquivalenten dessen, was man in der Psychoanalyse Widerstand nennt«, zu sprechen. (Balint 1976, 406)

Wir unterscheiden in Anlehnung an Balint und Eicke folgende Typen von *Interaktionskrisen* in den Gruppen:

a) Schwierigkeiten bei der Auswahl des Falleinbringers und/oder der Einigung auf ein Thema;

b) Schwierigkeiten der Gruppe, zu entscheiden, ob und ggfs. wann ein eingebrachter Fall (eine Erzählung) bearbeitet werden kann;

c) Schwierigkeiten während der Bearbeitung des Falls, insbesondere beim Übergang von der ›Rekonstruktion des Geschehens‹ (4.1.) zur ›Verständigung über das Erleben‹ (4.2.).

Von diesen Interaktionskrisen, die an bestimmte Phasen des Ablaufs einer Sitzung gebunden sind, unterscheiden sich

d) Interaktionskrisen, die durch typische ›destruktive‹ Verhaltensformen einzelner Gruppenmitglieder hervorgerufen werden.

Für den Umgang mit diesen Krisensituationen werden von Balint und Eicke *Maximen* genannt, die der Gruppenleiter selbst befolgen oder an die Teilnehmer weitergeben soll. Wir führen diese Maximen bei der Schilderung der entsprechenden Interaktionskrisen auf.

Zu a)

Zu Beginn des Gruppenprozesses taucht häufig das Problem auf, daß sich die Gruppe nicht auf ein Thema einigen kann, das sie besprechen will:

»In dieser Situation, in der verlegen an der Oberfläche herumgesprochen wird, . . . ist es oft nötig, daß der Gruppenleiter eine echte Anregung bietet und die Gruppe auf ein bestimmtes Thema konzentriert.« (Eicke 1974, 130/1)

Der Leiter handelt hier nach der Maxime, die Verantwortung zu übernehmen und die Gruppe zur Bearbeitung von Fällen aufzufordern. Ursachen für die Schwierigkeiten der Gruppe, mit der Arbeit zu beginnen, sind nach Eickes Ansicht häufig in Widerstands- und Autoritätsproblemen zu suchen: Die Gruppenmitglieder erwarten, daß der Leiter ihnen sagt, wie sie es machen sollen. Sie sind, so nimmt Eicke an, oft unsicher oder ängstlich, ob sie die ›große Aufgabe‹, psychotherapeutische Techniken zu lernen, überhaupt bewältigen können.

Zu b)

Weitere Schwierigkeiten können auftreten, wenn schon ein oder mehrere Fälle angekündigt worden sind und die Gruppe sich nicht auf einen Fall einigen kann, weil sie sich nicht zutraut, ihn zu bearbeiten. Die Maxime für den Leiter ist es,

»... der Gruppe klare Entscheidungsmöglichkeiten anzubieten, z. B.: ›Wollen wir a, b oder c zuerst diskutieren.‹ Die Hilflosigkeit gegenüber einem Fall kann so ausgesprochen [groß, die Verf.] sein, daß es gut tut, den Gruppenleiter sagen zu hören: ›Dies ist ein sehr interessanter Fall‹ oder ›... ein sehr schwieriger Fall ...‹« (Eicke 1974, 131)

Wenn die Hilflosigkeit gegenüber dem Fall sehr groß ist und sich eine ›hoffnungslose, depressive Stimmung‹ breitmacht, lautet die Maxime für den Gruppenleiter: ›Jede Störung muß vorrangig externalisiert werden‹ (Eicke 1974, 132). Eicke bemerkt hierzu:

»... so kann es sich als notwendig herausstellen, das eigene Versagen einzugestehen und das anstehende Thema als ›erst einmal‹ zu schwierig zurückzustellen und der Gruppe die Möglichkeit zu geben, [über, die Verf.] den Gruppenleiter zu diskutieren.« (Eicke 1974, 132)

Zu c)

»Die *Widerstände* gegen die Erkenntnis von bisher unbearbeiteten Konflikten oder Lebensproblemen – und dazu gehört die Sexualität und der Ödipuskomplex vornehmlich – nehmen in den Trainings-Gruppen verschiedenste Formen an, Balint beschreibt selber drei davon« (Eicke 1974, 134):

Der Berichterstatter ›wird geschont‹

Die Gruppe ›reagiert zurückhaltend auf den Bericht, schont den Berichterstatter oder ist übermäßig freundlich‹ (Balint 1976, 412). Die Maximen für das Verhalten des Leiters formuliert Balint so:

»In diesem Fall besteht die korrekte Technik darin, die Zurückhaltung oder übermäßige Freundlichkeit der restlichen Gruppe zu deuten und nicht etwa selbst den berichtenden Arzt zu kritisieren ... Wenn man dieser Versuchung nachgäbe, so würde man zwar einen ausgezeichneten Theorieunterricht erteilen, aber auf Kosten des Trainings. Der Erfolg wäre höchstwahrscheinlich, daß die vielversprechenden Teilnehmer nach und nach sich langweilen und wegbleiben würden, während die hoffnungslosen den Leiter bewundern und idealisieren und seine Lehren introjizieren – und ihm ewig als seine getreuen, anhänglichen Schüler auf dem Halse bleiben würden.« (Balint 1976, 412-413)

Wenn die Angst vor dem vom Berichterstatter angesprochenen Thema sehr groß ist und die ganze Gruppe erfaßt, wird der Leiter nach Eickes Ansicht diese Angst deuten und das Thema des Falls hervorheben müssen. (Eicke 1974, 134)

Der Berichterstatter wird ›übermäßig kritisiert‹

Die ›Isolierung‹ eines Gruppenmitgliedes kann durch die Ungleichheiten zwischen den Gruppenmitgliedern in bezug auf den Entwicklungsstand des affektiven Verständnisses der Arzt-Patient-, bzw. der Professional-Klienten-Beziehung bedingt sein. Balints Maxime für den Umgang des Leiters mit dem isolierten Gruppenmitglied lautet:

»... die Arbeit des vortragenden Kollegen mit derjenigen der übrigen Gruppe kontrastieren und zeigen, worin sie sich unterscheidet und was dieser Unterschied zu bedeuten hat.« (Balint 1976, 413)

Nach Eickes Einschätzung kann es sich hier auch um die mit einer Übertragungsbeziehung verbundene Aggression handeln, die die übrige Gruppe vom Leiter weg auf ein Gruppenmitglied verschoben hat. Der Leiter soll sich in diesem Fall über die Art der vorliegenden Übertragung Klarheit verschaffen und ihre Bedeutung für die Gruppeninteraktion verstehen. (Eicke 1974, 134)

Zum anderen kann es sich um eine Widerspiegelung der aggressiven Problematik des Falls handeln, die anhand der Gruppeninteraktion für das Verständnis des Falls durch eine Deutung nutzbar gemacht werden kann.

Die Gruppe reagiert ›uninteressiert und unkooperativ‹

»Hier scheint mir eine Reaktion der Gruppe vorzuliegen, welche die Hilfe des Gruppenleiters herausfordert. Die Gruppe fühlt sich nicht stark genug, dem Betroffenen zu helfen, niemand wagt es ...

Diese Hilfe des Gruppenleiters kann so aussehen, daß man sagt: ›ja das ist eine schwierige Geschichte, mit der uns X konfrontiert‹, oder aber man ermuntert die Gruppe, dem Berichterstatter bei seinem Problem zu helfen, oder aber unter Umständen greift man direkt mit Hilfe ein und gibt ausnahmsweise eine Deutung über die Schwierigkeiten des vorgestellten Patienten.« (Eicke 1974, 135)

Die Gründe für Desinteresse der Gruppe sieht Eicke entweder in der ›Schwere des Problems‹, das eingebracht wird, oder in dem Versuch der Gruppe, ›die Fähigkeiten des Gruppenleiters auszuloten‹.

Die Gruppe weicht auf ein nicht zum Fall gehörendes Thema aus

Eicke nennt zusätzlich zu den von Balint beschriebenen Widerständen gegen die Bearbeitung des Falls einen weiteren, das Ausweichen auf ein anderes Thema:

»Hier heißt es, die Gruppe vorsichtig – falls sie es nicht von selbst merkt – auf das Phänomen aufmerksam zu machen und – wie schon geschildert – das Thema für die Gruppe herauszustellen. Manchmal muß man penetrant dies über längere Zeit wiederholen, weil der Widerstand so groß ist.« (Eicke 1974), 135)

Zu d)

Zum Umgang des Leiters mit destruktiven Verhaltensformen der Gruppenmitglieder erwähnt Eicke zwei Maximen.

Zum einen soll der Leiter den ›konstruktiven Umgang mit Aggression‹ vorleben und die Gruppenteilnehmer beim ›Einüben der Aggression‹, beim Erlernen des konstruktiven Umgangs mit Kritik unterstützen. Zum anderen soll der Leiter in problematischen Situationen nicht dirigistisch eingreifen, sondern den Gruppenmitgliedern Regeln an die Hand geben, damit sie ihre Probleme selbst lösen können. Zwei der wichtigsten Regeln beziehen sich auf den Umgang mit Kritik/Aggression: Erstens sollen die Teilnehmer stets deutlich machen, von welchem Standpunkt aus sie sprechen sowie immer ihre persönliche Meinung wiedergeben und darauf verzichten, common-sense-Meinungen zu wiederholen.

»Dazu gehört es auch in der Gruppenführung, bei Kritiken der Mitglieder untereinander darauf zu achten, daß der einzelne sagt: ›Ich finde‹, ›ich meine‹, ›ich sehe es so‹, und nicht, wie es einer deutschen Unsitte entspricht, ›das ist so‹, ›man tut es so‹ oder gar ›Sie sehen das falsch‹ . . . Meistens genügt es, in einer Gruppe zu sagen: ›Ich möchte vorschlagen, daß wir immer ›ich‹ statt ›man‹ sagen.‹« (Eicke 1974, 132)

Die zweite Regel, die der Leiter den Teilnehmern geben soll, betrifft das ›konventionelle Verhalten‹ einzelner Mitglieder.

»Es kommt immer wieder vor, daß Mitglieder Fragen stellen, die nicht unbedingt sein müßten, oder Bemerkungen machen, die nicht hilfreich sind . . . So zum Beispiel, wenn jemand auf seiner Meinung insistiert oder penetrant immer wieder Fragen vorbringt.« (Eicke 1974, 136)

Die Maxime für den Leiter lautet, den Betreffenden zu fragen, was er damit beabsichtige, oder ihn aufzufordern, die Frage selbst zu beantworten und seine Phantasien zum gerade anstehenden Problem zu sagen. Nach Eickes Ansicht versteckt sich hinter diesem Gesprächsverhalten, das offenbar in Balintgruppen unangemessen ist, während es z. B. in Diskussionen und Argumentationen durchaus angebracht sein kann, untergründige Aggression.

Zum Schluß sei noch dargestellt, wie Balint sich den Umgang mit Krisen vorstellt, die durch *Fehler des Leiters* hervorgerufen wurden:

»Der Gruppenleiter kann ruhig Fehler machen – macht sie auch oft –, ohne viel Schaden anzurichten, wenn er nur ebensoviel und vielleicht noch etwas herbere Kritik ertragen kann, wie er es von seiner Gruppe erwartet. Hierauf muß sehr sorgfältig geachtet werden, und jedes Zögern der Gruppe, Fehler des Leiters bloßzustellen, muß entlarvt werden. Natürlich kann sich diese Freiheit nicht entwickeln, wenn der Leiter versucht, seine Fehler zu beschönigen oder wegzuerklären.« (Balint 1976, 409-410)

Der Leiter muß also der Gruppe die Möglichkeit geben, sein Verhalten zu diskutieren und ihn zu kritisieren.

Um nicht die Vermutung aufkommen zu lassen, daß der beste Gruppenleiter derjenige ist, bei dem die Krisen gar nicht erst auftauchen, sondern alles ›nach Plan läuft‹, macht Balint auf die Gefahr für den Fortschritt der Gruppe aufmerksam, die entsteht, wenn keine Krisen auftauchen:

»Es ist jedoch ein ebenso bedrohliches Zeichen, *wenn es zu gar keinen Krisen kommt,* denn das würde bedeuten, daß sich Sensibilität und Erkenntnis der Gruppe nicht entwickeln und Gruppe und Gruppenleiter tatsächlich in Gefahr schweben, zu einem Verein zur gegenseitigen Bewunderung zu degenerieren, wo alles wunderschön ist und wo es nur nette, gescheite, vernünftige Leute gibt. Es ist nun einmal so, daß der Erwerb psychotherapeutischen Könnens gleichbedeutend ist mit der Entdeckung einiger unausweichlicher, nicht immer erfreulicher Tatsachen über die Grenzen des eigenen Wissens. Dieser unlustvollen Belastung darf nicht ausgewichen werden; die Gruppe entwickelt sich, solange sie sich ihr stellt, und bleibt stecken, sobald sie versucht, sich davor zu drücken. Aufgabe des Gruppenleiters ist es, eine Atmosphäre zu schaffen, in welcher jedes Mitglied (und er selber auch) imstande ist, einen Schlag einzustecken wenn die Reihe an ihn kommen sollte.« (Balint 1976, 407; Hervorhebung von uns.)

Damit die Gruppenmitglieder lernen können, sich besser mit ihren Patienten/Klienten zu verständigen, ist es offenbar im Rahmen der Balintgruppen erforderlich, daß Verständigungskrisen auftauchen und bearbeitet werden. Balint weist uns mit seiner Bemerkung auf eine Eigentümlichkeit der kommunikativen Konstellation in den Gruppen hin, die eine eigene Untersuchung wert ist.

6. Schlußbemerkung zur Untersuchung des Settings und zu den Anwendungsbezügen des Normalformmodells

Als ein Ergebnis der im vorigen Abschnitt vorgenommenen Analyse der Schriften von Balint und Eicke zeigt sich, daß die von uns als Heuristik verwendeten Kategorien
- Ziele der Gruppenarbeit,
- Typisierungen der Rollen und ihrer Beziehungen,
- Referenzräume des Gruppengesprächs (Themen),
- konstitutive Aktivitäten und ihre Abfolge und
- Maximen für den Umgang mit problematischen Interaktionspassagen

geeignet sind, die Aussagen über das ›Setting‹ für unsere Bedürfnisse so weit zu systematisieren, daß eine Verknüpfung mit den Annahmen des Normalformmodells möglich ist. Diese Kategorien bieten darüber hinaus die Möglichkeit, verschiedene Auffassungen zum ›Setting‹ miteinander zu vergleichen und einer kommunikationswissenschaftlichen Betrachtung zugänglich zu machen. Inwieweit die kommunikationswissenschaftliche Konzeptualisierung des ›Settings‹ als einer komplexen institutionalisierten Situationsdefinition und die entsprechende Neustrukturierung der Aussagen von Balint und Eicke mit psychoanalytischen Kriterien einer Beschreibung des ›Settings‹ übereinstimmen, wissen wir nicht. Wir haben allerdings den Eindruck, daß durch unsere Systematisierung *eine* innere Ordnung der Aufsätze hervorgehoben wird, die das Verständnis der Gedanken über das ›Setting‹ erleichtern, die sich die beiden Autoren machen.

Unser nächster Arbeitsschritt nach der Strukturierung des Materials war es, die Aussagen von Balint und Eicke in die Begriffe zu übersetzen, die wir im Rahmen des Modells der Normalformerwartungen ausgearbeitet haben. Beispielsweise haben wir gefragt, ob sich die Bemerkungen, die Balint über seine Beziehung zu den Gruppenmitgliedern macht (›Typisierung der Rollen und ihrer Beziehung‹) auch mit unseren Begriffen von ›Standpunkt‹ und ›Perspektive‹ reformulieren lassen. Gleichzeitig haben wir versucht, die institutionalisierte Situationsdefinition auf interaktive Asymmetrien und Paradoxien hin zu untersuchen, um daraus Rückschlüsse auf konstitutive Verständigungsprobleme in diesem Gruppentypus zu ziehen. In einer Fallstudie an der Balintgruppe Eicke haben wir außerdem überprüft, inwieweit die theoretischen

Aussagen von Balint und Eicke zu den von uns herausgegriffenen Momenten des ›Settings‹ und zum Umgang mit kritischen Interaktionspassagen in der Praxis dieser Gruppe befolgt werden. Es zeigte sich, daß das Gruppengeschehen tatsächlich in den allermeisten Fällen durch die Orientierung des Leiters an den theoretisch postulierten Maximen für das Leiterverhalten und den vorgeschlagenen Selbst- und Fremdtypisierungen strukturiert wird. Beispielsweise konnten wir keinen einzigen Fall feststellen, in dem sich der Leiter als Experte für irgendwelche fachlichen Fragen darstellt, die die Gruppenteilnehmer diskutierten und an ihn herantrugen. Eine solche Selbsttypisierung widerspräche, weil sie eine Lehrer-Schüler-(Experte-Laie-)Beziehung zwischen dem Leiter und den Teilnehmern konstellierte, den Vorschlägen, die Balint über die Typisierung der Rollen und ihrer Beziehungen gemacht hat. Natürlich haben wir auch Interaktionspassagen gefunden, in denen das Leiterverhalten nicht den auferlegten Typisierungen oder Maximen folgte. Für diese Passagen konnte der Gruppenleiter Erklärungen, die im Rahmen seines Relevanzsystems plausibel waren, angeben.

Gestützt auf alle diese Untersuchungen kann man u. E. die Hypothese vertreten, daß für die Gruppenleiter die Durchsetzung und Aufrechterhaltung einer bestimmten Situationsdefinition tatsächlich ein wesentlicher Hebel ist, um diejenigen Ablauferwartungen zu erzeugen, die im Normalformmodell beschrieben sind. Eine Darstellung dieser Untersuchungen und die genaue Ausarbeitung dieser Situationsdefinition muß einer anderen Arbeit überlassen bleiben. Die Zusammenstellung im vorigen Kapitel skizziert diese Definition nur in den gröbsten Zügen und eben noch weitgehend in der Sprache der Gruppenleiter.

Wir wollen abschließend noch darauf hinweisen, daß das von uns entwickelte Normalformmodell auch als ein Beitrag zur Theorie der Technik der Balintgruppenleitung gelesen werden kann: In ihm werden einige handlungsleitende und orientierungsrelevante Erwartungen des Leiters über den Ablauf des Gruppengeschehens und das Verhalten der Teilnehmer systematisiert. Zu dieser Auffassung sind wir aufgrund von ›Rückmeldungen‹ gekommen, die wir von Supervisoren und Gruppenleitern erhielten, die wir im Rahmen des Kasseler Projekts mit unseren Auswertungsergebnissen vertraut gemacht hatten. Nach ihren Aussagen war ihnen durch das Normalformmodell ein zusätzlicher Orientierungsrahmen gegeben, der es ihnen erleichterte, sich in dem Gruppengeschehen zurechtzufinden. Gerade für Lernende und Berufsanfänger, mit denen wir in Seminaren konfrontiert waren, die wir in dem postgradualen Studiengang ›Supervision‹ in Kassel in den letzten Jahren abhielten, erwies sich dieser Orientierungsrahmen als sehr hilfreich. Bei der gemeinsamen Analyse von Transkriptionen von Supervisionssitzungen, die von den Studenten geleitet worden waren, versuchten wir, die Existenz von Normalformerwartungen nachzuweisen, um mit ihrer Hilfe die Schwierigkeiten zu erklären, die die Studenten und Gruppenleiter in den betreffenden Sitzungen hatten. Es zeigte sich dabei immer wieder, daß dasjenige Verhalten der Gruppenleiter, welches die Supervisionsstudenten im Seminar kritisierten, zugleich deutliche Abweichungen von den Normalformerwartungen waren.

Bei diesen Gesprächen und mehr noch bei den Interviews, die wir mit den erfahrenen Gruppenleitern durchführen konnten, stellten wir allerdings auch fest, daß durch das Normalformkonzept lediglich die Fähigkeiten erfaßt werden können, über die ein guter Leiter in seiner Praxis immer schon verfügt. Oft kann er aber diese Fähigkeiten nicht situationsunabhängig in sprachlich-begrifflicher Form wiedergeben. Sie sind bei ihm hochgradig ›automatisiert‹ und werden weniger durch eine ›bewußte‹, nach ausbuchstabierten Regeln arbeitende Instanz als vielmehr durch das ›Gefühl‹ gesteuert. Wir verstehen unsere Analyse als einen möglichen Weg, einen sehr begrenzten Ausschnitt aus diesen Fähigkeiten zu rekonstruieren.

Es sei abschließend ausdrücklich betont, daß wir selbst über keine psychoanalytische Ausbildung verfügen und das Gruppengeschehen und das Setting nicht in erster Linie unter dem Gesichtspunkt der Theorie der Technik oder psychoanalytischer Erklärungsmodelle, sondern unter einer kommunikationswissenschaftlichen Perspektive untersucht haben. Wir müssen es den Praktikern überlassen, ob und gegebenenfalls welche Schlußfolgerungen sie für die Technik der Gruppenleitung aus unseren Arbeitsergebnissen ziehen können.

1 Das Projekt wurde an der Gh Kassel im Modellversuch ›Soziale Studiengänge‹ unter der Leitung von Prof. Dr. D. Eicke und Dr. A. Gaertner mit Unterstützung der DFG in den Jahren 1978 bis 1980 durchgeführt.

Eine Darstellung der Ziele und einzelner Untersuchungsverfahren finden sich in: Gaertner (1978), Giesecke (1979).

2 Aufgrund von Anmerkungen, die D. Flader und K. Schröter zu den Arbeiten des Kasseler Projekts mündlich und brieflich gemacht haben, scheint es uns angebracht, an dieser Stelle ausdrücklich darauf hinzuweisen, daß natürlich letztlich auch der Gegenstandsbereich unserer Analyse, die untersuchten ›Supervisions- und Balintgruppen‹, von uns in Abhängigkeit von unseren kommunikationswissenschaftlichen Standpunkten und Perspektiven ›konstruiert‹ wird.

Aufgrund des geringen Grades an gesellschaftlichem (›alltagsweltlichem‹) und auch an professionellem Konsens, den es über diese Gruppen gibt, waren wir anfangs gezwungen, von den Bezeichnungen auszugehen, die die Gruppenleiter selbst vorgenommen haben und die durch ihr spezifisches professionelles Relevanzsystem bestimmt sind. Deshalb sprechen wir in diesem Aufsatz dann von ›Supervisionsgruppen‹, wenn sie von ihren Leitern als solche angekündigt werden, und dann von ›Balintgruppen‹, wenn ihre Leiter *diese* Bezeichnung gewählt haben. Eine Bewertung dieser Bezeichnungen von einer psychologischen Lehrmeinung aus kann nicht unsere Aufgabe sein. Unsere Benutzung der Bezeichnungen der Gruppenleiter soll allerdings nicht darüber hinwegtäuschen, daß sich unsere Konstruktion (›Begriff‹) der Wirklichkeit dieser Gruppen von derjenigen der Gruppenleiter unterscheidet und daß diese Differenz in dem Maße zunimmt, in dem sich unsere Analyse abrundet. Wäre dies nicht der Fall, müßten wir mit einem ähnlichen Relevanzsystem und mit ähnlichen professionellen Selbsttypisierungen wie die Gruppenleiter an unsere Arbeit gehen. Das Resultat eines solchen Vorgehens wäre eine – vermutlich dilettantische – Wiederholung von Typisierungen, die zum Allgemeingut des professionellen Wissens der Gruppenleiter gehören und jedenfalls keine unabhängige fachwissenschaftliche Analyse. Unser Ziel ist demgegenüber eine Modellierung der Wirklichkeit der Gruppen, die von der Systematik und der Terminologie der Modelle der (psychoanalytischen) Therapeuten und Gruppenleiter unabhängig ist. Daß uns dies bislang noch nicht befriedigend gelungen ist, steht auf einem anderen Blatt.

3 A. Heigl-Evers, F. Heigl und U. Sachsse sind wir dankbar, daß sie uns die Gelegenheit gaben, durch Beobachtungen in psychoanalytischen bzw. psychoanalytisch orientierten Therapiegruppen und durch Kom-

mentare die Unterschiede zwischen Balintgruppen und Therapiegruppen besser kennenzulernen.

Wir möchten an dieser Stelle auch allen anderen Gruppenleitern, die uns oder anderen Projektmitgliedern die Gelegenheit gaben, sie bei der Arbeit zu beobachten, für ihr Entgegenkommen danken.

4 Die Untersuchung sozialen Handelns unter dem Gesichtspunkt der ›Reziprozitätsherstellung‹ ist ein Grundgedanke in dem Werk von Alfred Schütz. (Vgl. z. B. seinen Aufsatz ›Symbol, Wirklichkeit und Gesellschaft‹.) Die ethnomethodologisch orientierte Konversationsanalyse, auf deren Methoden wir in unserem Projekt im wesentlichen zurückgegriffen haben, hat diesen Ansatz in den letzten Jahren empirisch weiterverfolgt. (Vgl. etwa Kallmeyer/Schütze 1976.)

5 Die Unterscheidung zwischen ›kleinräumigen‹ und ›weiträumigen‹ konditionellen Relevanzen geht auf Kallmeyer/Schütze (1977) zurück. Zum Begriff der ›konditionellen Relevanz‹ vgl. auch Kallmeyer 1977, insbes. 55.

6 Vgl. Flader/Giesecke (1980) und Giesecke/Rappe (im Druck).

7 Vgl. zum Konzept der ›Handlungsdeixis‹ Giesecke (1979, 61 f.) und Giesecke (1980).

8 Vgl. etwa Luhmann (1975), insbes. 65.

9 Vgl. z. B. Flader/Grodzicki, ›Hypothesen zur Wirkungsweise der psychoanalytischen Grundregel‹ (in diesem Band).

10 Ulrich Rosin teilte uns mit, daß in von ihm geleiteten Balintgruppen die Gruppenteilnehmer ebenfalls einen ›abschließenden Kommentar‹ von ihm erwarten. Unterbleibt eine solche Aktivität, äußern sich die Gruppenteilnehmer etwa folgendermaßen: »Sie (an den Leiter gewandt) machen in der letzten Zeit gar nicht mehr diese Zusammenfassungen!«

11 Insofern ähnelt der Psychoanalytiker tatsächlich dem naturwissenschaftlichen Forscher und wissenschaftlichen Experimentator, der ebenfalls nur die Ausgangsbedingungen, die experimentelle Situation, festlegen kann und dann dem Versuchsablauf beobachtend folgt. Diesen Vergleich der Psychoanalyse mit einem ›Forschungsunternehmen‹ führt W. Loch in seinem – für die Diskussion um das ›Setting‹ u. E. außerordentlich fruchtbaren – Aufsatz ›Der Analytiker als Gesetzgeber und Lehrer‹ an.

12 Die Zeichen des von uns – in Anlehnung an Kallmeyer/Schütze (1976) – verwendeten Transkriptionssystems bedeuten im einzelnen:

(.)	=	ganz kurzes Absetzen innerhalb einer Äußerung
. .	=	kurze Pause
. . .	=	mittlere Pause
(Pause)	=	lange Pause
mhm	=	Pausenfüller, Rezeptionssignal
(,)	=	Senken der Stimme

(–)	=	Stimme in der Schwebe
(')	=	Heben der Stimme
(h)	=	Formulierungshemmung, Drucksen
(k)	=	(Selbst)Korrektur sprachlicher Äußerungen; Korrekturzeichen werden von dem Transkribenten nach seinem Sprachgefühl vorgenommen
<u>sicher</u>	=	auffällige Betonung
	=	gedehnt
sicher	=	Markierung von Sinneinheiten zur Erleichterung des Lesens
/		
(Lachen), (geht raus), (schnell)	=	Bemerkungen des Transkribenten zu den sprachlichen und nonverbalen Vorgängen; die Charakterisierung steht vor den entsprechenden Stellen und gilt bis zum Äußerungsende, zu einer anderen Charakterisierung oder bis zu ›+‹.
&	=	auffällig schneller Anschluß
(???)	=	unverständliche Äußerung
(kommt es?)	=	nicht mehr genau verständlich, vermuteter Wortlaut
A: aber da √ kam ich nicht weiter √ B: ich möchte doch sagen	=	Einwurf eines anderen Sprechers (z. B.: ›Hm‹) oder Beginn gleichzeitigen Redens. (Die Unterschiede zwischen diesen beiden Funktionen spielen für die Auswertung im Rahmen dieses Aufsatzes keine Rolle.) Steht vor dem ›√‹ ein › – ‹, so handelt es sich bei dem Einwurf um eine ›Unterbrechung‹ des Sprechers.
m	=	nicht identifizierbarer männlicher Sprecher
w	=	nicht identifizierbare weibliche Sprecherin
m/m bzw. m/w bzw. w/w	=	mehrere weibliche und/oder männliche Sprecher
[ ]	=	Bemerkungen der Verfasser stehen im Unterschied zu jenen der Transkribenten in eckigen Klammern
<u>[Auslassung]</u>	=	Teile der Transkription sind ausgespart

Die in Klammern gesetzten Zahlen am Ende der Transkriptionsabschnitte geben die Sitzung der Balintgruppe an, aus der dieser Ausschnitt stammt. Da mehrere Beispiele aus einer Sitzung stammen, ist ein Vergleich der Beispiele zum besseren Verständnis der ohnehin sehr kurzen Ausschnitte vermutlich hilfreich.

13 Vgl. Giesecke/Rappe (im Druck); Rappe/Giesecke (erscheint); Fla-

der/Giesecke 1980.

14 Wir entnehmen diesen Begriff der psychoanalytischen Fachliteratur. Vgl. Kohut 1971, insbes. 822 ff. und Argelander 1972, 37 ff. Unter kommunikationswissenschaftlichen Gesichtspunkten betrachtet, handelt es sich bei einer ›Probeidentifikation‹ um die Übernahme von Standpunkten von Interaktionspartnern bei gleichzeitiger Einnahme einer ›erlebenden‹ Perspektive.

15 Vgl. Argelander, H. 1972; in dem Kapitel »Polarisierungsprozesse in der Gruppe« (31-41) beschreibt er dieses Phänomen aus der psychoanalytischen Sichtweise.

16 Vgl. Heigl-Evers 1970 und Pakesch 1972.

17 Wir verwenden den Begriff ›Deutung‹ in diesem Aufsatz nicht in einem psychoanalytischen Sinn. (vgl. Anm. 2) Bei dem Begriff ›abschließende Deutung‹ handelt es sich um einen Arbeitstitel, der von den im Forschungsprojekt mitarbeitenden Gruppenleitern vorgeschlagen wurde. Wir wollen mit dieser Begriffswahl darauf hinweisen, daß es sich hier um Leiterinterventionen handelt, die sich in Form und Gegenstand deutlich von anderen Äußerungen des Leiters während der Sitzung unterscheiden. Die Problematik der Verwendung des Begriffs ›Deutung‹ in der psychoanalytischen Diskussion skizzieren Sandler, Dare und Holder (1973, 96-110).

18 Schäfer 1978 a, hier 2. Sie bezieht sich hier auf Argelander 1971.

19 Schäfer 1978 b.

20 Schäfer 1978 a, 3.

21 Diese Fragestellung konnte erst nach Ablauf der Förderungszeit durch die DFG in Angriff genommen werden.

22 Erläuterungen des für das Konzept der ›Normalformerwartungen‹ konstitutiven Begriffs der ›kontrafaktischen Stabilisierung von Erwartungen‹ finden sich bei Giesecke 1981 und Giesecke 1980. Vgl. a. Luhmann 1975, 65 ff. und Luhmann 1969, 37. Zum Begriff der ›Institutionalisierung‹ vgl. Luhmann 1969, 41 ff.; zum ›Recht‹ der Professionals auf ›Kontrolle über Sanktionen‹ als Merkmal institutionalisierter sozialer Strukturen vgl. ebd., 44.

23 Für die interaktionelle Typik von Instruktionssituationen vgl. Giesecke 1979.

24 Dieser Gedanke, der implizit in den Überlegungen zum ›Arbeitsbündnis‹ enthalten ist, wurde von D. Eicke in Gesprächen im Projekt immer wieder hervorgehoben.

Argelander, H., (1972): *Gruppenprozesse*. Hamburg: Rowohlt.
– (1973): Balintgruppenarbeit mit Seelsorgern. In: *Psyche 27*, 129-139.
Balint, Enid (1959/60): Gruppen-Methoden bei der Fortbildung von Sozialfürsorgern. In: *Psyche 13*, 229-239.
Balint, Michael (1955): Psychotherapeutische Ausbildung des Praktischen Arztes. In: *Psyche 9*, 370-389.
– (1968): Die Struktur der ›Training-cum-Research‹-Gruppen und deren Auswirkung auf die Medizin. In: *Jahrbuch der Psychoanalyse 5*, 125-146.
– (1972): Psychotherapeutische Forschung und ihre Bedeutung für die Psychoanalyse. In: *Psyche 26*, 1-19.
– (1964): *Der Arzt, sein Patient und die Krankheit*. Stuttgart: Klett 1976.
Berger, P. L./Luckmann, Th. (1966): *Die gesellschaftliche Konstruktion der Wirklichkeit* – Eine Theorie der Wissenssoziologie. Frankfurt/M.: Fischer 1977.
Eicke, Dieter (1974): Technik der Gruppenleitung von Balintgruppen. In: Luban-Plozza (Hrsg.): *Praxis der Balintgruppen*, München: Lehmanns.
– (1977): Balint-Gruppen-Arbeit als Forschungsmethode in der Psychosomatik. In: *Therapie Woche 27*, 6985-6988.
Flader, D./Grodzicki, W.-D. (1978): Hypothesen zur Wirkungsweise der psychoanalytischen Grundregel. *In diesem Band.*
Flader, D./Giesecke, M. (1980): Erzählen im psychoanalytischen Erstinterview. In: Ehlich, K. (Hrsg.): *Erzählen im Alltag*. Frankfurt: Suhrkamp.
Gaertner, Adrian (1978): Interpretative Sozialforschung: Bemerkungen zur theoretischen und methodologischen Begründung eines Supervisionsforschungsprojekts. In: Müller, C. W. (Hrsg.): *Begleitforschung in der Sozialpädagogik*. Weinheim und Basel: Beltz, 254-285.
– (1979): Supervision und der institutionelle Diskurs. In: Akademie für Jugendfragen, Münster (Hrsg.): *Supervision im Spannungsfeld zwischen Individuum und Institution*. Freiburg: Lambertus.
Giesecke, M. (1979 a): Instruktionssituationen in Sozialisationsinstitutionen – Ablaufschemata und Bedeutungsübertragung bei instrumentellen Instruktionen im Kindergarten. In: Soeffner, H.-G. (Hrsg.): *Interpretative Verfahren in den Sozial- und Textwissenschaften*. Stuttgart: Metzler.
– (1979b): Übersicht über Grundannahmen und Untersuchungsverfahren in dem Projekt ›Erforschung interaktioneller Vorgänge in ausbildungs- und berufsbegleitenden Supervisions- und Balintgruppen‹. In: Gaertner, A. (Hrsg.): *Supervision*. (= Materialien 7 des Modellversuchs

›Soziale Studiengänge‹ an der GhK) Kassel: Gesamthochschule – Bibliothek.
– (1980): Die Normalformanalyse, ein kommunikationswissenschaftliches Untersuchungsverfahren für interaktionelle Vorgänge in Institutionen. In: Soeffner, H.-G. (Hrsg.): *Beiträge zu einer empirischen Sprachsoziologie.* (Tübinger Beiträge zur Linguistik, Bd. 189) Tübingen: Narr (erscheint).
– (1981): *Nutzen, Möglichkeiten und Methoden einer kommunikationswissenschaftlichen Untersuchung psychoanalytisch geleiteter Therapie- und Arbeitsgruppen* (unveröffentlichtes Manuskript).
Giesecke, M./Rappe, K. (im Druck): Rekonstruktionen von Bedeutungszuschreibungen mithilfe der Normalformanalyse. In: Frier, W. (Hrsg.): *Pragmatik. Theorie und Praxis* (= Amsterdamer Beiträge zur Linguistik). Amsterdam: Rodopi.
Heigl-Evers, A. (1970): Die Spiegelung einer Patientengruppe durch eine Therapeuten-Kontrollgruppe. In: *Zeitschrift für Gruppenpsychotherapie und Gruppendynamik 4*, 179-190
Kallmeyer, Werner (1977): Verständigungsprobleme in Alltagsgesprächen. In: *Der Deutschunterricht 6*, 52-69.
Kallmeyer, W./Schütze, F. (1976): Konversationsanalyse. In: *Studium Linguistik 1*, 1-28.
– (1977): Zur Konstitution von Kommunikationsschemata der Sachverhaltsdarstellung. In: Wegner, D. (Hrsg.): *Gesprächsanalysen.* (= IKP-Forschungsberichte Reihe I, Bd. 65) Hamburg: Buske.
Kohut, Hans (1971): Introspektion, Empathie und Psychoanalyse. In: *Psyche 11*, 831-855.
Loch, Wolfgang (1974): Der Analytiker als Gesetzgeber und Lehrer – Legitime oder illegitime Rollen? In: *Psyche 28*, 431-460.
Luhmann, Niklas (1969): Normen in soziologischer Perspektive. In: *Soziale Welt 20.*
– (1975): Sinn als Grundbegriff der Soziologie. In: Habermas, J., Luhmann, N. (Hrsg.): *Theorie der Gesellschaft oder Sozialtechnologie.* Frankfurt: Suhrkamp.
Müller, H. (1981): Manifestationen von Normalformerwartungen im Ablauf von Supervisions- und Balintgruppen – Eine Fallstudie. (Unveröffentlichtes Manuskript).
Pakesch, E. (1972): Spiegelphänomene in Supervisionsgruppen. In: *Zeitschrift für Gruppenpsychotherapie und Gruppendynamik 1*, 277-285.
Rappe, K./Giesecke, M. (erscheint): Das Verstehen von Erzählungen in Balintgruppen. In: *Zeitschrift für Gruppenpsychotherapie und Gruppendynamik.*
Sandler, J. / Dare, C. / Holder, A. (1973): *Die Grundbegriffe der psychoanalytischen Therapie.* Stuttgart: Klett.
Schäfer, Anne (1978a): *Zwischenauswertung des Supervisionsforschungs-*

projekts – Analyse von Gruppenprozessen. Man. hekt. Gh Kassel, Modellversuch ›Soziale Studiengänge‹.
– (1978b): *Zum Verhältnis von fallzentrierter Arbeit und unbewußtem Gruppenprozeß.* Man. hekt. Gh Kassel, Modellversuch ›Soziale Studiengänge‹.
Schütz, Alfred (1955): Symbol, Wirklichkeit und Gesellschaft. In: ders.: *Gesammelte Aufsätze, Bd. 1:* Das Problem der sozialen Wirklichkeit. Den Haag: Nijhoff 1971, 331-411.

Hinweise zu den Autoren

Dieter Flader. Geboren 1944 in Danzig. 1965-1973 Studium an der Universität Hamburg (Germanistik, Linguistik, Psychoanalyse), Promotion 1973. Seit 1974 Assistent an der Gesamthochschule Essen-Universität. Habilitationsschrift (1978): Sprache, soziale Interaktion und Unbewußtes. Redaktionsmitglied der Zeitschrift ›Studium Linguistik‹; seit 1980 Leiter des DFG-Projekts ›Diskursstrukturen der psychoanalytischen Therapie‹. *Forschungsgebiete:* Linguistische Pragmatik/Diskursanalyse und psychoanalytisch orientierte Kommunikationswissenschaft.

Michael Giesecke. Geboren 1949 in Hannover. 1970-1977 Studium an der Technischen Universität Hannover und Stipendiat im Zentrum für interdisziplinäre Forschung der Universität Bielefeld. 1978/80 Forschungsstipendiat der Herzog-August-Bibliothek in Wolfenbüttel, 1979/80 Mitarbeiter in einem Projekt zur ›Erforschung interaktioneller Vorgänge in Supervisions- und Balintgruppen‹ an der Gesamthochschule Kassel, seit 1981 wissenschaftlicher Angestellter in der Fakultät für Linguistik und Literaturwissenschaften der Universität Bielefeld. *Forschungsgebiete:* empirische und historische Kommunikationsanalyse.

Wolf-Dietrich Grodzicki. Geboren 1920 in Berlin. Studium der Medizin. Facharzt für Neurologie und Psychiatrie. Habilitation für Anthropologie in Hamburg. Ordentliches Mitglied der DPV (Zweig der International Psycho-Analytical Association). Lehranalytiker. Seit 30 Jahren in eigener psychoanalytischer Praxis tätig. *Forschungsinteressen:* Theorie der psychoanalytischen Technik.

Armin Koerfer. Geboren 1948 in Bremen. Studium der Germanistik, Politologie und Soziologie in Hamburg und Berlin. Staatsexamen 1974. 1974-1979 wiss. Assistent (Fachrichtung: Linguistik) am Fachbereich Germanistik der Freien Universität Berlin. 1979-1980 Lehrbeauftragter. Seit 1980 wiss. Mitarbeiter im DFG-Projekt ›Diskursstrukturen der psychoanalytischen Therapie‹ an der Gesamthochschule Essen. *Forschungsgebiete:* Linguistische Pragmatik, empirische Diskurslinguistik und Therapieforschung.

Christoph Neumann. Geboren 1947 in Essen. Zweiter Bildungsweg. Studium der Germanistik, Politologie und Philosophie an der Freien Universität Berlin. Magister 1979. Seit 1980 Mitarbeiter im DFG-Projekt ›Diskursstrukturen der psychoanalytischen Therapie‹ an der Gesamthochschule Essen. *Forschungsgebiete:* Kommunikationssoziologie und Therapiegesprächsforschung.

Kornelia Rappe. Geboren 1954 in Katlenburg/Harz. 1973-1978 Studium an der Gesamthochschule Kassel: Germanistik, Linguistik und Gesellschaftslehre, während des Studiums Teilnahme an psychoanalytischem Lehrversuchstraining. 1978 1. Staatsexamen für das Lehramt an Gymnasien, 1978-1980 Arbeit im DFG-Forschungsprojekt ›Erforschung interaktioneller Vorgänge in Supervisions- und Balintgruppen‹ an der Gesamthochschule Kassel. *Forschungsgebiete:* Kommunikationswissenschaftliche Analyse der Interaktion in psychoanalytisch orientierten Supervisions- und Therapiegruppen.

Klaus Schröter. Geboren 1937 in Bublitz/Pommern. Studium der Soziologie, Philosophie und Psychologie in Frankfurt und Berlin; wissenschaftlicher Mitarbeiter am Soziologischen Seminar der J. W. Goethe-Universität Frankfurt, seit 1972 am Sigmund-Freud-Institut in Frankfurt. *Forschungsgebiete:* Interaktionsforschung und Therapieforschung.

Seminar: Kommunikation, Interaktion, Identität

Herausgegeben von Manfred Auwärter, Edit Kirsch und Klaus Schröter
stw 156. 404 Seiten

Der vorliegende Band versammelt Arbeiten aus dem Gebiet der Interaktions- und Kommunikationsanalyse unter dem Gesichtspunkt der Frage nach den interaktiven Grundlagen sozialer und personaler Identität und nach den konstitutiven Leistungen des Individuums für Kommunikations- und Interaktionssysteme.
Wie interpretieren Individuen wechselseitig ihre Äußerungen und Handlungen? Wie stimmen sie Erwartungen aufeinander ab? Wie verhalten sie sich im Fall der Enttäuschung von Erwartungen? Was folgt daraus für den Prozeß, in dem grundlegende interaktive und kommunikative Fähigkeiten erworben und Identitäten aufgebaut und bewahrt werden?

Inhalt:
Manfred Auwärter, Edit Kirsch, Klaus Schröter, Einleitung; *I. Strukturelle Probleme in Kommunikation und Interaktion.* Niklas Luhmann, Einfache Sozialsysteme; Erving Goffman, Der bestätigende Austausch; Marvin B. Scott und Stanford M. Lyman, Praktische Erklärungen; Ralph H. Turner, Rollenübernahme: Prozeß versus Konformität; Roy Turner, Einige formale Eigenschaften des therapeutischen Gesprächs; Charles J. Fillmore, Pragmatik und die Beschreibung der Rede; Albert E. Scheflen, Die Bedeutung der Körperhaltung in Kommunikationssystemen; *II. Interaktive Fähigkeiten und die Konstitution von Identität.* Sheldon Stryker, Die Theorie des Symbolischen Interaktionismus; Edward Gross und Gregory P. Stone, Verlegenheit und die Analyse der Voraussetzungen des Rollenhandelns; Lothar Krappmann, Neuere Rollenkonzepte als Erklärungsmöglichkeit für Sozialisationsprozesse; Jürgen Habermas, Universalpragmatische Hinweise auf das System der Ich-Abgrenzungen; Aaron V. Cicourel, Repräsentation und Bedeutung und die Untersuchung gehörloser Kinder; Ulrich Oevermann, Tilman Allert, Helga Gripp, Elisabeth Konau, Jürgen Krambeck, Erna Schröder-Caesar und Yvonne Schütze, Beobachtungen zur Struktur der sozialisatorischen Interaktion. Theoretische und methodologische Fragen der Sozialisationsforschung.

Ernst Tugendhat
Vorlesungen zur Einführung in die sprachanalytische Philosophie

stw 45. 534 Seiten

Gegenüber der Vorstellung, die analytische Philosophie habe die Perspektiven der zentralen Themen der traditionellen Philosophie verloren, möchte Tugendhat zeigen, daß eine »erste Philosophie« – in der Antike die Ontologie, in der Neuzeit die Transzendentalphilosophie – sich nur auf einer sprachanalytischen Basis erneuern läßt. Es sind die traditionellen Leitbegriffe selbst – die Begriffe des Apriori, des Seins, des Gegenstandes, der Wahrheit, der Vernunft –, die in diese Richtung weisen, sobald man versucht, sie schärfer zu klären, als es mit den traditionellen Mitteln möglich war. Auf diesem Weg, der von den traditionellen Grundpositionen zur analytischen Philosophie führt, soll zugleich die analytische Philosophie ihrerseits in einen Reflexionsprozeß über ihre Grundfragen und Methoden gebracht werden.

Ernst Tugendhat
Selbstbewußtsein und Selbstbestimmung

Sprachanalytische Interpretationen
stw 221. 364 Seiten

Tugendhat will die philosophische Relevanz der Selbstbeziehung reaktualisieren, hält aber die strukturellen Modelle, an denen sich die traditionelle Selbstbewußtseinstheorie orientiert, für inadäquat. Im Mittelpunkt seiner sprachanalytischen Interpretationen stehen deswegen drei Philosophen, die diese Modelle in Frage stellen und sich dabei gegenseitig ergänzen: Wittgenstein, der der Vorstellung von einem Ich die Verwendung des Wortes »ich« entgegenhält; Heidegger, der den Selbstbezug statt als Reflexion als ein Verhalten zur Existenz versteht; und G. H. Mead, dem zufolge man sich zu sich nur verhalten kann, indem man mit sich redet, und dies nur, indem man mit anderen redet. Die Auffassung des Zusammenhangs von Selbstbeziehung, Freiheit und Vernunft, die sich herausstellt, führt am Ende des Buchs zu einer schroffen Konfrontation mit Hegel.

Eric H. Lenneberg
Biologische Grundlagen der Sprache

Übersetzt von Friedhelm Herborth
stw 217. 597 Seiten

Warum kann allein der Mensch lernen, eine natürliche Sprache zu sprechen? Welches sind die biologischen Prinzipien, die erklären, warum eine bestimmte Art – der Mensch – ein einzigartiges Verhalten – die Sprache – entwickelt hat?
Ehe Lenneberg seinen »Entwurf einer biologischen Theorie der Sprachentwicklung« formuliert, diskutiert er die für seine Frage wichtigen Forschungen. Dabei geht es insbesondere um morphologische und physiologische Korrelate der Sprache (Stimmwerkzeuge und Zentralnervensystem bzw. Atmung, Artikulation, Rhythmik und Steuerung); um Sprache im Kontext von Wachstum und Reifung (»die wohl bisher beste Zusammenstellung des gegenwärtigen Wissens über Spracherlernung«); um neurologische Aspekte des Sprechens und der Sprache (eine kritische Sichtung des klinischen Befundmaterials über leichte und schwere Sprachstörungen bis hin zur Aphasie – fast eine Theorie der Sprachpathologie); um Sprache im Lichte der Evolution und Genetik; um primitive Stufen der Sprachentwicklung (normale und pathologische Kindersprache); um das Verhältnis von Sprache und Erkennen.
»Eric H. Lenneberg, aus Deutschland gebürtiger amerikanischer Psychologe von Weltrang, hat zweifellos ... nicht nur *das* Standardwerk der modernen Biolinguistik, sondern auch zugleich eines der aufregendsten wissenschaftlichen Bücher des 20. Jahrhunderts überhaupt geschrieben.«
(J. H. Scharf)

Sprache, Denken, Kultur

Herausgegeben von Paul Henle
stw 120. 336 Seiten

Dieses Buch ist das Resultat einer immer noch seltenen Zusammenarbeit von Wissenschaftlern verschiedener Fachrichtungen. Anthropologen, Psychologen, Philosophen, Soziologen, Literaturwissenschaftler und Linguisten haben versucht, Natur und Funktion der Sprache zu klären.

Alphabetisches Verzeichnis der suhrkamp taschenbücher wissenschaft